U0783415

"十三五"职业教育国家规划教材

社区矫正实务（第四版）

主　编 ◎ 张建明　吴艳华

副主编 ◎ 颜九红　张　凯

撰稿人 ◎ （以撰写单元先后为序）

　　　　颜九红　王　敬　张会清

　　　　邢文杰　吴艳华　张　凯

中国政法大学出版社

2021·北京

声　明　1. 版权所有，侵权必究。

　　　　2. 如有缺页、倒装问题，由出版社负责退换。

图书在版编目（CIP）数据

社区矫正实务/张建明，吴艳华主编. —4版.—北京：中国政法大学出版社，2021.8
（2024.7重印）
ISBN 978-7-5764-0077-9

Ⅰ.①社…　Ⅱ.①张…②吴…　Ⅲ.①社区－监督改造－中国　Ⅳ.①D926.7

中国版本图书馆CIP数据核字(2021)第173300号

书　　名　社区矫正实务 SHE QU JIAO ZHENG SHI WU

出 版 者　中国政法大学出版社

地　　址　北京市海淀区西土城路 25 号

邮　　箱　fadapress@163.com

网　　址　http://www.cuplpress.com (网络实名：中国政法大学出版社)

电　　话　010-58908435(第一编辑部) 58908334(邮购部)

承　　印　保定市中画美凯印刷有限公司

开　　本　720mm×960mm　1/16

印　　张　26.75

字　　数　509 千字

版　　次　2021 年 8 月第 4 版

印　　次　2024 年 7 月第 3 次印刷

印　　数　9001～14000 册

定　　价　69.00 元

出 版 说 明

世纪之交，我国高等职业教育进入了一个以内涵发展为主要特征的新的发展时期。1999 年 1 月，随着教育部和国家发展计划委员会《试行按新的管理模式和运行机制举办高等职业技术教育的实施意见》的颁布，各地成人政法院校纷纷开展高等法律职业教育。随后，全国大部分司法警官学校，或单独升格，或与司法学校、政法管理干部学院等院校合并组建法律类高等职业院校以举办高等法律职业教育，一些普通本科院校、非法律类高等职业院校也纷纷开设高等职业教育法律类专业，高等法律职业教育蓬勃兴起。2004 年 10 月，教育部颁布《普通高等学校高职高专教育指导性专业目录（试行）》，将法律类专业作为一大独立的专业门类，正式确立了高等法律职业教育在我国高等职业教育中的重要地位。2005 年 12 月，受教育部委托，司法部组建了全国高职高专教育法律类专业教学指导委员会。2012 年 12 月，全国高职高专教育法律类专业教学指导委员会经教育部调整为全国司法职业教育教学指导委员会，积极指导并大力推进高等法律职业教育的发展。

为了进一步推动和深化高等法律职业教育教学改革，促进我国高等法律职业教育的质量提升和协调发展，原全国高职高专教育法律类专业教学指导委员会（现全国司法职业教育教学指导委员会，以下简称"行指委"）于 2007 年 10 月，启动了高等法律职业教育规划教材编写工作。自教材编写工作启动以来，行指委共组织编写、修订教材近百种，该系列教材积极响应专业人才培养模式改革要求，紧密联系课程教学模式改革需要，以工作过程为导向，对课程教学内容进行了整合，并重新设计相关学习情景、安排相应教学进程，突出培养学生在一线职业岗位所必需的职业能力及相关职业技能，体现高职教育的职业性特点。

为深入贯彻党的十九大精神和全国教育大会部署，落实党中央、国务院关于教材建设的决策部署和《国家职业教育改革实施方案》有关要求，深化职业教育"三教"改革，2019年10月，教育部职业教育与成人教育司启动了"十三五"职业教育国家规划教材建设工作。我社积极响应教育部有关职业教育国家规划教材建设的部署，从行指委组织编写的近百种教材中挑选出编写质量高、行业特色鲜明的部分教材参与申报，经过教育部一系列评审、遴选程序，我社有一批高质量的教材入选"十三五"职业教育国家规划教材。

我社以"十三五"职业教育国家规划教材建设为契机，对高职系列教材进行了全面修订。此次修订以习近平新时代中国特色社会主义思想为指导，全面推动习近平新时代中国特色社会主义思想进教材进课堂进头脑。突出职业教育的类型特点，统筹推进教师、教材、教法改革，以司法类专业教学标准为基本依据，以更深入地实施司教融合、校局联盟、校监所（企）合作、德技双修、工学结合为根本途径，以国家规划教材建设为引领，加强和改进职业教育教材建设，充分发挥教材建设在提高人才培养质量中的基础性作用，努力培养德智体美劳全面发展的高素质劳动者和技术型人才。

经过全体编写人员的共同努力和出版社编辑们的辛勤付出，"十三五"职业教育国家规划教材已陆续出版，欢迎各院校选用，敬请各选用院校和广大师生提出宝贵意见和建议，我们将及时根据教材评价和使用情况反馈对教材进行修订，逐步丰富教材内容，优化教材结构，促进教材质量不断提高。

中国政法大学出版社

2021年8月

第四版说明

《社区矫正实务》2010年出版后，由于法律法规的修订和社区矫正实务工作的需要，先后于2013年、2019年进行了两次修订并出版。2019年12月28日，第十三届全国人民代表大会常务委员会第十五次会议通过了《中华人民共和国社区矫正法》，并于2020年7月1日起施行。2020年6月，最高人民法院、最高人民检察院、公安部、司法部又联合下发了《中华人民共和国社区矫正法实施办法》，亦于2020年7月1日起施行。为贯彻落实《中华人民共和国社区矫正法》和《中华人民共和国社区矫正法实施办法》，我们组织力量进行了第三次修订。在修订过程中，主要是根据《中华人民共和国社区矫正法》和《中华人民共和国社区矫正法实施办法》，对内容进行了必要的修改、增删，使概念更加准确，内容更加精炼，更符合《中华人民共和国社区矫正法》的规定和《中华人民共和国社区矫正法实施办法》的要求以及社区矫正实际工作的需要。本次修订，对教材体例没有进行调整。

本书的修订依然采取校企（行）合作开发的方式，在编写过程中得到了基层社区矫正机构实务专家的大力支持，他们结合实际提出了很多宝贵的意见和建议。在此，表示感谢！因时间仓促和编者水平有限，本书疏漏乃至不妥之处在所难免，敬请全体同仁不吝指正。

此次修订工作编写分工为（以撰写内容先后为序）：

颜九红　（北京政法职业学院教授）：学习单元1、4

王　敬　（河北司法警官职业学院讲师）：学习单元2、11

张会清　（河北司法警官职业学院教授）：学习单元3、7

邢文杰　（山东司法警官职业学院副教授）：学习单元5、12

吴艳华　（河北司法警官职业学院教授）：学习单元6、9

张　凯　（中央司法警官学院 副教授）：学习单元8、10

参与本书修订的实务专家有：

邯郸市司法局副局长：张志军

沧州市黄骅市司法局局长：胡福岗

邯郸市司法局社区矫正处处长：宋学军

邢台市司法局社区矫正处处长：姚童

本书的修订、编写、出版，得到了司法部法律职业资格管理局、全国司法职业教育教学指导委员会的大力支持和精心指导，也得到了中国政法大学出版社的鼎力支持，在此一并表示感谢！

编　者

2020 年 11 月 25 日

第三版说明

　　《社区矫正实务》于 2010 年出版。此后，《刑法修正案（八）》《刑事诉讼法修正案》和《社区矫正实施办法》相继颁布实施。为适应国家法治建设和社区矫正工作发展的需要，于 2013 年对教材进行了第一次修订，出版了第二版。六年来特别是 2017 年党的十九大召开以来，全面依法治国进入新时代，依法治国实践逐步深化，社区矫正工作全面推进并快速发展，在司法部的指导之下，全国各地社区矫正体制机制创新不断向纵深发展，实务部门的许多新理念、新方法、新措施亟待总结、升华、固化，一些工作需要依法规范。为深入贯彻习近平新时代中国特色社会主义思想，努力适应全国司法改革形势和社区矫正工作需要，培养适应新时代新要求的社区矫正工作人员，根据行指委指示精神和出版社规划，我们组织力量对教材再次进行了修订。

　　一、对教材体例进行了适当调整

　　1. 虽然基本框架依然是基本理论和实务两部分，但在每一个单元中都增加了"知识树"，将每个单元的知识点都提炼出来放在了单元的开头部分，使学习者能够对该单元的重要知识点一目了然，学起来更容易，也为自学者提供了便利条件。

　　2. 在每个单元的正文之前还增加了单元引例，通过生动的案例引入本单元的正文。

　　3. 在每个单元的结尾部分增加了单元小结和问题思考、课堂活动或实训项目，以增加教材的实用性，目的是更好地培养学生的职业技能，以满足工作岗位的需要。

　　4. 在各单元的具体内容中还根据需要随时增加了案例，并把引例和内容中的案例穿插运用到具体内容中。通过对案例的分析说明具体的问题，以此降低学习的难度，提高学习者的学习效率。

　　二、对教材内容进行了必要修改

　　1. 由原来的 13 个单元精简为 12 个单元，删除了"社区矫正人员的个案矫

正"。我们主要考虑的是，很多院校的社区矫正专业课程体系设置都是把社区矫正对象的个案矫正作为一门独立的课程开设，为避免授课内容的重复和资源、时间的浪费，本次修订将该内容予以删除。

2. 在修订过程中，我们删除了已经落后的内容，尽量把近年来各地社区矫正工作中完善的制度、成熟的做法和创新的模式、方法收录进来，博采众长，为学习者提供更多可供学习的样本和范例。

3. 在实务操作部分，本次修订更加体现了按工作流程来编排内容的特点，使学习者很容易就掌握了社区矫正的工作流程和在各流程中应该完成的典型工作任务以及为完成这些工作任务应该掌握的知识。这个特点是本次修订予以特别强调和重视的，目的还是增加教材的可操作性和实用性。

总之，本次修订无论是从体例还是内容上，都充分体现了更贴近基层社区矫正职业岗位的需要。但因时间仓促和编者水平所限，本书疏漏乃至错误之处在所难免，敬请全体同仁不吝指正。

此次修订工作编写分工为（以撰写内容先后为序）：

颜九红（北京政法职业学院教授）：学习单元1、4；

王　敬（河北司法警官职业学院讲师）：学习单元2、11；

张会清（河北司法警官职业学院教授）：学习单元3、7；

吴艳华（河北司法警官职业学院教授）：学习单元4、6、9；

邢文杰（山东司法警官职业学院副教授）：学习单元5、12；

张　凯（中央司法警官学院副教授）：学习单元8、10；

盛高璐（云南司法警官职业学院副教授）：学习单元12。

河北省司法厅、河北省邢台市司法局等实务部门对本书的编写提出了许多宝贵意见。

本书的修订、编写出版，得到了司法部法律职业资格管理局、全国司法职业教育教学指导委员会的大力支持和精心指导，也得到了中国政法大学出版社的鼎力支持，在此一并表示衷心的感谢！

编　者

2018 年 12 月 15 日

目录CONTENTS

学习单元一　刑罚演变与社区矫正

【学习目标】

通过本单元的学习，应该能够：

1. 掌握社会发展与刑罚演变的关系。

2. 了解行刑社会化思潮和社区矫正的出现。

3. 了解国外社区矫正的经验与特色。

【知识树】

```
                        ┌ 犯罪的界定
                        │ 刑罚的发生与功能
              犯罪与刑罚 ┤
                        │                ┌ 生命刑
                        │                │ 肉刑
                        └ 刑罚的种类与特征 ┤ 自由刑
                                         │ 财产刑
                                         └ 资格刑

                                         ┌ 同态复仇论
                               思想嬗变 ┤ 报应刑论
                                        │ 目的刑论
                                        └ 新社会防卫论
              社会发展与刑罚演变 ┤
 刑罚演变                                ┌ 废除肉刑
 与社区矫正 ┤        刑罚制度的演变 ┤ 自由刑为核心
                                        └ 社区刑为核心

                                       ┌ 从报应刑主义到教育刑主义
              行刑社会化与社区矫正 ┤ 刑罚的量处从关注犯罪到关注犯罪人
                                       └ 矫正犯罪人的社会责任与公众信心

                                         ┌ 国外社区矫正的经验
              国外社区矫正的经验与特色 ┤
                                         └ 国外社区矫正的特色
```

【案例 1-1】

2017 年 11 月 1 日凌晨，张某酒后开车回家途中撞上一辆停在路边的人力三轮车，致三轮车主擦伤。经查张某血液中酒精含量为 139 毫克/100 毫升，属醉酒驾驶，负事故全部责任，应承担刑事责任。浙江省瑞安市人民检察院审查案件后认为：张某犯罪情节轻微，且在肇事后立即将三轮车主送往医院治疗，主动赔偿经济损失，认罪、悔罪态度好。根据最高人民法院 2017 年 5 月下发的相关文件，以及浙江省高级人民法院、浙江省人民检察院和浙江省公安厅印发的《关于办理"醉驾"案件的会议纪要》，在张某自愿完成 30 小时社会服务后，检察院对其作出不起诉决定。[1] 完成一定时限的社会服务，并在服务期间能遵纪守法，认罪悔罪，检察院可以对其作出不起诉的决定，这种做法源于西方国家的社区矫正制度。这种制度，是世界各国不断进行刑罚制度改革的产物，它倡导矫正帮助犯罪人比报应惩罚犯罪人更重要的价值理念；它主张量刑过程中犯罪人因素比犯罪本身更应受到注意的重要思想。由于社区矫正制度内涵丰富，形式多样，作用彰显，意义深远，因此，目前社区矫正制度在世界范围内得到广泛采用，并被称为刑罚制度中的革命性创新。社区矫正制度的产生和发展，是人类漫长的历史长河中犯罪与刑罚之间关系不断演变的结果。

自 2003 年我国社区矫正试点以来，社区矫正制度发展迅速，2019 年 12 月 28 日全国人民代表大会常务委员会通过《中华人民共和国社区矫正法》，该法自 2020 年 7 月 1 日起施行，这对于推进和规范社区矫正工作，保障刑事判决、刑事裁定和暂予监外执行决定的正确执行，提高教育矫正质量，促进社区矫正对象顺利融入社会，预防和减少犯罪，具有重要意义。

一、犯罪与刑罚

在人类社会早期，人们为了生存，将基于动物特性的本能劳动变成人类自觉的、经常的劳动，推动人类由自在的、本能的生物人向自为的、理智的文化人进化演变，正如恩格斯所言，"劳动创造了人"。最初，人类的劳动与恶劣多变的自然环境相比处于劣势，他们不得不组成群体，以弥补个体的弱势。群体生活可以更好地满足人类对安全、生育、食物、交往的欲求，但是，群体劳动需要分工，群体的日常生活需要互助，所有这些都要求群体内各个成员协调一致。这样，个人的自由意志就受到限制，各种否定性禁忌不断出现，并扩展到社会生活的方方面面。对于早期人类来说，世界是一个危险四伏的地方，他们完全被无法解释的力量支配，这些无法支配的力量被人格化为必须受到崇拜和遵从的神和妖，于

---

〔1〕 彭波："嫌疑人完成 30 小时社区服务后，浙江瑞安市检察院作出不起诉决定：醉驾，做公益能否免刑？"，载《人民日报》2017 年 12 月 11 日，第 11 版。

是，各种禁忌产生了。人类的初民们认为，只要这些禁忌得到尊重，群体就感到安全；如果这些禁忌受到违反，就会不可避免地发生灾难。那些违反禁忌的人将他们整个部落置于危险境地，安抚神的唯一办法就是牺牲触犯禁忌的人。借助于庄严的仪式，部落将违反禁忌的人处死、流放。同时，部落希望这些被处死或者流放的人的命运，对部落的群体是一种威慑，以此警示部落中其他人不要重蹈覆辙。于是，个人与群体社会的历史性冲突也就开始了，这种冲突表现为个人以越轨行为违反那些规范人们行为的禁忌。虽然许多越轨行为最初被看作是自然的、本能的行为，但是，越轨行为危害了群体生活的秩序，因此受到禁忌的规制。禁忌通过习俗约定、舆论控制、教规约束以及强制性惩戒等各种方法来对越轨行为进行道德约制，从而保证人类群体生产和生活的顺利进行，可以说，"原始的禁忌就成为人类后世社会之一切规范（包括道德、宗教、法律）的总源头"[1]。

人类的社会行为可以分为两大类：一类是符合社会公认的规范的行为；另一类是违规的、破坏性的、非规范的、反社会的行为，即违法行为和犯罪。人类社会是在对后一类行为识别、标定、抵制、戒止的过程中学会前一类行为的。社会文明受害于犯罪，但是，在一定意义上说，社会文明也受益于犯罪，因为，人类正是在克服犯罪等丑恶现象的过程中才认识了什么是恶，也才更深刻地理解了什么是善。刑法的发展也受益于犯罪，因为，刑法学真正受到最强烈的冲击而且真正开始走上坡路是靠主要研究犯罪原因的犯罪学的推动。[2] 文明是人类执着追求的目标，而发达的社会文明可能激发并强化人的罪恶欲望。人类受到新的物质文化成果的激励，激发起欲望，增强了进取心，但同时这些成果对人类的越轨动机的强化作用也会同步增强。[3] 因此，犯罪是一种客观存在的社会现象，它与人类社会相随相伴，只能试图采取各种措施尽量减少，但绝不可试图"斩尽杀绝"。

（一）犯罪的界定

犯罪是刑法学和犯罪学共同的基本范畴，但二者对犯罪的外延或边界的界定有时并不完全一致。由此，犯罪概念有刑法学犯罪概念和犯罪学犯罪概念之分：犯罪学侧重从事实（实体）层面把握犯罪，而刑法学则着眼于从规范（法律）层面把握犯罪。

从人类社会发展的历史和犯罪学的演变过程看，犯罪是一种客观存在的社会

---

〔1〕　杨德志主编：《法学基础与宪法》，清华大学出版社 2009 年版，第 7 页。

〔2〕　周光权："犯罪学对于刑法学发展的意义——学习储槐植教授刑事一体化思想有感"，载《中国检察官》2018 年第 1 期。

〔3〕　肖剑鸣、皮艺军主编：《犯罪学引论——C. C 系列讲座文集》，警官教育出版社 1992 年版，第 124~125、139~143 页。

现象，是社会依据一定的价值标准予以否定性评价的行为。但在经刑法规定以前，这种行为尚不具有刑事违法性，不能成为刑法意义上的犯罪。正是通过刑法的规定，一定的行为才由社会予以否定评价的行为转换为刑法上的犯罪行为。因此，我国刑法对犯罪的内涵作了明确规定，即社会危害性、刑事违法性、应受刑罚处罚性。

《中华人民共和国刑法》（以下简称《刑法》）第13条规定："一切危害国家主权、领土完整和安全，分裂国家、颠覆人民民主专政的政权和推翻社会主义制度，破坏社会秩序和经济秩序，侵犯国有财产或者劳动群众集体所有的财产，侵犯公民私人所有的财产，侵犯公民的人身权利、民主权利和其他权利，以及其他危害社会的行为，依照法律应当受刑罚处罚的，都是犯罪，但是情节显著轻微危害不大的，不认为是犯罪。"这一犯罪概念不仅揭示了犯罪的法律特征，而且阐明了犯罪的实质特征，从而为区分罪与非罪的界限提供了原则标准。

正确区分刑法学的犯罪概念和犯罪学的犯罪概念，对于有效防控犯罪，做好社区矫正工作，消除社区矫正对象可能重新犯罪的因素，帮助其成为守法公民，具有重要意义。

（二）刑罚的发生与功能

公开以刑罚相威胁并对犯罪处以刑罚的传统，已经有数千年的历史。最早是对违反禁忌的人予以处罚，以维护整个群体的安全。后来，针对个人的犯罪逐渐被认为是对整个群体的侵犯，例如，盗窃和通奸，这是因为食物占有和性的禁忌，是人类社会最早的禁止性规定。但是，谋杀起初只是家族之间的私事，如果一个人被谋杀，其同族成员有义务为他的死复仇，杀死谋杀者或者其家庭成员，复仇变成了受害者的整个家庭或整个氏族的集体行动，这样便形成了血亲复仇。随着氏族社会的发展，复仇经历了由简单到复杂、由非理性到理性的发展过程，血亲复仇发展成同态复仇，即被害人近亲属以与加害行为大体相当的程度、方式和数量对加害人进行报复。"以眼还眼、以牙还牙"的规则也得以确立，例如，盗贼的手要被砍掉，作伪证者要被切掉舌头，强奸犯被去势等。

国家诞生之后，刑法就产生了。刑法的核心组成部分就是刑罚，整个刑法就是一部规定什么行为应当受到刑罚处罚，以及应当处以何等刑罚的法律。刑罚是犯罪人因为其犯罪行为而应承受的最主要的法律后果，也是国家的各种强制性法律制裁措施中最为严厉的制裁措施，其目的是对受刑人进行谴责，限制或剥夺其一定权益，它可以表现为对受刑者政治权利和财产权利的剥夺，也可以表现为对受刑者人身自由的限制和剥夺，甚至还可以表现为剥夺其生命。

在人类历史上，有很长一段时间，刑罚被认为是控制犯罪最有力的手段，人们曾将重刑尤其是死刑用到极致。历史上死刑的适用范围极其广泛。根据古罗马法，死刑适用于叛国、通奸、鸡奸、谋杀、贪污、部分类型的拐骗、诱奸和强奸。砍头是当时最常见的死刑执行方式。在 13 世纪的英格兰，死刑适用于除报复伤害和轻微盗窃以外的所有犯罪，其中许多犯罪都具有宗教性质，直到 1677 年，英格兰才废除了对信奉异教罪的死刑。[1] 刑罚的表现形式多种多样，例如，在人类早期，刑罚带有巫术和宗教色彩，人们将犯罪人向神献祭。在人类社会中期，各国实施野蛮的肉刑和生命刑，肉刑和死刑执行方式穷尽想象，花样不断翻新，残忍而暴戾。被判处死刑的人很可能被剥皮、钉在尖桩上、喂野兽、沉水、石击、钉在十字架上、焚烧、肢解、砍头、勒死、活埋、压死、水煮、车裂、枪杀、饿死和做炮灰。近代，在刑罚人道主义的影响下，全球范围内废除死刑的运动蓬勃开展，并倡导以"教育和矫正"为目的的自由刑。但是，监狱本身所具有的封闭特性，逐渐让人们认识到监禁刑对于犯罪人回归社会不利。至 20 世纪六七十年代，在行刑社会化思潮的影响下，欧美国家从实用主义的角度，对监禁刑进行改革，对监禁刑替代措施进行研究，创立了多种基于社区的行刑方法，使自由刑从一个机械、僵化的刑种，变为从适用到执行都十分机动、灵活、具有刑罚个别化特点的刑种。可见，随着社会的发展，刑罚的变革几乎是随着时代的变革和文明的发展而呈现出齐头并进的景象。

（三）刑罚的种类和特征

迄今为止，人类社会曾经使用过和正在使用的刑罚种类五花八门，不胜枚举。古今中外各国刑法规定的刑罚主要有以下几种：

1. 生命刑。又称死刑、极刑，是剥夺犯罪人生命的刑罚方法。在人类的文明史上，死刑是最古老的刑罚方法，曾经在各国刑罚体系中占据主导地位，死刑执行方法也是林林总总、难以胜数。例如，针对人的脑袋的死刑就有大辟、枭首、绞首、断头台、斩首、金瓜击顶等；通过残害人的肢体和脏器剥夺生命的死刑有炮烙、腰斩、车裂、凌迟、石击等；直接以剥夺人的生命为目的的死刑有活埋、投崖、水淹、毒物注射、毒气室、枪决、电椅刑等；还有杀害犯罪人及其亲属的连坐刑，如夷三族、夷九族等。[2]

死刑已经有五千多年的漫长历史。但是，人类对死刑的理性思考，只有二百多年的时间。1764 年，刑法学之父意大利刑法学家贝卡利亚在他的划时代巨作《论犯罪与刑罚》中，首次提出死刑是不人道、不必要和有害的刑罚，并提出废除死刑的主张。

近代以来，由于废除死刑运动在全球范围内方兴未艾，生命刑逐渐衰落，死刑的适用范围不断萎缩，其执行方式逐渐单一，死刑适用人数急剧降低，废除死

---

〔1〕 ［加］西莉亚·布朗奇菲尔德：《刑罚的故事》，郭建安译，法律出版社 2006 年版，第 4 页。
〔2〕 魏平雄等主编：《中国预防犯罪通鉴》（上卷），人民法院出版社 1998 年版，第 1167 页。

刑的国家越来越多。世界上第一个真正对所有犯罪废除死刑的国家是南美洲的委内瑞拉，它于 1863 年颁布了废除死刑的法令。20 世纪死刑废除运动迅速发展，并在全球造成了巨大的影响。至 2013 年底，全世界共有 159 个国家和地区废除了死刑（含完全废除死刑、废除普通犯罪的死刑、事实上废除死刑三种情况）[1]。2017 年 7 月蒙古国正式废除死刑，成为全球第 105 个完全废除死刑的国家。[2] 至 2018 年 10 月 10 日，废除死刑或者暂停死刑的使用的国家多达 170 个。[3] 相信废除死刑的国家和地区的数量还会继续增加。

世界上保留死刑的国家、执行死刑的数量也在逐年下降。例如，美国执行死刑的数量连年下降，1999 年是 98 人，2000 年降为 85 人，2001 年又降至 66 人，2006 年再降至 63 人。至 2016 年，美国共对 20 名罪犯执行了死刑，比 2015 年再减少 8 名，比 2014 年更减少 15 名。[4] 截至 2016 年 5 月，全美 51 个州级区划中（50 个州，加上哥伦比亚特区），有 31 个州保留死刑。在日本，截至 2017 年 11 月只对 2 名罪犯执行了死刑，2016 年是 3 名，2015 年是 2 名。[5] 而作为亚洲拥有 10 亿人口的印度，2004 年死刑执行人数为 36 人。我国台湾地区 2002 年废除对腐败犯罪死刑的适用，我国台湾地区被执行死刑的人数从 1997 年的 38 人下降到 2001 年的 10 人。中国改革开放 30 年，死刑的整体发展，与世界死刑的发展大势基本一致。1997 年《刑法》实施以后，执行死刑的人数减少了 50%；2007 年死刑核准权收归最高人民法院以后，执行死刑的数量大约再次减少 20%。[6] 我国还通过刑事立法的修改减少死刑罪名的数量。例如，通过 2011 年的《中华人民共和国刑法修正案（八）》（以下简称《刑法修正案（八）》），共废除 13 个罪名的死刑规定；通过 2015 年的《中华人民共和国刑法修正案（九）》（以下简称《刑法修正案（九）》），再一次废除另外 9 个罪名的死刑规定。

2. 肉刑。肉刑是指残害犯罪人的肢体和器官、使犯罪人遭受痛苦的刑罚。肉刑的历史和死刑一样久长，但肉刑的适用范围相对小得多。古老的肉刑有劓、

〔1〕 孙世彦："从联合国报告和决议看废除死刑的国际现状和趋势"，载《环球法律评论》2015 年第 5 期。

〔2〕 "蒙古国正式废除死刑 成全球第 105 个废死国家"，载 http：//news. haiwainet. cn/n/2017/0710/c3541093-31010473. html，访问时间：2020 年 4 月 1 日。

〔3〕 "Statement by the UN Secretary-General on the 16th World Day Against the Death Penalty, October 10th, 2018. " 载 https：//www. un. org/sg/en/content/sg/statement/2018-10-10/statement-un-secretary-general-16th-world-day-against-death-penalty，访问时间：2020 年 4 月 2 日。

〔4〕 蒋惠岭："美国过去三年有多少人被执行死刑"，载《法制日报》2017 年 6 月 21 日，第 11 版。

〔5〕 "在日本判死刑并最终执行究竟有多难？"，载 https：//view. inews. qq. com/a/20171114A08NTJ00，访问时间：2018 年 8 月 19 日。

〔6〕 颜九红："中国死刑六十年：回顾与展望"，载赵秉志等主编：《新中国刑法 60 年巡礼》，中国人民公安大学出版社 2009 年版，第 173 页。

劓、宫、烤、烙、烫、杖、鞭、砍手、割舌等。我国在汉文帝时期废除了大部分肉刑，清末刑法改革时，肉刑在我国被彻底废除。在当今世界各国，肉刑几乎已经绝迹，只有极少数宗教国家还对实施盗窃、强奸等行为的犯罪人使用肉刑。

3. 自由刑。自由刑是剥夺和限制犯罪人人身自由的刑罚方法。古今中外的自由刑种类，可以分为无期徒刑、有期徒刑、惩役、监禁、流放、放逐、拘役、管制等。自18世纪以来，自由刑开始代替死刑而占据主导地位。在我国，现行刑罚也以自由刑为中心，包含无期徒刑、有期徒刑、拘役、管制四个自由刑种类。

4. 财产刑。财产刑是无偿剥夺犯罪人金钱、财物的刑罚方法。中外刑法中规定的财产刑有罚金、没收财产、赔偿损失、科料等。虽然在人类历史早期就已经有财产刑，但此类刑罚一直只是刑事惩罚的附带手段。18世纪以后，随着工业革命以及商品经济的发展，社会财富急剧增多，人们对待财产刑的观念开始发生变化，财产刑使用的罪名开始增多，适用范围越来越广。在当今西方国家，财产刑的适用比率已经占全部案件的70%~80%，有的高达90%。相对而言，我国财产刑的适用偏少。

5. 资格刑。资格刑是剥夺犯罪人享有或行使一定权利之资格，或于一定期限内禁止犯罪人从事某种活动的刑罚方法。资格刑最初表现为古代刑法中的名誉刑和羞辱刑，与生命刑、肉刑等结合适用，旨在毁损犯罪人的名誉，侮辱其人格。中外刑法中规定的资格刑种类有剥夺国籍；剥夺担任官吏或公务员的权利；剥夺参与公务议决、选举、被选举及行使其他政治权利的资格；剥夺从事律师执业的资格；剥夺驾驶车辆、船只和航空器的资格；等等。现在，资格刑越来越倾向于剥夺和限制犯罪人的行为能力，也被称为能力刑。我国刑法中的资格刑包含在剥夺政治权利刑中，即剥夺选举权和被选举权，剥夺言论、出版、集会、结社、游行、示威的自由，剥夺担任国家机关职务的权利，剥夺担任国有公司、企业、事业单位和人民团体领导职务的权利。

刑罚作为犯罪的对应物而产生，是社会对于犯罪的一种反应。它具有使犯罪人承受痛苦的固有属性，以剥夺犯罪人的权益与施加道德谴责为内容。所谓刑罚，就是国家为了防止犯罪行为对法益的侵犯，由法院根据刑事立法，对犯罪人适用的建立在剥夺性、限制性痛苦基础上的最严厉的强制措施。[1] 由此可以看出，刑罚的属性就是使犯罪人承受一定的剥夺性痛苦，即刑罚的惩罚性质。同时，刑罚的根本目的在于预防犯罪。因此，刑罚既具有惩罚的一面，也具有教育矫正的一面，两者都是实现预防犯罪目的的手段。

---

〔1〕　张明楷：《刑法学》（上），法律出版社2016年版，第503页。

刑罚以报复刑的初始状态出现，从报复刑到报应刑，然后到功利刑，再到教育刑，代表了刑罚从野蛮到文明、从愚昧到科学的发展之路。近半个世纪以来，社区矫正在全世界很多国家蓬勃开展。从刑罚角度讲，社区矫正有着深厚的理论基础。

二、社会发展与刑罚演变

在人类文明发展史上，报应主义思想一度成为确定刑罚的思想基础。由于社会的变迁、法律文化思潮的演变和刑事政策的调整，人类的刑罚思想和刑罚制度也处于不断调整的进程之中。

（一）社会发展与刑罚思想嬗变

1. 同态复仇论。远古时代，人的力量弱小，人们常常设想在人和自然之上存在着某种超自然的力量——神或者天。由此，人们形成了对神或对天的崇拜。基于这种崇拜，人们把自然现象和社会现象归因于神或天的安排。众多国家早期法律中有关刑罚的规定带有明显的报复或者复仇色彩，如古巴比伦的《汉谟拉比法典》规定，对伤害他人眼睛、折断他人骨头、击落他人牙齿的自由民，应分别处以伤害其眼、折断其骨、击落其齿的刑罚。显然，伤眼、折骨与击齿作为刑罚，只不过是对犯罪的同态报复。

还有一些人类早期的刑事立法和司法实践可以证明，复仇是这些国家的刑罚赖以产生的原因。可以说，一方面，刑罚源于复仇；另一方面，复仇是人人皆有的一种本能，因为个人复仇的需要，就产生了作为公共报复手段的刑罚。根据人类学家对尚存的原始部落的研究发现，在所有的原始部落中，均存在着复仇的现象，只是每个部落复仇的对象、复仇的程度和复仇的原因各不相同。

另外，刑罚的本质就是惩罚，无论是通过私人复仇，还是通过国家复仇，都是通过复仇的方式对犯罪人进行惩罚。当然，在人类早期，以私人复仇或者部落复仇作为惩罚"犯罪"的主要方式。到了后来，为了避免复仇的反复和私人复仇的诸多弊端，由代表公共意志的国家来行使刑罚权，对犯罪科处刑罚，由此，真正意义上的刑罚就出现了。

刑罚起源于兵说，是对中国古代刑罚产生原因的一种较为合理的解释。在远古时期的中国，在国家产生的过程中，曾经发生过很多次大规模的战争，如共工蚩尤之战、黄帝炎帝之战等。在战争中，损害对方的身体甚至剥夺对方的生命是很自然的事情，交战双方难免有俘虏，为了管束俘虏，不可避免地要制定相应的规范，以刑罚的手段予以惩罚和威慑。随着时间的推移，氏族界限消失，国家诞生，便开始由国家用刑来惩罚犯罪人。我国夏朝正式制定了墨、劓、剕、宫、大辟五刑之后，刑罚的锋芒就指向了所有破坏社会秩序的犯罪人。可以说，杀人者死，伤人者刑，是原始社会同态复仇习俗的沿袭。

2. 报应刑论。报应思想是人类古老的观念和社会行为准则。报应刑论就是运用报应思想来证明刑罚适用正当性的一种理论。

报应刑论主张，犯罪的人对社会有一种应当偿付之债。犯罪是对犯罪人科刑的唯一原因，刑罚是犯罪的当然结果，刑罚应以其人之道还治其人之身。报应既是国家行使刑罚权的依据，也是刑罚的目的。刑罚就是对犯罪的报应。[1]

报应思想来源于原始社会的复仇观念，但与之又有所不同，差别主要在于：复仇具有强烈的主观性，而报应具有一定的客观性，因此是有节制的。在一定意义上，复仇是一种原始的未经过滤的报复情感，虽然它孕育着报应的成分，但只是报应的初始形态，还不能视之为报应本身。报应观念在其发展过程中，经历了神意报应、道义报应与法律报应三种形态，由此构成报应理论。

（1）神意报应是万事皆求诸神的古代社会的产物。在古代社会，人们将法律规范与自然规律相等同，并对之作出一种超自然的解释，在因果条件的基础上形成了神意报应的观念。神意报应的特点是以神意作为刑罚权的根据，由此论证刑罚的正当性。在中国古代社会，存在天罚之说。天罚是指代天行罚，以使世俗社会的刑罚神圣化。在西方漫长的中世纪，神意报应思想一直占主导地位。人们认为神的旨意就是报应的理由，犯罪是违反神的命令或上天的旨意，国家对犯罪人适用刑罚是秉承神意给以报应。神是人世间万物的主宰，世俗社会秩序是神的安排。犯罪侵犯了世俗社会秩序，实质上也违背了神的意志，因此，应当受到神的制裁。在经过启蒙运动、资产阶级革命和政教分离运动的胜利以后，加上科学的日益发达，神意报应思想迅速瓦解，不再占据重要地位。

（2）道义报应论为德国著名哲学家康德所主张。康德认为，人受道德法则的支配。道德法则就是自身权利不受侵害，也不侵害他人的权利。犯罪人侵犯了他人的权利，违背了道德法则，因而应受惩罚。只有经过刑罚的报应，才能恢复道德秩序。

违反道德义务的行为应当承担的责任以及对其给予刑事惩罚，是建立在人的意志自由基础之上的，正是基于这种道义的神圣不可违抗性，那些通过自己的意志做出选择，去实施了违反道义的犯罪的人，才获得了道德罪过性，因而刑法对于道德罪过予以惩罚，就具有了法律上的正当性。犯罪应受到刑罚惩罚的根源，就在于犯罪在道德上具有可谴责性。

康德的道义报应论为刑罚的内在正当性提供了理由，是一种对刑罚公正性的道德论证。同时，康德从平等原则出发界定刑罚的尺度，认为刑罚量应当与道德罪过保持一致，报应刑应当被归纳为"同害报复"。只有这种与犯罪结果等量的

---

〔1〕　魏平雄等总主编：《中国预防犯罪通鉴》（上卷），人民法院出版社 1998 年版，第 1179 页。

刑罚才是公正的刑罚。等量报应论将刑罚的根据植根于现实生活之中，用道德谴责理论来解释刑罚的存在，确立犯罪的道义责任，正确揭示了道德与刑法的关系，尤其是将其应受谴责性作为刑罚启动的前提，为罪责自负，防止刑及无辜，奠定了坚实的理论基础。

（3）法律报应刑论由德国著名哲学家黑格尔所主张，也称等价报应论。黑格尔从法的特殊运动的视角论证了刑法的正当性。他认为，犯罪是最严重的不法，是对法的否定，而刑罚则是对这种否定的否定。这一否定之否定的过程，表现了刑罚同法律自身的调和，通过对犯罪的扬弃，法律自身又恢复了原状。黑格尔在康德的同害报复论基础上，提出刑罚应具有"适应侵害价值的相等性"，即通过犯罪和刑罚之间价值的弥补，用等价报应论取代了康德的等量报应论。这是法律上的一个进步，等量是以物易物的等量，表现在刑法上就是以牙还牙、以眼还眼的同态报应，而等价是以客观的尺度来论等价，表现在刑法上就是刑罚与具体犯罪在特定环境和时间中的特定价值，与犯罪对社会造成的危害程度是一致的。

无论是道义报应论还是法律报应论，都是对犯罪人进行刑罚惩罚的依据。报应刑论的核心价值在于对公正和正义的积极追求，坚持刑罚与罪过之间必须有一种相应的比例关系，这对法律文明的发展做出了极其重要的贡献。一方面，报应刑论强调了刑罚应当实践法律正义而非自然正义，强调了国家刑罚权发动的正当性，限制了国家刑罚权的任意行使；另一方面，又为刑法提供了一个限度原则，对犯罪者施以刑罚的程度应当与其犯罪行为相适应。

3. 目的刑论。目的刑论，是以功利主义和预防思想为基础，主张通过刑罚预防犯罪、保卫社会，而不是追求抽象的社会正义理念。目的刑论认为刑罚的正当性不在于惩罚本身，而在于其所服务的目的，即预防犯罪。根据刑罚目的的不同，可将刑罚的目的分为一般预防和特殊预防。

一般预防就是通过刑罚的威慑和执行，预防社会上一般人犯罪的发生。特殊预防就是预防被科处刑罚的人再度犯罪。

特殊预防论不仅对刑罚理论的成熟做出了独特的贡献，而且引发了刑事实践的巨大变革。主要表现在：

（1）促成了人们对刑罚功能的科学认识。刑罚不是万能的，不是对付犯罪的唯一方法。人们要理性地对待犯罪，合理地对犯罪做出反应。

（2）促成了人们对于刑罚目的的科学认识。刑罚的真正目的应当是矫正或剥夺犯罪能力以维护社会秩序，报应和威慑是不人道的，并且无法真正实现刑罚的根本目的。

（3）促进了刑罚的轻缓和对犯罪人的人道化、个别化处遇。它认为犯罪并非行为人自由意志的产物，而是行为人特殊的生理、人格特征和所处环境因素共同作用的结果，因此，社会只能针对导致其犯罪的具体原因剥夺其犯罪能力，进行个别化的医疗、感化和矫正处遇。

（4）特殊预防论对当时的刑罚政策和行刑实践带来了巨大的变革。它将教育、矫正理念导入向来以恶害报应与肉体折磨为特征的行刑实践，强调刑罚个别化、行刑处遇人道化和科学化。因此，在刑事执行中就需要建立各种适应社会化的训练和帮助项目，由此催生了许多现代刑罚制度，如累进处遇制度、缓刑制度、假释制度、保安处分制度以及不定期刑制度，这也为社区矫正制度的产生创造了有利条件。

4. 新社会防卫论。该说的代表人物是法国法学家安塞尔。新社会防卫论认为，不管是正常的人、精神障碍者，还是流浪者、流氓、惯犯，都应该成为社会防卫的对象，但是，对待这些人，首先要考虑的是教育而不是刑罚。防卫对象的情况不同，采取的防卫方法也应该有所不同。犯罪者和那些实施非法行为的人，应该被看作是社会的弱者，社会应当拯救他们，而不应该抛弃他们。社会、国家应当借助医疗性和预防性措施，帮助犯罪人和实施非法行为的人，实现向社会的复归，应把法律秩序的维护和受判决人在社会中地位的再安排视为刑法的主要目标。

新社会防卫论倡导人道主义精神，主张尽量避免使用剥夺自由刑，应当将监禁刑从正式、常用、普遍适用的刑罚方法，变成一种例外的刑罚方法，即只有在极其严重和极其少量的情况下才适用监禁刑。在新社会防卫论的影响下，没有围墙、犯人可以自由活动的"开放式监狱"，以及让犯罪人在正常上班时间照常在社会上工作、只在周末返回监狱的"周末监狱"等半自由的监禁制度，在不少国家得以推行。假释也得到更加广泛的适用。这都为社区矫正的迅速发展，提供了肥沃的理论和实践土壤。

（二）社会发展与刑罚制度的演变

1. 废除肉刑的过程。刑罚脱胎于原始社会的复仇习俗，以报应刑为主。中国古代的刑罚，与欧洲启蒙时代以前的刑罚一样，都具有野蛮和残酷的特点。但即使如此，刑罚也在社会的发展中不断进步。在中国的夏商周时期，墨、劓、剕、宫、大辟五刑不断系统化和制度化。墨刑为五刑中最轻之刑，即在额头刺青之刑；劓刑为割鼻之刑；剕刑亦称刖、膑，为断足或去掉膝盖骨之刑；宫刑为男子去势、女子幽闭，即破坏生殖功能之刑；大辟即死刑，为剥夺生命之刑。五刑之中除大辟外，其他四种均属于断裂肢体和刻裂肌肤的肉刑，它是一种残害人的肌肤肢体，使人终身残疾的酷刑。到了汉朝，文帝和景帝两代时进行了废除肉刑的重大改革。文帝时，用徒刑和笞刑代替黥、劓、刖三种肉刑。景帝再次对刑罚

体制进行改革，主要是减少笞刑，并制定了棰令，对笞的规格大小，加笞的部位都作了具体的规定。文帝和景帝对刑制的改革，使刑罚手段从破坏人的肢体完整进步到只是使犯罪人忍受皮肉之苦。在我国封建社会的鼎盛时期唐朝，对刑罚体制进行了改革，真正走上了一条逐渐减轻刑罚的道路，并最终确立笞、杖、徒、流、死五刑。笞刑是五刑中最轻的一种，是击打犯人的腿、臀部的一种刑罚方法；杖刑仅重于笞刑，是用三尺五寸长的竹杖击打犯人的背、腿、臀部的一种刑罚方法；徒刑是一种让犯人戴枷或束钳，剥夺其自由，强制其服劳役的一种刑罚方法，具有自由刑与奴役刑双重属性的特点；流刑是将犯人押送到边远地区，并强制其戴枷或束钳服苦役的一种刑罚方法；死刑在唐律中只规定绞、斩两种。

2. 自由刑代替死刑成为刑罚的核心。在西方资产阶级革命过程中，新兴资产阶级提出了"自由、平等、博爱"的人权思想，在刑罚上提出了罪刑法定、罪刑等价、刑罚人道的三大刑法基本原则，要求废除封建社会的残酷刑罚，建立以自由刑为中心的刑罚体系。在我国，1905 年，沈家本改订《大清律例》为《大清现行刑律》，删除落后与野蛮的刑罚，同时参考西方国家的法律，制定了《大清新刑律》。这些刑律的出台，废除了各封建朝代一直沿用的酷刑，还将原有的刑罚改为死刑、无期徒刑、有期徒刑、拘留、罚金五种。自此以后，我国的刑罚与世界各国的刑罚种类大体划一。

从我国以及世界其他国家刑罚演变的历史过程可以看出，刑罚的演变表现为如下趋势：

（1）刑罚体系的中心由死刑、肉刑转向自由刑。在中世纪及以前的刑罚体系中，死刑与肉刑具有举足轻重的地位，大量犯罪人都被处以死刑或肉刑，自由刑和劳役刑较少适用。自 18 世纪末兴起的世界范围内的监狱改革运动，使监禁刑（自由刑）广泛取代了当时在世界各国普遍存在的死刑、肉刑以及苦役刑等，成为主要的和最重要的刑罚种类。

（2）刑罚由重刑向轻刑转化。古代各国奉行重刑思想，希望用重刑酷罚杜绝犯罪，对犯罪人广泛适用重刑或死刑。到了近代，刑罚向轻刑化发展，其表现为大量减少甚至消除可以判处死刑的罪名，严格控制乃至废除死刑的适用；扩大缓刑、假释的适用范围；提高财产刑的地位，将罚金刑作为主刑并广泛使用。在欧洲一些国家，还出现了废除终身监禁刑的运动。在这些国家，对所有犯罪的法定最高刑只能为一定期限的有期徒刑。例如，在挪威，最严厉的刑罚方法是 21 年有期徒刑。

（3）刑罚由惩罚向预防转化。早期刑罚以惩罚为目的，刑罚体制充满了恐怖，奉行严刑峻罚。到了近代，刑罚体制带有浓厚的教育主义色彩，刑罚的严厉程度越来越趋向缓和，并广泛设置缓刑和假释制度，鼓励犯罪人改过自新。

（4）刑罚执行由残酷向人道转化。在奴隶社会和封建社会，人们普遍认为，刑罚越严峻越好，受刑人越痛苦越好。随着人类文明的不断发展，刑罚执行也向文明化、人道化发展，表现为：残酷虐待犯罪人身体的死刑执行方式如车裂、弃市、凌迟等被废除；侮辱犯罪人人格的墨刑和宫刑等耻辱刑被废除；刑罚法定化，消灭了法外用刑；死刑的执行方式较为文明；同时，废除死刑的活动方兴未艾。

3. 社区刑代替监禁刑。随着监禁刑的广泛推广和使用，人们开始发现短期监禁刑存在很多弊端：短期监禁刑不具有威慑作用，也不具有改造功能，却只能使犯罪人受到传染。监狱会损害犯罪人的心理、削弱犯罪人的人格、导致犯罪人释放后不能适应社会环境。监禁刑不符合人道精神，监禁不可能使犯罪人过守法的生活，也不可能减少犯罪率和重犯率。

短期监禁刑存在的诸多弊端，促使美国、欧盟和联合国等积极推动在"狱外"或"不用监狱"来矫正犯罪人，20世纪70年代初，西欧经历了一次经济危机，导致犯罪率迅速增长，监狱犯人爆满。犯罪数量的增加和监狱的超负荷运行，客观上促使并加速了欧洲各国研究和寻求非监禁刑的步伐。而青少年犯罪日趋严重，重新犯罪率高，又是摆在各国政府前的一个难题。为了减少在押犯的数量，减轻监狱的负担，遏制青少年犯罪率高的势头，提高对青少年犯罪人的教育矫正质量，增强刑事司法应对犯罪问题和犯罪人矫正的活力，欧洲各国纷纷在实践和理论上创立和设计监禁刑的替代措施，联合国也号召各国积极推行监禁刑的替代措施，通过让社会负起责任的方式对犯罪人予以扶助，并采用适当的方法帮助犯罪人回归社会。德国刑法学家李斯特倡导的教育刑思想对欧洲各国的刑事司法影响巨大，人们开始探寻刑罚制度的改革之路。

三、行刑社会化与社区矫正

所谓行刑社会化，是指为了避免和克服监禁刑存在的某些弊端，使刑事执行服务于犯罪人再社会化的目标，慎用监禁刑，尽量使犯罪人在社会上得到教育矫正。同时，对于罪行较重、有必要进行监禁的犯罪人，应使其尽可能多地接触社会，并使社会最大限度地参与到犯罪人矫正中来，从而使刑事执行与社会发展保持同步，为犯罪人顺利回归社会创造条件。首先被广泛适用的监禁刑的替代刑措施是罚金刑，随后缓刑、假释等也陆续在世界各国被广泛运用。德国在中世纪时期，许多城镇使用因犯罪人不能如期缴纳罚金而用公益劳动抵偿其应处拘禁刑的制度，这一古老的制度引起了当代学者的关注。带有一定强制性的公益劳动，既是自愿承担刑事责任的方式，又可免于承担监禁刑，是替代短期监禁刑的良好方式。这一制度经过学者的研究、倡议和改良以后，逐渐被欧洲各国立法者接受，成为刑事司法中固定下来的社区服务制度。后来，社区服务令制度在欧洲国家采

取的众多刑罚替代性措施[1]中脱颖而出，不断被扩大适用，在犯罪人矫正制度中发挥着极其重要的积极作用。[2]

（一）从报应刑主义到教育刑主义

报应刑主义认为刑罚的目的是"让任何人为其行为遭受应有的报应"。在西方近代监狱行刑史上，报应刑主义曾长时间占据核心位置。报应刑主义主张，犯罪是刑罚的起因，刑罚是犯罪的必然后果。犯罪是一种恶害，应当受到刑罚的公正的报应。刑罚是为惩罚人、谴责犯罪而存在的，刑罚的轻重取决于犯罪的轻重程度。报应刑主义产生于18世纪欧洲启蒙运动时代，主张公开的、及时的、必需的、尽量轻缓的、同犯罪相对称的并由法律规定的刑罚，主张给犯罪人以人道处遇，在代替封建主义的残忍刑罚方面，具有伟大的进步性，对于西方近代自由刑的发展和确立起到巨大作用。但19世纪后期，西方国家社会矛盾激化，犯罪数量和重犯率的快速增长，使古典的报应刑主义的刑罚理论无力应对。于是，教育刑主义应运而生。

教育刑主义反对报应刑主义的犯罪自由意志论与刑罚报应论，认为犯罪在很大程度上是社会环境的产物，人们以往过于迷信刑罚对犯罪的控制作用，但古往今来，犯罪依然存在，并未因刑罚的增加而减少。这说明刑罚对预防、控制、减少犯罪的作用很有限，甚至是软弱无力的。因此，应当倡导教育矫正犯罪人的新观念，使其改恶从善，重新做人，并防止再犯，有效防卫社会。[3]

教育刑理论对西方国家犯罪人矫正制度的影响，十分深远。正是在教育刑理论的影响下，欧美各国将很多行之有效的矫正制度以立法的形式固定下来并普遍适用。其中最为普遍并沿用至今的，便有缓刑制度、假释制度以及社区服刑制度等。

（二）刑罚的量处从关注犯罪到关注犯罪人

在教育刑理论起主导作用的长时间内，人们将监禁刑作为最重要的刑罚措施，试图通过将犯罪人关押于监狱，对他们进行严格管理和教育矫正的方法消除犯罪恶习，改善犯罪人的人格，促使犯罪人成为守法公民。但是在西方国家，监禁刑本身具有的诸多弊端，加上监禁刑高昂的监禁成本，使得监禁刑的执行成为国家的沉重负担。根据瑞典1997年的统计，在最低警戒度监狱对一名犯罪人执行监禁刑的年度费用是对一名缓刑犯人执行非监禁刑的年度费用的13倍多，而

---

〔1〕 欧洲国家采取的减少短期监禁刑的措施多达二十多种，如周期监禁、半监禁、周末拘禁等。但这些措施适用起来十分有限。

〔2〕 颜九红："荷兰社区服刑制度研究"，载《北京政法职业学院学报》2006年第1期。

〔3〕 关于报应刑主义与教育刑主义的详细论述可参见：杨殿升主编：《监狱法学》，北京大学出版社2000年版，第295～296页；陈兴良：《刑法的启蒙》，法律出版社1998年版，第31～162页。

在最高警戒度监狱对一名犯罪人执行监禁刑的年度费用则相当于缓刑犯执行费用的 16 倍多。[1] 除了监禁刑执行的直接成本外，监禁刑还由于造成与犯罪人家庭有关的资源耗费、对工作单位造成的损失、对社会贡献率的减弱[2]等而花费大量的间接成本。

是惩罚犯罪还是惩罚犯罪人？理念的不同，不仅会影响定罪量刑，还会影响刑罚的执行。强调对犯罪的惩罚，必然强调刑罚的威慑与制裁功能，倾向于刑罚执行的集中和固定，限制缓刑与假释的适用；强调对犯罪人的惩罚，则倾向于根据犯罪人的悔罪表现和复归社会的需要，让犯罪人尽早进入适应社会的过渡期，这就会大量适用缓刑、假释、社区服务令，也就会根据社会的发展需要、根据犯罪人出现的变化，不断改革刑罚执行方式，使刑罚制度与社会制度共同演进。

对犯罪和犯罪人的认识的发展，直接影响到刑罚制度的确立。在西方发达国家，影响较大的犯罪学派是古典犯罪学派和实证犯罪学派。产生于 18 世纪的古典犯罪学派认为犯罪是自由意志的结果，刑罚意味着对犯罪行为的惩罚，刑事责任的依据是犯罪行为，量刑应当体现罪刑相适应原则。但是，19 世纪产生的实证犯罪学派认为，犯罪不仅仅是个人意志的体现，它是多种因素交互作用尤其是社会环境因素影响和决定的结果。因此，刑罚并不应仅仅意味着对犯罪的制裁，更应充分考虑对犯罪人的制裁。法官在定罪量刑时，不仅要确定犯罪事实和证据，而且要对犯罪行为的危害性以及如何有利于犯罪人复归社会进行综合考虑，从而作出符合犯罪人个人特殊情况的裁决。[3]

美国在 19 世纪初建立的宾夕法尼亚州监狱[4]和纽约州奥本监狱[5]是世界上最早的现代意义上的监狱。尤其是奥本监狱制度，吸收了宾夕法尼亚监狱制度即独居制的内容，又较独居制有所进步，既缓解了完全隔离给犯罪人带来的巨大精神痛苦，亦可集中犯罪人进行生产劳动，有利于培养犯罪人与他人良好相处的

---

〔1〕 谢望原：《欧陆刑罚制度与刑罚价值原理》，中国检察出版社 2004 年版，第 96 页。

〔2〕 关于这些间接成本的具体分析请参见：吴宗宪等：《非监禁刑研究》，中国人民公安大学出版社 2003 年版，第 96~97 页。

〔3〕 例如，美国法院在一审判决前除查清犯罪事实和证据以外，还要求社区矫正工作人员做出判决前的报告。报告的内容包括被告人的个人特点、成长经历、家庭状况、学习工作状况、警察的反映、犯罪原因、犯罪后有无悔改表现和自责态度、对该案适用监禁刑或非监禁刑以及量刑的建议，从而保证法官的裁决全面考虑犯罪人的情况和犯罪的情况。参见刘强主编：《各国（地区）社区矫正法规选编及评价》，中国人民公安大学出版社 2004 年版，第 10 页。

〔4〕 宾夕法尼亚州监狱倡导对犯人实行单独监禁，以促使犯罪人悔罪改过，史称宾夕法尼亚制、独居制。1829 年在费城一州立监狱首次试行。后被奥本制所取代。

〔5〕 独居制、沉默制是指监狱将犯罪人夜间分房单独监禁，白天在同一工场共同作业，劳动中不许交谈，要求保持绝对沉默；纽约州奥本监狱于 1820 年首先实行了该独居制与沉默制，因此史称奥本制。奥本制影响深广，19 世纪上半期曾风行于美国各州和欧陆各国的监狱，至 19 世纪末衰落。

社会适应能力，增强感化效应，并且有利于实行合理的管理。独居制和沉默制代表着西方监狱近代史上的第一次改革，并成为当时及此后相当长时间世界上多数国家监狱建设与管理的楷模。[1]

但封闭式监狱将犯罪人关押于高墙之内，与世隔绝，容易造成犯罪人意志丧失、孤独自闭、精神颓丧等恶果。而且，20世纪60年代的美国卷入了越南战争，国内种族歧视现象严重，民权运动开始兴起；反政府、反文化、反传统、性解放、吸食毒品等行为在年轻人当中流行，社会矛盾激化，贫困和失业加剧，监狱人满为患，重新犯罪率剧增。在这种社会背景之下，1967年，美国总统约翰逊提出"伟大的社会"工程，目标是减少贫困与歧视。约翰逊总统设立的"法律执行和司法管理委员会"，倡议理想的矫正体系，重点强调社区工作，致力于使犯罪人重新融入社会结构之中。在"重新与社会结合"思想的指导下，犯罪人矫正转向为犯罪人提供工作训练的项目，为犯罪人创造特别的工作机会，增加以社区为基础的矫正项目，大力倡导开放式处遇。

1973年，美国明尼苏达州议会通过了美国第一部《社区矫正法》，用于在全州范围内规范地方政府的社区矫正计划、社区矫正项目的发展、对犯罪人执行刑罚、为犯罪人提供服务，以及资助县级地方政府社区矫正的运作。明尼苏达州的《社区矫正法》，在美国各州影响很大。至1996年，美国已有28个州通过了《社区矫正法》或类似法规。

英国通过的《1972年刑事司法条例》(*The Criminal Justice Act* 1972)规定了社区服务令，使之成为世界上最早以立法形式规定现代社区服务令制度的国家。同时期在英格兰和苏格兰实行的社区服务令制度，积累了很多可资借鉴的良好经验。由此，人们得出结论，社区服务令制度是一项较好的监禁刑替代措施。在欧洲理事会的推动下，以及在英国成功实行社区服务令制度的影响下，欧洲各国纷纷进行社区服务令的试点工作，继而将社区服务令制度以立法的形式固定下来，并不断推广和扩大适用。迄今为止，社区服刑制度已为世界多数国家采用。

（三）矫正犯罪人的社会责任与公众信心

在发达国家，越来越多的人认识到，对犯罪人的关心，不是个别人的恩惠和怜悯，而是福利国家所具有的强制性任务，是整个社会必须负起的责任。刑事司法与刑事执法已不再仅仅是实现公正的过程，还应包括以不同方式对犯罪人进行帮助的社会任务。对于严重犯罪必须充分适用自由刑和剥夺自由的矫正与保安处分，但同时不能忽略刑罚执行的再社会化任务。

在公众的眼里，真正的刑罚是将犯罪人关进监狱，社区矫正把犯罪人放在外

---

〔1〕 杨殿升主编：《监狱法学》，北京大学出版社2000年版，第291~293页；马跃：《美国刑事司法制度》，中国政法大学出版社2004年版，第334~335页。

面，放在社会上，这不是刑罚。尤其当社会治安形势紧张的时候，公众会对社区矫正产生担心，认为犯罪人失去管束、处罚太轻，会影响社会治安的稳定，会对社会治安的好转失去信心。这种担心是正常的。对此，西方发达国家通过广泛的宣传以及让社会人员参与到社区矫正工作中来、通过"重重、轻轻"的刑事政策，对严重犯罪和累犯、惯犯加大打击力度，同时对犯罪较轻的犯罪人采取轻缓处罚和社区矫正等措施来树立公众的信心。

四、国外社区矫正的经验与特色

（一）国外社区矫正的经验

1. 国外对社区矫正的界定。社区矫正制度与社区服务令关系密切，但又非同一个概念，两者在内涵和外延上，都有所不同。所谓社区服务令（community service order），是指法院以刑事判决的方式判令罪行较轻的犯罪人在一定时间内为社区提供一定数量的无偿的公益劳动。通过社区服务令，让犯罪人服务社会、矫正犯罪心理、改过自新。被判处社区服务令的犯罪人，必须遵守社区服务的时间，按时到指定的地点参加社区服务。英国是世界上第一个建立和推广社区服务令的国家。在英国的影响下，社区服务令在欧洲大陆和美国等发达国家迅速推广，并成为监禁刑的有效替代措施。有的国家，例如荷兰，对社区服务令又进一步进行发展，推行任务刑（task penalty），包含社区服务令和培训令两方面内容。[1]

社区服务令作为短期监禁刑的替代措施诞生以后，大大推动了社区矫正的发展。社区矫正的正式称谓来自美国，源自明尼苏达州的《社区矫正法》。在英国和欧洲其他国家，人们更惯常称之为监禁刑的替代措施（alternative to imprisonment），简称替刑措施。

2. 国外社区矫正的措施种类。西方发达国家的社区矫正（community correction）是一个内涵丰富、外延广泛的概念。它不仅包括社区服务令，还包括更为丰富的内容，总体观之，西方发达国家的社区矫正制度包含以下内容：

（1）审前转处（pretrial diversion，或 conversion of preventive custody）。审前转处是指在法律禁止的行为发生以后、审判之前进行的，由检察官做出对犯罪嫌疑人适用转处项目的决定，只要符合条件的犯罪嫌疑人参加一个转处项目并成功地完成之，法院将不再判处其监禁刑。

（2）缓刑（probation）。缓刑分为两种，一种称缓期宣告制，指法院经审判确定被告人的行为构成犯罪后，暂不做有罪宣告，而在一定期限内交有关机关对被告人进行监督考验，视被告人是否遵守所规定的条件再决定是否做有罪宣告；

---

〔1〕 颜九红："荷兰社区服刑制度研究"，载《北京政法职业学院学报》2006 年第 1 期。

另一种称缓期执行制（suspended sentences of imprisonment），指法院经审判确定被告人的行为构成犯罪后，做有罪宣告且宣告刑罚，但附一定条件而不执行原判刑罚。

（3）假释（parole）。假释指犯罪人在其所判刑期届满以前有条件地被释放出狱，并在狱外服完余刑的行刑制度。假释犯在出狱后被置于有关机关的监督之下，如果违反监督条件，则撤销假释，重回监狱继续服刑。

（4）社区服务令。一般而言，社区服务令的适用对象是被判处6个月以下监禁的被告人，或者部分被判处缓刑的被告人，[1] 判处社区服务令，必须征得被告人同意；社区服务的时间必须在社区服务令中明确规定，从40小时~240小时不等。

（5）宵禁（curfew）。宵禁指限定犯罪人在宵禁令指定的时间段里，必须待在特定地方，如家中或学校，或者不得进入酒吧、舞厅等特定场所。

（6）工作释放（work release）。工作释放是指让即将释放出狱的犯罪人白天到监狱外边工作，晚上回监狱过夜。这有利于犯罪人顺利过渡到自由的社会生活。

（7）家庭拘禁，也称电子拘禁。犯罪人不需要去监狱服刑，而是待在自己家中服刑。但服刑期间，犯罪人不得离家外出。犯罪人在家服刑时，其手腕或脚腕上必须带上自己取不下来的电子装置。这种电子装置可以向负责电子拘禁刑的监督执行的缓刑监督局发出讯号。如果服刑人离家外出，电子监测器会发出警报。服刑人未经监管人员同意擅自外出，法院可以撤销其电子拘禁，把他送入监狱服刑。[2]

另外，可以归入社区矫正措施的，还有归假、监督释放、毒品治疗和检测、补偿被害人、行为监督、中间惩罚、特定资格和权利的限制和剥夺等多种措施和不同的管理方法。[3] 其中，缓刑和假释的历史最久，可以追溯到19世纪末期，但是，缓刑和假释制度的确立和推广，主要与刑罚的人道化紧密关联。只有当社区服务令制度作为短期监禁刑的替代措施在英国首先确立并在西方发达国家推广以后，现代意义上的社区矫正才真正发展起来。

由此可以得出结论：社区矫正是指对犯罪性质较轻或者被假释的犯罪人在社

---

〔1〕 例如，在荷兰，被判处缓刑的被告人适用社区服务令，必须符合以下条件：被告人所判刑罚必须为部分缓刑和部分不能缓刑，而且不能缓刑部分的刑期为6个月以下监禁。

〔2〕 Peter J. P. Tak：*The Dutch Criminal Justice System*（*second revised edition*），Boom Juridische uitgevers，Weten Schappelijk Onderzoek en Documentatiecentrum 2003，p. 76. 马跃：《美国刑事司法制度》，中国政法大学出版社 2004 年版，第 373~375 页。

〔3〕 刘强主编：《各国（地区）社区矫正法规选编及评价》，中国人民公安大学出版社 2004 年版，第 107~129、184~187、266~268、319~320、423~425 页，等等。

区执行刑罚的各种制度的总称。在有的国家，社区服务令还适用于未决犯，例如荷兰赋予公共检察官以颁布社区服务令的权力。对于犯罪较轻，且很可能被判处6个月以下监禁的犯罪嫌疑人，公共检察官可以与之协商，如果犯罪嫌疑人同意执行社区服务令，愿意从事一定数量的社区服务，公共检察官可以与之达成交易（transaction），免予起诉。又如，电子拘禁措施也被欧美国家广泛适用于替代审前羁押。当然，社区矫正的中心内容还是针对已决犯。

3. 国外社区矫正的特点。纵观西方发达国家的社区矫正制度，可以将其特点总结为：

（1）目的的明确性与措施的多样性。发达国家设立社区矫正制度的目的非常明确：保护社会的公共安全，帮助犯罪人重新返回社会，更加经济和有效地使用资金。普通公众对于将犯罪人放在社区可能难于理解，会感觉服务于犯罪人与社会公共安全是矛盾对立的；但是，人们又必须接受这样的现实，即所有服刑的犯罪人终究要回到社会上来，只有良好的矫正和教育培训，才能使犯罪人较好复归社会，否则，他们必将成为危害社会的巨大的、潜在的威胁，终将失去社会安宁。帮助犯罪人在社会中找到自己合适的位置，是福利国家的强制性义务。

因为发达国家的刑罚执行与社区矫正是公开的、通明的，其运作中的资金计算也是公开的，因此，在比较的基础上，人们发现，社区矫正所花费的各项费用远远低于监禁刑的直接成本。例如，在加拿大，从2001年至2002年，一个被监禁的囚犯平均花费80 780美元，而一个在社区中矫正的犯罪人平均仅花费18 678美元。[1] 在犯罪人矫正的人力资源和财政资源有限的前提下，社区矫正的低成本，也促使各国纷纷推行和扩大社区矫正的适用。

正是因为社区矫正在效率和效用两方面都较好地符合刑罚执行的人道化、个别化、经济化、社会化宗旨，因此，各国社区矫正的措施从传统的缓刑、假释到创立社区服务令，从适用于已决犯扩大到未决犯，从判决宣告阶段延伸到审前程序，措施多样，灵活多变，具有差别性和针对性，并有继续扩大的趋势，决定了社区矫正具有强大的生命力。

（2）实在的强制性与法度的严密性。虽然是将犯罪人放在监狱以外的社区执行刑罚，但是，每一项社区矫正措施都以违反规定将收监执行作为强制性的法律后盾，赋予了社区矫正各项措施以实在的强制性，促使犯罪人珍惜来之不易的假释或者强化其对自由的渴求和珍视，例如，各国规定的社区服务令的劳动数量有特定的法律限制，其执行期限也有严格时间限定，不得违反和逾越，否则要收监执行监禁刑。犯罪人被判处多长时间的社区劳动、应在多长期限内完成社区劳

---

〔1〕 刘强主编：《各国（地区）社区矫正法规选编及评价》，中国人民公安大学出版社2004年版，第263页。

动、若未完成则应执行多长时间的监禁刑等，法官都会在判决书中一并详细进行规定和说明。这说明这些国家的法律对于社区服务令的规定详尽且具有良好的实际可操作性；法官的判决明确、细致、不留漏洞；哪个机关执行、哪个机关监督、服刑人不服监管机关的变更令如何申告，均有明确的实体法和程序法规定，从而进一步强化了社区服务令的强制性和不可逃避性，使之具有了刑罚本当具有的威慑力，同时为刑罚执行制度注入了适应现代刑罚理念和时代需要的巨大活力。这也是社区服务令在西方发达国家不断发展并盛行于其他国家的根本原因。

（3）监督的有效性与机构的专门性。发达国家在社区矫正的建构方面，设计了卓有成效的执行机构，分担管理、监督职责，并对违规予以惩处。美国明尼苏达州由州矫正局协调和指导社区矫正项目中的各方面机构和人员开展活动，还成立矫正咨询委员会，由来自警察、检察机关、法院、教育部门、矫正部门、少数民族、社会福利部门以及市民代表共至少9名成员组成，负责制定地方综合计划并获得州政府的财政补贴。英国社区矫正的执行机构主要是缓刑局，也包括青少年帮教委员会和地方社会服务部门的社会工作者。社区矫正机构是介于政府机关与民间组织的非政府组织，首要宗旨是为民众服务，其次是为政府服务。

发达国家对社区矫正的执行机关、监督机关、服刑人不服监管的申告程序、甚至预算如何编制、社会工作者的要求等，均有明确、细致的组织法、实体法和程序法规定。社区矫正的执行是严格的，社区矫正的监督是无法逃避的，不遵守社区矫正规定的后果是严厉的。所有这些规定都赋予并进而强化了社区矫正作为刑罚执行手段本当具有的威慑力，得到公众越来越多的支持和社区的积极配合，效果显著。

（4）谨慎试行、立法推行与社会参与。对于多数国家而言，社区矫正都是舶来物。但不管是首创国英国还是移植英国制度的其他国家，他们都进行认真的理论和实践论证、谨慎的试行，并在一旦认准其益处之后，尽早形成立法规定，使之合法化、法定化，然后在实践中不断摸索、改革，对立法再补充、再修改、再完善。同时，调动社会公众的积极性，发动社会力量参与到社区矫正中来，克服了专门机构人员短缺和专门人才缺乏的困难，实现他们通过服务于犯罪人而服务于社会的目标。

（二）国外社区矫正的特色

1. 社区矫正由立法予以规定。许多国家和地区都有完善的社区矫正法规，具体表现为三种形式：

（1）专门的社区矫正法。例如美国的明尼苏达州，在1973年由州议会通过了美国也是世界上的第一部《社区矫正法》，用于在全州范围内规范地方政府的社区矫正计划、社区矫正项目的发展、对县级地方政府开展社区矫正的资助等。

美国其他州也制定了专门的社区矫正或类似于社区矫正的地方性法规。

（2）专门的刑事执行法。例如德国的《刑罚执行法》、丹麦的《刑事执行法》、俄罗斯联邦的《刑事执行法典》、加拿大的《矫正与有条件释放法》、澳大利亚的《矫正服务法》等，用于调整监禁执行和非监禁执行活动中的权利义务关系。社区矫正是其中的一个重要组成部分，法律对社区矫正有详尽的规定。

（3）单行的社区矫正相关法规。一些国家和地区采取制定单行的法规和条例来调整与社区矫正相关的一些法律关系。例如，我国香港地区的《社会服务令条例》《感化（缓刑）令》；新西兰的《假释法》；我国台湾地区的"更生保护法""少年事件处理法"；德国的《不剥夺自由刑罚执行方案》；日本的《缓刑执行保护观察法》《犯罪者预防更生法》；等等。虽然形式不同，但都较好地弥补了刑法和刑事诉讼法中的不足。

2. 国外社区矫正形式多样。从国外社区矫正法规中可以体现出以下特点：

（1）社区矫正形式的多样化。除主要运用缓刑和假释外，还广泛运用经济的和非经济的制裁矫正形式和措施，如社区服务（公益劳动）、资格权利的限制和剥夺，以及家庭拘禁（电子拘禁）、中途住所（居住中心）、保安处分、赔偿、罚款等。

（2）社区矫正功能的多重性。社区矫正不仅包括监督考察，而且包括对服刑人员的教育、矫治以及帮助和服务；同时注意了对犯罪受害人的保护，如让犯罪受害人参与意见，注意对犯罪受害人与犯罪人之间矛盾的平息及怨恨的解除，保证对受害人经济的补偿。

（3）社区矫正管理的差别性。由于社区矫正对象的社会危险性程度以及矫正的需要程度有所不同，因此，需要根据每个人的不同情况而采取不同严格程度的监管以及有针对性的矫正工作。

（4）社区矫正措施的强制性。要求服刑人员不仅要遵守纪律（包括不违规、不犯罪），而且要参加各项社区矫正的活动，依法交纳赔偿金和罚款，社区矫正法规对这些内容均作出了明确的带有强制性的规定，对违犯者采取增加严管力度或收监等制裁措施。

（5）社区矫正法规的兼容性。从立法的性质而言，社区矫正法规兼有实体法、程序法和组织法的内容，体现出将三者综合为一体的特点。

3. 社区矫正的决定机关。对犯罪人适用社区矫正的决定由哪一个部门或机关来作出，这因国家不同以及社区矫正种类不同而有所区别。对于缓刑而言，几乎世界上所有的国家的缓刑都是由法院判决的，但法院作出缓刑判决的程序和方式在各国不尽相同。有些国家在缓刑判决以前，要求对被告人进行判决以前的调查。判决前调查涉及的内容主要包括：犯罪人的个人情况、家庭情况、工作单位或者学校、警察部门或者与被告人过去有一定联系的福利部门对其的评价，以及其他对判决有参考价值的情况。判决前的调查任务一般是由犯罪人犯罪前居住地的缓刑部门来承担。缓刑工作人员经过调查以后向法官提出的对被告人判刑的建议，对于法官是否作出缓刑判决起着决定性的作用。

对于假释而言，从一些国家的情况来看，假释决定机构大体上可以分为三类：

（1）假释委员会。从大部分国家和地区的情况来看，假释决定机构主要是各级假释委员会，如美国的大部分州、加拿大、英格兰和威尔士等。日本的假释则由地方更生保护委员会批准，从这个机构的隶属关系、人员组成和职责来看，它类似于西方国家的假释委员会。假释委员会的成员一般由司法部官员（占绝对多数）、法官、医务人员（主要是研究精神病学的）、犯罪学家和心理学家以及政府其他部门的代表（如内务部等）等组成。假释委员会是决定对执行监禁刑的犯罪人进行假释并负责对假释犯进行监督管理的机构。目前，许多国家和地区的假释工作都由假释委员会负责。

（2）法院。有些国家的假释是由法院裁定的，如俄罗斯。根据《俄罗斯联邦刑法典》第79条第1款的规定："正在服劳动改造、限制军职、限制自由、军纪营管束或剥夺自由刑的人，如果法院认定他不需要服满法院所处的刑罚即可以得到改造，则可以假释。"在意大利，假释由监督法院批准。《意大利刑事诉讼法典》第682条第1款规定："监督法院就假释的准予和撤销作出决定。"

（3）其他机构。也有一些国家和地区，并不设立假释委员会，假释是由其他机构批准的。如法国，假释分别由执行法官和司法部长批准。被判刑人自入狱之日起服刑总计未超过5年的，由执行法官听取执行委员会的意见后批准假释；超过5年的，由司法部长批准假释。从实践来看，由司法部长批准假释的案件逐年减少；由执行法官批准假释的案件逐年增多。

4. 社区矫正的执行。绝大多数国家对于社区矫正刑罚的执行、监督、管理等，一般都设有专门的机构，配备专门的人员，并且制定专门的法规和管理制度。

（1）国外社区矫正的执行机关。国外多数国家都设有专门的或者相应的机构负责社区矫正的执行、监督和管理。这些机构尽管在不同国家有不同的称谓，但在隶属关系上，多数国家是由司法行政部门管理，属于司法行政部门下设的一个专门机构。

在法国，缓刑、假释、监外执行等工作是由司法部专门设立的考验监督委员会负责。不过，执行法官也同时参与对假释犯的监督执行。

在美国，对假释犯的监督是由监狱管理机构、假释委员会和其他独立机构负责的，而监狱管理机构、假释委员会都是美国司法部下属的机构；对于缓刑犯的执行管理机构是由两千多个单独的缓刑服务工作机构负责，而这些机构多数州设立在司法部，属于司法部下属的一个独立机构；美国的社区矫正中心也是由司法部负责管理的。

（2）国外社区矫正的执行人员。多数国家社区矫正的执行是由专业人员和志愿人员两部分组成。

专业人员是受雇于各社区矫正管理机构的工作人员，如缓刑服务机构的工作人员、假释委员会中负责对假释犯进行监督的人员以及其他专门负责社区矫正执行机构中的人员。绝大多数国家社区矫正的专业人员属于政府雇员。如加拿大、日本、英国和瑞典等。

聘请志愿人员是国外社区矫正工作的一个重要特色。志愿人员一般是居住在社区中的居民，主要包括：退休人员、学生、社会团体人员以及宗教人员。志愿人员参与自己所居住的社区中的矫正活动，在社区矫正工作中发挥着多方面的作用。多数国家在社区矫正中都大量吸纳志愿人员参与。

（3）国外社区矫正执行的主要内容。在决定适用缓刑、社区服务令等社区矫正措施以前，缓刑官员要对被告人能否适用这一刑罚方法进行全面调查，包括被告人的犯罪原因、个人情况、家庭、工作社会环境及其主观恶性、悔罪心理以及被害人的意见等。通过调查所形成的调查报告是法官判决的重要参考依据。

在执行过程中，一般采取定期与犯罪人进行会面和交谈的方式来监督其是否遵守法律以及有关社区矫正的规定，随时掌握其行为和动向。会面和交谈一般采取电话交谈、约定时间在矫正机构谈话、家庭访问等形式进行。

除了监督以外，为社区矫正的犯罪人提供治疗和服务也是国外社区矫正执行人员的重要工作内容。治疗主要包括心理咨询和治疗，以便改变犯罪人的态度和对一些问题的看法；服务主要是帮助社区服刑人员解决各种实际问题，如帮助他们寻找工作，帮助他们解决居住、上学和其他家庭问题等。

国外社区矫正制度已经发展得比较成熟，各项配套措施都已基本建立，整个社区矫正体系已进入良性发展轨道。以社区矫正为中心的开放式处遇制度，符合监狱行刑的科学化、人道化、社会化、技术化要求，拓宽了犯罪人改造社会帮教的途径，将犯罪人矫正纳入社会控制系统，充分利用了社会资源，降低了矫正成本，提高了行刑效果，是西方国家刑罚执行的又一重大变革，标志着当代刑罚制度发展到了一个重要的新阶段。

 【单元小结】

在人类历史上，为了与犯罪作斗争，用以惩罚犯罪人的刑罚种类繁多，有生命刑、肉刑、自由刑、财产刑、资格刑。刑罚以报复刑的初始状态出现，在同态

复仇论、报应刑论、目的刑论以及新社会防卫论等不同社会发展时期的不同刑罚理论指导之下，刑罚从报复刑到报应刑，然后到功利刑，再到教育刑，代表了刑罚从野蛮到文明、从愚昧到科学的发展之路。在中世纪及以前的刑罚体系中，死刑与肉刑具有举足轻重的地位，大量犯罪人都被处以死刑或肉刑。自18世纪末兴起的世界范围内的监狱改革运动，使监禁刑（自由刑）广泛取代了当时在世界各国普遍存在的死刑、肉刑以及苦役刑等，成为最主要的和最重要的刑罚种类。但是，随着监禁刑的广泛推广和使用，人们发现短期监禁刑存在很多弊端。在行刑社会化思潮影响下，越来越多的人认识到，对犯罪人的关心，不是个别人的恩惠和怜悯，而是福利国家所具有的强制性任务，是整个社会必须负起的责任，因此，缓刑、假释、家庭拘禁、社区服务令等非监禁刑措施，越来越居于刑罚的核心位置。

【问题思考】

1. 随着社会的发展，刑罚思想经历了哪些发展变化？

参考标准：随着社会的发展，人类的刑罚思想主要经历了以下几个阶段的发展变化：同态复仇论、报应刑论、目的刑论和新社会防卫论。

2. 随着社会的发展，刑罚制度经历了哪些发展变化？

参考标准：人类的刑罚制度是随着刑罚思想的演变而演变的。主要经历了以下几个阶段的发展变化：废除肉刑的过程、自由刑代替死刑成为刑罚的核心、社区刑代替监禁刑。

【课堂活动】

讨论题目：阅读以下材料，概括监禁刑与社区矫正的差异。

讨论材料：1892年，加拿大颁布第一部刑法典时，法官在刑事判决中严重依赖监禁刑，一些犯罪如谋杀与强奸可判死刑；一些轻微犯罪如偷窃可判罚金；鞭刑等肉刑可以是乱伦、猥亵等犯罪的附加刑。但今天加拿大的量刑方式已发生重大变化：1976年废除了死刑，鞭刑与其他肉刑也已废除。[1] 1996年修订的加拿大刑法典要求法官在量刑时必须考虑以下两个原则：一是如果根据案情认为采用非剥夺自由性质的处罚措施是适当的，就不应剥夺犯罪人的自由；二是对所有犯罪人，都应首先考虑非拘禁措施，尤应对原住民犯罪人优先考虑非拘禁措施。如此而确立的量刑原则，正是三十余年来社区矫正在加拿大发展的重要结果。

20世纪后期，加拿大因监狱人口增长，财政压力很大，1989年~1990年度

---

〔1〕〔加〕格尔·密克恩："加拿大量刑中的非拘禁措施"，2006年9月向在山西太原举办的第六届中国律师论坛提交的论文。

比上一个年度增长了 12%，1994 年～1995 年度更比上一个年度增长了 22%。[1]
监狱人口的迅速增加，使监狱的各项开支随之迅速增长，财政压力更为沉重。加
拿大议会认为法庭判处了太多的犯人入狱。1988 年一份给议会的报告指出："把
犯人关进监狱对矫正犯罪人并没有什么效果，亦非一项有力的遏制措施，只是起
到了暂时保护和有失平衡的报应的作用。如果说监禁只能在有限的时间内保护民
众不受犯罪的侵害，那么，改造犯人就至关重要了。但监狱对矫正犯罪人一般来
说没有什么实效，因为监狱犯人的累犯率较高。大多数犯罪人既不使用暴力也不
危险，其行为不大可能因为蹲监狱而受到矫正。另外，监狱人口的增长导致开支
和管理方面都出现严重问题，还可能因而增加对社会的危险。况且，当今的科学
技术足以监管在社区服刑的犯罪人。故采用监禁刑替代措施应成为必要的发展趋
势。除非社区可能遭受危险，否则，犯人的矫正都应放在社区中进行。应限制监
禁刑的使用。"[2] 对过度监禁的关注，促使议会于 1996 年在刑法典中增加了第
二十三章，规定了附条件判处监禁这项重要的非拘禁措施。这项立法规定以及其
他规定，为减少监狱人口数量做出了贡献。

　　以社区为基础矫正犯罪人，不仅令立法者关注，对刑事司法机构以及政府的
政策制定者，也都产生了很大的吸引力。尽管推动拘禁替代性措施的发展在很大
程度上是为了应对加拿大迅速增长的监狱人口数量，但与监狱监禁相比，社区矫
正可以减少监狱建设与管理支出，不但会给政府提供省钱的机会，还会给其政策
罩上人道主义的光环。因此，加拿大的社区矫正得到了更广泛的实施，并被扩展
到了很多犯罪群体。例如，1986 年 6 月公布实行的 C-67 法授权国家假释委员会
把那些关押在监狱直至刑期结束的犯罪人转到中途之家居住，这些犯罪人中包括
预谋实施严重暴力犯罪的犯罪人；1997 年 8 月颁布实行的 C-55 法创立了长期犯
的概念，针对的是性犯罪人，在判处犯罪人至少 2 年的刑期后又增加了长达 10
年的社区监督期。

　　表 1-1 表明以监狱监禁为主要内容的机构拘禁与社区矫正措施中的家庭拘禁
之间存在重大差异。社区矫正具有主动性、积极性、团结性、隐私性，可以维系
社会关系和家庭关系的稳定，可以使犯罪人继续工作。重视赔偿被害人、重视补
偿社区、维护犯罪人的个人尊严，有助于治疗犯罪人的病态心理或生理问题，可

---

　　〔1〕　Deputy Solicitor General of Canada & Deputy Ministers and Heads of Corrections, 1996，引自 John
Howard Society Of Alberta：Community Correction，1998，载 http：//www. johnhoward. ab. ca/PUB/C29. htm,
访问时间：2018 年 7 月 6 日。

　　〔2〕　法官与检察长常务委员会题为"承担责任"的报告，在 R. v. Gladue ［1999］1S. C. R. 688 之中
的第 56 段引用。转引自［加］格尔·密克恩："加拿大量刑中的非拘禁措施"，2006 年 9 月向在山西太原
举办的第六届中国律师论坛提交的论文。

以减少犯罪人成为被害人的机会。[1] 这些特征是社区矫正在加拿大及其他国家方兴未艾的重要原因。

参考标准：

表1-1 监禁刑与社区矫正的差异

监禁刑	社区矫正
具有封闭的特性；犯人远离社会	具有团结的特性；犯人仍是社区的一部分
排斥家庭与伴侣：家庭成员只能根据机构的严格的时间安排探访犯罪人	以家庭为导向：家庭成员与伴侣在刑罚的监督与执行中起着重要作用
使犯罪人的社会关系与婚姻关系紧张并常常导致婚姻破裂	维系犯罪人的社会关系与婚姻关系
使犯罪人无法继续工作	可使犯罪人继续工作
重在惩罚，使赔偿被害人或社区以及其他恢复性行为无法进行	同时强调惩罚与恢复：赔偿被害人与社区服务是该处罚措施不可缺少的部分
具有被动性；监狱犯人需要遵守机构的规则与时间安排，服从机构的命令	具有更主动的特性；犯罪人可在被判处必须遵守的条件（如宵禁）限度内有自己的行动自由
监狱销蚀犯罪人的尊严，使其受到公众贬低与谴责	使得犯罪人在接受惩罚的同时保持个人尊严
监狱使犯罪人无法拥有隐私空间；他不得不与其他犯罪人共享每一天的一切	保有高度的隐私空间
具有集体性；监狱犯人并不都住单人牢房，有时住双人或三人牢房	具有个人性，其执行不需要其他犯罪人在场
监禁对犯罪人的自我发展几乎没有什么激励，也不大可能提供自我发展机会	为犯罪人学会生活技能提供很多机会
监禁与治疗无法兼容，或对治疗过程有妨碍	有助于治疗，并使犯罪人拥有广泛的社会联系
使犯罪人容易受到伤害或各种各样健康问题的威胁，安全与健康存在忧患	通过减少各种威胁因素而减少犯罪人成为被害人的机会

〔1〕 Julian V. Roberts, *The Virtual Prison—Community Custody and the Evolution of Imprisonment*, Cambridge University Press, 2004, p.44.

续表

监禁刑	社区矫正
可见：犯罪人被判入狱，其亲友、邻居等比较容易知晓	不可见：在大多数情况下，犯罪人在家中服刑，法官的刑罚执行令甚至连其邻居都无法知晓

【拓展学习】

一、英国的神判法

古代的神判法，是诉诸神灵来确认被告人是否实施了犯罪的一种验证方法。在中世纪前期，这一方法曾为欧洲许多国家所采用。在英国，神判法主要有热铁法、热水法、冷水法、吞食法、摸尸法和决斗法等几种形式。

热铁神判法就是在被告人手掌上喷上一些圣水，让其手捧一块炽热的铁块向前走一定距离，或3步或9步，之后，当众将其双手包扎起来，3天后解开检查，如果这时手上没有水泡，就判其无罪，如果出现水泡或溃烂了，就判为有罪。热铁神判法的另一种方式是把9个烧红的铁犁头隔一定距离排成一列，把被告人眼睛蒙上，让他赤脚在上面走，如果他能踩在铁犁头的间隙中，一点也没伤着，那就是清白的，反之，就判为有罪。当国王埃塞里德的妻子、忏悔者爱德华的母亲埃玛被指控同温彻斯特主教阿尔文有通奸行为时，法庭就通过这种神判法来验证她是否清白。当时的一个场面如下："让这个名声不好的女人赤脚在炽热的铁犁头上走上9步，4步为了她本人的清白，5步为了那位主教的清白。如果她畏缩不前，如果她不用满脚在铁犁头上踩，如果她烧伤了一点点，就判她是一个通奸者。"

冷水神判法是指将被告人捆起来扔进池塘或河流里，如果他能在水中沉几分钟，就说明已被神灵接纳了，就判处无罪，如果漂浮在水面上，则表明遭到了神灵的拒绝，那将判其有罪。热水神判法是将被告人一只手臂浸入一桶滚开的热水中，一直伸到胳膊肘下，然后取出包扎。3天后解开查看，如果手臂化脓，就判为有罪，如果手臂所烫之处已经愈合，就判其无罪。

所谓吞物神判法，就是由被告人把重一盎司的一块面包或其他食物一口吞下，如果能顺利咽下，则判为无罪，如果在喉咙中噎住了，就判为有罪。例如，一名被告人在准备接受吞食一块面包的神判时，将一头野熊和一把斧头放在审判席前，公开宣布说，"如果我是有罪的，就用斧头将我的头砍下，让熊吃了我"。

尸体神判法主要用于杀人罪的犯罪嫌疑人，它有各种不同的验证方法。在英国，通常是由被告人来到死尸躺的棺材上面，在验尸官及见证人的目击下，用手去摸一下死者的伤口，如果他有罪，尸体的血将会重新流出来。

决斗法就是决斗时诉讼双方都持一把特制的斧子和盾，一直斗到一方败下阵来为止，战败的一方将被处死。决斗法最初用于解决所有的争议，后来只局限于比较严重的刑事案件。老人、妇女、儿童和病人可以付钱找人代他们决斗。

二、缇萦上书

汉文帝时期，临淄郡有位当过管理京城粮仓的官员（太仓令）的淳于意，辞官后行医，扶危济困，深得众望。但因识真病讲真话，得罪了当地一位大商人。汉文帝四年，大商人仗势向官府告了淳于意一状，说他错治了病。当地的官吏判淳于意切断肢体的"肉刑"，把他押解到长安去受刑。

淳于意最小的女儿缇萦十分悲伤，十分气愤。她提出要陪父亲一起上长安去，家里人再三劝阻也没有用。缇萦到了长安，托人写了一封奏章，到皇宫门口递给守门的人。汉文帝接到奏章，知道上书的是个小姑娘，很是重视。只见那奏章上写道："我叫淳于缇萦，是太仓令淳于意的小女儿。我父亲给国家当差的时候，临淄郡的人都说他廉洁正直。现在他犯法获罪，按律当处以肉刑。我不但为父亲难过，也为所有受肉刑的人伤心。一个人砍去脚就成了残废，以后就是想改过自新，也没有办法了。我情愿没入官府作奴婢，用身体来替父亲赎罪，好让他有个改过自新的机会。"汉文帝看了信，十分同情这个小姑娘。这样，汉文帝就正式下令废除肉刑。

学习单元二　中国社区矫正的产生与发展

【学习目标】

通过本单元的学习，应该能够：

1. 了解我国社区矫正的萌芽及演变过程。

2. 了解社区矫正在我国产生的背景和依据。

3. 掌握社区矫正的概念和特征。

4. 掌握我国社区矫正的任务和原则。

【知识树】

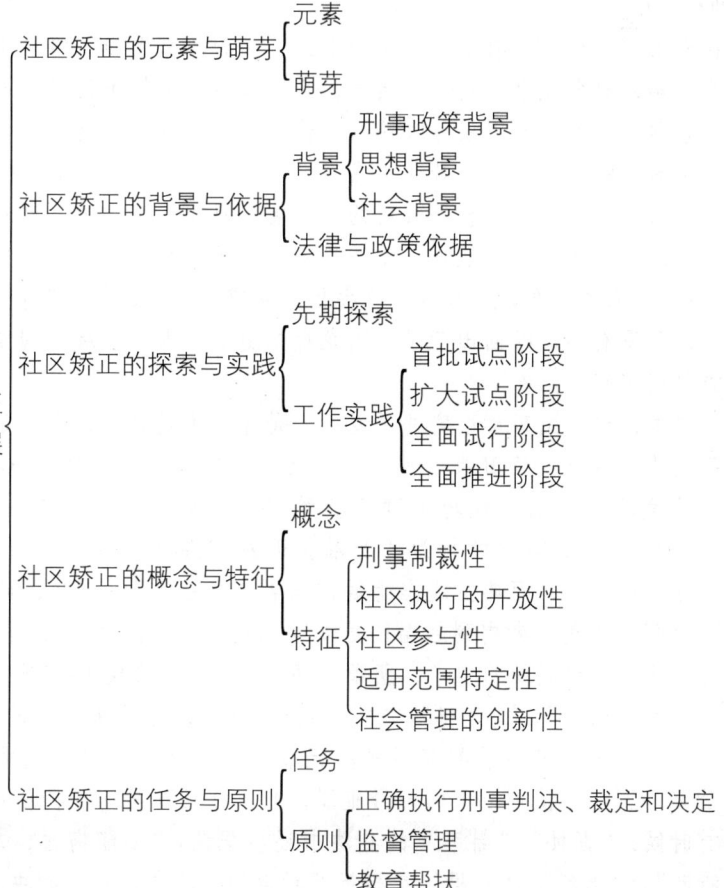

早在 12 世纪的中国宋代就有"寄杖""封案"制度。我们先来看两个案例：一个是轻微刑事案件，一个则是从民事诉讼中发现了轻微犯罪行为。

【案例 2-1】

在南宋绍定年间，长安乡民黎七捕到一筐活鱼，带入县城贩卖。当地鱼行有一种恶劣的风气：鱼贩子"百十为群，互相党庇，遇有乡民鬻物于市，不经由其手，则群起而攻之"。乡下人黎七入城摆摊卖鱼，被认为抢了渔行的生意，一个叫潘五十二的鱼贩子便过来干涉，黎七也没好声气，一言不合遂打了起来。路人赶紧报官，最后潘五十二、黎七都被扭送到县衙。

法官翁浩堂作出裁决：潘五十二寻衅滋事，"虽无所伤，亦不可不示薄罚"，判笞刑十五，立即执行；黎七对斗殴一事也负有责任，"交争之端，亦必自有以启之"，判笞刑十下，不过没有立即执行，而是"寄杖"，"后犯定断"。

【案例 2-2】

在南宋绍定年间，有个叫阿龙的农夫，因为急需用钱，将自家的四顷田地典给富户赵端，典得九十八贯钱。典卖，是以前很常见的不动产交易形式，即业主将自己某项不动产的使用权与收益权转让给他人，保留所有权，并约定典期，到期后业主有权赎回使用权，若业主在限期内无力赎回，则所有权转移给承典人。

过了八年，阿龙终于积下赎典的钱，便找赵端赎回田地。但赵端意欲侵占阿龙的田产，借口此时尚未秋收，无法交割，候秋收过后，再来赎典。赵端的如意算盘是："阿龙之钱难聚而易散，此去秋成尚有半载之遥"，到时阿龙很可能将钱花掉了，便没有办法赎回田产了。阿龙也知道这一点，坚决不同意延后赎典。最后双方打起了官司。

应该说，这起民事诉讼案并不复杂，是非也不难分清，但一审的法官却判令阿龙等秋收之后再收赎田地。阿龙不服上诉。二审的法官胡颖推翻了一审判决，作出新的裁决：阿龙有权马上赎回典给赵端的田产，勒令二人"日下交钱退业"。胡颖还发现，赵端的行为已经触犯刑法"在法：诸典卖田产，年限已满，业主于务限前收赎，而典主故作迁延占据者，杖一百"。因此，他又判赵端"杖一百"之刑，不过，考虑到赵端已是老迈之人，暂不执行，"封案"。

说到这里，我们便明白了，所谓"寄杖"，便是将杖刑"寄存"起来，暂不执行；所谓"封案"，便是将判决书"封存入匣"，暂不执行，跟现代的"缓刑"没什么两样。从《名公书判清明集》记载的几个案例来看，适用"寄杖""封案"的案子，都是杖刑以下的轻微犯罪；犯人往往还是需要特别对待的老人、妇女。有时候，"寄杖""封案"的判决书还会强调："如能悔过，却与免决""再犯，拆断"。"拆断"的意思，是指拆开封存的判决书，执行判决。

我们知道，现代缓刑制度是指：对于某些轻微犯罪，法官作出有罪判决，但暂不执行，以观后效。宋朝的"封案、拆断"制度同样包含了这些要素。现代国家设立缓刑制度的初衷，是以刑罚为威慑，又给予当事人悔过的机会，宋朝的"寄杖""封案"亦是基于同样的考虑。

可惜宋朝覆灭之后，这一古典的缓刑制度未能传承到后世。

一、社区矫正的元素与萌芽

在中国古代社会，法律制度常有"严刑峻法"之称。然而诸如缓刑、假释等具有社区矫正性质的刑罚替代措施，在中国的历史上也早已有之。《周礼·士师》中记载"若邦凶荒，则以荒辩之法治之。令移民通则，纠守缓刑"。可见，"缓刑"一词最早可以追溯到周朝，但它仅仅是凶荒年救灾的临时措施，而非一种刑罚裁量制度。集中国封建法律之大成的《大清律例》虽然也规定了类似"非监禁刑"的条款，但其大量适用"肉刑"和"赎刑"的做法与现代人道、文明的刑罚理念背道而驰。

20世纪初期，晚清朝廷派出官员考察外国法律制度。其中，西方监狱和刑罚制度的人道与文明给这些官员留下了比较深刻的印象，他们在给朝廷的奏折上均反映了这一点。[1]

1903年（光绪二十八年），山西巡抚赵尔巽向清廷上奏，建议各省设立"罪犯习艺所"，让犯罪人在服刑过程中掌握一些生存技能。这一做法改变了过去"行刑就是惩罚"的观念，开启了中国行刑改革的进程。

从清末到国民党执政时期，刑事立法不断吸收近代资本主义国家的刑罚理念，并通过尝试创办模范监狱，实施监外执行、缓刑、假释等制度。具有现代意义的缓刑、假释制度，最早出现在《大清新刑律》中。这一时期，在立法上留下了缓刑、假释等刑罚制度的丰富资料，但对社区矫正实践方面却欠缺系统的考证。

在抗日战争及解放战争时期，革命根据地监所工作中实行了回村执行、保外服役及战时假释的监外执行措施。如1931年《赣东北特区苏维埃暂行刑律》中规定："判处有期徒刑的犯罪分子，执行刑期二分之一后，有后悔实据的，可以假释，但执行未满半年者，不在此限。"晋察冀边区规定，判处5年以下徒刑，改悔有据，群众不反对者，可以采取回村服刑的办法。回村执行的罪犯，每月服劳役不超过10日，其服劳役日期与不服劳役日期，均以1日折算1日来计算剩余刑期。在解放战争时期，东北关东解放区监所，为了配合全区大生产运动，增加社会生产力量，改造犯人思想，对执行徒刑的罪犯，认为以在监外执行对其改造收效更大的，经法院院长及首席检察官的批准，改为监外执行。

---

〔1〕 薛梅卿等编：《清末民初改良监狱专辑》，中国监狱学会1997年版，第20、26页。

中国共产党于 20 世纪 30 至 40 年代革命根据地监所工作中实行的回村执行、保外服役及战时假释等监外执行措施，都体现了社区矫正的精神，可作为我国实行社区矫正的雏形。

改革开放以后，我国社会急剧变化，各种社会矛盾有增无减，随之而产生的犯罪也不断增长。有数据表明，1979 年~2012 年，我国监狱在押罪犯人数由 62 万人升至 164 万人，增幅为 164.5%，[1] 设施、经费、警力不足等问题突出，给监狱系统带来了很大的压力，对监狱安全稳定形成了潜在的威胁。另一方面，国外的刑罚已发展到以非监禁刑为主的阶段，社区矫正制度发展很快。因此，到 21 世纪初，在我国法学理论界和实务界已经形成共识，应当借鉴国际社会的普遍经验，发展我国的社区矫正制度。[2] 这标志着我国建立社区矫正制度的条件日趋成熟。

二、社区矫正的背景与依据

社区矫正源于西方国家，是世界各国不断进行刑罚制度改革的产物，它倡导矫正犯罪人比报应惩罚犯罪人更重要的价值理念；主张量刑过程中犯罪人因素比犯罪本身更应受到注意的重要思想。由于社区矫正制度内涵丰富、形式多样、作用彰显，因此，目前在世界范围内被广泛采用。

（一）社区矫正的背景

社区矫正是刑罚从肉刑到自由刑再到非监禁刑的演变，体现了刑罚的文明和进步。任何一次刑罚方式的变革都与社会政治思想以及经济文化的发展密切相关，社区矫正的产生也有其深厚的社会背景。

1. 社区矫正的刑事政策背景。第二次世界大战结束以后，刑法现代社会学派提出了新社会防卫论，其基本观点为社会应从自身寻找犯罪产生的原因，社会防卫的目的是使犯罪人复归社会而不是对其进行制裁。这一时期的代表人物是法国学者马克·安塞尔，他认为刑事政策研究的主要目标应是将犯罪人纳入社会中，对其进行再社会化以及实现此目标的手段。安塞尔的刑事政策理论代表了当今西方刑事政策运动的发展方向。

马克·安塞尔指出："刑事政策是由社会，实际上也就是立法者和法官在认定法律所要惩罚的犯罪，保护'高尚'公民时所作的选择。"第二次世界大战后，世界各国的刑事政策朝着所谓"宽松的刑事政策"和"严厉的刑事政策"两个不同的方向发展，这种现象称为刑事政策的两极化。也就是"轻轻重重"。

---

〔1〕 宋红伟："宽严相济刑事政策视野下的假释适用实证研究"，载《犯罪与改造研究》2007 年第 4 期。

〔2〕 司法部社区矫正制度研究课题组："改革和完善我国社区矫正制度之研究（上）"，载《中国司法》2003 年第 5 期。

"轻轻"就是对包括偶犯、初犯、过失犯罪等主观恶性不重的轻微犯罪的处理比以往更轻，即轻者更轻；"重重"就是对严重犯罪的处理比以往更重，即重者更重。20世纪六七十年代以来，西方发达国家在宽缓的刑事政策方面呈现出三种发展趋势：定罪政策上的非犯罪化、量刑政策上的非刑罚化和行刑政策上的非监禁化。

（1）宽严相济的刑事政策。随着世界刑罚轻缓化的发展趋势以及我国政治、经济、社会、文化的发展，我国的刑事政策也发生了新的变化。主要体现在由过去的"惩办与宽大"相结合、注重"惩罚"的刑事政策调整为"宽严相济"、注重"宽缓"的刑事政策，这是我国刑事司法政策的重大变革。宽严相济的刑事政策在党的十六届六中全会通过的《中共中央关于构建社会主义和谐社会若干重大问题的决定》中第一次正式提出，是对我国犯罪防控工作的科学总结，是对以往刑事政策的丰富和发展，对刑事司法工作具有重要的指示性作用。

宽严相济中的"宽"就是要坚持区别对待，应依法从宽的就要从宽处理。对情节轻微、主观恶性不大的犯罪人员，尽可能给他们改过自新的机会，依法从轻减轻处罚。主要有以下四种情形：

第一，依罪行从宽。即对于那些实施较轻微犯罪的犯罪人，处以较轻处罚。

第二，依犯罪人表现从宽。即所犯罪行虽然较重，但行为人具有坦白、自首或立功等法定或酌定情节的，法律上予以宽恕，在本应判处较重之刑的情况下判处较轻之刑。

第三，非犯罪化。即在侦查、起诉、审判阶段，对一些轻微的危害社会行为不以犯罪行为论处。

第四，非监禁化。是指虽被科处刑罚，但不在监狱等机构内执行，而在社区内执行。在以自由刑为核心的现代刑罚体系中，监禁是刑罚的主要形式。非监禁化就是使更多犯罪人在监狱外服刑，引入矫正理念，通过重视对犯罪人的教育矫正，使他们尽快融入社会之中。

宽严相济的"严"，就是集中力量依法严厉打击严重刑事犯罪。对危害国家安全罪、黑社会性质组织犯罪、严重暴力犯罪以及严重影响人民群众安全的多发性犯罪从严打击，充分发挥刑罚的威慑力。

宽严相济的"济"，具有以下三层含义：

第一，调济，即所谓以宽济严、以严济宽。刑罚的宽与严是相对而言的，例如死缓相对于死刑立即执行而言是一种宽缓的处理。但死缓相对于无期徒刑而言又是一种严厉的处理。正因为宽严具有相对性，因此，应以宽济严，也就是通过宽以体现严；以严济宽，也就是通过严以体现宽。

第二，协调，即所谓宽严有度、宽严审势。宽严有度是指保持宽严之间的平

衡：宽，不能宽大无边；严，不能严厉无比。宽严审势是指宽严的比例、比重不是一成不变的，而应当根据一定的形势及时地进行调整。

第三，结合，即所谓宽中有严、严中有宽。不同时期、不同犯罪情况和不同犯罪人，应当分别采取宽严不同的刑罚。

"宽严相济"刑事政策是我国构建和谐社会的必然要求，是社区矫正制度在中国得以建立并不断发展的最为重要的刑事政策背景。社区矫正是"宽严相济"刑事政策的具体贯彻和落实，对于体现宽缓的刑事政策，弥补现有短期自由刑的缺陷有积极的作用。

（2）"有选择监禁"刑事政策。"有选择监禁"刑事政策的主要内涵是：基于监禁刑仍是一种十分必要的刑罚措施，在打击犯罪中发挥着不可或缺的作用，同时监禁刑本身存在着许多缺陷和弊端，监狱并非矫正犯罪人的理想环境，因此，一方面应从总量上严格控制监禁刑的适用，适度控制监狱人口规模；另一方面，应当实现监禁刑资源的合理配置，监狱只应关押那些对社会危险性极大而有必要监禁的犯罪人，对那些不必要监禁或不需要继续监禁的犯罪人应尽可能放在社会上接受矫正。"有选择监禁"刑事政策推行的结果，一方面是监禁刑的适用势头得到遏止；另一方面是社区矫正的发展壮大，除了罚金、缓刑、假释等传统的非监禁刑措施外，新的制裁方法如劳动赔偿、社区服务等被大量地引进与适用。目前，美国、加拿大、英国、德国、法国、澳大利亚、新西兰、日本等发达国家和地区都已形成了以非监禁刑为中心的刑罚适用和执行模式。

以"非犯罪化""非刑罚化"和"非监禁化"为主要内容的轻缓化的刑事政策趋势，是二战后人道主义和人权保护在全世界范围内空前重视影响下及新社会防卫运动推动下共同作用的结果。它是对传统的报应性刑罚观念的摒弃，改变了以往人们对待犯罪与犯罪人的态度，集中体现了刑罚的人道性，是人类理性对待犯罪现象的结果，人类社会文明发展的体现。[1]

2. 社区矫正的思想背景。社区矫正作为一种非监禁刑事执行制度，有着深刻的刑罚思想背景，它受到刑罚目的的制约和影响。有学者主张刑罚目的是一个完整的整体，是层次性的统一，并提出了三层次的刑罚目的理论："刑罚目的可以分为三个层次，依次是公正、惩罚、犯罪，有效预防犯罪和最大限度地保护法益"。

社区矫正制度正是围绕刑罚目的建立的一项有价值、有意义的刑事执行制度。报应、犯罪预防、法益保护三重目的在社区矫正制度中得到了彰显与统一。考察刑罚的起源及其嬗变，如下刑罚思想理论学说可以作为社区矫正产生之主要

---

〔1〕　徐博强："新中国刑事政策变迁研究"，中国人民公安大学 2018 年博士学位论文。

背景渊源。

（1）刑罚人道主义思想。刑罚人道主义与悲悯、仁慈等人类与生俱来的善性相关联，而与野蛮、残酷、暴虐等蒙昧状态相对立。在理性观念上，刑罚人道主义核心是对于人的主体性的承认与尊重，将犯罪人作为伦理关系和法律关系的主体对待，这是刑罚人道主义的命题实质和中心思想。

刑罚人道主义具有以下三重含义：一是保护与尊重犯罪人的人格尊严；二是禁止把人当作实现刑罚目的的工具；三是禁止使用残酷而不人道及蔑视人权的刑罚手段。

刑罚人道主义作为现代刑法的核心价值理念之一，具有丰富的思想内涵。刑罚与刑事政策关系紧密，刑罚受刑事政策影响，并随其发展变革而变革。刑事政策的主要功用之一就是通过对刑罚体系的制定和修改，指导刑罚不断地适应社会的需要，更好地保卫社会。社区矫正制度的实施符合刑罚人道主义思想中"把人当人"的质朴理念，在刑事执行中把罪犯当人。社区矫正使符合条件的罪犯不脱离原来生活的社区，实现惩罚目的的同时，既满足他们基本的自然生活需求，又采取各种手段和措施保障其进行社会交往的权利，从而满足了他们的社会需求，而不是一概进行剥夺。

从刑事古典学派反对封建残酷刑罚的立场，到近代学派主张的目的刑论、教育刑论，发展到新社会防卫运动倡导的以保障犯罪人复归社会权利实现的"最高意义上的人道主义"，无不彰显犯罪人的人格尊严，尊重"人之为人"的主体性地位和目的性存在。刑罚逐步把教育矫正、促进犯罪人回归社会作为出发点和落脚点，以社区矫正为代表的刑事执行制度的制定、适用和执行，充分体现了人道主义基本理念中人性的呼唤、感召与终极关怀。

（2）刑罚谦抑性思想。刑罚的谦抑性精神一般在犯罪范围和刑罚限度两个方面体现。所谓犯罪范围的谦抑性，是指罪之谦抑，即国家对社会生活的刑事干预是有限度的，应当尽可能科学地界定犯罪的范围。立法机关只有在该规范确属必不可少——没有可以代替刑罚的其他适当方法存在的条件下，才能将某种违反法律秩序的行为设定成犯罪行为。刑罚限度的谦抑性是指刑之谦抑，即国家刑罚权的行使是有限度的，应当尽量使刑罚节俭，尤其是防止刑罚过剩与刑罚过度。坚持刑罚的谦抑性，也就是坚持刑法的补充性，换言之，就是把刑罚作为最后手段来确定某种行为的可罚性。

作为非监禁刑事执行措施，缓刑、假释等社区矫正制度采用非监禁的方式，表现了对刑罚适用的限制和行刑有效性的提高，少用或不用监禁刑可以获取最大的社会效益，即有效地控制犯罪，这无疑体现了刑罚谦抑性精神。

（3）刑罚民主思想。"民主"是一种政治学概念，其突出的特征是强调限制

君权和权力制衡。由于法一直是国家产生以来的统治工具和社会关系调控器。因此，民主思想与国家和法治密切相关。

司法民主是现代民主的重要内容之一，人民参与司法，是现代法治国家司法文明与进步的重要标志，只有司法民主的充分实行才能促进权利平等，建立稳定和谐的社会秩序。司法民主在审判活动中的重要表现，是在诉讼中实行陪审或者参审制度，允许民众直接参与司法审判；而在行刑活动中，司法民主意味着行刑活动对社会的适度开放和社会对行刑过程的积极参与。行刑民主化是司法民主化的应有之意，可以说，在刑法运作的各个环节中，行刑是最需要社会参与的一个环节。社区矫正的最大特点是行刑方式的开放性，这既有助于增强行刑的公开性和透明性，便于监督和制约行刑权的运作，有助于形成公民权利对司法权力的制约，也可以使社区民众通过参与社区矫正的行刑过程，了解他们在国家司法活动以及犯罪人重新社会化方面所扮演的重要角色，从而激发他们在更大范围内关注并自觉参与法制建设的积极性，促进社会文明进步。

3. 社区矫正的社会背景。

（1）社区矫正的提出反映了中国社会转型历史时期特定的时代要求。一方面，国家、社会和民众普遍要求对违法犯罪活动继续采取有效措施，保持适度的社会控制。另一方面，随着我国经济物质水平的迅速发展和提高，特别是随着建设社会主义和谐社会战略方针的提出，国家和民众对犯罪的容忍度进一步加强，社会的包容性极大提高。因此，对违法犯罪人员的处遇，思维和选择也趋向多元化，社会政策更加宽容和灵活。

（2）从刑罚的文明发展而言，刑罚的轻缓、民主和人道等，是无可更改的规律和趋势。因此，剥夺自由的监禁率的降低，早已成为世界各国普遍关注的问题和努力的目标。我国社会在经济快速发展的同时，如何建构和选择自己的司法制度，无疑是不可回避的问题。尽管由此并不必然导致社区矫正的产生，但在这种思考中，通过社区矫正工作试点和全面实行，探讨监狱外实施刑罚的路径，寻求以社区矫正措施代替监禁刑的可能性，不失为一种有益的尝试。

（3）随着我国社会物质和精神文明水平的提高，人们的环境和成本意识迅猛提升。因此，在刑罚和刑事司法领域，如何有效控制刑罚资源和司法资源的使用，降低社会治理犯罪的制度成本和经济成本，日益成为人们关注的焦点。与此同时，世界各国社区矫正的实践也已经表明，社区矫正的经济成本大致相当于监禁成本的1/4到1/10，而其重新犯罪率，往往并不比监禁刑罚的重新犯罪率高。

（4）由于犯罪总量的持续攀升以及监禁刑的过度使用，造成监狱在押犯人数的持续增长。监狱拥挤给监狱管理、犯罪人改造带来了一系列的负面影响，制约着监狱行刑效能的有效发挥。具体表现在：一是降低犯罪人的物质生活待遇。

监狱爆满的结果将造成监舍更加拥挤，受刑人的活动空间相对缩小，可利用的生活设施相对减少，各项生活服务如饮食、卫生、医疗保健、文化娱乐等的标准有所下降，使得犯罪人的基本生活都受到了冲击。二是损害受刑人的身心健康。监狱拥挤会增加受刑人心理紧张及压迫感，极有可能使原本就非舒适之处遇环境雪上加霜。其影响层面包括违规行为、暴行、心理压力、精神疾病、生理症状、自杀行为和死亡率等。三是降低监狱行刑效能。研究表明，监狱拥挤会增加管理的不确定性和不可预测性，影响管理目标的实现。监狱超押与高昂的监禁成本，成为推动我国社区矫正发展的最大动因。

（二）社区矫正的法律与政策依据

社区矫正的法律属性是刑事执行活动，不仅适用于缓刑、假释执行过程中，而且还适用于管制、暂予监外执行的执行过程中。所以，它需要国家法律和政策的支持。

1. 宪法依据。《中华人民共和国宪法》（以下简称《宪法》）第 28 条规定："国家维护社会秩序，镇压叛国和其他危害国家安全的犯罪活动，制裁危害社会治安、破坏社会主义经济和其他犯罪的活动，惩办和改造犯罪分子。"第 111 条第 2 款规定："居民委员会、村民委员会设人民调解、治安保卫、公共卫生等委员会，办理本居住地区的公共事务和公益事业，调解民间纠纷，协助维护社会治安，并且向人民政府反映群众的意见、要求和提出建议。"这两条规定是社区参与矫正犯罪人的宪法性依据。

2. 法律依据。

（1）2011 年 2 月 25 日第十一届全国人民代表大会常务委员会第十九次会议通过的《刑法修正案（八）》明确规定了对判处管制、缓刑、假释的罪犯依法实行社区矫正。其中，《刑法》第 38 条规定："管制的期限，为 3 个月以上 2 年以下。判处管制，可以根据犯罪情况，同时禁止犯罪分子在执行期间从事特定活动，进入特定区域、场所，接触特定的人。对判处管制的犯罪分子，依法实行社区矫正。违反第 2 款规定的禁止令的，由公安机关依照《中华人民共和国治安管理处罚法》的规定处罚。"第 76 条规定："对宣告缓刑的犯罪分子，在缓刑考验期限内，依法实行社区矫正，如果没有本法第 77 条规定的情形，缓刑考验期满，原判的刑罚就不再执行，并公开予以宣告。"第 85 条规定："对假释的犯罪分子，在假释考验期限内，依法实行社区矫正，如果没有本法第 86 条规定的情形，假释考验期满，就认为原判刑罚已经执行完毕，并公开予以宣告。"社区矫正写入刑法，解决了社区矫正的执法依据问题，从刑事实体法制度层面奠定了社区矫正法律制度建设的走向。

（2）《中华人民共和国刑事诉讼法》（以下简称《刑事诉讼法》）第 269 条

规定："对被判处管制、宣告缓刑、假释或者暂予监外执行的罪犯，依法实行社区矫正，由社区矫正机构负责执行。"第 265 至第 268 条对暂予监外执行的适用条件、监督以及终止等，予以详细规定。这些规定明确了社区矫正的适用范围以及社区矫正的执行机关，进一步从刑事司法程序制度上落实了《刑法修正案（八）》规定的社区矫正执行程序问题。我国《刑法》和《刑事诉讼法》中关于社区矫正的规定，标志着我国社区矫正法律制度的正式确立。

（3）《中华人民共和国监狱法》（以下简称《监狱法》）第 25 条至 28 条详细地规定了暂予监外执行的适用对象、程序、类型、执行终止等内容。其中，第 27 条规定："对暂予监外执行的罪犯，依法实行社区矫正，由社区矫正机构负责执行。原关押监狱应当及时将罪犯在监内改造情况通报负责执行的社区矫正机构。"第 28 条规定："暂予监外执行的罪犯具有刑事诉讼法规定的应当收监的情形的，社区矫正机构应当及时通知监狱收监；刑期届满的，由原关押监狱办理释放手续。罪犯在暂予监外执行期间死亡的，社区矫正机构应当及时通知原关押监狱。"第 32 条至第 34 条详细规定了假释的条件、内容和程序。其中，第 33 条规定："人民法院裁定假释的，监狱应当按期假释并发给假释证明书。对被假释的罪犯，依法实行社区矫正，由社区矫正机构负责执行。被假释的罪犯，在假释考验期限内有违反法律、行政法规或者国务院有关部门关于假释的监督管理规定的行为，尚未构成新的犯罪的，社区矫正机构应当向人民法院提出撤销假释的建议，人民法院应当自收到撤销假释建议书之日起 1 个月内予以审核裁定。人民法院裁定撤销假释的，由公安机关将罪犯送交监狱收监。"这些条款明确规定了对暂予监外执行和被假释的罪犯依法实施社区矫正，并对社区矫正机构的部分工作职责做了划分，这为解决暂予监外执行和假释制度与社区矫正的衔接提供了法律依据。

（4）2019 年 12 月 28 日，十三届全国人大常委会第十五次会议全票表决通过了《中华人民共和国社区矫正法》（以下简称《社区矫正法》）。这是我国首次就社区矫正工作进行专门立法。该法共九章 63 条，于 2020 年 7 月 1 日起施行。这部法律的制定非常尊重基层的首创精神，注重将社区矫正工作实践中一些成功有效的做法固定下来，上升为法律制度。至此，我国社区矫正终于有了自己独立的部门法。它的颁布使我国社区矫正工作真正进入法治化、规范化、专业化的轨道。

3. 国际法依据。我国政府所签订、加入或承认的国际条约和作为联合国常务理事国参与起草的有关社区矫正的法律文件，也是我国社区矫正的法律依据或渊源，如《联合国少年司法最低限度标准规则》《联合国非拘禁措施最低限度标准规则》等。

4. 政策依据。我国开展社区矫正工作最直接的政策依据如下：2003 年 7 月最高人民法院、最高人民检察院、公安部、司法部（以下简称两院两部）联合下发的《关于开展社区矫正试点工作的通知》（已失效，以下简称《矫正试点通知》）、2005 年 1 月两院两部《关于扩大社区矫正试点范围的通知》（已失效，以下简称《关于扩大社区矫正试点范围的通知》）；2006 年，最高法律监督机关对加强社区矫正监督问题作出规定，发布《关于社区矫正试点工作中加强法律监督的通知》，对社区矫正进行改进、完善；2009 年两院两部依据我国初具制度雏形的矫正实践基础，颁行《关于在全国试行社区矫正工作的意见》（已失效，以下简称《试行矫正意见》）。其中，《试行矫正意见》的下发，标志着我国社区矫正工作进入到了一个崭新的阶段。2012 年 3 月，为配合 2011 年《刑法修正案（八）》以及 2012 年《刑事诉讼法》对社区矫正的新规定，两院两部联合发布《社区矫正实施办法》（已失效），对社区矫正工作进一步进行规范；2014 年两院两部公布《关于全面推进社区矫正工作的意见》（已失效），对全面推进社区矫正工作做出整体部署；2016 年两院两部公布的《关于进一步加强社区矫正工作衔接配合管理的意见》（已失效），表明我国社区矫正制度正在紧随实践暴露出的问题而有条不紊地改进、完善。2020 年 7 月 1 日与《社区矫正法》同时施行的《中华人民共和国社区矫正法实施办法》（以下简称《社区矫正法实施办法》）对《社区矫正法》进行了进一步地细化，更有利于实务操作。原《社区矫正实施办法》同时废止。

三、社区矫正的探索与实践

（一）我国社区矫正的先期探索

我国司法实务部门对社区矫正的探索，要早于中央规定的全国试点时间。

2000 年 9 月，上海市女子监狱对犯罪人尝试了半监禁刑的探索，对于符合条件的犯罪人，允许从周一到周五回社会劳动，周末回监狱服刑。自试行以来，效果较好，犯罪人回到社会后均能自食其力，遵纪守法。这样做，不仅缓解了家庭和社会的矛盾，密切了邻里关系，也减少了监狱的开支。这是我国刑罚执行机关在司法实践中首次探索使用带有社区矫正性质的制度，是我国监狱行刑社会化的一种体现。

2000 年，北京市法院刑事审判工作座谈会强调，对农民被告人适用刑罚，既要严格遵循罪刑相适应的原则，又要充分考虑农民犯罪主体的特殊性；要依靠当地党委政府做好相关部门的工作，依法适用非监禁刑罚。同时指出，可以探索多种有效方式落实非监禁性的监管措施。此后，便开始扩大缓刑的适用。

2001 年 5 月，河北省石家庄市长安区人民检察院审查起诉部门向涉嫌盗窃的未成年犯罪嫌疑人黎明（化名）下达了一个特殊的法律文书——"社会服务

令"，指令黎明到光达居委会（化名）进行无薪社会服务，服务期限为 2 个月。"社会服务令"下达后，黎明被安排在远离居住地的长安区光达居委会，以"社会志愿者"的身份进行无薪社会服务。2001 年 7 月 26 日，"社会服务令"期满，长安区人民检察院鉴于黎明在"社会服务令"期间重新树立了做人的自尊和对社会的责任感，确有悔改表现，对其作出了不起诉的决定。这是我国大陆地区的第一例"社会服务令"，被认为是开创了大陆地区社区矫正的先河。

2002 年初，司法部组成了社区矫正制度研究课题组，对国内外的经验和做法进行了大量深入研究，同年 8 月形成了《关于改革和完善我国社区矫正制度的研究报告》。该报告较为全面地介绍了国外社区矫正的发展情况，分析了我国非监禁刑罚制度现状以及存在的问题，对建立和完善我国的社区矫正制度提出了初步构想。

2003 年江苏省南京市玄武区人民法院少年法庭也开始尝试对一些未成年被告人发出"社区服务令"。对未成年被告人暂缓判决或是在判处有期徒刑、拘役、宣告缓刑的同时发布"社区服务令"。其中，暂缓判决并发出"社区服务令"这种方式与长安区检察院的做法一样，都与国外作为短期自由刑替代措施的社区服务令制度相类似。

北京市对社区矫正工作的探索也较早。北京市高级人民法院先后在房山区和密云县进行了缓刑犯罪人监管帮教的试点工作，均取得了一定成效。2001 年 5 月，密云县人民法院正式成立了由主管院长任组长、刑庭庭长任副组长和副庭长、审判员、内勤参加的"监管帮教小组"，并确定几项公益活动供缓刑人员选择，同时还充分考虑到未成年人的特殊情况，确定了每年做两件以上好事的方案；制定了《成年缓刑人员守则》和《未成年缓刑人员守则》，增强回访工作力度。经考察，密云县人民法院 2001 年所判的 62 名缓刑人员，无一人严重违法或重新犯罪。北京市司法局 2002 年上半年开始组织专门力量对社区矫正工作进行调查研究，先后提交了一系列的可行性研究报告，得到了北京市委、市政府的高度重视。2002 年 8 月，密云县率先依托刑满释放、解除劳教人员安置帮教工作体系，进行了假释、监外执行犯罪人社区矫正的实践探索。

2003 年 3 月 17 日，北京市政法委书记办公会原则通过了《中共北京市委政法委员会、首都社会治安综合治理委员会关于开展社区矫正试点工作的意见》，并于 4 月中旬由北京市委政法委和首都综治委联合予以印发。该意见对社区矫正工作的指导思想、适用范围、工作任务、矫正队伍、工作职责、工作制度和工作要求作了明确规定，成为北京市开展社区矫正工作的政策依据，为社区矫正试点工作的开展提供了可靠的保障。此后，社区矫正工作领导小组又通过了《北京市社区矫正工作实施细则（试行）》等一系列文件。为了使社区矫正更健康有序地启动与开展，北京市编写了《北京市社区矫正工作培训纲要》作为培训教材，分三期对抽调的监狱警察和司法助理员进行了业务培训，指导试点区（县）制定社区矫正工作的实施方案。

（二）我国社区矫正工作的实践

1. 首批试点阶段。按照中央统一部署，2003 年 7 月，"两院两部"联合下发《矫正试点通知》（已失效）指出：为了适应我国政治、经济、社会及文化的发展要求，有必要开展社区矫正试点工作，积极探索刑罚执行制度改革。该《矫正试点通知》（已失效）明确规定了社区矫正的概念、重要意义、适用范围、任务以及组织领导，同时确定北京、天津、上海、江苏、浙江和山东 6 个省（市）作为全国首批社区矫正工作的试点省（市）。至此，社区矫正工作作为国家决策层面的一项司法体制和工作机制改革的重大举措正式启动。

2004 年 5 月 9 日，司法部颁布《司法行政机关社区矫正工作暂行办法》（已失效，以下简称《矫正暂行办法》）（司发通〔2004〕88 号），较详细地规定了社区矫正的概念、原则、目的、任务、适用范围、管教办法、法律依据及法律监督、工作机构、人员及其职责、社区服刑人员的接收、社区矫正措施、社区矫正终止，并规定"各试点省、自治区、直辖市的司法厅（局）可依据本办法制定本地区社区矫正工作实施细则"。尽管《矫正暂行办法》的法律地位较低，但毕竟向社区矫正规范化、制度化迈出了重要一步。

2. 扩大试点阶段。为进一步推动社区矫正试点工作的深入开展，2005 年 1 月 20 日，两院两部又下达了《关于扩大社区矫正试点范围的通知》，决定将试点范围扩大到河北、内蒙古、黑龙江、安徽、湖北、湖南、广东、广西、海南、四川、贵州、重庆共 12 个省（区、市），试点地区由经济发达的东南沿海和大城市，扩展到中、西部地区和东北地区。至此，开展社区矫正的试点省（市）达到了 18 个。此外，辽宁、吉林、福建、江西、云南、宁夏等一些未被列入试点范围的省、自治区也自行开展了社区矫正的试点和前期准备工作。

3. 全面试行阶段。2009 年，在试点工作取得显著社会效果的基础上，两院两部及时下发《试行矫正意见》一系列法律文件，决定在全国全面试行社区矫正工作。全国各省基本上都已开始开展社区矫正工作，且均制订了相关具体的工作流程、规划等。

4. 全面推进阶段。2013 年 11 月，党的十八届三中全会通过的《中共中央关于全面深化改革若干重大问题的决定》明确提出，要"健全社区矫正制度"。2014 年 4 月 21 日，习近平总书记作出重要指示，要求把社区矫正工作作为司法行政一项重点工作，科学谋划，深入推进，指出："社区矫正已在试点的基础上全面推开，新情况新问题会不断出现。要持续跟踪完善社区矫正制度，加快推进

立法，理顺工作体制机制，加强矫正机构和队伍建设，切实提高社区矫正工作水平。"2014年10月，党的十八届四中全会通过的《中共中央关于全面推进依法治国若干重大问题的决定》进一步提出，要"制订社区矫正法"。同年，司法部会同最高人民法院、最高人民检察院、公安部联合召开全国社区矫正工作会议，部署全面推进社区矫正工作，社区矫正工作由此进入全面推进的新阶段。截止到2019年底，全国累计接收社区矫正对象达到了478万人，累计解除矫正对象411万人。而社区矫正的人均执行成本只有监狱的1/10，社区矫正期间矫正对象的再犯罪率只有0.2%。[1]

2019年12月28日，十三届全国人大常委会第十五次会议表决全票通过了《社区矫正法》，国家主席习近平签署2019年第40号令，《社区矫正法》自2020年7月1日起施行。《社区矫正法》分为总则，机构、人员和职责，决定和接收，监督管理，教育帮扶，解除和终止，未成年人社区矫正特别规定，法律责任，附则，共九章63条。这是我国首次就社区矫正工作进行专门立法，标志着社区矫正工作进入了全新的发展时期。《社区矫正法》的出台迎来了我国社区矫正工作"有法可依"的新局面，指明了我国社区矫正的发展方向，有利于社区矫正工作的全面规范运行。同时，《社区矫正法》对完善刑事执行制度，贯彻宽严相济刑事政策，推进国家治理体系和治理能力现代化，建设中国特色社会主义法治体系，具有重大意义。

四、社区矫正的概念与特征

（一）社区矫正的概念

社区矫正是指将符合法定条件的罪犯置于社区内，为保障刑事判决、刑事裁定和暂予监外执行决定的正确执行，提高教育矫正质量，促进社区矫正对象顺利融入社会，预防和减少犯罪的一种非监禁刑事执行制度。

对符合条件的罪犯，依法实行社区矫正，有利于化解消极因素，缓和社会矛盾，从而达到预防和减少犯罪，维护社会稳定的目的。社区矫正执行刑事判决、刑事裁定和暂予监外执行决定，是在党中央和国务院正确领导下，立足我国基本国情发展起来的具有中国特色的非监禁刑事执行制度，是推进国家治理体系和治理能力现代化的一项重要制度。我国的社区矫正工作经历了2003年开始试点、2005年扩大试点、2009年全面试行、2014年以后全面推进，至2019年开展16年来，社区矫正工作从无到有、经过试点试行、由点到面、从小到大，直至在全国全面推进，全国累计接收社区矫正对象478万人，累计解除411万人，每年列管120多万人，为维护社会和谐稳定，推进平安中国、法治中国建设，促进司法

---

〔1〕 陈宏光："聚焦《社区矫正法》"，载《上海法治报》2020年2月3日，第B04版。

文明进步发挥了重要作用。[1]

（二）社区矫正的特征

结合国内社区矫正工作的实践，我们认为，社区矫正特征可以概括为以下几个方面：

1. 刑事制裁性。这是社区矫正的本质特征。社区矫正是对罪行轻微或经过一定刑期执行后不需要继续在监狱服刑的罪犯实行的非监禁刑事执行方式。虽然适用社区矫正的罪犯在开放的社区环境中接受教育矫正，但其罪犯的本质特征并没有因此而发生任何改变。这从对社区矫正对象某些权利和人身自由的一系列限制性规定中体现出来。明确了社区矫正的这一本质特征，对做好社区矫正工作是非常重要的。

2. 社区执行的开放性。这是社区矫正区别于罪犯在监狱和看守所等监禁场所执行刑罚的主要特征。社区矫正是在社区内对矫正对象进行监督管理、教育帮扶，社区的开放性不同于传统的刑罚执行机关的封闭性，罪犯不需要与社会隔离，他们仍然可以生活在自己熟悉的环境中，享有较大的自由度。虽然其人身自由会受到一定程度的限制，但其工作和日常生活不会由于被矫正而受到严重干扰。这种开放式的矫正有利于矫正对象与社会的融合，有效避免了监禁矫正带来的罪犯"监狱人格"的形成，能更好地促使他们顺利回归社会。

3. 社区参与性。这是社区矫正的重要特征。社区矫正的社区参与性主要体现在两个方面：一方面，社区矫正工作需要社区资源的参与。社区矫正需要对社区矫正对象进行全方位的监督管理和教育帮扶，社区矫正对象拥有相对的自由。在这种情况下，仅仅依靠少数专职工作人员根本无法完成对处于松散状态下的社区矫正对象的监督管理和教育帮扶，必须充分利用各种社会资源，依靠社区基层组织和社区民众的协作配合，依靠社会工作者、社会志愿者、被害人及社区矫正对象家属的积极参与才能有效地落实社区矫正方案。另一方面，只有得到社区居民的广泛认同和理解，社区矫正对象才会充分融入社区生活之中，社区矫正的任务才可能保质保量地完成。

4. 适用范围特定性。社区矫正的适用范围是：被判处管制、被宣告缓刑、被暂予监外执行、被裁定假释的四种罪犯。这四类人员都要经过评估确定没有再犯罪的危险，对所居住的社区也没有重大的不良影响才能适用社区矫正，这是国家对社区矫正的刚性规定，不得随意扩大或缩小适用范围。适用范围的特定性，要求我们在社区矫正工作中，一定要认真贯彻落实宽严相济的刑事政策，不能扩大适用范围失之于宽，也不能缩小范围失之于严。

---

〔1〕　姜爱东："《社区矫正法》具有里程碑意义"，载《人民调解》2020 年第 2 期。

5. 社会管理的创新性。社区矫正虽然是一种刑事执行制度，但更多体现的是对社区矫正对象的监督管理和教育帮扶，目的是促进社区矫正对象顺利融入社会，预防和减少犯罪，是对特殊人群的一种全新的社会管理模式，所以，社区矫正是一种社会管理模式的创新。

五、社区矫正的任务与原则

（一）社区矫正的任务

从《联合国非拘禁措施最低限度标准规则》（东京规则）的规定要求来看，社区矫正的任务有三个方面：一是依法对非拘禁措施加以监督执行；二是针对个案予以行为矫正；三是向罪犯提供心理、社会和物质方面的援助，并使它们有机会与社区加强联系，从而促使他们重返社会。[1] 从《社区矫正法》第1条和第2条的规定来看：社区矫正的任务有三个方面：一是保障刑事判决、刑事裁定和暂予监外执行决定的正确执行；二是对社区矫正对象的监督管理；三是对社区矫正对象的教育帮扶。据此，社区矫正的任务主要有：

1. 正确执行刑事判决、刑事裁定和暂予监外执行决定。这是社区矫正最重要的任务。将符合法定条件的管制、缓刑、假释和暂予监外执行的罪犯放在社区内进行矫正，一个最重要的任务就是完成对他们的刑事判决、刑事裁定和暂予监外执行决定的正确执行，并通过对他们的监督管理和教育帮扶，促进其顺利融入社会，预防和减少犯罪。

2. 监督管理。社区矫正刑事执行的本质属性决定了对社区矫正对象进行监督管理的工作任务。根据社区矫正对象的犯罪类型、矫正阶段、再犯罪风险等情况，探索分类管理、个别化矫正手段；严格依法执行对社区矫正的报到、会客、请销假、迁居等各项监督管理措施；健全完善社区矫正对象考核奖惩制度，探索建立日常考核与司法奖惩的衔接机制；创新监督管理方式方法，提高社区矫正工作的科技含量。依法运用通讯联络、信息化核查、电子定位等现代科技手段加强监督管理，避免发生脱管、漏管，防止重新违法犯罪。

3. 教育帮扶。这是帮助社区矫正对象成为守法公民的重要举措。社区矫正机构要不断完善教育帮扶的措施方法，对社区矫正对象进行思想、法治、社会道德等教育，增强其法治观念，提高其道德素质和悔罪意识；根据社区矫正对象的个人特长，组织其参加公益活动，修复社会关系，培养社会责任感；加强心理矫正工作，采取多种形式对社区矫正对象进行心理健康教育，提供心理咨询、心理治疗和心理危机干预，促使其顺利融入社会和回归社会；社区矫正机构要整合社会资源，协调有关部门和单位，依靠基层组织和社会力量，开展丰富多样的帮扶

---

[1] 程味秋、［加］杨诚、杨宇冠编：《联合国人权公约和刑事司法文献汇编》，中国法制出版社2000年版，第278页。

活动，为社区矫正对象提供就业技能培训和就业指导，帮助其解决基本生活保障等方面的困难和问题，帮助其顺利回归社会，成为守法公民。

（二）社区矫正的原则

社区矫正的原则是指社区矫正工作所应遵循的基本准则，社区矫正工作原则为社区矫正工作提供了基本准则，是社区矫正工作的行动指南。社区矫正工作应当坚持以下几项基本原则：

1. 坚持党的绝对领导，确保社区矫正工作正确方向的原则。坚持党的领导是我国宪法确定的一项基本原则。近年来，中国共产党相继提出了"依法治国，建设社会主义法治国家"的治国施政理念和"构建社会主义和谐社会"的社会治理目标，确立了指导我国政法工作的社会主义法治理念，明确要求"实施宽严相济的刑事政策，改革未成年人司法制度，积极推行社区矫正"。因此，党的政策和国家法律在本质上是一致的。社区矫正工作必须坚持党的领导，认真贯彻中央关于司法体制和工作机制改革的决策部署，开拓创新与依法规范并重，积极推进社区矫正工作健康开展，确保社区矫正工作的正确方向。在 2020 年 7 月 1 日施行的《社区矫正法实施办法》第 2 条中也明确规定了："社区矫正工作坚持党的绝对领导，实行党委政府统一领导、司法行政机关组织实施、相关部门密切配合、社会力量广泛参与、检察机关法律监督的领导体制和工作机制。"

2. 坚持监督管理与教育帮扶相结合的原则。《社区矫正法》第 3 条明确规定，"社区矫正工作坚持监督管理与教育帮扶相结合……"。第 4 条第 1 款规定："社区矫正对象应当依法接受社区矫正，服从监督管理。"

监督管理主要是监督社区矫正对象遵守法律、行政法规，履行判决、裁定、暂予监外执行决定等法律文书确定的义务，履行司法行政部门关于报到、会客、外出、迁居、保外就医等监督管理规定，落实针对社区矫正对象的矫正方案，了解掌握社区矫正对象的活动情况和行为表现等。

教育帮扶主要是指社区矫正机构，教育、人力资源社会保障等部门，有关人民团体，居民委员会、村民委员会，以及企事业单位、社会组织、志愿者等社会力量对社区矫正对象开展的教育、心理辅导、职业技能培训、就业指导，社会关系改善等教育帮扶活动。[1]

开展社区矫正工作，主要是根据现有法律的规定，对社区矫正对象进行必要和适度的监督管理，并有针对性地开展教育帮扶，这两项工作是社区矫正工作的核心内容。开展社区矫正工作要做到监督管理和教育帮扶相结合，两者都不可偏废。一般来说，监督管理是教育帮扶的前提和保障，社区矫正对象只有服从监督

---

〔1〕 王爱立主编：《中华人民共和国社区矫正法解读》，中国法制出版社 2020 年版，第 19～20 页。

管理，切实遵守法律、行政法规，履行判决、裁定、暂予监外执行决定等法律文书确定的义务，履行司法行政部门关于报告、会客、外出、迁居、保外就医等监督管理规定，才能顺利地度过社区矫正考验期，最终得以解除社区矫正。

而教育帮扶是做好社区矫正工作的核心和重中之重。根据社区矫正对象的需要，开展有针对性的教育、心理辅导，社会关系改善等教育帮扶活动，能够帮助社区矫正对象改善现有状态，增强法治观念，提高道德素质；帮助社区矫正对象依法获得社会救助，获得就业岗位和职业技能培训，可以帮助其解决碰到的困难，恢复正常的工作和生活，顺利融入社会。[1]

社区矫正机构通过监督管理活动，加强了对社区矫正对象的有效管理和控制，防止其再次违法犯罪而危害社会，为构建安全稳定的社区矫正工作环境提供了制度保障，确保了教育帮扶等工作的顺利进行。但若社区矫正工作一味地强调监管和服从，则无法调动社区矫正对象自身的矫正动力，甚至会产生抵触、对抗情绪，大大增加矫正工作的阻力。只有通过教育帮扶工作，社区矫正对象才会消除疑虑和偏见，安心接受矫正，真心悔过。教育帮扶是实现社区矫正对象再社会化的重要手段。加强教育帮扶工作，会使社区矫正对象逐渐形成符合社会规范的价值体系和行为准则，提高社区矫正对象适应社会生活的能力，最终促使其顺利回归社会，成为守法公民。

3. 坚持专门机关与社会力量相结合的原则。《社区矫正法》第 3 条规定，"社区矫正工作坚持……专门机关与社会力量相结合……"。第 8 条规定："国务院司法行政部门主管全国的社区矫正工作。县级以上地方人民政府司法行政部门主管本行政区域内的社区矫正工作。人民法院、人民检察院、公安机关和其他有关部门依照各自职责，依法做好社区矫正工作……"第 9 条第 1 款规定："县级以上地方人民政府根据需要设置社区矫正机构，负责社区矫正工作的具体实施……"第 2 款规定："司法所根据社区矫正机构的委托，承担社区矫正相关工作。"第 12 条规定："居民委员会、村民委员会依法协助社区矫正机构做好社区矫正工作。社区矫正对象的监护人、家庭成员，所在单位或者就读学校应当协助社区矫正机构做好社区矫正工作。"第 13 条规定："国家鼓励、支持企业事业单位、社会组织、志愿者等社会力量依法参与社区矫正工作。"这些法条明确规定了开展社区矫正工作的国家专门机关和社会力量的范围、人员。第 35、37、39、40、42、43、55、56 条明确规定了对社区矫正对象开展教育帮扶的社会力量的范围和人员。

社区矫正是在开放的社会环境下，在不影响矫正对象正常工作、生活的前提

---

〔1〕 王爱立主编：《中华人民共和国社区矫正法解读》，中国法制出版社 2020 年版，第 24 页。

下开展的监督管理和教育帮扶活动。社区矫正工作需在各级党委、政府的统一领导下，各个专门机关分工负责、相互支持、协调配合。同时，财政、民政、人社等相关部门以及社会力量的积极支持和广泛参与，才能实现社区矫正的目的。必须充分利用社会力量，整合社会资源，依靠群众和社会方方面面的力量和资源参与到社区矫正工作中来。只有将专门机关与社会力量有机结合，才能发挥各自的特长和优势，相互补充，形成整体合力，实现社区矫正工作的目标。

社区矫正是刑事执行体系的一部分，公检法司和有关部门必须依法行使职权，保证国家刑事法律的正确执行，保障社区矫正工作的有序开展。同时，社区矫正工作采取社会化的方式进行，还应当充分调动社会各方面力量积极参与。这既是提高国家治理体系和治理能力现代化水平的必然要求，也是落实党的十九届四中全会精神，打造共建共治共享的社会治理制度的必然要求。

4. 坚持分类管理与个别化矫正相结合的原则。《社区矫正法》第 3 条规定："社区矫正工作……采取分类管理、个别化矫正，有针对性地消除社区矫正对象可能重新犯罪的因素，帮助其成为守法公民。"

分类管理是对不同类型、不同情况的社区矫正对象采取针对性的方法和措施进行管理的活动。具体可按以下步骤进行：首先，根据社区矫正对象人身危险性的不同划分不同的管理等级，采取不同的管理措施；其次，对不同类型的社区矫正对象采取不同的管理措施。分类管理能够增强管理工作的针对性，提高社区矫正管理的效果；同时，也是提高矫正质量的重要途径。分类管理的内容和方式必然要求对社区矫正对象进行个别化矫正。社区矫正对象的犯罪情况、文化基础、家庭情况、周围环境甚至存在的问题和困难千差万别，对其进行矫正的难易程度也有所差别，这就要求社区矫正机构根据每个社区矫正对象的不同情况开展有针对性的个别化矫正活动。为取得实效，应对社区矫正对象进行个案评估，全面了解其具体情况，并为其制定恰当的个性化矫正方案，确定适合的个案矫正小组，从而开展有效的个案矫正工作。在社区矫正工作中，采取分类管理和个别化矫正相结合的方法，才能真正做到有的放矢，对症下药，最终取得良好的矫正效果，实现社区矫正工作的目标。

5. 坚持依法管理与尊重和保障人权相统一的原则。《社区矫正法》第 4 条第 2 款规定："社区矫正工作应当依法进行，尊重和保障人权。社区矫正对象依法享有的人身权利、财产权利和其他权利不受侵犯，在就业、就学和享受社会保障等方面不受歧视。"

（1）"社区矫正工作应当依法进行"，要求社区矫正有关部门和工作人员开展社区矫正工作，必须严格履行职责，按照《刑法》《刑事诉讼法》和《社区矫正法》等法律的有关规定进行。

（2）"尊重和保障人权"要求社区矫正有关部门和工作人员在工作中注重保障社区矫正对象的权利、不得随意侵犯社区矫正对象的合法权益。社区矫正对象虽然是罪犯，但国家是给予其改过自新的机会的，希望能通过社区矫正，化消极因素为积极因素，促进其顺利融入社会，在社区矫正过程中应当尊重和保障社区矫正对象的人权。在《社区矫正法》第 34 条第 1 款规定："开展社区矫正工作，应当保障社区矫正对象的合法权益。社区矫正的措施和方法应当避免对社区矫正对象的正常工作和生活造成不必要的影响；非依法律规定，不得限制或者变相限制社区矫正对象的人身自由。"第 26 条第 1 款规定："社区矫正机构开展实地查访等工作时，应当保护社区矫正对象的身份信息和个人隐私。"第 54 条第 1 款规定："社区矫正机构工作人员和其他依法参与社区矫正工作的人员对履行职责过程中获得的未成年人身份信息应当予以保密。"这些规定，都是对"尊重和保障人权"内容的具体化规定。

（3）社区矫正对象依法享有的人身权利、财产权利和其他权利不受侵犯，在就业、就学和享受社会保障等方面不受歧视。这是从社区矫正对象的角度对其合法权益不受侵犯做出的进一步规定。

依法管理与保障社区矫正对象合法权益是相互联系、互相促进的。没有无义务的权利，也没有无权利的义务。

 【单元小结】

社区矫正作为一种非监禁刑事执行制度，是行刑社会化、刑罚经济化和个别化等现代刑罚理论深入发展的结果，也是我国刑事执行制度的理念日益法治化、文明化、人性化和社会化的产物。社区矫正通过对矫正对象进行监督管理、教育帮扶，促使其在社会化、开放的环境下顺利回归社会，对于控制和预防犯罪具有重要意义。

我国社区矫正的试点始于 2003 年，但社区矫正工作对我国来说并不是一项全新的工作。社区矫正在我国有其演变和发展的历史，从 2003 年在国内确定第一批社区矫正试点，到 2011 年《刑法修正案（八）》以立法形式确立了社区矫正制度，再到全面推进这项工作和 2019 年 12 月 28 日通过的《社区矫正法》，我国的社区矫正在借鉴了国外社区矫正的丰富经验，结合我国实际，总结经验，制定颁布独立的《社区矫正法》，使体制从无到有，职能从弱到强，执行从摸着石头过河，到今天的有法可依，机构和队伍日益壮大，社会参与积极性不断提高，取得了有目共睹的良好的法律效果和社会效果，展示了强大的生命力和优越性。

通过本单元的学习，应该能充分了解我国社区矫正的萌芽及演变过程，我国社区矫正工作与社会发展的关系；掌握社区矫正在我国产生的背景和依据，我国社区矫正的概念和特征，理解我国社区矫正的任务与原则。为后面社区矫正实务的学习打下良好的理论基础。

【问题思考】

1. 结合所学内容，如何认识社区矫正的优势和不足？

参考标准：优势：将罪犯安置在社会中能够有效地促进对其的改造，有助于增强社会的稳定性，能够大量节省行刑资源；有利于减轻监狱压力，促进监狱的安全稳定，有利于对罪犯的分类管理与个别化矫正，提高矫正的质量和效果，有利于矫正对象顺利回归社会，减少重新犯罪，有利于增强社区预防犯罪的意识，将社会治安综合治理落实在基层，有利于维护被害人的合法权益，有利于与国际刑罚发展趋势接轨。

不足：非监禁的开放的刑事执行方式在客观上为罪犯重新犯罪提供了可能性，导致刑罚的威慑力大大减弱，一般预防功能丧失；同时，矫正措施过于简单、针对性不强，可供选择的种类不多；非监禁措施并不能必然地降低犯罪率，不会必然地促进罪犯的矫正，也不一定必然地节省资源；目前的司法实践中，社区矫正工作还存在专业队伍人员不足、机构和设施不健全、经费短缺、志愿人员缺乏和矫正对象不愿意配合工作等问题。

2. 如何看待社区矫正在中国的迅猛发展？

参考标准：经过近 17 年的实践，我国社区矫正工作发展迅速，成效显著，成为司法改革的一大亮点。我国的社区矫正工作采取了积极稳妥、循序渐进的发展模式，迄今已经经历了四个发展阶段：首批试点阶段、扩大试点阶段、全面试行阶段、全面推进阶段。当前，社区矫正工作已被纳入我国司法改革与社会治理制度建设的总体框架，面临前所未有的发展机遇与广阔前景。实践中也存在诸多困惑，面临不少问题，构成了社区矫正进一步发展的羁绊。其中最为突出的几个问题是：社区矫正的发展水平存在区域不平衡问题；社区参与程度不够；矫正的个别化、科学化程度不高等。必须努力克服制约因素，使社区矫正工作朝着法治化、社会化、科学化的方向迈进。

3. 我国社区矫正工作中存在哪些问题？

参考标准：社区矫正工作存在以下实际问题：社区矫正工作的社会认知度不足；工作资源相对匮乏；社区矫正对象户籍和居住地分离引起的问题；矫正措施的专业性程度不高，与社区融合不够等问题。

4. 我国社区矫正工作取得了哪些成绩？

参考标准：社区矫正工作经过 2003 年试点、2005 年扩大试点和 2009 年全面试行阶段后，2014 年全面推进。目前，全国累计接收社区矫正对象 478 万人，累计解除 411 万人，每年列管 120 多万人，社区矫正对象矫正期间重新犯罪率一直处于 0.2% 左右的较低水平。加强对社区矫正对象的监督管理、教育帮扶，同有

关部门建立了衔接配合管理机制。强化保障，同有关部门建立了社区矫正保障制度。加强社区矫正中心建设，全国60%多的县（市、区）建立了社区矫正中心。《社区矫正法》已经出台，这是我国首次就社区矫正工作进行专门立法。社区矫正工作对维护社会和谐稳定、节约国家的刑罚执行成本，推进平安中国、法治中国建设，促进司法文明进步发挥了重要的作用。

【课堂活动】

1. 如何理解日本刑法学者大谷实的"为了维护正常的社会秩序，国家制定各种形式的法律以形成整体的法秩序进而保护法益，一切法律都以保护法益为其任务，但是刑法是以刑罚这种残酷的制裁手段来保护法益的，不能被轻易地使用，只有当其他形式的法律不足以对法益形成保护时，才将该侵害权益的行为作为犯罪并依据刑法来进行处理。由此而彻底实现对社会秩序的保护。"的观点。

参考标准：这充分说明了刑罚的谦抑性。刑法是处罚犯罪人的最后一道防线，只有在穷尽其他法律手段也不足以抵制犯罪时，才动用刑法，同时刑法不应当被滥用于社会的各个领域，它不能直接进入市民的生活。运用刑法启动刑罚的时候，应尽量谨慎地将其作为保护法益的最后之手段。对于严重危害社会的行为予以特别关注，对于轻微的犯罪或一般的违法行为应当少用甚至不用刑罚而尝试以其他的方式来代替或者用较轻的刑罚处罚代替较重的刑罚。在刑罚的执行中应以最小的投入来获取最大的效益，最大限度地降低刑罚的成本。社区矫正相比于监狱矫正而言，能更大限度地节约司法资源，减少成本投入，实现刑法的谦抑性要求。

2. 2019年12月28日，十三届全国人大常委会第十五次会议全票表决通过了《社区矫正法》，谈谈《社区矫正法》的出台对我国社区矫正工作的影响。

参考标准：这是我国首次就社区矫正工作进行专门立法。这部法律的制定非常尊重基层的首创精神，注重将社区矫正工作实践中一些成功有效的做法固定下来，上升为法律制度。《社区矫正法》的出台将为社区矫正工作的推广提供保障和前提，很大程度上能解决目前社区矫正制度不系统、体系不完善、责权不统一的问题，执法人员短缺、重视程度不够、经费保障不到位等突出问题也会有所改善。《社区矫正法》为我国社区矫正工作的开展提供了立法上的保障。

3. 在全国各省市试点实践中取得较好效果并得到其他各省借鉴学习的模式是"上海模式"和"北京模式"，谈谈你了解的社区矫正实践工作开展的先进模式，并对其进行评价。

参考标准：上海是最初试点社区矫正的城市之一，其较早的起步和探索为其他各省提供了宝贵的经验。"上海模式"最大的特点是政府通过购买专项服务，通过比试、面试等严格的筛选方式，聘用具有专门的心理矫治知识和社会工作经验者承担主要的教育矫治和安置帮扶工作。上海通过政府购买公共服务方式的创新，将执法主体与工作主体分离配合，既有效解决了基层司法所工作人员短缺、工作任务繁重的问题，又实现了高效益的矫正效果。"社工主导"在全国具有标杆意义，全国各省纷纷学习。

"北京模式"试点实施监狱干警和原劳教干警介入并从事专门矫正活动的方式。这一模式为北京的社区矫正工作开展提供了充足的警力，防止了社区矫正工作脱管、漏管现象发生，并保证了应急处理突发事件，维护了北京的稳定，保障了国事活动的安全。"北京模式"干警介入方式保证了社区矫正工作开展的良好条件，有效防止脱管、漏管，也成为不少省份学习的榜样。

浙江省"台州模式"创新工作方式，将社区矫正工作从司法所中分离出来，设立了垂直化管理社区矫正队伍，垂直化管理有益于对矫正工作人员实现专人、专职、专业化管理。"台州模式"这种机构专门化、人员专职化的改革解决了工作队伍冗杂、不专业的问题，为解决我国现行社区矫正的体制弊端问题提供了思路。

 【拓展学习】

"中途之家"介绍[1]

国际社会中的"中途之家"，或称为"重返社会训练所""社区矫正中心""中途集体宿舍"，是帮助犯罪人和刑满释放人员克服危机、提高环境适应能力的一种过渡性住宿式社区矫正机构。"中途之家"概念源于欧洲，早在6世纪，欧洲的一些宗教组织就向那些从监狱释放出来但又不能回到自己原来社区的释放人员，提供暂时性的食宿。到19世纪时，中途之家在英格兰得到较大发展。此后的150年间，中途之家主要是由私人或者宗教组织主办。1964年在美国芝加哥成立国际中途之家协会。我国台湾和香港地区及世界上其他许多国家都建有中途之家来帮助犯罪人员重新回归社会。

在日本第一所"中途之家"成立于1888年3月，慈善家金原明善先生在"刑满释放人员吾助被家庭和社会遗弃，依然不愿意重蹈犯罪的覆辙，最终选择了自杀"的社会事件的震动下，出资创立了全日本第一所"中途之家"，即"静冈县出狱人保护公司"。1907年日本政府第一次提出由国库出资奖励更生保护机构。1937年5月全日本司法保护联盟成立；1939年《司法保护事业法》制定并实施，明确规定了民间可以自主运营"更生保护设施"，国家为其支付相应的奖

---

〔1〕 张荆、廖灿亮："中国与日本'中途之家'比较研究"，载《河南警察学院学报》2014年第2期。

励资金。战后20世纪50年代是日本"中途之家"发展最快的时期，1959年统计已达到172家。20世纪六七十年代日本经济进入高速成长期，全国犯罪率稳步下降，"中途之家"数量减少。1995年日本整合更生保护的相关法律，制定《更生保护事业法》，进一步明确了社区矫正"中途之家"运营团体的独立法人地位，这是一种与社会福利法人相似的、公益性很强的特殊法人。政府给这种特殊独立法人以税收优惠政策，并为其增加政府预算。《更生保护事业法》的出台抑制了"中途之家"数量的减少，并使其稳步发展。据2012年统计，日本能提供必要的食宿的更生保护设施共104家，其中男子设施90所，女子设施7所，男女综合设施7所，接收定员总数2329人，各设施接收人员数量不等，小规模的设施仅接收4人，大规模的设施可接收11人，但以接收15～20人的设施为主，共69所，占总数的70%。

"中途之家"为社区矫正中的一种设施矫正方式由北京市朝阳区司法局率先尝试，他们于2007年底筹建了中国大陆第一家"中途之家"。主要功能确定为对社区矫正对象矫正初始期和解除社区矫正之前的集中学习与培训、心理咨询、就业培训与指导等，以及部分社区矫正对象和刑满释教人员中的"三无"人员的短期安置。"中途之家"属于一个新鲜事物，是我国在试行社区矫正作过程中，为解决"三无"（"无业可就、无家可归、无生活来源"）社区矫正对象的安置、就业、落户等问题，借鉴国外社区矫正工作经验而创办的集教育培训、食宿为一体的安置教育社区矫正对象的实体基地。"中途之家"通过对新接收社区服刑和"三无"刑释解教人员统一开展法制教育、社会认知教育和心理矫治，对有需求的社区服刑和"三无"刑释解教人员开展劳动技能培训服务和食宿服务以及抓生活保障，对服刑人员帮扶到位；抓心理健康，对服刑人员引导到位；抓关键时期，对服刑人员教育到位；抓工作方法，对服刑人员转化到位，取得了较好的效果。

北京市朝阳区阳光中途之家开办后，短短5年内取得了丰硕成果，截至2013年，朝阳区阳光中途之家已经教育帮扶1862人，使其顺利融入社会。同时朝阳区阳光中途之家也得到了社会各界的高度评价及国际同行的关注。目前该机构共接待国内参观学习的同行87批，还接待了来自13个国家和地区的专家学者和实务工作者，并与7个国家和地区的"中途之家"建立合作伙伴关系。2009年底，北京市司法局在总结朝阳区阳光中途之家经验的基础上，决定向全市推广阳光中途之家的管理模式，目前，北京16个区县都建起了"阳光中途之家"，总建筑面积达17 381平方米，初具规模，运行良好。北京"中途之家"的建设对全国产生辐射作用，截至2013年7月，全国除海南、西藏外，30个省市建立了"中途之家"，总数达682个。

学习单元三　中国社区矫正的运行机制

【学习目标】

通过本单元的学习，应该能够：

1. 掌握社区矫正的领导体制和工作机制。
2. 掌握社区矫正的适用对象。
3. 明确社区矫正的工作机构及其职责。
4. 掌握未成年犯社区矫正的相关规定。
5. 熟悉社区矫正的工作流程。

【知识树】

社区矫正运行机制
- 领导体制与工作机制
  - 领导体制
    - 坚持党的绝对领导
    - 党委政府统一领导
  - 工作机制
    - 司法行政机关组织实施
    - 相关部门密切配合
    - 社会力量广泛参与
    - 检察机关法律监督
  - 矫正机构
    - 县级社区矫正机构
    - 司法所
  - 矫正队伍
    - 社区矫正工作人员（专门国家工作人员）
    - 社会工作者
    - 社会志愿者
- 社区矫正适用对象与类型
  - 适用对象
    - 管制犯
    - 缓刑犯
    - 假释犯
    - 暂予监外执行犯
  - 矫正的类型
- 社区矫正工作制度：工作例会制度、监督制度、分类管理制度、档案管理制度、突发事件应急处置制度、信息化建设制度、采取强制措施及时告知制度、公安机关到场处置制度、责任追究制度、学习培训制度、情况核查制度

$$
\text{社矫正工作流程}\begin{cases}\text{拟适用社区矫正的调查评估}\\\text{社区矫正对象的接收}\\\text{社区矫正对象的监督管理}\\\text{社区矫正对象的教育帮扶}\\\text{社区矫正的解除与终止}\end{cases}
$$

未成年人社区矫正

　　社区矫正在完善中国特色社会主义刑事执行制度，推进国家治理体系和治理能力现代化水平方面发挥着重要作用，在我国司法体制和工作机制的改革中做出了积极的贡献。

　　社区矫正运行机制是指社区矫正工作运作中职能部门内在机能及其运行方式的基本准则及相应制度，是职能部门运行过程中各内部环节以及各环节之间本质的内在的相互关联、相互制约的工作方式的总和。它是社区矫正工作得以正常运转的内在机理和程序性安排。

　　社区矫正工作是关系到社区安全、刑事执行、罪犯矫正、犯罪预防等诸多问题的一项复杂工程，为了更好地推动社区矫正工作的有效运行和良好发展，就必须建立一套科学、完整、合理、高效、灵活、协调的社区矫正工作机制系统。这是确保社区矫正工作依法、依规、准确落实国家刑事执行制度的关键。

　　我国自2003年开展社矫正试点工作以来，经过多年的探索与实践，建立起了一套行之有效的运行机制，并在实践中不断予以完善。

【案例3-1】

　　马根（系化名），男，1972年10月出生，户籍地为四川省宜宾市屏山县某乡，居住地为四川省宜宾市屏山县屏山镇某村。2012年4月，因犯故意伤害罪被浙江省温州市瓯海区人民法院判处有期徒刑5年3个月，后于2016年2月，被浙江省杭州市中级人民法院裁定准予假释。2016年3月15日，马根到屏山县司法局社区矫正机构报到，接受社区矫正，矫正期限自2016年3月7日至2017年3月5日。屏山县社区矫正机构委托屏山司法所对马根开展具体的监督管理与教育帮扶工作。此案例说明，社区矫正工作是由执行地县级社区矫正机构和受委托开展社区矫正工作的司法所来完成的。

一、社区矫正的领导体制与工作机制

（一）领导体制与工作机制

　　"体制"是指国家机关、企事业单位在机制设置、领导隶属关系和管理权限划分等方面的体系、制度、方法、形式等的总称，是制度形之于外的具体表现和实施形式。"机制"是从属于制度的。机制通过制度系统内部组成要素按照一定方式的相互作用实现其特定的功能，是一定体制所表现出来的功能和作用。体制和机制既相互区别又密切联系。

社区矫正自 2003 年试点、2005 年扩大试点、2009 年全国全面试行乃至 2014 年在全国全面推进，社区矫正的领导机制和工作机制不断完善。《社区矫正法实施办法》第 2 条对社区矫正工作的领导体制和工作机制予以明确规定：社区矫正工作坚持党的绝对领导，实行党委政府统一领导、司法行政机关组织实施、相关部门密切配合、社会力量广泛参与、检察机关法律监督的领导体制和工作机制。

（二）社区矫正的工作机构及其职责

社区矫正工作机构是指为了保证社区矫正工作的顺利进行，由国家设置的具有法定职责、配备一定数量的专门国家工作人员从事社区矫正工作的机构。

党中央、国务院对社区矫正工作高度重视。2008 年 7 月《国务院办公厅关于印发司法部主要职责内设机构和人员编制规定的通知》（国办发〔2008〕64 号）中明确规定，司法部负有"指导管理社区矫正工作的职责"，即司法部负责指导全国的社区矫正工作。

2009 年 9 月，两院两部《关于在全国试行社区矫正工作的意见》（已失效）要求，进一步加强社区矫正工作机构和队伍建设，不断完善社区矫正管理体制和工作机制。在各级司法行政机关建立专门的社区矫正工作机构，加强对社区矫正工作的指导管理……司法行政机关要切实履行指导管理社区矫正工作的职责，牵头组织有关单位和社区基层组织开展社区矫正工作。

2012 年 1 月，中央机构编制委员会办公室《关于设立司法部社区矫正管理局的批复》（中央编办复字〔2012〕4 号）同意司法部设立社区矫正管理局。司法部社区矫正管理局的主要职责是：负责监督检查社区矫正法律法规和政策的执行工作；规定全国社区矫正工作发展规划、管理制度和相关政策并组织实施；监督管理对社区矫正对象的刑罚执行、管理教育和帮扶工作；指导开展社区矫正社会工作和志愿服务。相应地，省级、市级、县级司法行政机关履行对本行政区域内社区矫正工作的指导管理职责。截至 2018 年 12 月全国各省（自治区、直辖市）和新疆生产建设兵团司法厅（局）都设立了社区矫正处（局），99% 的地（市、州）司法局和 98% 的县（市、区）司法局单独设立了社区矫正管理机构。依法履行指导管理社区矫正工作的职责。[1]

2020 年 7 月 1 日起施行的《社区矫正法》第 8 条明确规定："国务院司法行

---

〔1〕　数据来源于中华人民共和国司法部网站，载 http://www.moj.gov.cm/，访问时间：2018 年 2 月 26 日。

政部门主管全国的社区矫正工作。县级以上地方人民政府司法行政部门主管本行政区域内的社区矫正工作。人民法院、人民检察院、公安机关和其他有关部门依照各自职责，依法做好社区矫正工作。人民检察院依法对社区矫正工作实行法律监督。地方人民政府根据需要设立社区矫正委员会，负责统筹协调和指导本行政区域内的社区矫正工作。"第9条规定："县级以上地方人民政府根据需要设置社区矫正机构，负责社区矫正工作的具体实施。社区矫正机构的设置和撤销，由县级以上地方人民政府司法行政部门提出意见，按照规定的权限和程序审批。司法所根据社区矫正机构的委托，承担社区矫正相关工作。"据此，社区矫正的工作机构分为：主管机构、统筹协调和指导机构、具体实施机构几个层次。

1. 主管机构及其职责。国务院司法行政部门和县级以上地方人民政府司法行政部门为主管机构。国务院司法行政部门主管全国的社区矫正工作。县级以上地方人民政府司法行政部门主管本行政区域内的社区矫正工作。

国务院司法行政部门是指司法部，根据司法部的机构设置，内设社区矫正管理局，具体负责指导管理全国的社区矫正工作。司法部作为全国社区矫正工作的主管部门，负有对全国范围内开展社区矫正工作的主管职责。具体职责包括：制定社区矫正工作的方针、政策和规范性文件；拟定社区矫正工作发展规划、管理制度；制定社区矫正对象需要遵守的有关报告、会客、外出、迁居、保外就医等监督管理规定；出台相关政策鼓励、支持社会力量参与社区矫正工作；推进高素质的社区矫正工作队伍建设；支持社区矫正机构提高信息化水平；监督检查社区矫正法律法规和政策的执行情况；指导各地方司法行政部门依法开展社区矫正工作等。

县级以上地方人民政府司法行政部门主要是指省、市、县三级地方人民政府的司法厅、司法局等部门。实践中，有的地方在省、市、县三级司法厅、司法局设社区矫正管理局（处）、科、股等，具体负责指导管理本行政区域内的社区矫正工作。县级以上地方人民政府司法行政部门（司法行政机关）作为本行政区域内的社区矫正主管部门，负责指导管理本行政区域内的社区矫正工作。[1]

根据《社区矫正法实施办法》第4条的规定，司法行政机关依法履行以下职责：①主管本行政区域内社区矫正工作；②对本行政区域内设置和撤销社区矫正机构提出意见；③拟定社区矫正工作发展规划和管理制度，监督检查社区矫正法律法规和政策的执行情况；④推动社会力量参与社区矫正工作；⑤指导支持社区矫正机构提高信息化水平；⑥对在社区矫正工作中作出突出贡献的组织、个人，按照国家有关规定给予表彰、奖励；⑦协调推进高素质社区矫正工作队伍建设；

---

〔1〕 王爱立主编：《中华人民共和国社区矫正法解读》，中国法制出版社2020年版，第49页。

⑧其他依法应当履行的职责。

2. 统筹协调和指导机构。地方人民政府根据需要设立的社区矫正委员会，负责统筹协调和指导本行政区域内的社区矫正工作。

司法行政机关向社区矫正委员会报告社区矫正工作开展情况，提请社区矫正委员会协调解决社区矫正工作中的问题。[1]

可见，社区矫正委员会是社区矫正工作的统筹协调和指导机构。

社区矫正是一个系统工程，需要在各级党委政府的统一领导下开展工作，需要法院、检察院、公安和司法行政机关通力协作配合，需要财政、教育、卫生、民政、人力资源和社会保障等相关部门的积极支持，需要社会力量的广泛参与。为了能够协调各方面的力量共同做好社区矫正工作，《社区矫正法》第8条第3款才规定"地方人民政府根据需要设立社区矫正委员会"。这里所说的"地方人民政府"是指地方各级人民政府，包括省、市、县、乡镇四级人民政府。"社区矫正委员会"是指由地方人民政府设立的社区矫正议事协调机构，负责统筹和指导本行政区域内的社区矫正工作。实践中，社区矫正委员会成员可以由以下部门和人员组成：本级人民政府或者有关方面负责人；法院、检察院、公安、司法行政、财政、教育、卫生、民政、人力资源和社会保障等部门。社区矫正委员会还可以根据需要，有工会、共青团、妇联等单位代表，在县、乡镇两级还可以邀请村民委员会、居民委员会或者有关社会组织代表、社会工作者等人员参加。

社区矫正委员会负责统筹协调和指导本行政区域内的社区矫正工作，包括加强对社区矫正工作的领导、督促、检查和指导；协调、研究解决社区矫正工作中的困难和问题等。由于社区矫正委员会一般由地方人民政府或有关负责人以及各有关方面的人员参加，能够有效解决各地实际工作中存在的问题，增强相关部门参与社区矫正工作的积极性和执行力度，对于促进社区矫正工作社会化、规范化具有重要意义。实践中，为加强对社区矫正工作的统筹协调和指导工作，社区矫正委员会一般通过召开联席会议，了解社区矫正工作的有关情况，及时研究解决社区矫正工作中的实际困难和重大问题，确保社区矫正工作的顺利开展。[2]

3. 具体实施机构及其职责。省、市两级社区矫正机构主要负责监督指导、跨区域执法的组织协调以及与同级社区矫正决定机关对接的案件办理工作。[3]

县级以上地方人民政府根据需要设置的社区矫正机构，是负责社区矫正工作具体实施的执行机关。社区矫正日常工作由县级社区矫正机构具体承担。未设置县级社区矫正机构的，由上一级社区矫正机构具体承担。县级社区矫正机构可以

〔1〕《社区矫正法实施办法》第3条第2款。

〔2〕王爱立主编：《中华人民共和国社区矫正法解读》，中国法制出版社2020年版，第54~55页。

〔3〕《社区矫正法实施办法》第9条第2款。

委托司法所承担社区矫正相关工作。[1]《刑事诉讼法》第269条规定，社区矫正机构负责执行社区矫正。可见。社区矫正机构是社区矫正的执行机关，负责具体实施社区矫正。

根据《社区矫正法实施办法》第9条的规定，社区矫正机构依法履行以下职责：①接受委托进行调查评估，提出评估意见；②接收社区矫正对象，核对法律文书、核实身份、办理接收登记，建立档案；③组织入矫和解矫宣告，办理入矫和解矫手续；④建立矫正小组，组织矫正小组开展工作，制定和落实矫正方案；⑤对社区矫正对象进行监督管理，实施考核奖惩；审批会客、外出、变更执行地等事项；了解掌握社区矫正对象的活动情况和行为表现；组织查找失去联系的社区矫正对象，查找后依情形作出处理；⑥提出治安管理处罚建议，提出减刑、撤销缓刑、撤销假释、收监执行等变更刑事执行建议，依法提请逮捕；⑦对社区矫正对象进行教育帮扶，开展法治道德等教育，协调有关方面开展职业技能培训、就业指导，组织公益活动等事项；⑧向有关机关通报社区矫正对象情况，送达法律文书；⑨对社区矫正工作人员开展管理、监督、培训，落实职业保障；⑩其他依法应当履行的职责。

第10条规定，司法所根据社区矫正机构的委托，承担社区矫正相关工作。

此外，为了更好地开展社区矫正工作，人民法院、人民检察院、公安机关和其他有关部门依照各自职责，也要依法做好社区矫正工作。

根据《社区矫正法实施办法》第5条的规定，人民法院依法履行以下职责：①拟判处管制、宣告缓刑、决定暂予监外执行的，可以委托社区矫正机构或者有关社会组织对被告人或者罪犯的社会危险性和对所居住社区的影响，进行调查评估，提出意见，供决定社区矫正时参考；②对执行机关报请假释的，审查执行机关移送的罪犯假释后对所居住社区影响的调查评估意见；③核实并确定社区矫正执行地；④对被告人或者罪犯依法判处管制、宣告缓刑、裁定假释、决定暂予监外执行；⑤对社区矫正对象进行教育，及时通知并送达法律文书；⑥对符合撤销缓刑、撤销假释或者暂予监外执行收监执行条件的社区矫正对象，作出判决、裁定和决定；⑦对社区矫正机构提请逮捕的，及时作出是否逮捕的决定；⑧根据社区矫正机构提出的减刑建议作出裁定；⑨其他依法应当履行的职责。

第6条规定，人民检察院依法履行以下职责：①对社区矫正决定机关、社区矫正机构或者有关社会组织的调查评估活动实行法律监督；②对社区矫正决定机关判处管制、宣告缓刑、裁定假释、决定或者批准暂予监外执行活动实行法律监督；③对社区矫正法律文书及社区矫正对象交付执行活动实行法律监督；④对监

〔1〕《社区矫正法实施办法》第9条。

督管理、教育帮扶社区矫正对象的活动实行法律监督；⑤对变更刑事执行、解除矫正和终止矫正的活动实行法律监督；⑥受理申诉、控告和举报，维护社区矫正对象的合法权益；⑦按照刑事诉讼法的规定，在对社区矫正实行法律监督中发现司法工作人员相关职务犯罪，可以立案侦查直接受理的案件；⑧其他依法应当履行的职责。

第7条规定，公安机关依法履行以下职责：①对看守所留所服刑罪犯拟暂予监外执行的，可以委托开展调查评估；②对看守所留所服刑罪犯拟暂予监外执行的，核实并确定社区矫正执行地；对符合暂予监外执行条件的，批准暂予监外执行；对符合收监执行条件的，作出收监执行的决定；③对看守所留所服刑罪犯批准暂予监外执行的，进行教育，及时通知并送达法律文书；依法将社区矫正对象交付执行；④对社区矫正对象予以治安管理处罚；到场处置经社区矫正机构制止无效，正在实施违反监督管理规定或者违反人民法院禁止令等违法行为的社区矫正对象；协助社区矫正机构处置突发事件；⑤协助社区矫正机构查找失去联系的社区矫正对象；执行人民法院作出的逮捕决定；被裁定撤销缓刑、撤销假释和被决定收监执行的社区矫正对象逃跑的，予以追捕；⑥对裁定撤销缓刑、撤销假释，或者对人民法院、公安机关决定暂予监外执行收监的社区矫正对象，送交看守所或者监狱执行；⑦执行限制社区矫正对象出境的措施；⑧其他依法应当履行的职责。

第8条规定，监狱管理机关以及监狱依法履行以下职责：①对监狱关押罪犯拟提请假释的，应当委托进行调查评估；对监狱关押罪犯拟暂予监外执行的，可以委托进行调查评估；②对监狱关押罪犯拟暂予监外执行的，依法核实并确定社区矫正执行地；对符合暂予监外执行条件的，监狱管理机关作出暂予监外执行决定；③对监狱关押罪犯批准暂予监外执行的，进行教育，及时通知并送达法律文书，依法将社区矫正对象交付执行；④监狱管理机关对暂予监外执行罪犯决定收监执行的，原服刑或者接收其档案的监狱应当立即将罪犯收监执行；⑤其他依法应当履行的职责。

【案例3-1】中，马根被杭州市中级人民法院裁定假释，依法进入了社区矫正刑事执行程序，在对马根的矫正过程中，屏山县人民检察院负责社区矫正工作的法律监督；屏山县司法局主管本行政区域内的社区矫正工作，具体实施由屏山县社区矫正机构和委托的司法所负责。

（三）社区矫正工作队伍及其职责

社区矫正工作队伍是指由社区矫正机构专门国家工作人员和社会力量共同组成的对社区矫正对象进行监督管理和教育帮扶的专群结合的社区矫正工作团队。

社区矫正是一项严肃的刑事执行活动，所以必须有一支职业化、专业化、规范化的执法队伍作为组织保障。考虑到社区矫正的社会性，还应当充分依靠社会力量开展工作。根据社区矫正法的要求，各地应当建立以专门国家工作人员（社区矫正机构工作人员）为核心、以社会工作者、社会志愿者和其他社会力量为补充的社区矫正工作队伍。

《社区矫正法》第 10 条规定："社区矫正机构应当配备具有法律等专业知识的专门国家工作人员（以下称社区矫正机构工作人员），履行监督管理、教育帮扶等执法职责。"第 11 条规定："社区矫正机构根据需要，组织具有法律、教育、心理、社会工作等专业知识或者实践经验的社会工作者开展社区矫正相关工作。"第 12 条规定："居民委员会、村民委员会依法协助社区矫正机构做好社区矫正工作。社区矫正对象的监护人、家庭成员，所在单位或者就读学校应当协助社区矫正机构做好社区矫正工作。"第 13 条规定："国家鼓励、支持企业事业单位、社会组织、志愿者等社会力量依法参与社区矫正工作。"

第 14 条规定："社区矫正机构工作人员应当严格遵守宪法和法律，忠于职守，严守纪律，清正廉洁。"第 15 条规定："社区矫正机构工作人员和其他参与社区矫正工作的人员依法开展社区矫正工作，受法律保护。"第 16 条规定："国家推进高素质的社区矫正工作队伍建设。社区矫正机构应当加强对社区矫正工作人员的管理、监督、培训和职业保障，不断提高社区矫正工作的规范化、专业化水平。"

以上海市和江苏省为例：2003 年，作为第一批试点地区的上海市就提出"政府主导推动、社团自主运作、社会多方参与"的总体工作思路。上海市的每个区、县司法局专职从事社区矫正工作的人员一般是 2 人，每个街镇（乡镇）司法所都有一名专职干部负责社区矫正工作。同时，通过政府购买服务方式，培育各类社会组织参与社区矫正工作，成立了民办非企业的社工组织机构。政府出资向社工组织机构购买服务，按照与社区矫正对象 1∶50 的比例配备社工，派到司法所从事社区矫正工作。此外，上海市还成立了社会帮教志愿者协会，吸纳企业、个人等会员为社区矫正对象提供帮扶。截至 2011 年 10 月，上海有社区矫正专业社工人员 537 名，其中，67% 具有本科以上学历；65% 具有社工师资格；31.4% 具有心理咨询师资格；12% 被评定为中级社工师。专业社工已经形成了"旭日新航"等特色服务项目 13 个，"心灵导航""榕树湾"专业服务工作室 23 个。几年来，社工累计为社区矫正对象开展个案、小组、社区活动近万次。取得了良好的社会效果。江苏省努力提高社区矫正工作的社会参与度，全省招聘了 2100 名专职社会工作者，这支队伍主要来源于大学毕业生、企业下岗人员、退休后的村支书、村（居）委会主任，他们协助司法所对社区矫正对象进行教育帮扶、心理矫正等；同时招募了 5 万多名有一定法律政策水平和专业知识、热心

社区矫正工作的社会志愿者，经司法行政部门和志愿者组织登记，自愿协助开展社区矫正工作。各地通过不断探索，逐步建立了一支由司法行政部门执法工作者、一定比例的具有必要的教育背景、良好的专业素质的社会工作者、社会志愿者的社区矫正工作人员队伍，共同担当社区矫正的工作任务，较好地满足了当前工作需要，也为事业的长远发展提供了人才保障。

【案例3-1】中，屏山司法所接收马根以后，由司法所的社区矫正工作人员为主负责对马根进行监督管理、组织学习培训、帮扶等，由招聘的社会工作者辅助进行社区矫正，例如对马根进行法制宣讲、教育谈心、帮扶、个案矫正等，最后吸收马根所在社区的乐于参与公益事业的志愿者协助对马根进行社区矫正工作，例如对马根遇到的生活难题、身心问题等进行帮助。

二、社区矫正的适用对象与类型

（一）适用对象

根据2011年5月实施的《刑法修正案（八）》以及2018年10月26日修正的《刑事诉讼法》和2020年7月1日实施的《社区矫正法》，社区矫正的适用对象为：被判处管制、宣告缓刑、假释和暂予监外执行的罪犯，依法实施社区矫正。实践中，司法行政机关针对四种不同的社区矫正对象，采取分类管理、个别化矫正的措施，取得了较好的效果。

1. 管制犯。管制作为一种限制人身自由的刑罚方式属我国首创，在我国刑罚体系中发挥着重要的作用。根据《刑法》的有关规定，管制是指犯罪情节轻微，社会危害不大，必须进行惩处而又无需关押的犯罪分子。

《刑法》第38条第1款规定：管制的期限，为3个月以上2年以下。第2款规定：判处管制，可以根据犯罪情况，同时禁止犯罪分子在执行期间从事特定活动，进入特定区域、场所，接触特定的人。第3款规定：对判处管制的犯罪分子，依法实行社区矫正。第4款规定：违反第2款规定的禁止令的，由公安机关依照《中华人民共和国治安管理处罚法》的规定处罚。

《刑法》第39条规定，被判处管制的犯罪分子，在执行期间，应当遵守下列规定：①遵守法律、行政法规，服从监督；②未经执行机关批准，不得行使言论、出版、集会、结社、游行、示威自由的权利；③按照执行机关规定报告自己的活动情况；④遵守执行机关关于会客的规定；⑤离开所居住的市、县或者迁居，应当报经执行机关批准。对于被判处管制的犯罪分子，在劳动中应当同工同酬。

《刑法》第40条规定，被判处管制的犯罪分子，管制期满，执行机关应即向本人和其所在单位或者居住地的群众宣布解除管制。

《刑法》第41条规定，管制的刑期，从判决执行之日起计算；判决执行以前

先行羁押的，羁押 1 日折抵刑期 2 日。

《刑法》第 78 条规定，被判处管制、拘役、有期徒刑、无期徒刑的犯罪分子，在执行期间，如果认真遵守监规，接受教育改造，确有悔改表现的，或者有立功表现的，可以减刑；有下列重大立功表现之一的，应当减刑：①阻止他人重大犯罪活动的；②检举监狱内外重大犯罪活动，经查证属实的；③有发明创造或者重大技术革新的；④在日常生产、生活中舍己救人的；⑤在抗御自然灾害或者排除重大事故中，有突出表现的；⑥对国家和社会有其他重大贡献的。减刑以后实际执行的刑期判处管制、拘役、有期徒刑的，不能少于原判刑期的 1/2。

《刑法》第 79 条规定，对于犯罪分子的减刑，由执行机关向中级以上人民法院提出减刑建议书。人民法院应当组成合议庭进行审理，对确有悔改或者立功事实的，裁定予以减刑。非经法定程序不得减刑。

2. 缓刑犯。《刑法》第 72 条规定：对于被判处拘役、3 年以下有期徒刑的犯罪分子，同时符合下列条件的，可以宣告缓刑，对其中不满 18 周岁的人、怀孕的妇女和已满 75 周岁的人，应当宣告缓刑：①犯罪情节较轻；②有悔罪表现；③没有再犯罪的危险；④宣告缓刑对所居住社区没有重大不良影响。宣告缓刑，可以根据犯罪情况，同时禁止犯罪分子在缓刑考验期限内从事特定活动，进入特定区域、场所，接触特定的人。被宣告缓刑的犯罪分子，如果被判处附加刑，附加刑仍须执行。

《刑法》第 73 条规定：拘役的缓刑考验期限为原判刑期以上 1 年以下，但不能少于 2 个月。有期徒刑的缓刑考验期限为原判刑期以上 5 年以下，但是不能少于 1 年。缓刑考验期限，从判决确定之日起计算。

《刑法》第 75 条：被宣告缓刑的犯罪分子，应当遵守下列规定：①遵守法律、行政法规，服从监督；②按照考察机关的规定报告自己的活动情况；③遵守考察机关关于会客的规定；④离开所居住的市、县或者迁居，应当报经考察机关批准。

《刑法》第 76 条规定：对宣告缓刑的犯罪分子，在缓刑考验期限内，依法实行社区矫正，如果没有该法第 77 条规定的情形，缓刑考验期满，原判的刑罚就不再执行，并公开予以宣告。

《刑法》第 77 条规定：被宣告缓刑的犯罪分子，在缓刑考验期限内犯新罪或者发现判决宣告以前还有其他罪没有判决的，应当撤销缓刑，对新犯的罪或者新发现的罪作出判决，把前罪和后罪所判处的刑罚，依照该法第 69 条的规定，决定执行的刑罚。被宣告缓刑的犯罪分子，在缓刑考验期限内，违反法律、行政法规或者国务院有关部门关于缓刑的监督管理规定，或者违反人民法院判决中的禁止令，情节严重的，应当撤销缓刑，执行原判刑罚。

3. 假释犯。《刑法》第 81 条第 1、3 款规定：被判处有期徒刑的犯罪分子，执行原判刑期 1/2 以上，被判处无期徒刑的犯罪分子，实际执行 13 年以上，如果认真遵守监规，接受教育改造，确有悔改表现，没有再犯罪的危险的，可以假释。如果有特殊情况，经最高人民法院核准，可以不受上述执行刑期的限制。对犯罪分子决定假释时，应当考虑其假释后对所居住社区的影响。

《刑法》第 82 条规定：对于犯罪分子的假释，依照该法第 79 条规定的程序进行。非经法定程序不得假释。

《刑法》第 83 条规定：有期徒刑的假释考验期限，为没有执行完毕的刑期；无期徒刑的假释考验期限为 10 年。假释考验期限，从假释之日起计算。

《刑法》第 84 条规定：被宣告假释的犯罪分子，应当遵守下列规定：①遵守法律、行政法规，服从监督；②按照监督机关的规定报告自己的活动情况；③遵守监督机关关于会客的规定；④离开所居住的市、县或者迁居，应当报经监督机关批准。

《刑法》第 85 条规定：对假释的犯罪分子，在假释考验期限内，依法实行社区矫正，如果没有该法第 86 条规定的情形，假释考验期满，就认为原判刑罚已经执行完毕，并公开予以宣告。

《刑法》第 86 条规定：被假释的犯罪分子，在假释考验期限内犯新罪，应当撤销假释，依照该法第 71 条的规定实行数罪并罚。在假释考验期限内，发现被假释的犯罪分子在判决宣告以前还有其他罪没有判决的，应当撤销假释，依照该法第 70 条的规定实行数罪并罚。被假释的犯罪分子，在假释考验期限内，有违反法律、行政法规或者国务院有关部门关于假释的监督管理规定的行为，尚未构成新的犯罪的，应当依照法定程序撤销假释，收监执行未执行完毕的刑罚。

4. 暂予监外执行犯。《刑事诉讼法》第 265 条规定：对被判处有期徒刑或者拘役的罪犯，有下列情形之一的，可以暂予监外执行：①有严重疾病需要保外就医的；②怀孕或者正在哺乳自己婴儿的妇女；③生活不能自理，适用暂予监外执行不致危害社会的。对被判处无期徒刑的罪犯，有前款第 2 项规定情形的，可以暂予监外执行。对适用保外就医可能有社会危险性的罪犯，或者自伤自残的罪犯，不得保外就医。对罪犯确有严重疾病，必须保外就医的，由省级人民政府指定的医院诊断并开具证明文件。在交付执行前，暂予监外执行由交付执行的人民法院决定；在交付执行后，暂予监外执行由监狱或者看守所提出书面意见，报省级以上监狱管理机关或者设区的市一级以上公安机关批准。

《刑事诉讼法》第 268 条规定：对暂予监外执行的罪犯，有下列情形之一的，应当及时收监：①发现不符合暂予监外执行条件的；②严重违反有关暂予监外执行监督管理规定的；③暂予监外执行的情形消失后，罪犯刑期未满的。对于人民法院决定暂予监外执行的罪犯应当予以收监的，由人民法院作出决定，将有关的法律文书送达公安机关、监狱或者其他执行机关。不符合暂予监外执行条件的罪犯通过贿赂等非法手段被暂予监外执行的，在监外执行的期间不计入执行刑期。罪犯在暂予监外执行期间脱逃的，脱逃的期间不计入执行刑期。罪犯在暂予监外执行期间死亡的，执行机关应当及时通知监狱或者看守所。

《刑事诉讼法》第 269 条规定：对被判处管制、宣告缓刑、假释或者暂予监外执行的罪犯，依法实行社区矫正，由社区矫正机构负责执行。

根据《社区矫正法》第 34 条的规定，开展社区矫正工作，应当保障社区矫正对象的合法权益。社区矫正的措施和方法应当避免对社区矫正对象的正常工作和生活造成不必要的影响；非依法律规定，不得限制或者变相限制社区矫正对象的人身自由。社区矫正对象认为其合法权益受到侵害的，有权向人民检察院或者有关机关申诉、控告和检举。受理机关应当及时办理，并将办理结果告知申诉人、控告人和检举人。司法工作人员应当认真听取和妥善处理社区矫正对象反映的问题，依法维护其合法权益。

（二）社区矫正的类型

社区矫正机构在社区矫正工作中，为体现刑罚的人性化、个别化原则，根据社区矫正对象不同的犯罪性质、特点、矫正表现、人身危险性或者再犯罪风险等，将社区矫正对象分成若干类型，并针对各类社区矫正对象的不同情况，选择不同的教育内容、教育方法和不同的监督管理模式，以便实现合理配置社区矫正资源，降低社区矫正成本，提高社区矫正对象的矫正积极性，降低重新犯罪的风险，提高社区矫正质量的目的。

《社区矫正法实施办法》第 21 条规定，"社区矫正机构应当根据社区矫正对象被判处管制、宣告缓刑、假释和暂予监外执行的不同裁判内容和犯罪类型、矫正阶段、再犯罪风险等情况，进行综合评估，划分不同类别，实施分类管理。社区矫正机构应当把社区矫正对象的考核结果和奖惩情况作为分类管理的依据。社区矫正机构对不同类别的社区矫正对象，在矫正措施和方法上应当有所区别，有针对性地开展监督管理和教育帮扶工作。"

在实践中，社区矫正机构按照不同的标准可以将社区矫正对象划分为以下几种类型：

1. 以所犯罪行的严重程度为标准。根据社区矫正对象所犯罪行的性质，可以将他们划分为三种类型：

（1）罪行比较轻微、法院在判决时适用较轻的非监禁刑的罪犯。比如：缓刑犯、管制犯。

（2）罪行严重，但是经过改造社会危险性大大降低，回到社会上服刑不致再危害社会的罪犯。比如：假释犯。在这些罪犯中，一些人所犯罪行严重，因此被审判机关判处较长期限的监禁刑罚，将他们送到监狱中服刑改造。经过一定时期的改造，他们的犯罪心理得到转变，可能危害社会和他人的危险性降低，放到社会上执行刑罚不会对社会和他人造成危害时，将他们假释出狱，使他们成为社区矫正的对象。

（3）有其他特殊情况的罪犯。主要是指暂予监外执行的罪犯，因其具有不适宜在监狱或者其他监禁场所执行刑罚的情形，而采取暂时不予关押的一种刑事执行措施。

在上述三类罪犯中，第一类和第二类是社区矫正的主要对象，第三类属于社区矫正对象中的特殊情况。

为确保社区矫正工作依法依规运行，应当结合实际，针对社区矫正对象的不同类型，采取不同的矫正方法，适用分类管理的模式。例如，对管制和缓刑类的社区矫正对象要加强教育、管理，尤其是要加强认罪伏法教育，让他们确实认识到自己所犯的罪行给他人、社会所造成的危害，从而改过自新，重新做人；对暂予监外执行类的社区矫正对象应采取教育、监督并重的管理模式。社区矫正机构在其家庭监控的基础上，积极采取各种形式的帮教活动，以思想汇报，教育谈话、定期汇报为主，辅之以力所能及的公益活动，使其在思想上认识自己的罪行，认真接受改造；对假释的社区矫正对象采取严管细教与促进自身素质提高相结合的管理模式。落实好监督管理职责，加大监管力度，确保不出现重新违法犯罪的行为。

2. 以社会危险性的大小为标准。根据社区矫正对象的矫正表现、犯罪类型、社会环境、人身危险性、再犯罪的可能性、再社会化程度等多方面差异，将社区矫正对象分为严格管理、普通管理和宽松管理三个等级，区别对待，因人施矫，这种分类方法参照了监狱的管理模式。

（1）严格管理等级。严格管理等级适用于情绪不稳定、改造表现差、重新犯罪可能性较大的社区矫正对象。对此等级的社区矫正对象，严格限制活动区域，原则上不得请假外出，按规定参加集体学习等活动，在报告的频次上要远高于普管和宽管级的社区矫正对象。

（2）普通管理等级。普通管理等级适用于情绪较平稳、改造表现较好、有重新犯罪可能性的社区矫正对象。对此等级的社区矫正对象，限制请假外出和在异地工作、学习、生活，按规定参加集体学习等活动，其报告的频次也要高于宽管级的社区矫正对象。

（3）宽松管理等级。宽松管理等级适用于情绪平稳、改造表现突出、重新犯罪可能性小的社区矫正对象。对此等级的社区矫正对象，允许请假外出或通过委托管理方式在异地工作、学习、生活，可酌情减免其参加集体学习和其他活动的次数和时间。其报告的频次也要低于普通管理等级和严格管理等级的社区矫正对象。

社区矫正机构每月对社区矫正对象综合考核 1 次，按规定适时奖惩。考核奖惩结果作为社区矫正对象处遇变化的主要依据。

3. 以年龄为标准。社区矫正对象从年龄上分为两大类：未成年社区矫正对象和成年社区矫正对象。

（1）未成年矫正对象。未成年矫正对象是指年龄不满 18 周岁的社区矫正对象。对这部分人的矫正要以学习、教育为主。社区矫正机构要认真处理好惩罚与教育的关系，体现党和政府对未成年人的重视、关爱。根据未成年矫正对象的生理、心理特点，安排力所能及的公益活动，并防止暴露其身份，体现人文关怀；注重心理辅导和思想引导；尊重未成年矫正对象的情感，对进步及时表扬、鼓励，对缺点、错误进行善意提醒和有效制止；对年满 16 周岁的、有就业意愿的未成年矫正对象，可以协调有关部门和单位为其提供职业技能培训，给予就业指导和帮助。

（2）成年矫正对象。成年矫正对象的矫正措施除了一些常规性的方法和分类处遇外，还可以尝试将其分为暴力型、经济型和职务型。根据不同的分类进行有重点矫正。比如，对经济型的罪犯重点进行诚信方面的教育；对职务型的罪犯主要激发其生活、工作的自信心；而对于盗窃、抢劫类的罪犯则要帮助他们克服不劳而获的恶习，培养他们自食其力的劳动习惯等。

三、社区矫正的工作制度

社区矫正作为刑事执行活动，具有法律的严肃性和保护社区矫正对象合法权益的双重属性。在矫正工作中，司法行政机关应该建立一整套科学完善的工作制度，以保证对社区矫正对象的矫正工作效率最大化。

根据《社区矫正法》的核心精神和《社区矫正法实施办法》的规定，以及实践中的做法，社区矫正工作制度主要有以下几种：

（一）工作例会制度

社区矫正机构建立工作例会制度，定期召开工作例会，研究贯彻上级机关社区矫正工作的方针、政策和上级相关部门的指示、决议，部署本地社区矫正工作的开展，研究、制定本地区社区矫正工作的规划和实施方案，协调处理社区矫正工作中的重大问题。县级司法行政机关社区矫正工作例会一般每年不少于 2 次，遇有重大事项随时召开；例会的主要内容是：学习有关文件精神，制定工作计划和具体措施，听取有关部门工作汇报，协调有关部门开展工作，解决实践中出现的问题。县级司法行政机关应在例会前征求相关部门的意见，确定议题。做好会议记录，将有关决定事宜整理存档，并负责决定事宜的督促落实。社区矫正机构工作例会一般每年不少于4次，遇重大事项可随时召开紧急会议。其内容是：传达上级社区矫正工作的指示精神，研究、制定辖区社区矫正工作的计划和实施方案，听取工作汇报，协调解决工作中遇到的重大问题。

（二）监督制度

对社区矫正工作的监督主要有法律监督、矫正机构内部监督、社会监督等形式。法律监督特指检察机关对社区矫正工作的监督。《社区矫正法》第62条规定：人民检察院发现社区矫正工作违反法律规定的，应当依法提出纠正意见、检察建议。有关单位应当将采纳纠正意见、检察建议的情况书面回复人民检察院，没有采纳的应当说明理由。矫正工作机构内部监督是指上级社区矫正工作机构定期检查、指导、监督下级社区矫正工作机构的工作，同级社区矫正工作机构内部相互监督，发现有不符合法律、法规和有关规定的，督促其改正。社会监督指社区矫正机构以适当形式向社会公开其职责范围、工作程序、有关制度等，接受社会监督；社区矫正机构也可以从有关部门、知名人士、离退人员和社区矫正对象亲属中聘请执法监督员，监督社区矫正工作。社区矫正机构应及时处理社区矫正对象或群众的举报、投诉，并反馈处理结果。举报、投诉和处理结果应登记归档，并报上级主管部门备案。

（三）分类管理制度

《社区矫正法实施办法》第21条规定："社区矫正机构应当根据社区矫正对象被判处管制、宣告缓刑、假释和暂予监外执行的不同裁判内容和犯罪类型、矫正阶段、再犯罪风险等情况，进行综合评估，划分不同类别，实施分类管理。社区矫正机构应当把社区矫正对象的考核结果和奖惩情况作为分类管理的依据。社区矫正机构对不同类别的社区矫正对象，在矫正措施和方法上应当有所区别，有针对性地开展监督管理和教育帮扶工作。"

（四）档案管理制度

《社区矫正法实施办法》第18条规定："执行地县级社区矫正机构接收社区矫正对象后，应当建立社区矫正档案，包括以下内容：①适用社区矫正的法律文书；②接收、监管审批、奖惩、收监执行、解除矫正、终止矫正等有关社区矫正执行活动的法律文书；③进行社区矫正的工作记录；④社区矫正对象接受社区矫正的其他相关材料。接受委托对社区矫正对象进行日常管理的司法所应当建立工作档案。"

社区矫正对象档案，一人一档，单独立卷，遵守档案管理一般要求，具备保密、防遗失、防潮、防虫、防霉等基本保管条件。目前很多省市社区矫正工作机构对社区矫正对象的档案都已经实行了电子档案管理。按时将社区矫正对象的档

案信息输入信息管理平台，并由专人负责信息维护，所输信息按档案管理规定管理，非社区矫正机构工作人员未经允许不得随意查看，更不得向外界随意公布。

（五）突发事件应急处置制度

《社区矫正法实施办法》第52条规定："社区矫正机构应当建立突发事件处置机制，发现社区矫正对象非正常死亡、涉嫌实施犯罪、参与群体性事件的，应当立即与公安机关等有关部门协调联动、妥善处置，并将有关情况及时报告上一级社区矫正机构，同时通报执行地人民检察院。"

社区矫正作为非监禁性质的刑事执行活动，矫正对象享有部分自由，所以，在日常监管中会出现各种各样突发的紧急情况，矫正机构要做好处置紧急情况预案，使矫正工作更主动更完善。

（六）信息化建设制度

在"互联网+"的时代背景下，社区矫正机构的监管手段也要与时俱进，充分利用现代化信息手段进行监管，实现各部门、各地区信息共享，以加强对矫正对象的监督管理。

《社区矫正法实施办法》第11条规定："社区矫正机构依法加强信息化建设，运用现代信息技术开展监督管理和教育帮扶。社区矫正工作相关部门之间依法进行信息共享，人民法院、人民检察院、公安机关、司法行政机关依法建立完善社区矫正信息交换平台，实现业务协同、互联互通，运用现代信息技术及时准确传输交换有关法律文书，根据需要实时查询社区矫正对象交付接收、监督管理、教育帮扶、脱离监管、被治安管理处罚、被采取强制措施、变更刑事执行、办理再犯罪案件等情况，共享社区矫正工作动态信息，提高社区矫正信息化水平。"

（七）采取强制措施及时告知制度

根据《社区矫正法》的相关规定，社区矫正对象有被依法决定拘留、强制隔离戒毒、采取刑事强制措施等限制人身自由情形的，有关机关应当及时通知社区矫正机构。

（八）公安机关到场处置制度

《社区矫正法》第31条规定："社区矫正机构发现社区矫正对象正在实施违反监督管理规定的行为或者违反人民法院禁止令等违法行为的，应当立即制止；制止无效的，应当立即通知公安机关到场处置。"

这条规定，有利于社区矫正机构对矫正对象开展监督管理工作，同时对矫正对象也起到震慑的作用。

（九）责任追究制度

《社区矫正法》第61条规定："社区矫正机构工作人员和其他国家工作人员有下列行为之一的，应当给予处分；构成犯罪的，依法追究刑事责任：①利用职务或者工作便利索取、收受贿赂的；②不履行法定职责的；③体罚、虐待社区矫正对象，或者违反法律规定限制或者变相限制社区矫正对象的人身自由的；④泄露社区矫正工作秘密或者其他依法应当保密的信息的；⑤对依法申诉、控告或者检举的社区矫正对象进行打击报复的；⑥有其他违纪违法行为的。"

通过责任追究制度，严肃工作纪律，严格依法依规开展工作。

（十）学习培训制度

根据《社区矫正法》第16条的规定，社区矫正机构应当加强对社区矫正工作人员的管理、监督、培训和职业保障，不断提高社区矫正工作的规范化、专业化水平。

（十一）情况核查制度

《社区矫正法》第26条规定："社区矫正机构应当了解掌握社区矫正对象的活动情况和行为表现。社区矫正机构可以通过通信联络、信息化核查、实地查访等方式核实有关情况，有关单位和个人应当予以配合。社区矫正机构开展实地查访等工作时，应当保护社区矫正对象的身份信息和个人隐私。"

通过核查，及时了解社区矫正对象的具体情况，既能保证监督管理到位，及时发现矫正对象的思想和行为动态，预防重新犯罪的发生，也能及时发现矫正对象的困难，及时予以帮扶。

四、社区矫正的工作流程

社区矫正工作流程是：拟适用社区矫正的调查评估——社区矫正对象的接收——社区矫正对象的监督管理（考核奖惩、日常矫正）——社区矫正对象的教育帮扶（心理矫正、个案矫正、社会适应性帮扶）——社区矫正对象的解除与终止（期满解除、终止）。整个工作流程中还贯穿着对社区矫正对象的危险评估工作。

（一）拟适用社区矫正的调查评估

拟适用社区矫正的调查评估工作，是社区矫正工作的前移，目的是实现社区矫正机构与社区矫正决定机关的无缝对接，避免出现因衔接不畅而导致脱管、漏管问题的发生，同时也是为了提高社区矫正适用的准确性，以增加社区的安全性，避免因社区矫正对象的到来而给社区带来不良影响与不安定因素，所以在拟适用非监禁刑的被告人或罪犯进入社区矫正前，由社区矫正决定机关委托社区矫正机构或者有关社会组织对其进行拟适用社区矫正的调查评估，并将调查评估的情况作为是否适用社区矫正的参考依据。

《社区矫正法》第18条规定，社区矫正决定机关根据需要，可以委托社区矫正机构或者有关社会组织对被告人或者罪犯的社会危险性和对所居住社区的影响，进行调查评估，提出意见，供决定社区矫正时参考。居民委员会、村民委员

会等组织应当提供必要的协助。

（二）社区矫正对象的接收

社区矫正对象的接收是社区矫正对象真正进入社区矫正的第一个工作流程，也是十分重要的一个工作流程。只有准确无误地完成了接收工作，社区矫正对象才能顺利地进入社区矫正，社区矫正机构也才可能为其开展监督管理、教育帮扶等工作。

（三）社区矫正对象的监督管理

社区矫正对象的监督管理是社区矫正的第二个工作流程，也是最能体现社区矫正刑事执行性质的一个工作流程。社区矫正机构通过监督管理完成对社区矫正对象的刑事执行任务，预防他们重新走上违法犯罪的道路。尤其是《刑法修正案（八）》对被判处管制、被宣告缓刑的社区矫正对象发出禁止令的，社区矫正机构更应该对其加强监督管理工作。根据社区矫正对象人身危险性的不同，社区矫正机构对其采取不同的监督管理措施。监督管理主要通过日常的监督管理、考核奖惩等工作环节来完成。

（四）社区矫正对象的教育帮扶

对社区矫正对象的教育帮扶是社区矫正的第三个工作流程，通过完成对社区矫正对象的认罪伏法教育、思想道德教育、人生观、世界观、价值观教育，文化知识教育，心理健康教育、刑事政策教育等，以转变其错误的或偏执的认知，消除其心理问题或心理障碍，改变其不良行为习惯，提高适应社会的能力，从而帮助其顺利回归社会。教育矫正包括日常教育矫正、心理矫正、个案矫正等。通过帮扶解决社区矫正对象的困难，使其尽快融入社会，顺利完成矫正。

（五）社区矫正的解除与终止

社区矫正的解除与终止是社区矫正工作的第四个工作流程，也是最后一个工作流程。当社区矫正对象矫正期满时，社区矫正机构就必须为其办理解除矫正的手续。当社区矫正对象出现矫正终止的条件时，社区矫正机构也必须按程序终止其社区矫正。

在社区矫正的整个工作流程中，从始至终贯穿着一个必不可少的工作环节，那就是对即将或已经进入社区矫正的被告人或罪犯所开展的危险评估工作。通过危险评估可以提前预测被告人或罪犯的人身危险性或再犯可能性，从而为拟适用非监禁刑的被告人或罪犯进入社区矫正提供参考依据，为已经进入社区矫正的人员制定有针对性的监督管理、教育矫正措施提供依据，也为解除矫正后是否成为安置帮教的重点关注对象提供依据。

五、未成年人社区矫正规定

对未成年犯适用社区矫正，充分体现了"教育、感化、挽救"的方针。对未成年人开展社区矫正不仅避免了犯罪标签的负面效应，减少了狱内交叉感染，还可以为未成年犯创造一个宽松的环境以矫正其犯罪心理和行为恶习，使未成年犯在与社会的密切接触中，不再排斥社会、仇视社会，这对于预防未成年人重新犯罪，使其顺利回归社会具有重要的作用。

为了进一步落实对未成年犯罪人的保护，加大社区矫正的落实，2017 年 1 月 1 日施行的《最高人民法院关于办理减刑假释案件具体应用法律的规定》第 26 条规定，犯罪时未满 18 周岁的罪犯适用假释时可以依法从宽掌握。

目前，我国正在接受社区矫正的未成年人数占社区矫正对象总人数的 2.8% 左右。虽然，未成年社区矫正对象所占人数不多，但由于其在个性特征、认识特征、情感特征、意志特征方面具有不同于成年人的特点，从保护未成年人的角度出发，对进入社区矫正的未成年犯必须予以特别的规定，以保证未成年人社区矫正的顺利开展。

我国对未成年罪犯的教育矫正历来贯彻"教育、感化、挽救"的工作方针，坚持教育为主、惩罚为辅的工作理念。加强对未成年社区矫正对象的教育帮扶，促使其顺利融入社会，已经成为社会各界的共识，得到了政府和社会的重视。许多地方把对未成年犯的社区矫正工作列为重点项目，搭建起专门的工作平台，采用"1+3+1+1"模式推动这项工作的开展，即由社区矫正专职工作者，关心下一代工作委员会、共青团、教育部门，未成年社区矫正对象的家庭及亲友，其他热心社区矫正事业的部门单位和个人，共同组成教育帮扶组织，对未成年社区矫正对象进行教育矫正。如北京市司法局将加强对未成年社区矫正对象的管理服务作为一项重要课题，积极发挥矫正帮教协调委作用，公、检、法、司、民政、共青团、教育等多个部门齐抓共管，有效促进未成年社区矫正对象健康成长和融入社会。浙江省由省综治办、省人民法院、省人民检察院、省公安厅、省司法厅和团省委等 10 家单位在全省启动实施了以未成年人社区矫正工作为重点的"社区矫正阳光志愿者行动"，省、市、县三级成立了"社区矫正阳光志愿者"总队、支队和大队，共同做好未成年人社区矫正工作。广州市在当地党委、政府的支持下，由司法局牵头，建立了未成年人社区矫正工作平台———尚善矫正中心，除了政府多部门合作外，广泛引进社会力量，提高对未成年社区矫正对象的教育矫正质量，取得了良好效果。从总体上看，为未成年社区矫正对象提供特色服务和全新关怀，成为各地做好未成年人社区矫正工作的重要内容。

《社区矫正法》第五章用专章对未成年社区矫正作了特别规定。

《社区矫正法》第 52 条规定："社区矫正机构应当根据未成年社区矫正对象的年龄、心理特点、发育需要、成长经历、犯罪原因、家庭监护教育条件等情况，采取针对性的矫正措施。社区矫正机构为未成年社区矫正对象确定矫正小

组，应当吸收熟悉未成年人身心特点的人员参加。对未成年人的社区矫正，应当与成年人分别进行。"

第53条规定："未成年社区矫正对象的监护人应当履行监护责任，承担抚养、管教等义务。监护人怠于履行监护职责的，社区矫正机构应当督促、教育其履行监护责任，监护人拒不履行职责的，通知有关部门依法作出处理。"

第54条规定："社区矫正机构工作人员和其他依法参与社区矫正工作的人员对履行职责过程中获得的未成年人身份信息应当予以保密。除司法机关办案需要或者有关单位根据国家规定查询外，未成年社区矫正对象的档案信息不得提供给任何单位或者个人。依法进行查询的单位，应当对获得的信息予以保密。"

第55条规定："对未完成义务教育的未成年社区矫正对象，社区矫正机构应当通知并配合教育部门为其完成义务教育提供条件。未成年社区矫正对象的监护人应当依法保证其按时入学接受并完成义务教育。年满16周岁的社区矫正对象有就业意愿的，社区矫正机构可以协调有关部门和单位为其提供职业技能培训，给予就业指导和帮助。"

第56条规定："共产主义青年团、妇女联合会、未成年人保护组织应当依法协助社区矫正机构做好未成年人社区矫正工作。国家鼓励其他未成年人相关社会组织参与未成年人社区矫正工作，依法给予政策支持。"

第57条规定："未成年社区矫正对象在复学、升学、就业等方面依法享有与其他未成年人同等的权利，任何单位和个人不得歧视。有歧视行为的，应当由教育、人力资源和社会保障等部门依法作出处理。"

第58条规定："未成年社区矫正对象在社区矫正期间年满十八周岁的，继续按照未成年人社区矫正有关规定执行。"

《社区矫正法实施办法》第55条规定，"社区矫正机构、受委托的司法所应当根据未成年社区矫正对象的年龄、心理特点、发育需要、成长经历、犯罪原因、家庭监护教育条件等情况，制定适应未成年人特点的矫正方案，采取有益于其身心健康发展、融入正常社会生活的矫正措施。社区矫正机构、司法所对未成年社区矫正对象的相关信息应当保密。对未成年社区矫正对象的考核奖惩和宣告不公开进行。对未成年社区矫正对象进行宣告或者处罚时，应通知其监护人到场。社区矫正机构、司法所应当选任熟悉未成年人身心特点，具有法律、教育、心理等专业知识的人员负责未成年人社区矫正工作，并通过加强培训、管理，提高专业化水平。"

贯彻落实好《社区矫正法》对未成年人社区矫正工作的要求，要注意把握以下几个方面：

1. 在适用社区矫正前的调查评估过程中，注意从有利于未成年人接受矫正、有利于其成长的角度，作出调查评估报告。

2. 社区矫正机构要会同有关学校、单位、未成年社区矫正对象家庭建立监督帮教小组，共同关心帮助未成年社区矫正对象。

3. 要注重加强对其思想道德、法制教育，增强其法制观念，树立正确的人生目标。

4. 要注重运用适合未成年人特点的方式方法实施教育矫正。

5. 要注重对其心理健康教育，特别要发挥心理矫正的积极作用。

6. 要提高对其帮扶措施的针对性和有效性，尤其是要充分运用好有关政策，协调解决其就学、就业方面的问题。

7. 要注意培养、设置专门人员从事未成年人社区矫正工作，提高管理教育水平。

8. 要贯彻落实刑事诉讼法、未成年人保护法、预防未成年人犯罪法的有关要求。

在实践中，各地结合未成年人的心理和生理特点，探索专门适合未成年矫正对象的方法和策略。比如针对参与社区矫正的未成年人，山东省潍坊市奎文区人民检察院采取了"一室一课一志愿"立体全方位的帮扶模式。"一室"是该院设立的"未检工作室"。该院由该院有爱心，了解未成年人心理特点，具有一定未成年人案件办理经验的干警组成"未检工作小组"，并专门开辟了一间办公室，将其设为"未检工作室"，由"专人专室"办理涉及未成年人的刑事案件及相关工作。该工作室将积极探索"捕、诉、防"三位一体的办案模式，除审查批捕、审查起诉本辖区未成年人刑事案件以外，还将探索未成年人权益保护的新途径，切实保障未成年犯罪嫌疑人、被告人及未成年被害人、证人及监外执行未成年服刑人员的合法权益。"一课"是该院的检察干警们专门为未成年人开设的"普法课堂"。检察干警们从最基本的法律知识讲起，帮助他们提高自身的法律意识，及时解答他们法律方面的各种疑惑。普法课堂会根据未成年人的不同情况，对于在校未成年人，干警们会定期组织安排到学校、社区等固定地点授课，并组织谈心会，及时了解未成年人的心理动态及生活困难，力所能及地帮助他们。针对已经触犯刑法、参与社区矫正的未成年人，干警们则会到家中看望，了解情况，普及法律知识，尽量减轻参与社区矫正未成年人的心理负担。对于已经成年、改过自新的，则会尽量为他们介绍合适的工作，或推荐他们参加合适的培训，使他们尽快重新融入社会。"一志愿"是指该院与团区委、区关工委、区文明办、区教育局、区司法局等部门，联合制定出台了《关于在未成年刑事案件中试行帮教志愿者制度的意见》，招募帮教志愿者，从思想引导、心理疏导、法律服务、文化教育、就业导航、困难帮扶等方面，切实维护刑事诉讼中未成年人的合法权益，

整合社会力量共同参与涉案未成年人的司法保护和帮教工作。帮教志愿者们通过在刑事诉讼过程中及时对未成年人进行心理疏导与法律援助；案后对未成年人进行回访观护，跟踪帮教；配合检察机关，采取讲课、报告、座谈会等形式，到学校街道等未成年人较为集中的地方进行法制宣传等方式参与刑事案件涉案未成年人的帮扶工作。

在未成年社区矫正工作中，除了一些政策支持外，还要注意做好以下几个方面：

1. 做好个别化矫正。通过上门走访未成年矫正对象的亲人、邻居，查阅相关案卷等方式，了解掌握未成年社区矫正对象的犯罪原因、心理特点及性格特点，量身制订有针对性的详细矫正帮教方案，做到有"案"可依，有"法"可循。如河北省邢台市司法局与市团委合作，采取政府购买服务的方式，依托社会组织，在全市范围内，对未成年矫正对象开展了"彩虹计划"的个别化矫正工作，取得了非常好的效果。

2. 实施分类别管理。根据未成年社区矫正对象自身特点制定科学合理的矫正方案，把未成年矫正对象与成年矫正对象区分管理，单独实行社区服务和教育学习。及时了解矫正对象的工作学习及生活情况，分析其思想动态。

3. 调动社会力量。邀请社区民警、社区治安员对未成年社区矫正对象以正面教育感化的方式，进行家庭走访。引导他们主动认清自身问题，切实分清善恶，自觉遵守法律法规，服从管理。

4. 加强心理矫正。针对未成年社区矫正对象思想不够成熟、情绪不稳定、自尊心强等特点，及时开展心理辅导，对他们的优点进步及时表扬和鼓励，对其缺点和错误作出善意提醒和有效制止，从而帮助其树立正确的世界观、人生观、价值观。

5. 加强对未成年人的隐私保护。在开展社区矫正日常管理工作中，注重保护未成年社区矫正对象的个人隐私和名誉，不泄露相关信息，让未成年矫正对象融入正常的生活、学习和工作中。

6. 做好关爱督促。对于家庭困难的未成年社区矫正对象，与民政部门联合制定帮助计划，定期上门走访慰问，帮助解决生活和家庭中的问题。对就业有困难的未成年人，积极联系劳动部门，组织其参加相关技能培训，提高就业能力。对就学困难的未成年人，积极与其亲人和教育部门联系，为他们顺利上学提供帮助。

 【单元小结】

社区矫正作为刑事执行方式之一，在我国虽然起步较晚，但是发展迅速，目前已经具备了相当规模，积累了丰富的经验，出台了专门的《社区矫正法》，形

成了具有中国特色的领导体制和工作机制，确立了社区矫正机构、工作队伍，建立了各种严谨的社区矫正工作制度，并对未成年社区矫正对象采取了各种保护措施，以有利于他们的成长和发展。总之，通过多年的实践，我国的社区矫正工作取得了骄人的成绩。为建设法治国家、法治政府，推进现代化的社会治理体系和治理能力做出了应有的贡献。

 【问题思考】

【案例 3-2】

杨某，男，1967 年 8 月出生，高中文化程度，已婚（刚领结婚证书不久）。家庭成员情况：妻子徐某，安徽籍，现无业；父母亲均为征用土地后到安置企业工作的退休工人。犯罪及处罚情况：1985 年 4 月 7 日杨某因犯强奸罪、抢劫罪和盗窃罪被判处无期徒刑，剥夺政治权利终身。因杨某在狱中服刑期间表现良好，2003 年 7 月 11 日杨某假释回到社区进入社区矫正。

背景资料：

1. 家庭背景：父母亲以及兄弟共 5 人，杨某现与父母一起居住生活，父子和母子关系都比较融洽。

2. 生活经历：杨某家住农村，1985 年杨某犯案前家中有 5 人。父母以务农为主，兄弟两人都在读书，相对而言，家中生活较为拮据。杨某本人初中未读完就中途辍学，家处城乡接合部的杨某从小就有着对繁华生活的向往和追求，为了摆脱家庭贫困和自己的现状，他为此努力过，奔波过，辛劳过，但收入微薄。为了改变现状脱贫致富，他竟然数地、数处行窃、盗窃，做起了不劳而获快快发财的美梦来，由此一发不可收拾，并在犯罪的道路上越滑越远，越陷越深，直至犯下了强奸罪、抢劫罪和盗窃罪被判处无期徒刑，剥夺政治权利终身。因杨某在狱中表现良好，1994 年 7 月被上海市高级人民法院裁定减刑为有期徒刑 19 年，剥夺政治权利 8 年，后又被 4 次减刑共计 5 年 6 个月。

3. 主要社会关系：杨某兄弟三人，他排行老二，待他假释回来，兄弟二人已有妻子且在本村另行别居。

问题：根据给出的材料，对杨某应采取何种矫正措施？

参考标准：杨某犯罪性质严重，但杨某犯罪时还未成年，应属文化知识极其低下的"三失"青年，还缺乏学校和家庭教育，当时他的思想还不成熟，人生观、世界观还未形成。现已在监狱服刑改造多年，但能够假释回来，说明杨某在狱中表现良好，现已不至于再危害社会。故此，①应根据他的情况采取宽松管理的管理等级；②同时他又具有同其他矫正对象不同的状况，杨某是假释回来的，带有监狱服刑的标签，所以在矫正过程中应以平等的观念对待杨某，接纳他、尊重他，消除他的自卑心理；③以个别化、人性化的观念对其开展监督管理、教育帮扶工作；④充分利用社会力量和其家庭开展矫正工作。相信经过一定时间，花上一定的功夫，齐抓共管，杨某是能够矫正好的。

 【课堂活动】

讨论材料：社区矫正对象张某，因盗窃罪而进入社区矫正，在矫正过程中纪律差、不配合、不按要求完成学习任务；其思想状态方面矫正意识不足，抱有"破罐子破摔"想法，即使违规受到处罚也满不在乎；其家庭关系复杂，除父亲外得不到母亲及兄弟姐妹的支持和鼓励；其朋辈关系多是社会小混混、无业人员等处于叛逆期青少年。社区矫正工作者在个案矫正过程中发现张某毫无悔改意识，屡教屡犯，对各项矫正要求都是在矫正工作人员的不断督促下才勉强配合。

结合案例，组织同学进行专题研讨如何对张某开展社区矫正工作？

参考标准：

1. 首先分析张某的情况，向张某说明社区矫正的性质。并向张某讲解法律和政策，树立其矫正意识，使其明白不遵纪守法的后果。

2. 清除张某周围不良朋友的影响，创造有利于矫正的人际关系。

3. 在张某父亲的协助下，做好其母亲和其他亲属的工作，发动全家人的力量帮助张某进行社区矫正。

4. 进一步加强对张某违法违规行为的惩罚力度。

 【拓展学习】

国外未成年人社区矫正制度

目前，世界大多数国家都已开展未成年人社区矫正，并取得了巨大成功：

1. 英国。根据未成年人社区矫正工作的特点，设立了全国未成年人司法委员会，该委员会属于非政府组织，由负责缓刑的公务员、警察、教师和卫生部门的人员组成，主要工作是负责未成年犯社区矫正的适用、沟通和协调。该委员会工作人员由当地具有一定知识和相应社会地位的人员组成。在英国获得这种工作职位是一种荣誉的象征，因此愿意从事此项工作的人员为数不少，其中值得一提的是英国的社区矫正职员有一半以上是大学生。

2. 德国。一些民间协会和社会义工也往往接受委托协助进行青少年教育矫正工作。他们对青少年提供一些社会性课程和训练计划，教育其如何自我帮助、自我调节、自我发展及与他人建立良好的合作关系等。如黑森州哈瑙家庭和青年人帮助协会就是这类民间社团，由于他们工作绩效显著，市政府按照每个少年犯800欧元的标准对其进行补助。

3. 澳大利亚。青少年犯罪预防与矫正研究一：澳大利亚关于青少年犯罪的立法。澳大利亚是联邦制国家，分为6个州和2个地区。在刑事司法程序中，针对儿童的主要立法有：1987年《儿童法》和1997年《少年罪犯法》。1997年《少年罪犯法》的实施是20世纪澳大利亚少年司法重大的发展。它建立了一个在可能的情况下，用警告、训诫和司法会议的方式，将少年罪犯从正式的司法程序中转移的方案。根据澳大利亚《刑事诉讼法》第六节的规定，在法律面前，儿童享有和成人平等的权利和自由。在作出影响他们的决定的过程中，他们有权参与并发表意见；儿童应为他们的行为承担责任，但鉴于他们的依赖性和尚未成熟，他们需要指导和帮助；对儿童犯罪判处的惩罚不应大于对犯同样罪行的成人的惩罚，并且可取的是，犯罪儿童为其行为负责，在可能的情况下，为其行为做出赔偿。澳大利亚《少年罪犯法》第七节和第八节规定的主要原则，确保对被指控犯罪的儿童处以最低限制形式的制裁；被指控犯罪的儿童有权被告知获得法律咨询的权利，并且有机会得到咨询；若存在处理该事件的适当替代方法，可不对儿童提起刑事诉讼；认为家长对儿童发展负有主要责任包括在司法程序中，并且对可能被卷入的犯罪、取得的进展、对其采取的行动，受害者有知情权。[1]

澳大利亚青少年犯罪预防与矫正研究二：警察在青少年犯罪预防与矫正中的作用。在澳大利亚，对青少年犯罪进行预防通常由警察负责。主要是：①加强与学校合作，防止学生逃课。②到学校举办预防犯罪的讲座。③编写预防青少年犯罪的宣传资料和教材。④不定期地组织不同社区的青少年进行思想、生活交流。专司青少年保护的警官，一年中必须有1/4的时间去学校、社区进行法制宣传、辅导教育和联系工作。此外，对轻微犯罪的青少年，警察可以单独对其进行实体处理，以此作为在轻微犯罪青少年进入刑事诉讼程序前的转移处理的方法。这是针对青少年心理、生理发展的特点，考虑到如何更好地对青少年罪犯重新犯罪的预防而采取的策略。根据1997年的《少年罪犯法》的规定：①对在街头犯罪的青少年，警察可以口头警告。②对犯轻罪的青少年罪犯，警察可以给予严重警告。实施该处罚时，应通知其家长一起来警察局，首先，让青少年罪犯自己讲述犯罪的经过；其次，让其讲犯罪时有无考虑过事后会给家长造成什么影响；再次，若有被害人的，则要求其必须给被害人写封道歉信，以求得被害人的谅解；最后，要求其讲明今后如何改正，使自己的行为变得好起来。③对初犯重罪的青少年罪犯，警察可以将其移交州青少年犯罪协商会处理。依据1998年推行的青少年犯罪法律，对于被控较轻罪名的未成年罪犯，警方可能取代法庭，向未成年罪犯做出警告、告诫或要求其出席少年犯司法审判会。警告适用于轻微的罪行。

〔1〕　〔澳〕马克·玛瑞恩："澳大利亚少年司法系统和新南威尔士州少年司法的新趋势"，载《青少年犯罪问题》2009年第4期。

假如未成年人遭受警告，警方将不会记录其名字和不留案底。告诫通常在涉嫌犯罪的未成年人被捕后一段时间内，在警署内进行。当他们承认犯罪时，他们可能会被告诫，案件就不会再交由法庭处理。在告诫程序进行时家长一般可以在场。告诫是一个严肃的程序，但当告诫程序完毕后，该未成年人不会遭受其他处理。[1]

澳大利亚青少年犯罪预防与矫正研究三：儿童法院在青少年犯罪预防与矫正中的作用。在澳大利亚的刑事司法中有两套平行运行的司法系统，即针对青少年犯罪的司法系统和成年人犯罪的司法系统。对涉及青少年的犯罪在澳大利亚一般是由儿童法院审理的。但是，这并不否定存在儿童法院将其认为某些严重的青少年犯罪案件移交普通法院审理。澳大利亚每个州都有单独的儿童法院。儿童法院一般分为家庭分院和刑事分院。家庭分院受理以下申请：为处于危险情况下的儿童和青少年的保护和照管申请相应的命令。刑事分院主要审理不满18周岁的青少年的犯罪。这需要地方法官在处理未成年人事务方面有专业的技能，同时也需要将未成年犯罪人与成年刑事犯罪者分开。儿童法院在实现新南威尔士州少年司法的各项目标方面发挥了核心作用，其审判权限延伸至严重和复杂的案件。儿童法院比地方法院或地区法院的权限更广泛。地区法院通常处理成年犯罪，然而，有时严重的儿童刑事案件会在地区法院或最高法院审理。关于普通法院审理青少年犯罪案件的情形，澳大利亚学者指出：在某些情况下，一个儿童法院法官可以决定将此案提交地区法院。通常在这种案例中，该未成年人有过多种犯罪记录，法官认为对该犯罪者合适的惩罚已经超出了儿童法庭的量刑范围（通常是2年或2年以下的羁押或"控制令"）。由此可见，作为对青少年罪犯进行矫正与重新犯罪预防的前置程序，澳大利亚在司法程序的入口上就根据青少年的特点做了分流处理，这样可以切实避免将青少年投入普通刑事程序给青少年身心健康造成的负面影响，这也更有利于针对青少年犯罪的特点对青少年罪犯进行教育矫正与犯罪预防。[2]

---

〔1〕 叶青、王超："试论澳大利亚少年刑事司法的最新发展———兼与我国少年刑事司法之比较"，载《青少年犯罪问题》2001年第6期。

〔2〕 〔澳〕马克·玛瑞恩："澳大利亚少年司法系统和新南威尔士州少年司法的新趋势"，载《青少年犯罪问题》2009年第4期。

学习单元四　拟适用社区矫正调查评估

【学习目标】

通过本单元的学习，能够完成以下工作任务：

项目1. 拟适用社区矫正调查评估的启动与实施。

项目2. 拟适用社区矫正调查评估的内容。

项目3. 拟适用社区矫正调查评估意见书的制作。

【知识树】

拟适用社区矫正调查评估

- 拟适用社区矫正调查评估的启动与实施
  - 调查评估的启动
  - 调查评估的实施
- 适用社区矫正调查评估的内容
  - 被告人或罪犯的基本情况
    - 个人基本情况
    - 居所情况
  - 被告人或罪犯的家庭和社会关系
  - 被告人或罪犯的犯罪行为的后果和影响
  - 居住地村（居）民委员会和被害人意见
  - 拟禁止的事项调查
  - 社会危险性和对所居住社区的影响
- 拟适用社区矫正调查评估意见书的制作
  - 调查评估意见书的内容
  - 调查评估意见书的格式
  - 调查评估意见书的笔录

【案例4-1】

吴某，女，癌症晚期患者，曾因患癌症进行手术治疗及长期化疗，但手术后还是出现了转移，其不堪忍受病痛，曾于2017年5月在家中服农药尝试自杀，被家人发现后得到救治。此后，吴某多次请求丈夫王某以及朋友徐某某帮助其自杀，以摆脱病痛折磨。

经多次联系，王某、徐某某最终答应吴某的请求，经商量后，徐某某于2017年6月15日20时许，在约定的地点，开车对吴某实施撞击。撞击后徐某某立即打电话报警，并协助将吴某送到医院救治。6月17日吴某坚决要求出院，6月19

日吴某死于家中。法医鉴定：吴某系癌症转移致多脏器衰竭死亡，车辆撞击所致损伤对其死亡进程稍有影响，其被车辆撞击所致损伤程度为轻伤二级。讯问中徐某某如实供述、真诚悔罪并获被害人亲属谅解。检察官认为，徐某某、王某故意非法剥夺他人生命，情节较轻，应当以故意杀人罪追究其刑事责任。庭审中，辩护人对检方指控徐某某、王某犯故意杀人罪均表示无异议，但认为两人均具有多个法定、酌定从轻或减轻处罚情节，希望法院能从宽处理。

人民法院经审理认为，两名被告人王某和徐某某虽然接受吴某的嘱托帮助其自杀，但是约定使用小汽车撞击吴某的行为仅造成轻伤（根据司法鉴定），故可认定故意杀人罪（未遂），属于情节较轻的故意杀人罪，且两被告人在犯罪后，均如实供述自己及同案犯罪行，真诚认罪、悔罪，并取得被害人近亲属的谅解。江苏省句容市人民法院拟判处两被告人缓刑，并委托句容市司法局社区矫正机构对两被告人开展拟适用社区矫正的调查评估。

经过调查评估表明，两名被告人再犯可能性和人身危险性均被评价为低度，而且，如果对两名被告人宣告缓刑对其各自所居住社区不会产生重大不良影响。最后，人民法院综合全案情况和社区矫正机构出具的拟适用社区矫正调查评估报告，做出一审判决，以故意杀人罪判处徐某某有期徒刑3年，缓刑3年；判处王某有期徒刑2年，缓刑2年。两人当庭表示服判，不提起上诉。[1] 根据《刑法》《刑事诉讼法》以及《社区矫正法》的规定，被判处缓刑的将进入社区进行矫正，成为社区矫正对象。

所谓拟适用社区矫正调查评估，是指社区矫正决定机关根据需要，对拟适用社区矫正的被告人或罪犯，委托社区矫正机构或者有关社会组织对其社会危险性和对所居住社区的影响进行调查评估，提出意见，供决定适用社区矫正时参考的一种制度。

拟适用社区矫正调查评估的主要目的是通过调查，全面分析被告人或罪犯的人身危险性，使对被告人或罪犯是否适用社区矫正的评判能够建立在和其有关的、体现其再犯可能性的所有因素的综合评价上，以降低社区矫正的适用风险，为预防犯罪和矫正罪犯提供科学依据。拟适用社区矫正调查评估工作是一项政策性、法律性非常强的工作，某种程度上可以说是人民法院、公安机关、监狱管理机关职能的延伸，是国家行使刑罚权的具体表现形式。拟适用社区矫正调查评估有助于提高非监禁刑适用质量，进而把好社区矫正入口关，提高社区矫正质量，因此社会调查评估是链接非监禁刑适用和社区矫正的重要桥梁。[2]

---

〔1〕 "江苏句容'患癌女子求朋友撞死自己'案一审宣判 两名涉案人员被判缓刑"，载新京报网，http：//www.bjnews.com.cn/news/2018/04/20/483974.html，访问时间：2018年8月23日。

〔2〕 李召亮："社区矫正社会调查适用举要"，载《山东审判》2016年第2期。

拟适用社区矫正调查评估最早源于"两高""两部"2009年下发的《关于在全国试行社区矫正工作的意见》。该意见要求"人民法院要依法适用非监禁刑罚和非监禁刑罚执行措施，对依法可能适用非监禁刑的被告人，在审理中可以委托司法行政机关进行社会调查"。根据2011年《刑法修正案（八）》修订以后的《刑法》第72条规定，"宣告缓刑对所居住社区没有重大不良影响"是宣告缓刑需要符合的条件之一；第81条规定，"对犯罪分子决定假释时，应当考虑其假释后对所居住社区的影响"。《刑事诉讼法》第279条规定，"公安机关、人民检察院、人民法院办理未成年人刑事案件，根据情况可以对未成年犯罪嫌疑人、被告人的成长经历、犯罪原因、监护教育等情况进行调查。"2020年7月1日起实施的《社区矫正法》第18条规定，"社区矫正决定机关根据需要，可以委托社区矫正机构或者有关社会组织对被告人或者罪犯的社会危险性和对所居住社区的影响，进行调查评估，提出意见，供决定社区矫正时参考。居民委员会、村民委员会等组织应当提供必要的协助"。《社区矫正法实施办法》第13条规定："社区矫正决定机关对拟适用社区矫正的被告人、罪犯，需要调查其社会危险性和对所居住社区影响的，可以委托拟确定为执行地的社区矫正机构或者有关社会组织进行调查评估……"第14条第1款规定："社区矫正机构、有关社会组织接受委托后，应当对被告人或者罪犯的居所情况、家庭和社会关系、犯罪行为的后果和影响、居住地村（居）民委员会和被害人意见、拟禁止的事项、社会危险性、对所居住社区的影响等情况进行调查了解，形成调查评估意见，与相关材料一起提交委托机关。调查评估时，相关单位、部门、村（居）民委员会等组织、个人应当依法为调查评估提供必要的协助。"《刑法》《刑事诉讼法》《社区矫正法》和《社区矫正法实施办法》的规定，对于拟适用社区矫正调查评估，提供了法律法规依据。

 【学习情境一】拟适用社区矫正调查评估的启动与实施

一、拟适用社区矫正调查评估的启动

（一）调查评估的启动部门

　　根据《社区矫正法》第17条第4款的规定，人民法院、公安机关、监狱管理机关是社区矫正的决定机关。第18条规定，社区矫正机构根据需要，可以委托社区矫正机构或者有关社会组织对被告人或者罪犯的社会危险性和对所居住社区的影响，进行调查评估，提出意见，供决定社区矫正时参考。可见，拟适用社区矫正调查评估的启动部门只能是人民法院、公安机关和监狱管理机关。

例如，某市某区人民法院拟对被告人适用非监禁刑时，可以委托拟确定为执行地的区社区矫正机构对被告人进行拟适用社区矫正的调查评估，该区人民法院出具委托函，启动审前调查评估程序。由区社区矫正机构对被告人的居所情况、家庭和社会关系、犯罪行为造成的危害结果和影响、居住地村（居）民委员会和被害人意见、拟禁止的事项、对所居住社区的影响等情况进行调查了解，形成调查评估意见，提交委托机关。

调查评估时，相关单位、部门及村（居）民委员会等社会组织、个人应当依法为调查评估提供必要的协助。因被告人或罪犯的姓名、居住地不真实、身份不明等原因，社区矫正机构无法进行调查评估的，应当及时向委托机关说明情况。

（二）调查评估启动的程序

1. 登记备案。社区矫正机构应建立调查评估案件登记备案制度。收到调查评估委托函后社区矫正机构应及时登记，标明签收日期、委托机关、委托内容、联系方式、联系人、办理期限，并根据后续工作进程相应注明调查人员、调查方式、评估意见、办结日期等，建立统一规范的调查评估案件登记台账。

 专栏 4-1

调查评估登记簿

单位：　　　　期限：　　　　年　月　日至　年　月　日××县（市、区）社区矫正机构

序号	委托单位	收到时间	指派单位	指派时间	完成时间	姓名	罪名	意见	回复时间	委托单位采信情况	备注

2. 调查前核查。社区矫正机构收到委托调查材料后，应对材料进行核查，发现材料缺项的，应及时与委托机关联系补齐材料，调查评估期限自收到齐全委托材料之日起计算。

委托调查材料应包括：

（1）调查评估委托函。调查评估委托函应当包括被告人、罪犯及其家属等有关人员的姓名、住址、联系方式、案由以及委托机关联系人、联系方式等内容。

（2）人民法院对拟适用管制、缓刑或暂予监外执行被告人委托调查评估的，应当附带起诉书或者自诉状，有被害人的，附带被害人谅解书。

监狱管理机关或公安机关（看守所）拟对假释或暂予监外执行罪犯委托社会调查评估的，应当附带终审法院的刑事判决书、裁定书、执行通知书、历次减刑裁定书以及罪犯在服刑期间的表现情况等资料。

（3）调查评估委托函及附带材料应由委托机关通过邮寄或当面送达的方式送达，不得通过案件当事人、法定代理人、诉讼代理人或者其他利害关系人转交居住地县级社区矫正机构，非委托机关送达邮递的调查评估委托函及附带材料，县级社区矫正机构不予受理。

3. 调查指派。收到委托函后，社区矫正机构指派社区矫正专门国家工作人员（可会同司法所工作人员）到被告人、罪犯居住地进行调查。

社区矫正机构也可以委托司法所承办。以河北省为例，由司法所承办的，社区矫正机构在收到委托单位材料之日起 2 个工作日内将委托调查相关材料送达被告人、罪犯居住地的乡镇（街道）司法所，送达情况应登记备案。对于适用速裁程序的案件，社区矫正机构应在收到委托单位材料之日起 1 个工作日内将委托调查材料送达承办司法所。

二、拟适用社区矫正调查评估的实施

【案例 4-2】

某区人民法院受理徐某等人聚众斗殴案件以后，委托徐某居住地的社区矫正机构对被告人徐某进行拟适用社区矫正调查评估。接到委托函后，社区矫正机构立即成立了调查小组，在规定的时限内，对徐某的家庭、社区、曾经学习的学校及社区民警，对其性格特点、成长经历、居住环境、邻里关系、是否有刑事或者行政处罚、犯罪原因和后果以及影响等进行了充分的调查了解，经过评议，完成了《调查评估意见书》，并送达到出具委托函的某区人民法院。最终法院采纳了社区矫正机构的调查建议，对被告人徐某以聚众斗殴罪判处其有期徒刑 3 年，缓刑 5 年。依法实施社区矫正。

社区矫正机构接到人民法院、公安机关、监狱管理机关的委托调查函以后，应立即组建调查评估小组，按照回避原则以及双人办案原则，对被告人或者罪犯开展拟适用社区矫正的调查评估。

（一）调查评估的实施过程（工作流程）

1. 成立调查小组。社区矫正机构应当及时组织或指导司法所成立调查小组，调查小组应由 2 名以上工作人员组成，其中至少 1 名是专门的社区矫正国家工作人员，其他人员也须是社区矫正工作人员。调查小组的人员，包括承担社区矫正工作的专职矫正工作人员和具有心理学、教育学、社会学等方面的专业人员，如社区矫正社会工作者和社区矫正社会志愿者等。小组组成人员应具有较高专业水平，有较为丰富的社会经验，有能够胜任这项工作的身体条件等。

调查小组人员有下列情形之一的，应当回避：

（1）是本案当事人或者当事人近亲属的。

（2）本人或者本人的近亲属和本案有利害关系的。

（3）担任过本案的证人、鉴定人、辩护人、诉讼代理人、法律援助工作者的。

（4）与本案当事人有其他关系，可能影响调查评估客观公正的。

2. 组织调查。

（1）调查对象：被告人或罪犯本人；被告人或罪犯的法定代理人、监护人或近亲属、邻居、同学、同事等相关知情人；被害人及其法定代理人、监护人；所在村（居）委会、单位、学校、户籍或居住地派出所等相关单位。

（2）调查内容：拟适用社区矫正的被告人、罪犯的居所情况、家庭和社会关系、犯罪前的一贯表现、犯罪行为的后果和影响、居住地村（居）民委员会和被害人意见、拟禁止的事项、社会危险性、对所居住社区的影响等情况。对未成年被告人还要调查其性格特点、家庭情况、生活环境、受教育情况及环境、社会交往、成长经历、平时表现、犯罪原因、犯罪前后的表现、监护人教育和社会帮教条件等。

（3）调查时间：社区矫正机构应当自收到调查评估委托函及所附材料之日起 10 个工作日内完成调查评估，提交评估意见。对于适用刑事案件速裁程序的，应当在 5 个工作日内完成调查评估，提交评估意见。需要延长调查评估时限的，社区矫正机构应当与委托机关协商，并在协商确定的期限内完成调查评估。[1]

（4）调查方式：调查人员可以采取走访、谈话、查阅资料等方式向有关单位或人员调查了解情况。调查时，应当出示工作证件；向单位调查时，出示调查评估委托函及介绍信。

（5）调查笔录：调查过程中，调查小组应全面、公正、客观地调查了解相关情况，并制作调查笔录，调查人、被调查人、记录人在调查笔录上签字确认。被调查人拒绝签字的，应当在笔录上注明。必要时，在调查过程中可以录音、录像。向有关单位收集调取的书面调查材料，应当加盖单位印章并经由经办人签

---

〔1〕《社区矫正法实施办法》第 14 条第 2 款。

字，标注日期。向个人收集调取的书面调查材料，应当由本人签名确认或者盖章并标注日期。

（6）告知义务：在调查阶段，要告知被告人、罪犯及其亲属有关社区矫正监管、教育等方面的规定。可以要求被告人、罪犯的亲属、所在单位或学校出具同意配合社区矫正、帮助做好监管教育工作的书面意见。

（7）特殊情况的处理。因被告人或者罪犯的姓名、居住地不真实、身份不明等原因，社区矫正机构无法进行调查评估的，应当及时向委托机关说明情况。[1]

3. 调查评议。

（1）社区矫正执法案件审查小组。社区矫正机构收到调查小组提交的调查评估意见书、调查笔录和相关调查材料后，应当提交社区矫正执法案件审查小组进行评议。社区矫正执法案件审查小组由局长任组长，分管局长、纪检组长任副组长，驻局纪检部门、驻局监察室，社区矫正、法制等职能部门负责人及调查小组成员为成员。社区矫正执法案件审查小组不得少于5人。

（2）评议内容。社区矫正执法案件审查小组应当认真梳理分析调查掌握的情况，对是否适用社区矫正进行评估审核，围绕被告人、罪犯是否有现实危险性、生活状况或生活环境是否适用社区矫正、是否能够实现有效监管等问题，全面分析掌握的调查材料，鉴别归类积极因素和消极因素，进行集体评议，并将评议情况记录在案。调查评估意见应当公正反映被告人、罪犯适用社区矫正对其所居住社区的影响，是否适合适用社区矫正。根据评估审核意见，拟定《调查评估意见书》。

（3）评议记录。评议过程应制作评议记录，参加评议的社区矫正执法案件审查小组各成员的意见要记录在案，必要时可以全程录音录像。

（4）评议结果。评估意见应以参加人员2/3以上通过的意见形成评估意见，意见分歧较大时，应就存在分歧的问题再次组织调查并进行评估审核。评估结果不宜简单以"同意"或"不同意"作为调查评估的结论性意见。提出"不适合社区矫正"等倾向性意见的《调查评估意见书》（或调查评估报告），要随附详实齐全的相关证据材料，客观反映相关方面的意见，供委托机关参考。

4. 调查评估意见书的制作。根据调查了解到的情况，经社区矫正执法案件审查小组评议，最终得出一个综合性的调查评估意见，并制作成《调查评估意见书》，提交委托机关。

5. 文书寄送。社区矫正机构应当按时将《调查评估意见书》通过邮寄或当

---

〔1〕《社区矫正法实施办法》第14条第2款。

面送达的方式提交委托机关，同时抄送居住地县级人民检察院。特殊情况下，可先采取传真等方式送达，然后再将《调查评估意见书》邮寄或当面送达。

6. 建立档案。社区矫正机构应当建立调查评估案件档案。社区矫正机构和司法所应当将《调查评估意见书》、调查笔录、社区矫正执法案件审查小组评议记录等调查评估材料归入到社区矫正对象档案中。

（二）调查注意事项

1. 关于保密问题。对调查评估意见以及调查中涉及的国家秘密、商业秘密、个人隐私等信息，应当保密，不得泄露。

2. 采信情况的说明。社区矫正决定机关对调查评估意见的采信情况，应当在相关法律文书中说明。

【学习情境二】 拟适用社区矫正调查评估的内容

调查评估的内容主要是：被告人或者罪犯的基本情况，包括个人基本情况、居所情况；被告人或者罪犯的家庭和社会关系；被告人或者罪犯犯罪行为的后果和影响；居住地村（居）民委员会和被害人的意见、拟禁止的事项、社会危险性、对所居住社区的影响等。根据《刑事诉讼法》第279条的规定，对未成年被告人的调查内容，除以上内容外，还可以对其成长经历、犯罪原因、监护教育等情况进行调查。

一、被告人或罪犯的基本情况

（一）被告人或罪犯的个人基本情况

个人情况包括姓名、年龄、出生地、民族、受教育程度、健康状况、成长经历、婚姻状况、工作现状、经济收入、兴趣嗜好、精神状态、心理特点等。这些情况往往会对行为人的性格形成和行为习得有很大影响，从而影响到行为人在特定的环境中是否做出犯罪的选择，也影响其再犯可能性的大小。

（二）被告人或罪犯的居所情况

居住地的确认。社区矫正对象的居住地是指其实际居住的县（市、区）。社区矫正对象的经常居住地是指其经常居住的，有固定住所、固定生活来源的县（市、区）。[1] 以河北省司法厅社矫正管理局对社区矫正对象居住地的确认规定为例说明一下。社区矫正对象居住地的确认，应当同时具备以下两个条件：

1. 应当有固定居所，由其本人或者与亲友共有、承担，或者其他人、单位

---

〔1〕《社区矫正法实施办法》第12条第2款。

愿意为该被告人或罪犯提供，该被告人或罪犯接受社区矫正后能够在此居所连续居住6个月以上。固定居所包括下列情形：

（1）产权由该被告人或罪犯所有且未被租借、赠与、抵押、查封或他用的住所地；对在本县（市、区）有多处住所的，要求该被告人或罪犯书面确定一处实际经常居住的住所为固定居所。

（2）由该被告人或罪犯合法租赁且剩余租期在6个月以上的住所地；

（3）产权由该被告人或罪犯的亲友所有或与其共有，未被租借、赠与、抵押、查封或他用，且亲友书面同意接纳其在此居住的住所地。

（4）由该被告人或罪犯的亲友合法租赁，剩余租期在6个月以上，并且其亲友书面同意接纳其在此居住的住所地。

（5）被判刑前在原工作单位提供的住处居住，被判刑后或出监所后其原工作单位书面同意其在该处继续居住的住所地。

（6）不能确定居住地的，在户籍所在地接受社区矫正。在多个地方居住的，以经常居住的地方为居住地。

2. 该被告人或罪犯在居住地有固定的生活来源，或者亲友、其他人、有关单位为其提供生活保障。

二、被告人或罪犯的家庭和社会关系

被告人或罪犯的家庭和社会关系，包括家庭成员情况，家庭经济状况，共同生活的家庭成员的接纳态度，社会交往和主要社会关系，邻里关系，监护人的履职能力等。

（一）被告人或罪犯的家庭情况

家庭情况包括家庭成员的构成、家庭氛围、家庭财产状况、父母工作或者生活现状、婚姻和性生活状况、子女生活现状情况，家庭成员对被告人或罪犯的态度等。家庭对一个人的成长过程有非常大的影响，特别是未成年被告人或罪犯，往往与父母离婚、感情不和、家庭和社会疏于管教、自身成长环境不佳等综合因素有关。这些是促成被告人或罪犯走向违法犯罪的家庭因素，应是调查的重点。家庭背景调查具体内容包括：

1. 家庭品德状况调查。对被告人或罪犯实施社区矫正时，如果其家庭中已有成员犯过罪，或者家庭本身就是一个行为不良家庭，家庭没有正当的社会道德观念，则将该被告人或罪犯放在社区进行矫正应谨慎。当被告人或罪犯原先生活的家庭是一个正常健康的家庭，且其是因为家庭以外的因素而犯罪，被告人或罪犯家庭今后可能对其接受社区矫正产生良好的帮助，应是选择对被告人或罪犯开展社区矫正的重要因素。

2. 家庭成员相互关系状况调查。被告人或罪犯和家庭成员的关系也是需要

调查的一个重点方面，当被告人或罪犯和家庭成员关系融洽时，就可以在家庭中健康地生活下去，一定程度上可以抵御不良行为的侵扰，对未成年人来说，尤其如此。相反，如果一个被告人或罪犯家庭对其产生拒斥力量，被告人或罪犯与家庭矛盾较为尖锐，甚至正是因为家庭矛盾而导致其犯罪，则不宜将他们留在社区中，至少不宜留在该家庭生活的社区中。

不管被告人或罪犯是否已经结婚，都可以找其所在居委会或者村委会、街坊邻居了解他们在家庭中的表现。主要包括是否服从父母的管理，对父母是否尊敬，成年的犯罪人是否赡养父母。与兄弟姐妹的关系如何，与配偶子女的关系是否融洽，对为人父母的被告人或罪犯来说，是否尽了做父母的义务，履行扶养、教育子女的责任，以及在家庭关系中的亲和力如何。很难想象，一个对自己父母不尽赡养义务、对配偶实施家庭暴力、对子女不尽抚养义务的被告人或罪犯会在社区矫正中表现良好。当然，对被告人或罪犯家庭表现的调查不应局限在对其父母、配偶和子女范围内，因为这样做往往不具有客观性，更多的调查视角应放在周围的邻里街坊身上和居委会、村委会身上，以便对被告人或罪犯的家庭表现调查得出的结论会相对比较客观。

3. 家庭生活状况调查。家庭的生活条件有时会直接导致犯罪。根据最近几年我国刑释人员的重新犯罪情况来分析，不少人之所以会走上重新犯罪道路，一个重要的原因是他们回到社会时，他们的生活无着，外出找工作难度相当大，会有很长一段时间没有经济来源，他们的家庭经济无力保障他们失业期间的基本生活。因此，家庭生活状况特别是家庭经济条件是否能够对被告人或罪犯今后的矫正生活在经济上予以保障，也是进行家庭情况调查时必须要考虑的一个重要因素。

4. 监护人的履职能力。被告人或罪犯的监护人是否具备履职能力，也意味着他们能否履行对被告人或罪犯的监督管理、教育等任务。如果不能履行，则被告人或罪犯就不具备社区矫正的条件。

（二）被告人或罪犯的社会交往和主要社会关系

1. 被告人或罪犯所在学校的老师和同学。被告人或罪犯的老师和同学与其朝夕相处或者曾经朝夕相处，对其学习、生活习惯非常熟悉，也非常了解其性格中的优点和不足。因此，被告人或罪犯所在学校的老师和同学应成为了解其有无社会危险性的重要调查对象。加上老师和同学与被告人或罪犯往往没有利益之争，倾听老师和同学对被告人或罪犯的评价，往往更为客观真实。

2. 被告人或罪犯工作单位的同事。被告人或罪犯的同事与其有着多年的工作关系，对其性格、人品、工作能力有着比较清晰的了解。并且，同事往往与被告人或罪犯在一定程度上存在工作关系，因此对同事的调查，可以了解被告人或罪犯的真实品格。

3. 被告人或罪犯同一社区的邻里关系。与被告人或罪犯生活在同一社区，对其生活中的一点一滴可能有所了解。通过对同一社区居民的了解，可以全面了解生活中的被告人或罪犯的脾气、性格、为人处世的特点、与邻里的关系、邻里的评价以及邻里是否愿意其到社区服刑，也关系到被告人或罪犯是否具备社区矫正的条件。

4. 被告人或罪犯交往密切的朋友。俗话说，物以类聚，人以群分。与被告人或罪犯交往密切的朋友，往往与其具有大体相似的脾气性格、价值取向。通过对与其交往密切朋友的调查，可以从中了解被告人或罪犯的大体性格或者性格的一部分，从而判断被告人或罪犯是否具有一定的社会危险性，是否适合适用社区矫正，从而为人民法院、公安机关或者监狱管理机关做出正确判断，奠定良好的基础。

三、被告人或罪犯的犯罪行为的后果和影响

被告人或罪犯犯罪行为的后果和影响：主要是指其犯罪行为给社会和被害人所造成的侵害程度以及所造成的不良社会影响。

（一）被告人或罪犯的犯罪情况

包括犯罪原因，主观恶性程度，是否有犯罪前科，认罪悔罪态度，不良心理及行为转化情况等。犯罪的原因、犯罪的性质、犯罪的动机和犯罪手段、方法，平日与被害人的关系，犯罪人的悔罪态度，过去的违法犯罪史等。

（二）被告人或罪犯的犯罪后果及影响

犯罪所造成的危害后果和社会影响如何？犯罪采用了什么样的手段？是共同犯罪还是单独犯罪？是偶然犯罪还是再次犯罪？是有预谋犯罪还是临时起意的犯罪？通过对这些情况的调查分析，可以判断出一个犯罪分子的危害程度大小、犯罪恶习有多深或者过失的程度大小。

四、居住地村（居）民委员会和被害人意见

居住地村（居）民委员会是否愿意接纳被告人或罪犯回到本社区接受矫正，是否愿意履行监督管理、教育的职责至关重要。社区公众对社区矫正的态度也很重要。社区公众会对被告人或罪犯持什么态度？或同情，或愤恨，或无所谓，不一而足。比如有些被告人或罪犯是由受害人转化为加害人，有些被告人或罪犯因为过失犯罪，这样的被告人或罪犯往往容易得到他人同情。有些被告人或罪犯，他的犯罪与社区成员的基本利益无关，他在社区没有"名气"，则社区公众对这样的被告人或罪犯常会持无所谓的态度。也有些被告人或罪犯，生活在某一社区，其不良行为对社区公众从整体到个体的利益都构成了威胁，那么，这样的被告人或罪犯将会被千夫所指，社区公众往往拒绝这样的被告人或罪犯在其生活的社区进行矫正。因此，如果社区公众都非常愤恨、拒绝一个被告人或罪犯，而愤

恨的原因又是因为他们的利益受到了这个被告人或罪犯不良行为的直接或间接威胁，且没有办法转化这种情绪，则这样的被告人或罪犯就不宜放在该社区接受矫正。为保证社区的安全，对被告人或罪犯开展调查评估时，应当了解其所在的社区环境，了解社区公众的态度，以便决定其是否具备社区矫正的条件。

另外，被害人的心理承受状况也应是调查内容的一部分。一般来讲，被害人对加害人都会有仇视愤恨心理，但仇视愤恨又会有程度上的差异。比如过失犯罪，或者一些刑事自诉案件，加害人与受害人之间经过教育调解，并就损失进行赔偿，容易达成和解，双方能够从此相安无事。而一些故意犯罪，特别是使用残忍手段的暴力犯罪，由于加害人与受害人的矛盾激化，被害人与加害人则不易达成谅解。对被害人来说，除非对加害人实施监禁，否则一时难以平衡心态。这里还要考虑到犯罪行为的直接受害人的数量因素。如果受害人多的话，则表明该社区会有众多的被害人反对该被告人或罪犯放在社区接受矫正，若在这种情况下，仍将该被告人或罪犯放在社区进行矫正，则很可能会增加该被告人或罪犯融入社会的难度，使之接受矫正的人际环境压力增大。所以，被害人是否愿意被告人或罪犯到社区接受矫正，也是调查评估必须考虑的因素。

五、拟禁止的事项调查

对被告人或罪犯在开展调查评估时，也应该对拟禁止的事项一并进行调查了解，并将意见提交给人民法院作为是否适用社区矫正时拟禁止事项的参考。根据刑法的规定，拟禁止的事项指的是禁止令相关情况。

《刑法》第 38 条第 2 款规定，"判处管制，可以根据犯罪情况，同时禁止犯罪分子在执行期间从事特定活动，进入特定区域、场所，接触特定的人"。《刑法》第 72 条第 2 款规定，"宣告缓刑，可以根据犯罪情况，同时禁止犯罪分子在缓刑考验期限内从事特定活动，进入特定区域、场所，接触特定的人。"根据《刑法》的这些规定，禁止令的适用对象是判处管制、宣告缓刑的犯罪分子。禁止令的决定机关是人民法院。禁止令的适用根据是犯罪人的犯罪情况。禁止令的适用目的是促进犯罪分子教育矫正、有效维护社会秩序。禁止令的内容是在管制执行期间、缓刑考验期限内禁止从事特定活动，禁止进入特定区域、场所，禁止接触特定人。

"两高""两部"2011 年 4 月发布的《关于对判处管制、宣告缓刑的犯罪分子适用禁止令有关问题的规定（试行）》，"禁止从事特定活动，禁止进入特定区域、场所，禁止接触特定人"的具体规定如下：

1. 禁止从事特定活动，是指犯罪分子在管制执行期间、缓刑考验期限内禁止从事以下一项或者几项活动：

（1）个人为进行违法犯罪活动而设立公司、企业、事业单位或者在设立公司、企业、事业单位后以实施犯罪为主要活动的，禁止设立公司、企业、事业单位；

（2）实施证券犯罪、贷款犯罪、票据犯罪、信用卡犯罪等金融犯罪的，禁止从事证券交易、申领贷款、使用票据或者申领、使用信用卡等金融活动；

（3）利用从事特定生产经营活动实施犯罪的，禁止从事相关生产经营活动；

（4）附带民事赔偿义务未履行完毕，违法所得未追缴、退赔到位，或者罚金尚未足额缴纳的，禁止从事高消费活动；

（5）其他确有必要禁止从事的活动。

2. 禁止进入特定区域、场所，是指犯罪分子在管制执行期间、缓刑考验期限内禁止进入以下一类或者几类区域、场所：

（1）禁止进入夜总会、酒吧、迪厅、网吧等娱乐场所；

（2）未经执行机关批准，禁止进入举办大型群众性活动的场所；

（3）禁止进入中小学校区、幼儿园园区及周边地区，确因本人就学、居住等原因，经执行机关批准的除外；

（4）其他确有必要禁止进入的区域、场所。

3. 禁止接触特定人是指犯罪分子在管制执行期间、缓刑考验期限内禁止接触以下一类或者几类人员：

（1）未经对方同意，禁止接触被害人及其法定代理人、近亲属；

（2）未经对方同意，禁止接触证人及其法定代理人、近亲属；

（3）未经对方同意，禁止接触控告人、批评人、举报人及其法定代理人、近亲属；

（4）禁止接触同案犯；

（5）禁止接触其他可能遭受其侵害、滋扰的人或者可能诱发其再次危害社会的人。

由于人民法院宣告禁止令根据的是犯罪分子的犯罪原因、犯罪性质、犯罪手段、犯罪后的悔罪表现、个人一贯表现等情况，并考虑与犯罪分子所犯罪行的关联程度，因此，拟适用社区矫正调查评估对拟禁止事项予以调查，调查评估意见就是人民法院有针对性地决定禁止犯罪人在管制执行期间、缓刑考验期限内"从事特定活动，进入特定区域、场所，接触特定的人"的一项或者几项内容的重要参考。

六、社会危险性和对所居住社区的影响

社会危险性的高低意味着被告人或罪犯是否有重新犯罪的可能，能否保证所居住社区的安全，会不会给所居住社区带来危险。所以，对社会危险性和所居住社区影响的调查也是拟适用社区矫正的被告人或罪犯调查评估的重要内容。这主要是通过对被告人或罪犯犯罪前的一贯表现、犯罪后的悔罪表现和服刑期间的改造表现的调查完成。

（一）被告人或罪犯犯罪前的一贯表现

被告人或罪犯的一贯表现，包括工作学习表现，遵纪守法情况，是否有不良嗜好、行为恶习等。

1. 上学期间的表现。在学习期间，被告人或罪犯在学校是否遵守学校的校规校纪，是否尊敬老师，团结同学，热爱学校和班级集体，是否爱护公物，与同学关系是否融洽，是反映被告人或罪犯一贯表现的重要方面，它在一定程度上可以反映被告人或罪犯的心理状况和行为发展轨迹。这对未成年人或者正在上学的青少年被告人或罪犯，尤其具有参考价值。

2. 工作期间的表现。如果被告人或罪犯在捕前有工作，则应该调查被告人或罪犯在工作单位的工作状况，包括工作态度是否积极，是否有较强的上进心，是否遵守工作纪律，取得过什么样的工作成绩，工作能力如何，工作单位的领导和同事对其工作情况的评价，与同事关系是否融洽等，以作为是否适用社区矫正的参考。

3. 日常遵纪守法情况。考察被告人或罪犯的一贯表现，还应到被告人或罪犯所在的基层公安机关了解其是否有违法犯罪的记录。如果有违法犯罪的记录，要看被告人或罪犯的违法犯罪是什么性质的违法犯罪行为，主观心理态度上是故意还是过失，违法犯罪造成的危害结果如何。前次违法犯罪行为以后，行为人的表现与对周围人的生活态度、在工作中的态度如何等。

4. 是否具有不良嗜好、行为恶习等。不良嗜好、行为恶习主要包括有吸毒、酗酒、赌博、早恋、网瘾、夜不归宿等不良表现，接触不良阅读物、光碟、网站等，同具有不良表现的人进行交往；有文身现象，有暴力倾向，以及存在妄想、偏执等心理异常状况甚至是疾病。对这些不良嗜好和行为恶习的调查，可以作为对被告人或罪犯是否适用社区矫正的参考。

当然，针对行为人的一贯表现可否作为对被告人或罪犯量刑参考的依据，也有不同意见。有人认为，如果"一贯表现"可以成为量刑参考的话，那么被告人为了争取轻判或者罪犯为了早日出狱，就完全有可能通过各种手段对司法所、居委会人员或者监狱人民警察等人员施加影响，在法庭上、假释或者暂予监外执行时为其出具"一贯表现良好"的证明，从而加重司法腐败现象。这种担心并非多余。将被告人或罪犯的"一贯表现"列为量刑或者适用社区矫正时的参考因素，也不能仅仅听从有关单位和人员的一面之词。至少，要有较多被告人或罪犯有过接触的邻居、同事、一同改造的罪犯等人共同出面作证，才有说服力。因此，在调查一贯表现时，应讲求客观、真实、全面，兼听则明，偏信则暗，不能只听一两个人的片面之词。

（二）被告人或罪犯的悔罪表现

与犯罪相关的因素中，犯罪后的表现也非常值得重视。犯罪人犯罪后，在现实中会有各种各样的表现。有些犯罪人会因为完成了犯罪而获得满足感，对所犯罪行满不在乎，甚至还有些沾沾自喜，洋洋得意；有些犯罪人会因为由于一时糊涂酿成大错而后悔不已，自责甚至有自首、立功行为，并积极寻求弥补措施；有些犯罪人对犯罪行为及造成的危害后果毫无悔改之意，并不认为自己的行为给社会造成了多严重的危害；有些犯罪人会主动承认自己的过错而自觉赔偿被害人；有些犯罪人会对犯罪行为无理抵赖，绝不认罪；有些犯罪人则对犯罪坦白交待，认罪服判。我们只有在调查中了解了被告人或罪犯在犯罪后的表现，才能综合评估得出社区矫正是否适合于他的建议。因为社区矫正只适用于罪行相对轻微的犯罪人，所以对犯罪本身的调查必不可少，当然这不是要求调查人员要像侦查机关那样去查明所有犯罪事实，而是重点查明影响行为人犯罪的各种主客观因素，对那些生理异常、有暴力倾向、自控能力差以致违法犯罪成瘾、有仇恨社会倾向、继续危害社会可能性大的人，就不适合社区矫正。

（三）服刑期间的改造表现

根据罪犯在服刑期间的改造表现，可以了解其认罪伏法和是否积极改造的态度，从而为拟适用假释、暂予监外执行的罪犯提供是否适用社区矫正的调查评估意见以供决定机关参考。

【学习情境三】拟适用社区矫正调查评估意见书的制作

一、调查评估意见书的内容

《调查评估意见书》的内容包括开头、正文、结尾三部分。

（一）开头：

调查评估意见书

（　　）字　　　　号

_____人民法院（公安局、监狱）：

受您单位委托，我局与_____年____月____日至_____年____月____日对被告人/罪犯_____进行了调查评估。有关情况如下：

（二）正文部分

《调查评估意见书》的正文应包括三部分内容：①调查了解到的所有情况，包括居所情况、家庭和社会关系、犯罪行为的后果和影响、居住地村（居）民委员会意见、被害人意见、拟禁止的事项、社会危险性、对所居住社区的影响等。②社区矫正执法案件审查小组综合评估意见，对调查材料积极因素和消极因素的鉴别归类。③评估结论"适宜社区矫正"或"不适宜社区矫正"。

（三）结尾

结尾署上单位名称、加盖公章，并注明年月日。

二、调查评估意见书的格式

调查评估意见书

（　　）字　　　号

_____人民法院（公安局、监狱）：

受您单位委托，我局于_____年____月____日至_____年____月____日对被告人（罪犯）_____进行了调查评估。

有关情况如下：

综合以上情况，评估意见为_____

单位

（盖章）

年　　　月　　　日

附：调查评估笔录

三、调查评估的笔录（范例参考）[1]

调 查 评 估 笔 录（用于询问拟适用社区矫正被告人）

共　　页

调查时间：_____年_____月_____日_____时_____分至_____年_____月_____日_____时_____分

调查地点：_____

调查人姓名：_____单位_____社区矫正机构/司法所

调查人姓名：_____单位_____社区矫正机构/司法所

_____

〔1〕　资料来源于河北省司法厅调查笔录范例。

记录人：_____

被调查人姓名：_____ 曾用名_____ 性别_____ 婚否_____

出生年月_____ 国籍或民族_____ 籍贯_____

文化程度_____ 身份证（护照）号码 _____

工作单位（职业、职务）_____

户籍地址_____

经常居住地址_____ 联系电话_____

案由_____

问：我们是_____社区矫正机构/司法所的工作人员（出示证件），依据《社区矫正法》《社区矫正法实施办法》等相关规定，受_____法院的委托，依法对您的居所情况、家庭和社会关系、犯罪行为的后果和影响等情况进行调查，您应当如实回答我们的询问并协助调查，不得提供虚假证言，不得伪造、隐匿、毁灭证据，否则将承担法律责任。您有权被询问的事项自行提供书面材料，有权核对调查笔录，对记载有误或遗漏之处，可提出更正或补充意见，如所回答的问题涉及国家或商业秘密，我们将予以保密。本调查内容，我们会如实反馈给委托法院，并将作为您是否适用社区矫正的依据，以上内容您是否已听清楚？

答：_____

问：您对本次调查的工作人员需不需要提出回避申请？

答：_____

问：您的家庭基本情况如何？（家庭成员的关系、姓名、年龄、职业、住址、经济状况、联系方式等）

答：_____

问：您的居住地和户籍地不一致，居住地的房东是谁？打算居住多长时间？和谁居住在一起？

答：_____

问：您目前从事什么职业？经济收入如何？

答：_____

问：您的家庭关系如何？

答：_____

问：您家人/亲友对您涉嫌犯罪有何评价？

答：_____

问：您的家庭经济状况如何？

答：_____

问：您身体状况怎么样？有没有什么疾病或病史？

答：＿＿＿＿＿＿＿＿＿＿＿＿＿＿＿＿＿＿＿＿＿＿＿＿＿＿＿＿

问：您的性格类型属于哪一类（外向/内向）？有无不良脾气？

答：＿＿＿＿＿＿＿＿＿＿＿＿＿＿＿＿＿＿＿＿＿＿＿＿＿＿＿＿

问：您业余时间一般做什么？有没有什么特长或爱好？平时与哪些人交往？

答：＿＿＿＿＿＿＿＿＿＿＿＿＿＿＿＿＿＿＿＿＿＿＿＿＿＿＿＿

问：平时喝不喝酒？有没有酒后误事或借酒闹事的情况？

答：＿＿＿＿＿＿＿＿＿＿＿＿＿＿＿＿＿＿＿＿＿＿＿＿＿＿＿＿

问：您工作、学习或生活环境中，邻里、同事/同学之间关系如何？有无矛盾？

答：＿＿＿＿＿＿＿＿＿＿＿＿＿＿＿＿＿＿＿＿＿＿＿＿＿＿＿＿

问：您与他人有没有经济纠纷（债务问题）或感情纠纷？

答：＿＿＿＿＿＿＿＿＿＿＿＿＿＿＿＿＿＿＿＿＿＿＿＿＿＿＿＿

问：您在此之前有没有受过什么处罚？具体情况怎样？

答：＿＿＿＿＿＿＿＿＿＿＿＿＿＿＿＿＿＿＿＿＿＿＿＿＿＿＿＿

问：您简要叙述一下此次涉嫌犯罪的事情经过？

答：＿＿＿＿＿＿＿＿＿＿＿＿＿＿＿＿＿＿＿＿＿＿＿＿＿＿＿＿

问：您对此次涉嫌犯罪有什么认识？

答：＿＿＿＿＿＿＿＿＿＿＿＿＿＿＿＿＿＿＿＿＿＿＿＿＿＿＿＿

问：对本案被害人的损失有没有做出赔偿？有无取得对方的谅解？

答：＿＿＿＿＿＿＿＿＿＿＿＿＿＿＿＿＿＿＿＿＿＿＿＿＿＿＿＿

问：您的保证人/监护人是否落实？保证人/监护人的情况如何？（保证人/监护人的关系、姓名、年龄、职业、住址、经济状况、联系方式等）

答：＿＿＿＿＿＿＿＿＿＿＿＿＿＿＿＿＿＿＿＿＿＿＿＿＿＿＿＿

问：如您被依法实施社区矫正，必须遵守以下规定：①必须按时到社区矫正机构报到，进行思想汇报和参加集中教育、社区服务；②行踪实施监控；③社区矫正开始的3个月内不准请假，特殊情况外出必须请假，未经批准不得外出等；④如违反社区矫正相关监管规定，将依法给予警告、拘留、收监等处罚。您愿意接受社区矫正机构的监管和帮教吗？

答：＿＿＿＿＿＿＿＿＿＿＿＿＿＿＿＿＿＿＿＿＿＿＿＿＿＿＿＿

问：您还有什么补充？

答：＿＿＿＿＿＿＿＿＿＿＿＿＿＿＿＿＿＿＿＿＿＿＿＿＿＿＿＿

问：您以上所讲的是否属实？

答：＿＿＿＿＿＿＿＿＿＿＿＿＿＿＿＿＿＿＿＿＿＿＿＿＿＿＿＿

被调查人核对意见：＿＿＿＿＿＿＿＿＿＿以上笔录我已看过（已向我宣读过），与我说的相符。

被调查人签字：＿＿＿＿＿＿＿ 时间＿＿＿＿年＿＿＿＿月＿＿＿＿日

调 查 评 估 笔 录 （用于询问家属或保证人或监护人）

共＿＿页

调查时间：＿＿＿＿年＿＿＿＿月＿＿＿＿日＿＿＿＿时＿＿＿＿分至＿＿＿＿年＿＿＿＿月＿＿＿＿日＿＿＿＿时＿＿＿＿分

调查地点：＿＿＿＿＿＿＿＿＿＿＿＿＿＿＿＿＿＿＿＿＿＿＿＿＿＿

调查人姓名：＿＿＿＿＿＿＿单位＿＿＿＿＿＿＿社区矫正机构/司法所

调查人姓名：＿＿＿＿＿＿＿单位＿＿＿＿＿＿＿社区矫正机构/司法所

记录人：＿＿＿＿＿＿＿＿＿＿＿＿＿＿＿＿＿＿＿＿＿＿＿＿＿＿＿

被调查人姓名＿＿＿＿＿＿ 性别＿＿＿＿＿＿＿ 出生年月＿＿＿＿＿＿

身份证号码＿＿＿＿＿＿＿＿＿＿＿＿＿＿＿＿＿＿＿＿＿＿＿＿＿＿

工作单位（职业、职务）＿＿＿＿＿＿＿＿＿＿＿＿＿＿＿＿＿＿＿＿

居住地址＿＿＿＿＿＿＿＿＿＿＿＿＿＿ 联系电话＿＿＿＿＿＿＿＿＿＿

与被告人/罪犯＿＿＿＿＿＿＿＿＿＿＿是＿＿＿＿＿＿＿＿＿＿关系

问：我们是＿＿＿＿＿＿＿＿＿＿社区矫正机构/司法所的工作人员（出示证件），依据《社区矫正法》《社区矫正法实施办法》等相关规定，受＿＿＿＿＿＿法院/监狱的委托，依法对＿＿＿＿＿＿＿＿被告人/罪犯是否适用社区矫正的情况对您进行调查，希望您如实反映，是否已听清楚？

答：＿＿＿＿＿＿＿＿＿＿＿＿＿＿＿＿＿＿＿＿＿＿＿＿＿＿＿＿＿

问：您和＿＿＿＿＿＿＿＿＿＿是什么关系？

答：＿＿＿＿＿＿＿＿＿＿＿＿＿＿＿＿＿＿＿＿＿＿＿＿＿＿＿＿＿

问：＿＿＿＿＿＿＿＿＿＿现在居住地在何处？

答：＿＿＿＿＿＿＿＿＿＿＿＿＿＿＿＿＿＿＿＿＿＿＿＿＿＿＿＿＿

问：＿＿＿＿＿＿＿＿＿＿的家里有哪些人？和谁居住在一起？（基本情况）

答：＿＿＿＿＿＿＿＿＿＿＿＿＿＿＿＿＿＿＿＿＿＿＿＿＿＿＿＿＿

问：＿＿＿＿＿＿＿＿＿＿的性格如何？

答：＿＿＿＿＿＿＿＿＿＿＿＿＿＿＿＿＿＿＿＿＿＿＿＿＿＿＿＿＿

问：＿＿＿＿＿＿＿＿＿＿的身体状况如何？

答：＿＿＿＿＿＿＿＿＿＿＿＿＿＿＿＿＿＿＿＿＿＿＿＿＿＿＿＿＿

问：＿＿＿＿＿＿＿＿＿＿的平时生活习惯如何？

答：＿＿＿＿＿＿＿＿＿＿＿＿＿＿＿＿＿＿＿＿＿＿＿＿＿＿＿＿＿

问：_____的社会交往情况如何？

答：_____

问：_____与家庭成员、邻居、朋友相处关系如何？

答：_____

问：_____目前有无固定生活来源或者有无他人、有关单位提供生活来源？

答：_____

问：_____对此次犯罪有何想法？

答：_____

问：如_____被依法实施社区矫正，您觉得周围的邻居和社区是否会有意见？

答：_____

问：根据社区矫正的有关规定，如_____被依法实施社区矫正，必须遵守以下规定：①必须按时到司法所报到，进行思想汇报和参加集中教育、社区服务；②行踪实施监控；③社区矫正开始的 3 个月内不准请假，特殊情况外出必须请假，未经批准不得外出等；④如违反社区矫正相关监管规定，将依法给予警告、拘留、收监等处罚。您愿意配合司法所对其进行监管和帮教吗？

答：_____

问：根据社区矫正有关规定，如_____被依法实施社区矫正，您应协助做好以下事项：①协助对社区矫正对象进行监督管理和教育帮助；②督促社区矫正对象按要求向司法所报告有关情况、参加学习及社区服务，自觉遵守有关监督管理规定；③定期向司法所反映社区矫正对象遵纪守法、学习、日常生活和工作等情况；④发现社区矫正对象有违法犯罪或违反监督管理规定的行为，及时向司法所报告。您能做到吗？

答：_____

问：您还有无补充？

答：_____

问：以上所说是否属实？

答：_____

被调查人核对意见：_____以上笔录我已看过（已向我宣读过），与我说的相符。

被调查人签字：　　　　　　　　时间：　　年　　月　　日

调 查 评 估 笔 录（用于询问村干部或社区干部）

共　　页

调查时间：_____年_____月_____日_____时_____分至____

____年_____月_____日_____时_____分

调查地点：_____

调查人姓名：_____单位_____社区矫正机构/司法所

调查人姓名：_____单位_____社区矫正机构/司法所

记录人：_____

被调查人姓名_____性别_____出生年月_____

身份证号码_____

工作单位（职业、职务）_____联系电话_____

问：我们是_____社区矫正机构/司法所的工作人员（出示证件），

依据《社区矫正法》《社区矫正法实施办法》等相关规定，受_____法院

/监狱的委托，依法对_____是否适用社区矫正的情况对您进行调查，希

望您如实反映，是否已听清楚？

答：_____

问：您认识_____吗？

答：_____

问：_____现在的居住地在哪里？

答：_____

问：_____家里有哪些人？（基本情况）

答：_____

问：_____和谁在一起住？

答：_____

问：_____目前从事什么工作？

答：_____

问：_____家庭经济条件怎样？

答：_____

问：_____性格如何？

答：_____

问：_____身体状况如何？

答：_____

问：_____平时生活习惯如何？有无特殊爱好？

答：_____

问：_____社会交往情况如何？

答：_____

问：_____与家庭成员、邻居、亲戚朋友相处关系如何？

答：_____

问：_____目前有无固定生活来源或者有无他人、有关单位提供生活保障？

答：_____

问：_____以前在社区/村里的表现如何？是否有过其他违法违纪行为？

答：_____

问：_____此次犯罪的情况您是否清楚？

答：_____

问：如_____被实施社区矫正，您觉得周围邻居是否会对他有意见？您认为他还能对社会构成危害吗？

答：_____

问：您认为对_____在社区接受矫正后拟禁止的事项或禁止他（她）进入的区域应该有哪些？

答：_____

问：根据社区矫正的有关规定，如_____被依法实施社区矫正，必须遵守以下规定：①必须按时到社区矫正机构报到，进行思想汇报和参加集中教育、社区服务；②行踪实施监控；③社区矫正开始的3个月内不准请假，特殊情况外出必须请假，未经批准不得外出等；④如违反社区矫正相关监管规定，将依法给予警告、拘留、收监等处罚。同时，您应协助做好以下事项：①协助对社区矫正对象进行监督管理和教育帮助；②督促社区矫正对象按要求向社区矫正机构报告有关情况、参加学习及社区服务，自觉遵守有关监督管理规定；③定期向社区矫正机构反映社区矫正对象遵纪守法、学习、日常生活和工作等情况；④发现社区矫正对象有违法犯罪或违反监督管理规定的行为，及时向社区矫正机构报告。您是否愿意协助社区矫正机构落实相关监管帮教措施？

答：_____

问：您还有无补充？

答：_____

问：以上所说是否属实？

答：_____

被调查人核对意见：_____以上笔录我已看过（已向我宣读过），与我说的相符。

被调查人签字：_____时间：_____年_____月_____日

调 查 评 估 笔 录（用于询问被害人）

共 页

调查时间：_____年_____月_____日_____时_____分至____
____年_____月_____日_____时_____分

调查地点：_____

调查人姓名：_____单位_____社区矫正机构/司法所

调查人姓名：_____单位_____社区矫正机构/司法所

记录人：_____

被调查人姓名_____性别_____出生年月_____

身份证号码_____

工作单位（职业、职务）_____

家庭地址_____联系电话_____

问：我们是_____社区矫正机构/司法所的工作人员（出示证件），依据《社区矫正法》《社区矫正法实施办法》等相关规定，受_____法院/监狱的委托，依法对_____是否适用社区矫正的情况对您进行调查，希望您如实反映，是否已听清楚？

答：_____

问：请您谈谈案件的具体情况？（包括您的受害情况）

答：_____

问：事后是如何处理的？

答：_____

问：您现在身体状况如何？

答：_____

问：您现在有无工作？

答：_____

问：现在和您_____关系如何？

答：_____

问：请您介绍一下_____的社会关系。

答：_____

问：您认为＿＿＿＿＿＿＿的犯罪原因、犯罪经过、犯罪后果及犯罪影响是怎样的？

答：＿＿＿＿＿＿＿＿＿＿＿＿＿＿＿＿＿＿＿＿＿＿＿＿＿＿＿＿＿＿＿

问：请您介绍一下＿＿＿＿＿＿＿的一贯表现情况。

答：＿＿＿＿＿＿＿＿＿＿＿＿＿＿＿＿＿＿＿＿＿＿＿＿＿＿＿＿＿＿＿

问：如果对＿＿＿＿＿＿＿实行社区矫正，您是否同意，您认为他（她）还能对社会构成危害吗？

答：＿＿＿＿＿＿＿＿＿＿＿＿＿＿＿＿＿＿＿＿＿＿＿＿＿＿＿＿＿＿＿

问：您认为对＿＿＿＿＿＿＿在社区服刑后拟禁止的事项或禁止他（她）进入的区域应该有哪些？

答：＿＿＿＿＿＿＿＿＿＿＿＿＿＿＿＿＿＿＿＿＿＿＿＿＿＿＿＿＿＿＿

问：现在法院/监狱拟对＿＿＿＿＿＿＿适用社区矫正，您对这件事是怎么看的？

答：＿＿＿＿＿＿＿＿＿＿＿＿＿＿＿＿＿＿＿＿＿＿＿＿＿＿＿＿＿＿＿

问：您还有其他情况补充吗？

答：＿＿＿＿＿＿＿＿＿＿＿＿＿＿＿＿＿＿＿＿＿＿＿＿＿＿＿＿＿＿＿

问：以上所说是否属实？

答：＿＿＿＿＿＿＿＿＿＿＿＿＿＿＿＿＿＿＿＿＿＿＿＿＿＿＿＿＿＿＿

被调查人核对意见：＿＿＿＿＿＿＿以上笔录我已看过（已向我宣读过），与我说的相符。

被调查人签字：＿＿＿＿＿＿＿时间：＿＿＿＿＿＿＿年＿＿＿＿＿月＿＿＿＿＿日

未成年人刑事案件调查笔录

调查时间：＿＿＿＿＿＿＿年＿＿＿＿＿＿月＿＿＿＿＿＿日＿＿＿＿＿时＿＿＿＿＿分至＿＿＿＿年＿＿＿＿＿月＿＿＿＿＿日＿＿＿＿＿时＿＿＿＿＿分

调查地点：＿＿＿＿＿＿＿＿＿＿＿＿＿＿＿＿＿＿＿＿＿＿＿＿＿＿＿＿＿

调查人：＿＿＿＿＿＿＿＿＿＿＿＿＿＿＿＿＿＿＿＿＿＿＿＿＿＿＿＿＿＿

记录人：＿＿＿＿＿＿＿＿＿＿＿＿＿＿＿＿＿＿＿＿＿＿＿＿＿＿＿＿＿＿

调查人员单位：＿＿＿＿＿＿＿＿＿＿＿＿＿＿＿＿＿＿＿＿＿＿＿＿＿＿

调查事由：＿＿＿＿＿＿＿＿＿＿＿＿＿＿＿＿＿＿＿＿＿＿＿＿＿＿＿＿＿

接受调查人姓名：＿＿＿＿＿＿＿＿性别＿＿＿＿＿＿＿出生年月＿＿＿＿＿＿＿＿

文化程度：＿＿＿＿＿＿＿＿＿＿政治面貌＿＿＿＿＿＿联系方式＿＿＿＿＿＿＿

工作单位及职务：＿＿＿＿＿＿＿＿＿＿＿＿＿＿＿＿＿＿＿＿＿＿＿＿＿＿

家庭住址：＿＿＿＿＿＿＿＿＿＿＿＿＿＿＿＿＿＿＿＿＿＿＿＿＿＿＿＿＿

问：我们是_____社区矫正工作人员（出示证件），_____（姓名）可能触犯法律。因其系未成年人，根据法律规定，需要对其成长经历、监护教育、行为表现等情况进行调查。今天，我们找您谈话是调查工作的一部分，希望能配合我们的工作。

答：_____

_____

问：调查结果将作为司法机关处理案件的参考，请您客观地提供情况，并对_____的涉案情况和我们今天的谈话予以保密。谈话结束后，将请您对调查笔录进行确认，确认内容无误后签署姓名和日期。您听清楚了吗？

答：_____

_____

问：您与_____是什么关系？

答：_____

_____

被调查人：_____（阅读并签名）

年　　月　　日

被告人单位（学校）调查笔录

调查时间：_____年_____月_____日_____时_____分至____

____年_____月_____日_____时_____分

调查地点：_____

调查人：_____

记录人：_____

调查事由：依据_____的委托，现对_____一案进行调查。

被调查人姓名_____，工作单位_____，与_____的关系是_____。

问：我们是_____社区矫正机构/司法所的社区矫正工作人员（出示证件），受_____的委托，依法对_____拟适用社区矫正进行调查评估，请予以配合。

下面请您介绍一下_____的个人基本情况、居所情况。

答：_____

问：请您介绍一下_____的家庭情况、家庭关系等。

答：_____

问：请您介绍一下_____的社会关系。

答：_____

问：请您介绍一下_____犯罪原因、犯罪经过、犯罪后果及犯罪的影响。

答：_____

问：请您介绍一下_____的一贯表现情况。

答：_____

问：如果对_____实行社区矫正，您是否同意，您认为他还能对社会构成危害吗？

答：_____

问：对_____接收以后能否给予监督和管理，在生活或工作上遇到困难能否给予帮助？

答：_____

问：您认为对_____在社区矫正后拟禁止的事项应该有哪些？

答：_____

问：您是否还有其它情况需要补充？

答：_____

被调查人核对意见：_____以上笔录我已看过（已向我宣读过），与我说的相符。

被调查人签字：_____ 时间：_____年_____月_____日

 【单元小结】

人民法院、公安机关、监狱管理机关对拟适用社区矫正的被告人、罪犯，需要调查其对所居住社区影响的，可以委托社区矫正机构进行调查评估。受委托的社区矫正机构根据委托机关的要求，对被告人或者罪犯的居所情况、家庭和社会关系、犯罪行为的后果和影响、居住地村（居）民委员会和被害人意见、拟禁止的事项、社会危险性和对所居住社区的影响情况等进行调查了解，形成被告人或罪犯的人身危险性和再犯可能性的评估意见，提交委托机关，供委托机关决定对该被告人或罪犯是否适用社区矫正的重要参考。根据拟适用社区矫正调查评估的结果，委托机关做出对该被告人是否适用非监禁刑的判决或者对该罪犯是否适用社区矫正的决定。

 【技能训练——实训项目】

【案例4-3】

刘某，男，1957年7月出生，中专文化程度，已婚，案发前系某房地产公司经理，住某市某区观山路。2004年4月至2006年1月期间，刘某利用其担任房地产公司经理职务之便，采取虚报、收入不入账等手段，侵吞公款 9 万元。

刘某出生在农村，父母都是农民，中专毕业后，刘某被分配到某乡镇企业办工作，他为人实在、做事认真、脚踏实地，经过多年的努力和钻研，他在建筑方面积累了丰富的实践经验，并且在工作方面表现发挥突出，他的能力很快得到领导的赏识，并被调动到乡镇城建办任主任职务。在此岗位上工作一段时间后，他凭借自己的能力，调动到市区街道城建办任主任职务，后又调动到市某房地产公司任经理职务。刘某调动到市区工作，经常应酬于官场、商场，耳濡目染社会上请客、送礼等歪风邪气，逐渐将这些不正之风视为平常之事，认为这些小节无关紧要。在任房地产公司经理期间，为了牟取个人和职工利益，以及应付请客送礼等需要，采取收入不入账、虚报等手段侵吞公款。案发后，刘某对自己的行为非常懊悔。他原所在单位正面临改制，上级部门有将该企业由国有改为民营的意图，而其正是合适的人选。在这紧要关头，由于对法律的无知，他抱着侥幸心理，贪图蝇头小利，因小失大，反而落得一日为囚的下场。案发后，家庭发生变故，他正在上大学的儿子在这期间因患脑瘤英年早逝，他心理深受双重打击，看穿世事，意志消沉。法院在审理此案时，启动了拟适用社区矫正调查评估程序。

请根据以上案例完成以下实训任务：

1. 拟适用社区矫正调查评估的程序、内容。

2. 制作调查评估意见书。

附：实训任务书和实训考核表

实训任务书

实训项目	1. 拟适用社区矫正调查评估的程序、内容 2. 撰写拟适用社区矫正调查评估意见书的工作技能
实训课时	2 课时
实训目的	学生通过模拟实训，学会拟适用社区矫正调查评估的程序、内容和方法；学会调查评估意见书的制作，从而具备拟适用社区矫正调查评估的职业能力
实训任务	1. 掌握拟适用社区矫正调查评估的工作流程 2. 整理、分析案例资料 3. 明确拟适用社区矫正调查评估的内容和具体步骤、方法 4. 完成调查评估意见书的制作
实训成果形式	成果形式：实训总结
实训地点	实训地点：校内实训基地

续表

实训进程	1. 教师讲解（利用多媒体教室介绍实训步骤、注意事项、进行角色分配） 2. 阅读准备好的实训案例 3. 根据实训需要将学生分成若干小组 4. 对资料进行整理分析 3. 小组讨论确定拟适用社区矫正调查评估的工作流程、内容、步骤和方法 6. 开展模拟的拟适用社区矫正调查评估工作并撰写调查评估意见书 7. 指导教师进行点评总结，每组学生根据教师的点评总结找出不足

实训考核表

班级 _____ 姓名 _____ 学号 _____

任务描述：通过模拟实训，掌握拟适用社区矫正调查评估的工作流程，从而具备拟适用社区矫正调查评估的工作技能。

项目总分：100 分

完成时间：120 分钟（2 课时）

考核内容	评分细则	等级评定
一、实训过程与要求 1. 根据实训需要学生迅速分成若干小组 2. 小组成员自行分配好所扮演的角色 3. 小组进行讨论确定社区矫正前社会调查评估的内容、步骤和方法 4. 根据任务书中的要求，开展模拟的拟适用社区矫正调查评估工作，完成所有的实训任务 5. 指导教师进行点评总结，每组学生根据教师的点评总结找出不足	分值：50 分 1. 实训过程与小组成员合作良好（15 分） 2. 实训演练认真、表现积极（15 分） 3. 能成功完成所有实训任务（20 分）	实训成绩评定为四等： 1. 优（100~86 分） 2. 良（85~70 分） 3. 及格（69~60 分） 4. 不及格（59~0 分） 注意事项： 1. 实训期间做与实训无关的操作，不能评定为"优" 2. 有旷课现象，不能评为"优、良" 3. 旷课××节及以上，评为"不及格" 4. 实训内容没有完成，评为"不及格"。

续表

二、实训表现与态度	分值：20分 1. 无迟到（1分） 2. 无早退（1分） 3. 无旷课（3分） 4. 实训预习、听讲认真（2分） 5. 实训态度认真（5分） 6. 实训中不大声喧哗（1分） 7. 能爱护实训场所、设备、保持环境整洁（2分） 8. 能完全遵守实训各项规定（1分） 9. 实训效果好，基本掌握了拟适用社区矫正调查评估的方法和所要完成的工作任务、具备了拟适用社区矫正调查评估的工作技能（4分）	5. 两份报告雷同，评为"不及格" 6. 具体评分标准由教师根据实训项目具体要求规定
三、实训总结 1. 实训中出现的问题及解决办法（对遇到的问题、问题产生的原因进行分析判断，把解决过程写出来） 2. 实训效果（本次实训有哪些收获，掌握了哪些知识、技能，哪些不明白，有什么疑问等）	分值：30分 1. 按规定时间上交（5分） 2. 格式规范（5分） 3. 字迹清楚（5分） 4. 内容详尽、实训分析总结正确（5分） 5. 无抄袭现象（5分） 6. 能提出合理化建议或有创新见解（5分）	
合计		

评分人：　　　　　日期：　　年　　月　　日

【拓展学习】

一、域外调查制度

在缓刑适用中的经验从犯罪学的角度看，人格是个体因所处社会和自然环境影响而形成的反社会性心理和行为倾向；借助于犯罪人的人格特征，可以预测个体在特定情景中实施犯罪行为的可能性。对被告人个体情况及其人格特征的调查就是人格调查，在西方法治国家，人格调查制度被认为是刑罚个别化的必由之

路。1955年，日内瓦联合国第一届预防犯罪及犯罪处遇大会提出：实行个别处遇，应从人格调查分类着手，必先根据精密调查，进而决定个别处遇方法，以便于分类收容。

（一）大陆法模式——人格调查立法界定

大陆法系国家的人格调查主要体现在两个方面：①规定量刑时应考察人格因素，如《联邦德国刑法典》规定，法院在宣告缓刑时，应特别考虑受审判人的人格履历、犯罪情节、犯罪后的态度、生活状况以及缓刑对他的影响。日本刑法规定，法院判处缓刑，认定犯罪人是否不致再危害社会，需根据下列因素进行：犯罪人年龄、性格、履历、生活环境、犯罪的动机、方法、结果、社会影响、犯罪人的最近态度及其他情节。②人格调查一般由专门的机构负责，如《法国刑事诉讼法》第81条第6款规定，预审法官亲自或者委派司法警察，或者委派任何有资格的人进行调查。《日本少年法》第9条规定："家庭裁判所考虑对该少年审判时，应对案件进行调查，在调查时，务必调查少年、监护人或者有关人员的人格、经历、素质、环境……"

（二）英美法模式——"缓刑官制度"

1842年，英国法官希尔最早创立了缓刑。但作为一种刑罚执行制度，缓刑起源于1870年北美波士顿的缓刑法。当时缓刑仅适用于少年犯罪人，后来缓刑适用对象逐步扩大到一般罪犯。英国法律规定，法院必须考虑有关儿童或者少年的平常行为、家庭环境、学校档案和病史的资料，以便对案件作出最符合其利益的处理。英国在社区设立缓刑委员会，缓刑监督官和缓刑工作人员由缓刑委员会任命和雇用；缓刑监督官为法院提供判决前报告，提出和评估对案犯是适宜监禁刑还是适宜缓刑的建议。美国法律也规定量刑应考察被告人的人格因素。如《美国联邦量刑指南》规定，量刑应参考被告人的年龄、受教育程度和职业职能、心理和情感状况、健康状况、家庭关系和邻里关系等。美国有较发达的审前服务与缓刑机构，分布在全美50个州及哥伦比亚特区的94个司法区，共有373个审前服务与缓刑办公室和7756名审前服务与缓刑官员。其主要工作是，犯罪嫌疑人被拘捕后，先与犯罪嫌疑人就其与所指控涉嫌犯罪无关的个人背景情况，包括个人基本情况、婚姻家庭情况、经济就业状况等进行面谈，接着进行调查、核实，然后向法官提交是否适于保释、定罪后可否适用缓刑的报告，供法庭决定保释与量刑时参考；审前服务与缓刑机构及其雇员由政府提供费用。

二、美国审前服务制度简介[1]

审前服务一词来自美国，英文为"pretrial service"，原意指由专门成立的审

---

〔1〕 史立梅："未成年人刑事案件审前服务制度研究"，载《青少年犯罪问题》2009年第3期。

前服务机构负责对被逮捕的犯罪嫌疑人进行社区矫正前社会调查评估，撰写调查报告，向法官提出羁押或者释放嫌疑人、被告人的建议，并且负责对被释放的嫌疑人、被告人进行监督考察。为论述方便，我们在较广泛的意义上使用该词，将审前对被释放嫌疑人的监督考察以及对未成年犯罪嫌疑人、被告人进行社会调查等服务于刑事司法的工作均列入审前服务的范围。

美国审前服务制度的产生直接源于 1966 年《保释改革法案》对审前羁押和审前释放制度的改革。为纠正财产保释之弊，1966 年美国国会出台了《保释改革法案》，大大扩大了非财产释放措施在刑事诉讼中的适用。为提高审前被告人危险性评估的准确性，确保非财产释放措施的安全性，1974 年国会通过了《快速审判法案》。在这个法案中，国会要求在联邦的 10 个司法管辖区建立审前服务机构，这些机构负责收集、评价并向法官汇报有关每一个受到刑事指控的被告人的审前释放的信息，向法官提出合适的释放条件，并监督获得释放的被告人。基于这 10 个试点的成功经验，1982 年国会制定了《审前服务法案》，要求自该法案制定之日起在美国联邦法院每一个司法管辖区（哥伦比亚特区除外）建立审前服务体系，并且对审前服务机构的设立、组织机构和管理、职能和权力等问题进行了规定，至此审前服务制度正式在联邦层面得以建立。

根据美国审前服务机构的全国性组织——全美审前机构联合会（NAPSA）分别于 1978 年、1998 年和 2004 年三次制定、修改的《审前释放准则》。审前服务机构主要履行以下几项职责：①调查、收集被告人的有关背景信息和资料。②向法官提交书面审前服务报告。③出席初次出庭或羁押听证会。④监督被释放的被告人。⑤持续审查受羁押被告人的情况。⑥制作并向法院提交审前释放执行情况报告。⑦其他职能，如参与审前转处程序等。

为确保审前服务的质量，推动司法正义的实现，美国审前服务机构在履行职责的过程中必须遵守以下三项原则：

1. 客观、中立原则。客观、中立原则，即无论是在对被告人的背景进行调查的过程中，还是在向法官提供释放或羁押建议的过程中，审前服务机构都应当秉承客观、中立的立场，对被告人的人身危险性、审前释放的安全性、审前羁押的必要性等问题作出判断与评估。

2. 最少限制原则（the least restrictive conditions of release）。最少限制原则，即审前服务机构向法官所提的羁押或释放建议以及所需附加的释放条件只能是确保被告人出庭、保护社会和他人安全所必要的、强制性最低的。

3. 保密原则。保密原则，即审前服务机构在履行审前服务职能中所获的有关被告人的职业、居住情况、财产状况、先前的犯罪记录、身体或精神状态等属于被告人隐私的一系列信息，一般只能用于刑事司法过程中向特定的主体披露，这种披露必须有法律或政策依据，同时必须与这些机构或个人签订保密协议，约定从审前服务机构获取信息的机构或个人不得再次将此信息披露，除非这种披露对于达成审前服务机构披露信息的目的是必要的。

学习单元五　社区矫正对象的交付接收

【学习目标】

通过本单元的学习，能够完成以下工作任务：

项目 1. 社区矫正法律文书及相关材料的接收与核实。

项目 2. 社区矫正对象的接收及手续办理。

【知识树】

```
                          ┌ 法律文书送达期限
                          │ 应支付的法律文书及相关材料
              法律文书的   │ 核查法律文书
              接收       ┤ 核实社区矫正对象居住地
                          │ 送达回执
                          └ 法律文书流转及建立档案

社区矫正
对象的交                            ┌ 管制、缓刑、假释社区矫正
付接收                  不同类型社区矫正  │ 对象的交付接收
                        对象的交付接收  ┤ 暂予监外执行社区矫正对象的
                                        └ 交付接收

                                      ┌ 社区矫正对象的身份
                                      │ 核实与信息采集及
                                      │ 登记工作
              社区矫正对象            │ 建立社档案
              的交付接收             ┤ 确定矫正小组，制定落实矫正方案
                                      │ 组织入矫宣告，办理入矫手续
                                      │ 办理边控报备手续
                                      └ 通报相关机关
```

【案例 5-1】

骆某某，男，1989 年 9 月出生，汉族，小学文化，户籍地、居住地均为海南省儋州市。2014 年 9 月，因涉嫌过失致人死亡罪被海南省三亚市城郊人民法院判处有期徒刑 4 年，刑期自 2014 年 3 月 21 日起至 2018 年 3 月 20 日止。被告人骆某某不服，提出上诉。2014 年 12 月 18 日，三亚市中级人民法院经审理后，驳回

上诉，维持原判。2016 年 12 月 13 日，海南省美兰监狱提出假释建议，报送海南省海口市中级人民法院审理。2016 年 12 月 29 日，海南省海口市中级人民法院审理后，裁定对骆某某予以假释，假释考验期自假释之日起至 2018 年 3 月 20 日。骆某某假释后意味着要在社区接受社区矫正，将由社区矫正机构对其监督管理直至假释期满。那要如何完成从监狱到社区矫正的交付接收工作呢？

社区矫正对象的接收是指社区矫正机构依法接收社区矫正对象并办理相关手续的活动。在社区矫正决定机关作出适用社区矫正的判决、裁定或决定生效之后，社区矫正对象应当在法定期限内，到确定执行地的县级社区矫正机构报到，社区矫正机构及其工作人员依法为其办理社区矫正接收手续。

社区矫正执行地的确定。根据《社区矫正法》第 17 条第 1~3 款的规定："社区矫正决定机关判处管制、宣告缓刑、裁定假释、决定或者批准暂予监外执行时应当确定社区矫正执行地。社区矫正执行地为社区矫正对象的居住地。社区矫正对象在多个地方居住的，可以确定经常居住地为执行地。社区矫正对象的居住地、经常居住地无法确定或者不适宜执行社区矫正的，社区矫正决定机关应当根据有利于社区矫正对象接受矫正、更好地融入社会的原则，确定执行地。"根据《社区矫正法实施办法》第 12 条第 2 款规定："社区矫正对象的居住地是指其实际居住的县（市、区）。社区矫正对象的经常居住地是指其经常居住的，有固定住所、固定生活来源的县（市、区）。"

【学习情境一】社区矫正法律文书的交付接收

一、法律文书送达期限

《社区矫正法》第 20 条规定："社区矫正决定机关应当自判决、裁定或者决定生效之日起 5 日内通知执行地社区矫正机构，并在 10 日内送达有关法律文书，同时抄送人民检察院和执行地公安机关。社区矫正决定地与执行地不在同一地方的，由执行地社区矫正机构将法律文书转送所在地的人民检察院、公安机关。"该条对社区矫正决定机关的通知和法律文书送达的主体、时限和送达对象都做了明确的规定。

根据此规定，社区矫正决定机关应当在社区矫正裁判文书生效之日起 5 日内通知执行地社区矫正机构。通知的方式可以包括书面通知、电话通知、传真通知等。一方面，是给社区矫正机构一定的准备时间，以便做好接收社区矫正对象的相关准备工作；另一方面，社区矫正机构可以提前掌握社区矫正对象应当前来报到的最后时间期限，如果该期限届满时，社区矫正对象仍未报到，社区矫正机构应立即采取相关措施进行查找，以避免发生脱管、漏管的情况。

对于有关法律文书的送达期限，对管制、缓刑、假释以及暂予监外执行四类人员不再进行区分，《社区矫正法》对此作了统一的规定，社区矫正决定机关均应当自判决、裁定或者决定生效之日起 10 日内向执行地社区矫正机构送达有关法律文书，同时抄送人民检察院和执行地公安机关。

二、应交付的法律文书及相关材料

根据社区矫正决定机关的不同，其交付送达的法律文书及相关材料亦有所区别：

1. 人民法院判处管制、宣告缓刑的，人民法院应向社区矫正机构送达刑事判决书、执行通知书、结案登记表、起诉书、社区矫正告知书、接受社区矫正保证书、送达回执等。

2. 人民法院裁定假释的，看守所或监狱应向社区矫正机构送达假释裁定书、刑事判决书、最后一次减刑裁定书、出监所鉴定表或改造表现鉴定材料、假释证明书副本、社区矫正告知书、接受社区矫正保证书、送达回执等。

3. 人民法院决定暂予监外执行的，人民法院应向社区矫正机构送达暂予监外执行批准决定书、起诉书、刑事判决书、结案登记表、执行通知书、暂予监外执行具保书、罪犯病情诊断、妊娠检查或生活不能自理的鉴别意见、社区矫正告知书、接受社区矫正保证书、送达回执等。

4. 公安机关或监狱管理机关批准暂予监外执行的，看守所或监狱应向社区矫正机构送达暂予监外执行决定书、刑事判决书、暂予监外执行审批表、暂予监外执行具保书、罪犯病情诊断、妊娠检查或生活不能自理的鉴别意见、社区矫正告知书、接受社区矫正保证书、送达回执等。

三、核查法律文书

社区矫正机构在收到法律文书后，应当于当日登记备案，并按照前述的要求进行核查。

根据《社区矫正法》第 22 条的规定，社区矫正机构应当依法核实法律文书，办理接收登记。社区矫正对象前来报到时，执行地县级社区矫正机构未收到法律文书或者法律文书不齐全，应当先记录在案，为其办理登记接收手续，并通知社区矫正决定机关在 5 日内送达或者补齐法律文书。[1]

四、核实社区矫正对象居住地

接到法律文书及相关材料后，执行地社区矫正机构应当对社区矫正对象的居住地进行核实。经核实，其户籍在本辖区并实际居住的，做好登记及接收准备；经核实，其户籍不在本辖区的，应要求决定机关提供矫正对象在本辖区居住的证

---

〔1〕《社区矫正法实施办法》第 16 条第 2 款。

明材料，检查属实并经审批通过后，做好登记及接收准备；经核实，矫正对象不在本辖区居住，不属于本辖区管辖的，应当在 3 个工作日内通知决定机关，并将法律文书退回决定机关，告知不予接收的理由。

对居住地的核实确认与"社会调查评估"中对居住地的确认标准一致。在调查评估环节已经核实过社区矫正对象居住地的，此环节可视为已经核实。

五、送达回执

社区矫正机构在确认法律文书及相关材料收齐，以及社区矫正对象确实属于本辖区管辖之后，应当在收到法律文书后 5 日内向社区矫正决定机关送达回执。

六、法律文书流转及建立档案

县级社区矫正机构在法律文书及相关材料收齐后，应建立社区矫正档案，有关法律文书存入档案。社区矫正对象已办理过调查评估的，应当将调查评估档案归入社区矫正档案。如果社区矫正机构委托社区矫正对象居住地的司法所承担社区矫正相关工作，则应当在法律文书及相关材料收齐之日起 3 个工作日内将法律文书和相关材料复印件转送社区矫正对象居住地司法所，并通知其做好接收社区矫正对象的准备，并与受委托的司法所签订委托协议。

 【学习情境二】社区矫正对象的交付接收

一、不同类型社区矫正对象的交付接收

（一）管制、缓刑、假释社区矫正对象的交付接收

1. 交付接收方式。管制、缓刑、假释社区矫正对象：自行到执行地县级社区矫正机构报到。

《社区矫正法》第 21 条第 1 款规定："人民法院判处管制、宣告缓刑、裁定假释的社区矫正对象，应当自判决、裁定生效之日起 10 日内到执行地社区矫正机构报到。"第 22 条规定："社区矫正机构应当依法接收社区矫正对象……"《社区矫正法实施办法》第 17 条第 1 款亦规定："被判处管制、宣告缓刑、裁定假释的社区矫正对象到执行地县级社区矫正机构报到时，社区矫正机构应当核对法律文书、核实身份，办理登记接收手续……"

如果执行地县级社区矫正机构委托司法所承担社区矫正相关工作，执行地县级社区矫正机构应当告知社区矫正对象 3 日内到指定的司法所接受社区矫正，并于当日通知司法所做好接收准备。

2. 例外情况的处理。根据《社区矫正法实施办法》第 16 条第 2 款规定："社区矫正对象前来报到时，执行地县级社区矫正机构未收到法律文书或者法律文书

不齐全，应当先记录在案，为其办理登记接收手续，并通知社区矫正决定机关在5日内送达或者补齐法律文书。"

3. 未报到情况的处理。发现社区矫正对象未按规定时间报到的，执行地县级社区矫正机构应当及时组织查找，公安机关等有关单位和人员应当予以配合协助。社区矫正机构应当及时将有关情况书面通报社区矫正决定机关和执行地人民检察院。对被裁定假释的罪犯，应当同时抄送原服刑的监狱、看守所。能够联系到社区矫正对象本人的，要督促其立即报到并告知其不报到的法律后果。发现社区矫正对象去向不明的，要向社区矫正对象所居住的村（居）委会说明情况，并了解社区矫正对象去向；向社区矫正对象法定代理人、监护人、亲属书面告知社区矫正对象未按规定时间报到的情况及不报到的法律后果，并请其规劝社区矫正对象报到。

社区矫正对象经督促查找仍未报到的，视为脱管，应提请公安机关追查，超过1个月的，提请撤销缓刑、假释、收监执行；未超过1个月的，根据相关规定，视具体情况提请治安管理处罚，或给予警告、训诫等惩戒处罚。

（二）暂予监外执行社区矫正对象的交付接收

1. 暂予监外执行社区矫正对象的交付接收方式。

（1）人民法院决定暂予监外执行：由公安机关依法将社区矫正对象移送至执行地县级社区矫正机构，办理交付接收手续。根据《社区矫正法》第21条第2款的规定，人民法院决定暂予监外执行的社区矫正对象，由看守所或者执行取保候审、监视居住的公安机关自收到决定之日起10日内将社区矫正对象移送社区矫正机构。

（2）监狱管理机关或公安机关批准暂予监外执行：由监狱或看守所依法移送至执行地县级社区矫正机构，办理交付接收手续。《社区矫正法》第21条第3款规定，监狱管理机关、公安机关批准暂予监外执行的社区矫正对象，由监狱或者看守所自收到批准决定之日起10日内将社区矫正对象移送社区矫正机构。

2. 例外情况的处理。罪犯原服刑地与居住地不在同一省、自治区、直辖市，需要回居住地暂予监外执行的，原服刑地的省级以上监狱管理机关或者设区的市一级以上公安机关应当书面通知罪犯居住地的监狱管理机关、公安机关，由其指定一所监狱、看守所接收社区矫正对象档案，负责办理其收监、刑满释放等手续。对看守所留所服刑罪犯暂予监外执行，原服刑地与居住地在同一省、自治区、直辖市的，可以不移交档案。

罪犯因病情严重需要送入居住地医院救治的，监狱可与居住地县级社区矫正机构协商确定在居住地的医院交付并办理交接手续，暂予监外执行罪犯的保证人应当到场。

对社区矫正对象存在因行动不便、自行报到确有困难等特殊情况的，社区矫正机构可以派员到其居住地等场所办理登记接收手续。

二、社区矫正对象的身份核实与信息采集及登记工作

被判处管制、缓刑、假释的社区矫正对象报到当日，执行地县级社区矫正机构工作人员应当依法核对法律文书，核实社区矫正对象身份、住址等基本信息，核验无误后办理登记接收手续。同时，对社区矫正对象是否按时报到进行审查，超出规定时限报到的，应当按规定给予训诫、警告，提请治安管理处罚或撤销缓刑、假释等惩戒处罚。

在接收社区矫正对象当日，执行地县级社区矫正机构应采集社区矫正对象基本身份信息、指纹信息、法律文书等信息，拍摄社区矫正对象免冠电子照片，录入"社区矫正对象信息管理系统"。制作《社区矫正对象基本信息表》一式两份，一份存入社区矫正对象档案，另一份转递司法所。

 专栏 5-1

社区矫正对象基本信息表

单位：　　　　　编号：　　　　　填表日期：

姓名		曾用名		身份证号码				一寸免冠照片
性别		民族		出生日期				
文化程度		健康状况		原政治面貌		婚姻状况		
居住地								
户籍地								
所在工作单位（学校）				联系电话				
个人联系电话								
罪名		刑种			原判刑期			
社区矫正决定机关				原羁押场所				
禁止令内容				禁止期限起止日				
矫正类别				矫正期限		起止日		
法律文书收到时间及种类				接收方式及报到时间				

续表

在规定时限内报到		超出规定时限报到		未报到且下落不明	
主要犯罪事实					
本次犯罪前的违法犯罪记录					
个人简历					
家庭成员及主要社会关系					
备注					

注：此表抄报居住地公安机关。

三、建立社区矫正档案

《社区矫正法》第22条规定，"社区矫正机构应当依法接收社区矫正对象……建立档案"。根据《社区矫正法实施办法》第18条的规定，执行地县级社区矫正机构接收社区矫正对象后，应当建立社区矫正档案，包括以下内容：①适用社区矫正的法律文书；②接收、监管审批、奖惩、收监执行、解除矫正、终止矫正等有关社区矫正执行活动的法律文书；③进行社区矫正的工作记录；④社区矫正对象接受社区矫正的其他相关材料。接受委托对社区矫正对象进行日常管理的司法所应当建立工作档案。

四、确定矫正小组，制定和落实矫正方案

根据《社区矫正法》第25条的规定，社区矫正机构应当根据社区矫正对象的情况，为其确定矫正小组，负责落实相应的矫正方案。根据需要，矫正小组可

以由司法所、居民委员会、村民委员会的人员，社区矫正对象的监护人、家庭成员，所在单位或者就读学校的人员以及社会工作者、志愿者等组成。社区矫正对象为女性的，矫正小组中应有女性成员。根据《社区矫正法》第52条的规定，社区矫正对象是未成年人的，矫正小组应当吸收熟悉未成年人身心特点的人员参加。

根据《社区矫正法实施办法》第19条的规定，执行地县级社区矫正机构、受委托的司法所应当为社区矫正对象确定矫正小组，与矫正小组签订矫正责任书，明确矫正小组成员的责任和义务，负责落实矫正方案。

矫正小组主要开展下列工作：

1. 按照矫正方案，开展个案矫正工作；

2. 督促社区矫正对象遵纪守法，遵守社区矫正规定；

3. 参与对社区矫正对象的考核评议和教育活动；

4. 对社区矫正对象走访谈话，了解其思想、工作和生活情况，及时向社区矫正机构或者司法所报告；

5. 协助对社区矫正对象进行监督管理和教育帮扶；

6. 协助社区矫正机构或者司法所开展其他工作。

根据《社区矫正法实施办法》第22条的规定，执行地县级社区矫正机构、受委托的司法所要根据社区矫正对象的性别、年龄、心理特点、健康状况、犯罪原因、悔罪表现等具体情况，制定矫正方案，有针对性地消除社区矫正对象可能重新犯罪的因素，帮助其成为守法公民。矫正方案应当包括社区矫正对象基本情况、对社区矫正对象的综合评估结果、对社区矫正对象的心理状态和其他特殊情况的分析、拟采取的监督管理、教育帮扶措施等内容。矫正方案应当根据分类管理的要求、实施效果以及社区矫正对象的表现等情况，相应调整。

🔍 **专栏 5-2**

社区矫正对象矫正方案

姓名		性别		出生年月		文化程度	
居住地				罪名		原判刑期	
矫正类别		矫正期限		矫正期起止日	自　年　月　日至　年　月　日		

续表

矫正小组成员变动情况	
犯罪原因、悔罪表现、心理特点、健康状况、生活环境综合评估情况等	
矫正措施	
实施效果评估	
矫正措施	
实施效果评估	
矫正措施调整	
实施效果评估	
备注	

　　为了更好地发挥矫正小组的作用，社区矫正机构或者受委托的司法所应当与矫正小组成员签订一份社区矫正责任书。

 专栏 5-3

社区矫正责任书

　　为了共同做好社区矫正对象_____的监督管理和教育帮助，提高矫正质量，_____社区矫正机构/司法所与矫正小组签订本责任书，共同遵守。

一、社区矫正机构或者司法所具体做好以下工作：

1. 指导矫正小组对社区矫正对象进行监督管理和教育帮扶；

2. 认真听取矫正小组成员反映的情况并及时处理有关事宜。

二、矫正小组具体做好以下工作：

1. 协助对社区矫正对象进行监督管理和教育帮助；

2. 督促社区矫正对象按要求向社区矫正机构/司法所报告有关情况、参加学习及公益活动，自觉遵守有关监督管理规定；

3. 定期向社区矫正机构/司法所反映社区矫正对象遵纪守法、学习、日常生活和工作等情况；

4. 发现社区矫正对象有违法犯罪或违反监督管理规定的行为，及时向社区矫正机构/司法所报告；

5. 根据小组成员所在单位和身份确定的其他社区矫正事项。

（公章）   矫正小组（成员签字）：

　　　　　　　　　　　　　　　　　　年　　　月　　　日

五、组织入矫宣告，办理入矫手续

《社区矫正法实施办法》第20条第1款规定，"执行地县级社区矫正机构接收社区矫正对象后，应当组织或者委托司法所组织入矫宣告"。

入矫宣告包括以下内容：

1. 判决书、裁定书、决定书、执行通知书等有关法律文书的主要内容；

2. 社区矫正期限；

3. 社区矫正对象应当遵守的规定、被剥夺或者限制行使的权利、被禁止的事项以及违反规定的法律后果；

4. 社区矫正对象依法享有的权利；

5. 矫正小组人员组成及其职责；

6. 其他有关事项。

宣告由社区矫正机构或者司法所的工作人员主持，矫正小组成员及其他相关人员到场，按照规定程序进行。宣告后，社区矫正对象应当在书面材料上签字，确认已经了解所宣告的内容。

《社区矫正法实施办法》第55条第2款规定："……对未成年社区矫正对象的相关信息应当保密……"

在司法实践中，入矫宣告后，社区矫正工作人员还要带领社区矫正对象宣读入矫誓词。这也是对矫正对象开展的第一次入矫教育。

专栏 5-4

社区矫正对象入矫誓词

我，（姓名）在此郑重承诺，认罪伏法，接受矫正，遵守社区矫正法律法规，服从工作人员管理，努力改造自己，潜心洗刷罪错。

今后，牢记做人的行为准则，遵守社会公道、职业道德和家庭美德，并遵守国家法律、法规及相关规定，严格规范和约束自己的言行，积极参加司法局、司法所组织的各项活动。关心社会、关心家人、关心身边群众，用行动回报社会，做一个讲公德、讲诚信、讲责任、有理性、有爱心、有觉悟的守法公民。

六、办理边控报备手续

执行地县级社区矫正机构应于社区矫正对象接收当日填写《法定不批准出境人员通报备案通知书》一式两份，一份送县（市、区）公安局出入境管理部门备案；另一份经县（市、区）公安局出入境管理部门确认后存入社区矫正对象档案。同时，告知社区矫正对象在社区矫正期间不得申请办理出国（境）证照，已经持有的应当责令其上交执行地县级社区矫正机构代为保管。

专栏 5-5

法定不批准出境人员通报备案通知书

姓名		性别		民族		
出生地			出生日期			照片
文化程度		婚姻状况		身份证号码		
出入境证件名称及号码						
工作单位			电话			
现住址			电话			
户口所在地						
通报备案期限	年　月　日至　年　月　日					

通报备案事由和法律依据	该　　　　因犯　　　　罪于　　年　　月　　日被　　　　机关判处、决定　　　　　　　　，社区矫正期限为　　　　　　　　。根据出入境相关规定，呈请报备，当否，请审批。			
通报单位意见	负责人签名： （公章） 年　月　日	审批机关意见	负责人签名： （公章） 年　月　日	
联系人		填表时间		联系电话	

公安（分）局出入境管理（处、科）　　　　　　　通报单位：

接收人签名：_____　　　　　　　报送人签名：_____

　　　　　　年　月　日　　　　　　　　　　　　　　　年　月　日

七、通报相关机关

执行地县级社区矫正机构填写《社区矫正对象报到情况通知单》，送原裁判人民法院、执行地人民检察院、执行地公安局。对于暂予监外执行的，在办理人员接收时，交负责移送的公安或监狱干警。对假释类社区矫正对象，抄送原服刑监狱、看守所。

专栏 5-6

社区矫正对象报到情况通知单

单位：_____县（市、区、旗）司法局

姓名	性别	罪名	社区矫正决定机关	裁判书号及裁判时间	矫正类别	规定报到时限	已在规定时限报到	超出规定时限报到	未报到并下落不明
备注									

注：送_____人民法院，抄报_____人民检察院、公安（分）局，_____监狱（看守所）。

专栏 5-7

社区矫正对象未报到通知书

编号：_____

_____县（市、区）公安局（检察院、法院、监狱）：

社区矫正对象_____，性别_____，身份证号_____。根据人民法院（公安、监狱）字第（　　）号刑事判决书（裁定、决定）书，该社区矫正对象应于_____年_____月_____日到我局报到，并接受社区矫正。截至_____年_____月_____日，该社区矫正对象仍未到我局报到。特此通知。

_____（司法局公章）

_____年_____月_____日

社区矫正对象未报到通知书（存根）

编号：_____

_____县（市、区）公安局（检察院、法院、监狱）：

社区矫正对象_____，性别_____，身份证号_____。根据人民法院（公安、监狱）字第（　　）号刑事判决书（裁定、决定）书，该社区矫正对象应于_____年_____月_____日到我局报到，并接受社区矫正。截至_____年_____月_____日，该社区矫正对象仍未到我局报到。特此通知。

_____（司法局公章）

_____年_____月_____日

【单元小结】

社区矫正对象的交付接收包括执行地县级社区矫正机构对社区矫正法律文书的交付接收以及对社区矫正对象的交付接收。在对社区矫正法律文书的交付接收中，应当明确社区矫正法律文书的送达期限，核查应当送达的社区矫正法律文书是否齐全，核实社区矫正对象居住地是否属于本机关管辖，法律文书齐全无误的，向决定机关送达回执，建立社区矫正档案，并将法律文书的复印件转递司法

所。对社区矫正对象的交付接收，首先要明确管制、缓刑、假释人员是自行前来报到的，暂予监外执行人员需要公安机关、监狱、看守所将社区矫正对象移送执行地县级社区矫正机构，当面办理交接手续；然后分别办理身份核实与信息登记；建立档案；确定矫正小组、制定落实矫正方案；组织入矫宣告，办理入矫手续；办理边控报备工作；最后将社区矫正对象的报到情况通报相关机关。

 【技能训练——实训项目】

【案例5-2】

2019年1月23日，家住河南省某县真阳路的张某到某宾馆登记住宿时，在楼梯口捡到一黑色小手提包，打开一看，包内装有失主盛某的身份证、驾驶证、银行卡、欠条等物品。财迷心窍的张某不想将包归还失主，决定利用手提包敲诈失主。第二天，张某在退房时用纸条写上自己的手机号码交给宾馆服务员，告诉服务员盛某来找包时可与纸上的电话联系，后又按身份证上的地址找到盛某住的地方，将写有自己的手机号码的纸条塞进盛某的院子内。心急如焚的盛某回家后发现纸条，急忙拨通了张某的电话，张某开始向盛某勒索6000元，之后从6000元涨至3万元。为了要回自己的身份证、驾驶证、欠条等物品，双方经过反复讨价还价，盛某不得不同意给张某1万元。但是张某要求盛某必须先把钱打到卡上，才能把包还给盛某，随后张某给盛某一个银行卡号，盛某便向公安机关报了案。公安机关在上海将张某抓获。3月22日，该县法院开庭审理此案。法院认为，被告人张某以非法占有为目的，采取要挟的手段索要他人财物，数额较大，其行为已构成敲诈勒索罪，判处被告人张某管制两年。考虑到张某由于意志以外的原因未能得逞，且庭审时认罪态度较好，可酌情从轻处罚。法院遂依法作出上述判决。根据《刑法》《刑事诉讼法》的规定，对张某依法实施社区矫正。

判决生效后的10日内，张某到其居住地县级社区矫正机构报到，成为一名社区矫正对象，接受社区矫正。县级社区矫正机构为其办理了接收登记手续后告知其3日内到其居住地司法所报到，接受司法所对其依法实施的社区矫正。

根据上述案例，请同学们按照接收的程序、规定，虚拟真实工作情境中所要完成的工作任务，采用角色扮演的方法，进行接收的演练，以达到熟练掌握接收工作技能的目的。

附：实训任务书和实训考核表

实训任务书

实训项目	根据案例，通过角色扮演，完成对该矫正对象的交付接收工作
实训课时	2 课时
实训目的	学生通过模拟实训，掌握对社区矫正对象接收的工作流程，完成对社区矫正对象张某的相关法律文书的交付接收和对社区矫正对象张某的交付接收的任务，从而具备对社区矫正对象开展交付接收的职业能力
实训任务	1. 掌握社区矫正法律文书及相关材料的交付接收程序 2. 掌握县级社区矫正机构在社区矫正交付接收中的典型工作任务
实训要求	1. 学生应提前掌握社区矫正交付接收的相关知识 2. 指导教师熟悉社区矫正交付接收工作的法律规定与实践做法 3. 学生要积极配合指导教师的指导完成实训 4. 根据实训需要将学生分成若干小组，采用角色扮演的方式完成实训任务 5. 指导教师进行点评总结，每组学生根据教师的点评总结找出不足
实训成果形式	成果形式：实训总结
实训地点	实训地点：实训教室或校外实习基地
实训进程	1. 教师讲解（介绍实训步骤、注意事项、进行角色分配） 2. 阅读准备好的实训案例 3. 根据实训需要将学生分成若干小组 4. 对案例中所提供资料进行整理、分析 5. 小组进行讨论制定社区矫正交付接收方案 6. 小组开展模拟的社区矫正交付接收工作 7. 指导教师进行点评总结，每组学生根据教师的点评总结找出不足

实训考核表

班级_____ 姓名_____ 学号_____

任务描述：通过模拟实训，掌握社区矫正交付接收工作的程序与方法，从而具备开展社区矫正交付接收工作的能力。

项目总分：100 分

完成时间：120 分钟（2 课时）

考核内容	评分细则	等级评定
一、实训过程与要求 1. 根据实训需要学生迅速分成若干小组 2. 小组成员自行分配好所扮演的角色 3. 小组进行讨论制定社区矫正交付接收方案 4. 根据任务书中的要求，开展模拟的社区矫正交付接收工作，完成所有的实训任务 5. 指导教师进行点评总结，每组学生根据教师的点评总结找出不足	分值：50分 1. 实训过程与小组成员合作良好（15分） 2. 实训演练认真、表现积极（15分） 3. 能成功完成所有实训任务（20分）	实训成绩评定为四等： 1. 优（100分~86分） 2. 良（85分~70分） 3. 及格（69分~60分） 4. 不及格（59分~0分） 注意事项： 1. 实训期间做与实训无关的操作，不能评定为"优" 2. 有旷课现象，不能评为"优、良" 3. 旷课××节及以上，评为"不及格" 4. 实训内容没有完成，评为"不及格" 5. 两份报告雷同，评为"不及格" 6. 具体评分标准由教师根据实训项目具体要求规定
二、实训表现与态度	分值：20分 1. 无迟到（1分） 2. 无早退（1分） 3. 无旷课（3分） 4. 实训预习、听讲认真（2分） 5. 实训态度认真（5分） 6. 实训中不大声喧哗（1分） 7. 能爱护实训场所、设备、保持环境整洁（2分） 8. 能完全遵守实训各项规定（1分） 9. 实训效果好，基本掌握了社区矫正交付接收工作的程序与方法，具备了开展交付接收工作的职业技能（4分）。	

续表

| 三、实训总结
1. 实训中出现的问题及解决办法（对遇到的问题、问题产生的原因进行分析判断，把解决过程写出来）
2. 实训效果（本次实训有哪些收获，掌握了哪些知识、技能，哪些不明白，有什么疑问等） | 分值：30分
1. 按规定时间上交（5分）
2. 格式规范（5分）
3. 字迹清楚（5分）
4. 内容详尽、完整实训分析总结正确（5分）
5. 无抄袭现象（5分）
6. 能提出合理化建议或有创新见解（5分） | |
| 合计 | | |

评分人： 日期： 年 月 日

【拓展学习】

一、场所建设[1]

（一）报到登记室

1. 办公必备的办公桌、椅

2. 相关工作制度牌（上墙悬挂）

3. 两台以上台式计算机并接入与互联网隔离的业务网（可同时办理多人入矫报到手续）

4. 一台以上双面网络高速扫描仪（扫描法律文书上传）

5. 一台以上双面网络高速打印复印一体机（报到文书打印、复印）

6. 配备传真机（法律文书交接不及时可及时联系补充）

7. 配备外线电话一部

8. 二代身份证阅读器

9. 市内监控设备

（二）信息采集室

1. 至少配备台式电脑一台接入与互联网隔离的业务网

2. 专用摄像机（采集照片）

3. 面部+指纹采集仪（配置面部、指纹采集系统）

（三）宣告室

1. 宣告席、被宣告席、矫正小组席

2. 墙上悬挂社区矫正对象应遵守的规定、警示标语

---

[1] 资料来源于河北省司法厅。

3. 室内监控设备

二、社区矫正对象易记"五言"须知[1]

监禁不监禁，身份都相同。
司法所监管，社区内矫正。
入矫三个月，严管级别定。
每周要见人，随时电话通。
居住家庭变，赶紧报实情。
出入有范围，县区内活动。
特殊人和地，仅遵禁止令。
因病因家庭，外出假需请。
手机不离身，严禁关转停。
思想要汇报，有病要查清。
遵规获奖励，违规必受惩。
情节若严重，收监不留情。
如有事不明，司法问详情。
服管要自觉，不存心侥幸。
拒绝黄赌毒，远离酒色声。
考验期限内，警钟要长鸣。
和谐好邻里，和美好家庭。
遵纪又守法，期满一身轻。

---

[1] 资料来源于河北省司法厅。

学习单元六　社区矫正对象的危险评估

【**学习目标**】

　　通过本单元的学习，能够完成以下工作任务：

　　项目1. 人身危险性定性评估的实施。

　　项目2. 人身危险性定量评估的实施。

　　项目3. 危险评估资料的收集与分析。

　　项目4. 撰写危险评估报告。

【**知识树**】

危险评估的启动与实施 { 危险评估的概念、特点及意义 / 危险评估的启动与实施 }

危险评估的种类和内容 { 危险评估的类型（种类）/ 危险评估的内容 }

社区矫正对象的危险评估

危险评估的方法 { 定性法 / 定量法 / 定性与定量相结合的方法 / 统计评估法 / 临床评估法 / 统计与临床相结合的方法 }

危险评估报告的撰写 { 危险评估资料的收集与分析 / 危险评估报告撰写的格式及内容 }

【**案例6-1**】

　　一、基本情况

　　张某，男，1988年10月24日生，出生地黑龙江省大庆市，籍贯黑龙江大庆，汉族，小学文化。被捕前家住某市某区某疗养院北院。1996年9月至2003年7月在大薄荷寨小学学习。2003年9月至2006年7月在某市某区第一中学学习，毕业后无业。

张某自控自制能力差，易与他人发生矛盾、冲突，但平时表现还不错。

二、家庭关系

母亲韩某，女，56岁，居家务农。父亲早逝。有一个哥哥，33岁，已婚，某工厂工人。张某平时与母亲关系尚可，也知道孝顺，与哥嫂的关系一般。

三、犯罪记录

2011年10月29日中午，张某与人故意伤害他人身体并致其死亡，次日投案。同年11月30日因涉嫌故意伤害罪被某市公安局某分局逮捕。2013年12月25日某市中级人民法院以故意伤害罪判处张某有期徒刑10年。（刑期：2014年10月22日至2022年3月19日）

张某在狱内服刑期间能悔过自新，积极表现，改造态度较好，但后来因张某患有浸润型肺结核，左侧肺有空洞。经查后，准备批准其保外就医，实施暂予监外执行。在批准暂予监外执行前，监狱曾经委托张某家庭所在地的县级社区矫正机构开展了社区矫正适用前的调查评估工作。接受委托后，该社区矫正机构便立即组建了评估小组，对张某的社区矫正适用条件、判刑前的家庭关系、邻里关系、一贯表现、对社区的不良影响等进行了调查评估。根据调查评估的结果社区矫正机构认为张某具备社区矫正的条件，故出具了可以暂予监外执行的调查评估意见书。

四、矫正相关资料

2017年6月29日，张某被移交至××县社区矫正机构××镇司法所。（矫正起止：2017年6月29日至2022年3月19日）

进入社区矫正后，张某对自己的病情比较消极悲观，显得情绪低落，也不愿意主动配合社区矫正的工作。同时对母亲的态度也不如服刑前好，容易发脾气。

根据以上情况，如何对张某开展社区矫正工作，并确保其不因身体状况而破罐子破摔，影响社区矫正，甚至出现重新违法犯罪行为？这就要求社区矫正机构必须在矫正期间根据张某的表现，再次确定张某的人身危险性并对其进行危险性等级分类，以便进行有针对性的分类管理和教育，实现有效的管控，并帮助他顺利融入社会。

【学习情境一】社区矫正对象危险评估的启动与实施

一、社区矫正对象危险评估的概念、特点及意义

（一）社区矫正对象危险评估的概念

社区矫正对象的危险评估主要是指对社区矫正对象人身危险性的评估。是指

运用科学的方法对社区矫正对象人身危险性程度和再犯可能性以及对社会所造成的危险性的评估和预测。具体是指对其人格上存在的实施犯罪行为以及其他严重违法和社会越轨行为的危险倾向的有无及大小所做的评估和预测。

根据司法部社区矫正管理局的统计数据，截止到 2019 年 12 月底，全国累计接收社区矫正对象 478 万人，解除 411 万人，在矫 67 万人。社区矫正对象在矫期间重新违法犯罪率一直保持在 0.2% 左右的较低水平。这个数据告诉我们：随着我国司法体制和工作机制改革的不断深入进行，随着社区矫正工作的全面推进，社区矫正的适用比例、假释、监外执行的比例会逐步提高，社区矫正对象会越来越多，这就使得社区矫正工作面临的压力也就越来越大。虽然，社区矫正对象重新犯罪率很低，但也不是没有，他们依然存在着再犯罪的可能性。说明社区矫正对象也还是具有一定的人身危险性的，所以，如何控制社区矫正对象的人身危险性，就成为一个需要给予充分关注的重要问题了。可以说，对社区矫正对象人身危险性的控制效果，在很大程度上决定着社区矫正工作的成败。如果不能有效控制社区矫正对象的人身危险性，使他们在置于社区后利用开放的社区环境、行动自由的便利条件重新犯罪，就会严重危害社区矫正工作的健康开展。而有效控制的前提就是对社区矫正对象进行危险性评估，将社区矫正对象划分出不同的危险等级和监督管理等级，科学配置矫正资源，制定矫正工作计划，将影响再犯罪的因素有效地消灭在萌芽状态。随着《社区矫正法》的颁布实施，社区矫正工作已进入到了法治化、规范化和专业化的新时代，更加强调对社区矫正对象的分类管理和个别化矫正的问题，所以，为了精准施策，对矫正对象开展危险评估工作是必不可少的一个重要环节。

1. 人身危险性的概念。人身危险性即人的危险状态。人身危险性是随着西方刑事实证学派的崛起而出现的一个概念。其思想可以追溯到 19 世纪初刑事实证学派创始人龙勃罗梭的天生犯罪人思想。

20 世纪 80 年代中期以来，人身危险性在我国学界逐渐得到了重视，大多数权威学者在自己的著作或文章中都或多或少地论及了这一问题，并且也在我国刑事立法和司法中得到了体现。

一般认为，人身危险性是指行为人人格上存在的实施犯罪行为以及其他严重违法和社会越轨行为的危险倾向。人身危险性的主体既包括已然犯罪人主体，又包括未然犯罪人主体；既包括具有刑事责任能力主体，又包括无刑事责任能力主体。

2. 社区矫正领域内的人身危险性的概念。社区矫正领域的人身危险性，在主体上应当仅指已然犯罪人。因为目前我国社区矫正的四类人员，都是针对已然犯罪人而言的。尚未实施犯罪的潜在犯罪人，即使存在人身危险性，也不能进入社区矫正的范围。

社区矫正领域的人身危险性，在内容上不仅包括再次实施刑事犯罪的可能性，而且也应当包括实施违法行为以及严重违反社区矫正相关规定行为的可能性。

所以，社区矫正领域内的人身危险性是指社区矫正对象人格上存在的实施犯罪行为以及其他严重违法和社会越轨行为的危险倾向，或是指社区矫正对象客观上潜在的继续实施危害社会、本人或他人的现实可能性。

人身危险性针对的是人的未然行为，是一个前瞻性的范畴，具有很大的随机性和难以预测性，以至于有学者发出了这样的慨叹：一方面，就人类至今为止的认识能力与手段而言，远未达到可以使我们做出这样的预测的程度；另一方面，虽然在某些情况下，人的犯罪行为带有一定的规律性，但是，在相当一部分情况下，犯罪行为并无一定的规律可循，而是具有很大的随机性与偶发性。[1]

但是人身危险性毕竟是客观存在的，对行为人的个人生理、心理情况及其生活环境予以客观、全面、科学的考察，并进行细致、认真地分析，对其将来的犯罪倾向性的有无和大小，是可以做出基本准确的判断的。

（二）社区矫正对象危险评估的特点[2]

1. 预测性。这是指通过系统性预测社区矫正对象再次实施危害社会行为的可能性大小的特性。既然是预测，危险评估的结论就具有或然性，也就是说评估的结论并不必然与客观实际相吻合。因此，在实际工作中，既要重视评估结论，把它作为开展监督管理工作的重要参考，但也不要过分依赖评估结论。

2. 系统性。主要是指对社区矫正对象进行危险性评估采用多种有效的方法，进行全面、系统的评估，以得出较为客观、准确的结论。既有定性评估，也有定量评估；既有统计评估，也有临床评估。

3. 动态性。这是指这种评估应根据社区矫正对象相关情况的变化而不断调整变化的特性。如，根据其矫正的阶段、矫正的态度、矫正的效果等进行动态评估。

（三）社区矫正对象危险评估的意义

社区矫正对象的危险评估是社区矫正工作的一个重要环节，是社区矫正分类管理、分类教育的前提和基础，也是我们能否科学开展社区矫正工作的一个重要依据。因此，对社区矫正对象人身危险性进行评估和预测，具有十分重要的意义。

1. 社区矫正对象人身危险性评估，是社区矫正机构对社区矫正对象进行分

---

〔1〕 邱兴隆：《关于惩罚的哲学：刑罚根据论》，法律出版社 2000 年版，第 225 页。

〔2〕 吴宗宪主编：《社区矫正导论》，中国人民大学出版社 2011 年版，第 183~184 页。

类监管、分类矫正、分级处遇的基础。根据评估结果，对人身危险性较大的社区矫正对象采取相对较严格的监管措施，不仅有利于其教育和改造，而且也有利于保障社区的安全。对人身危险性较小的社区矫正对象采取相对较宽松的监管措施，有利于鼓励其继续接受教育和改造，并且可以节约矫正资源。

2. 社区矫正对象人身危险性评估，也是对社区矫正教育措施是否达到预期效果的评价。经过评估，如果发现社区矫正对象经过一定时期的矫正教育后人身危险性没有减少，甚至出现增加的现象，就要对矫正教育方案进行相应的反思和修正。相反，如果发现社区矫正对象经过一定时期的矫正教育后人身危险性有了明显减少，就可以对矫正教育措施进行总结和推广。

3. 社区矫正对象人身危险性评估，具有重要的理论意义。社区矫正对象是犯罪人中的一类，对其人身危险性评估和预测，可以丰富整个人身危险性预测的理论和实践。

二、人身危险性评估启动与实施的主体

从实践中来看，社区矫正对象的人身危险性评估根据危险评估的阶段不同，其启动主体略有不同。《社区矫正法》第18条规定："社区矫正决定机关根据需要，可以委托社区矫正机构或者有关社会组织对被告人或者罪犯的社会危险性和对所居住社区的影响，进行调查评估，提出意见，供决定社区矫正时参考。居民委员会、村民委员会等组织应当提供必要的协助。"《社区矫正法实施办法》第13条明确规定了，社区矫正决定机关对拟适用社区矫正的被告人、罪犯，需要调查其社会危险性和对所居住社区影响的，可以委托拟确定为执行地的社区矫正机构或者有关社会组织进行调查评估。据此，拟适用社区矫正阶段开展的人身危险性评估启动的主体就是社区矫正决定机关，即人民法院、公安机关和监狱管理机关。除此之外的其他阶段对社区矫正对象进行的人身危险性评估的启动主体均为社区矫正机构。不论是社区矫正的哪一个阶段对社区矫正对象开展人身危险性评估工作，实施的主体均为社区矫正机构的社区矫正工作人员，而社区矫正社会工作者、社会志愿者是作为辅助力量协助社区矫正机构完成这项工作的人员。

【案例6-2】

王某，男，45岁。家住南京市鼓楼区汉中西路，因经常对妻子施以家庭暴力，导致夫妻离异，已有8年。2015年1月27日，王某在湖西街与集庆门大街交界口与他人发生交通纠纷，在交手中致对方鼻骨线性骨折、左侧眼眶内壁骨折，经鉴定损伤程度构成轻伤。2015年11月26日，南京建邺区法院以故意伤害罪，判处王某拘役6个月，缓刑1年。12月15日，王某办理了社区矫正入矫手续。

经调查、走访以及与王某本人的接触，对王某的现状及人格特点有如下认

识：王某身体强壮、脾气急躁做事冲动，文化水平较低，法制意识淡薄，法律知识欠缺，经常与人发生矛盾纠纷，和家人、周围邻居关系都不好。入矫时发现其对判决有不满情绪，对社区矫正工作也持抵触对立情绪，经常无故不参加社区矫正机构组织的社区矫正活动。平日经常酗酒，自控能力较差。此次犯罪也是因喝酒后发生交通纠纷。目前王某在社区当保安，社区所属物业公司即将倒闭，随时会面临失业问题。其有儿子要抚养，加上家庭经济的拮据，会助长其不满现实社会情绪，进而产生非法取利心理的可能，对其社区矫正产生不利因素。王某会开车，有驾照，但不愿意从事司机职业。这种享乐主义会使其自控能力和抵抗力下降。

因王某一贯行为表现欠佳，他回社区接受矫正，社区的居民很是担心。如何让王某在社区矫正期间安分守己，与他人和谐相处，保证社区的安全呢？要做到这一点，社区矫正机构就必须充分了解王某的人身危险性的程度，在此基础上明确王某的管理等级并制定有针对性的管控措施，以保证王某能顺利渡过矫正期，并在解除矫正后也能做一个合格的守法公民。

该案例中，因王某已经办理了社区矫正入矫手续，故对王某开展人身危险性评估启动与实施的主体就应该是王某执行地的县级社区矫正机构或者受委托的司法所。

三、人身危险性评估实施的过程

如何开展人身危险性评估呢？人身危险性评估主要有以下几个步骤：

1. 组建危险评估小组，小组成员由社区矫正国家工作人员和具有相应专业知识的社会工作者、社会志愿者构成。

2. 确定危险评估的类型、内容和危险评估使用的方法。

3. 收集资料并对所收集的资料进行整理、分析。

4. 划分危险等级和管理等级。

5. 撰写危险评估报告。

四、人身危险性评估适用的对象

人身危险性评估适用的对象为：拟判处非监禁刑的被告人、拟适用假释、暂予监外执行的罪犯以及已纳入社区矫正的社区矫正对象。

五、人身危险性评估的时间

对适用社区矫正的罪犯开展的人身危险性评估贯穿社区矫正工作的始终。从拟适用社区矫正时开始，到社区矫正解除前终止。

六、人身危险性评估的目的

1. 确定社区矫正对象的危险等级。通过对社区矫正对象的危险评估，可以较为准确地确定出矫正对象的危险等级，即人身危险程度的大小或高低。如上海市的风险评估结果是将社区矫正对象的危险等级划分为"稳定""重点关注"和"高危控制";而北京市的人身危险性评估结果则是将社区矫正对象的危险等级划分为 A 类—人身危险性较小、B 类—人身危险性中和 C 类—人身危险性大。如果是在矫正前对被告人或罪犯进行危险评估,危险等级划分后,可为法院等机关作出社区矫正决定提供依据,并为进入社区矫正后的分类管理、个性化教育和个别化矫正打下基础;如果是进入社区矫正后进行危险评估,危险等级划分后可以为合理分配矫正资源,不断调整矫正方案提供客观依据,同时还可为实施分类管理、分阶段教育提供客观依据,也为更好地发挥社区矫正的教育改造作用,预防犯罪,使社区矫正对象转化成为新人,顺利融入社会,提供科学全面的定性分析参考依据。如果是矫正解除前进行危险评估,危险等级划分后,可为安置帮教等综合治理提供依据,以避免解矫后的矫正对象再次走上重新违法犯罪的道路。

2. 为社区矫正对象的分类矫正、分级处遇提出建议。为全面贯彻人性化管理,充分体现刑罚的人道化、文明化,除对罪犯大量适用非监禁刑罚外,还根据罪犯的不同情况实行分类矫正,分级处遇的制度,以促进罪犯的积极改造,并顺利回归社会。而对罪犯实施分类矫正、分级处遇的制度,一个很重要的前提条件,就是要明确罪犯的人身危险性。所以通过对社区矫正对象所进行的危险评估,就可以根据其危险等级对其实施不同的矫正措施和处遇措施,以促进其改造的积极性。因此,对社区矫正对象进行危险评估可为社区矫正对象的分类矫正服务。它是社区矫正日常管理的一个重要环节,是分类管理的基础,通过危险等级的划分可以提高社区行刑效率,降低重新犯罪率。

所谓分类矫正主要是指针对社区矫正对象的不同情况,对其实施分类管理、个别化矫正等,并根据其矫正期间的表现和危险等级实施分级处遇的制度。如我国目前根据社区矫正对象的人身危险性程度将其划分为从严管理、普通管理、从宽管理三个等级,并在学习教育的内容、次数、方式上,在思想汇报方面,在参加公益活动方面,在心理矫正方面,在接触的层面上都实行区别对待的原则,对人身危险性较高的矫正对象加强监督和管理,而对人身危险性较低的矫正对象则采取宽松式的管理方式,使其有更多的自由,能充分享受社区矫正所带来的好处。这样既能体现法律的严肃性,有效地防止其重新犯罪,又能充分体现法律的宽缓性,人道主义精神,极大地提高其改造的积极性,以提高社区矫正的效果。

3. 加强对社区矫正对象的危险控制。人身危险性是动态的而不是静态的,它会随着矫正对象的矫正、各种主客观因素的变化而发生变化,所以,需要不断了解社区矫正对象的人身危险性的变化,以加强对社区矫正对象的危险控制,预防他们将危险性变成对社会的实际损害,提高社区矫正工作的质量和效果,促进其顺利回归社会。危险评估正是为满足这一需要而建立的一个工作机制。对社区矫正中的危险性进行控制，特别需要关注两个方面的内容，以便增强危险性控制的效果：危险管理和个案管理。[1]

社区矫正中的危险管理就是根据社区矫正对象的危险程度分配矫正资源，并不断调整、修订分类矫正、个性化教育、心理矫正方案的活动。故危险管理应建立在对每个社区矫正对象危险性进行预测和评估的基础上。针对社区矫正对象的不同危险程度，有针对性地、合理地分配矫正资源，制定矫正方案。具体讲就是对人身危险性较高的社区矫正对象，应配置更多的社区矫正资源，制定更科学、合理、规范的社区矫正方案。包括实施严格的监督管理措施，规定更加频繁的监督活动间隔时间，经常与社区矫正对象进行直接接触等，以加强对他们的管理和控制，与此同时也要向他们提供更多的、更有效的帮助或服务，如，通过帮扶，帮助社区矫正对象解决生活困难的问题；通过心理咨询，帮助社区矫正对象解决心理问题；通过走访、调查、谈话、调解等帮助社区矫正对象解决家庭问题、人际关系问题等，这种既管又帮的做法必将有助于减轻或者解决他们存在的问题，消除其犯罪心理和行为恶习，降低他们的人身危险性，预防其危害行为的再次发生。对人身危险性中等的社区矫正对象可以分配适当的矫正资源，并按正常的监督管理措施对他们予以监督、管理，并安排相应的社工和志愿者帮助解决他们的就业、生活、心理等问题。通过教育矫正、心理矫正等措施降低其人身危险性，避免其再次走上违法犯罪的道路。对人身危险性较低的社区矫正对象可以分配较少的矫正资源，放宽对他们的监督管理，并给予较多的人身自由，可通过电话、通信等方式进行矫正情况的汇报，包括思想汇报、学习、公益活动等情况的汇报，还可通过间接接触的方式了解其在社区接受矫正的情况，并根据情况进行奖励或表扬，以促进其矫正的积极性。总之，通过对不同危险等级的社区矫正对象的危险管理，以加强对他们的危险控制，从根本上防止他们进行新的危害社会行为的发生。

社区矫正中的个案管理就是针对每一个社区矫正对象的情况采取个别化的管理措施，实施个案矫正。这种管理措施仍然建立在对社区矫正对象危险评估的基础之上。首先对每一个社区矫正对象进行危险性和需要的评价，在开展社区矫正工作之前，做到对每一个社区矫正对象的情况心中有数，减少社区矫正工作的盲目性；其次，针对每一个社区矫正对象的情况合理分配社区矫正工作人员，做到矫正有人管、困难有人帮、出了问题有人负责，避免没人管或乱管现象的发生；最后，针对每一个社区矫正对象的情况制定科学、合理的社区矫正方案，对于危险性大小不同、需要不同的社区矫正对象，采取不同的危险控制方法、矫正方

---

〔1〕 吴宗宪：“论社区矫正中的危险控制”，载《中国司法》2005 年第 1 期。

法，和帮扶方法，真正实施个案矫正，做到矫正一个成功一个。

【学习情境二】社区矫正对象危险评估的种类与内容

一、人身危险性评估的类型（种类）

人身危险性评估是社区矫正评估机制的重要内容之一，它包括入矫前的人身危险性评估、入矫后的人身危险性评估和解矫前的人身危险性评估。通过评估，了解犯罪人的人身危险性程度，既为适用非监禁刑提供依据，又为实施分类矫正教育、管理提供依据，同时还为评估矫正效果提供依据，因为社区矫正对象人身危险性的减少或消灭是社区矫正效果的体现。

（一）入矫前的人身危险性评估

入矫前的人身危险性评估，简称入矫评估，是指在测评对象进入社区矫正前（或进入社区矫正时）进行测评，它为人民法院、监狱管理机关、公安机关等作出社区矫正决定提供依据，并为进入社区矫正后的分类管理和个别化矫正等打下基础。

入矫评估的结果是入矫后评估和解矫前评估的结果对比的标准，以确定社区矫正教育效果的大小。

（二）入矫后的人身危险性评估

入矫后的人身危险性评估，简称中期评估，是指在矫正对象进入社区矫正后对其人身危险性所进行的评估。这种评估可半年一次，也可一季度一次，主要是对社区矫正对象接受管理、教育、矫正等动态情况进行测评，再次评估重犯风险，以调整矫正方案，提高矫正效果。

中期评估是对社区矫正对象管理处遇转化的根据，也是修正矫正教育方案的依据。中期评估的结果也是与前期入矫评估结果和后期解矫评估结果对比的标准，以确定社区矫正教育效果的大小。

【案例6-1】中对张某开展的监外执行前的社会调查评估，其中涉及的人身危险性评估的内容，就属于入矫前的人身危险性评估，而对其在矫正期间开展的人身危险性评估就属于入矫后的人身危险性评估了。

（三）解矫前的人身危险性评估

解矫前的人身危险性评估，简称解矫评估，是指在社区矫正期限即将结束阶段，对社区矫正对象的人身危险性进行的评估。

解矫评估是对社区矫正对象解除社区矫正后是否采取其他手段进一步帮教或监管的根据，也是评价整个矫正教育方案是否有效的依据。解矫评估的结果要与前期入矫评估结果和中期评估结果相对比，以确定社区矫正教育效果的大小。

二、人身危险性评估的内容

社区矫正对象人身危险性评估的内容是指对影响社区矫正对象的人身危险性的哪些因素进行测评，以确定其人身危险性。从实践中来看，人们一般认为影响社区矫正对象人身危险性的因素主要有两类：不变因素和可变因素。

1. 不变因素。不变因素是指不因矫正对象矫正情况的变化而变化的因素，如犯罪记录、犯罪类型、犯罪事实、犯罪后果、矫正对象基本情况中的个人经历、个人的某些生物学因素（如性别、神经类型等）和心理因素（如气质、性格类型等）等。

【案例6-2】中，影响王某的不变因素主要有：

（1）性别：男性。

（2）犯罪原因：酒后发生纠纷。

（3）犯罪事实及犯罪后果：王某在湖西街与集庆门大街交界口与他人发生纠纷，致对方鼻骨线性骨折、左侧眼眶内壁骨折，经鉴定损伤程度构成轻伤。

（4）犯罪类型：故意伤害罪，属暴力型犯罪。

（5）个人经历：夫妻离异，曾有家暴行为。

（6）神经类型：强、不平衡的兴奋型（特点是易兴奋，不能抑制。【案例6-2】中的王某脾气急躁、做事冲动，经常与人发生矛盾纠纷）。

（7）气质类型：胆汁质（【案例6-2】中的王某：特点是脾气急躁、做事冲动，自控自制能力差）。

2. 可变因素。可变因素是指能及时反映社区矫正对象矫正情况变化的因素，如矫正对象基本情况中的法律意识、社会认知、谋生情况、家庭经济状况、行为习惯、生活环境、社会政策、形势的变化、家庭关系（婚姻状况）和思想状况、情绪状态、人际关系、对判决和矫正的态度等。

【案例6-2】中，影响王某的可变因素主要有：

（1）法律意识：法制意识淡薄、法律意识欠缺。

（2）社会认知：文化水平低，导致社会认知水平低。对社会现实有不满情绪。

（3）谋生情况：面临失业，王某会开车，有驾照，但不愿意从事司机职业。

（4）家庭经济状况：家庭经济拮据，有孩子要抚养。

（5）行为习惯：爱酗酒。

（6）社会政策、形式的变化：国家鼓励大众创业、万众创新。

（7）家庭关系：夫妻感情不好，离异带有一个男孩。

（8）思想状况：有享乐主义思想，有非法取利思想。

（9）情绪状态：有不满情绪和抵触对立情绪。

（10）人际关系：人际关系很糟糕，经常与人发生矛盾纠纷。和家人、周围邻居关系都不好。

（11）对判决和矫正的态度：对判决有不满情绪；对社区矫正有抵触对立情绪，经常无故不参加司法所组织的社区矫正活动。

通过对这些因素的有效测评，以预测社区矫正对象的人身危险性程度，并制定相应的有针对性的矫正方案和管理等级，以提高社区矫正的效果。

【学习情境三】社区矫正对象危险评估的方法

一、人身危险性评估的方法

早期对于人身危险性的预测和评估，主要是根据被认为是与人身危险性相关的行为人的一些共同特征来对犯罪人进行分类，然后按照类别不同分别推定其人身危险性的大小。

1. 实证派犯罪学的早期创始人龙勃罗梭在犯罪原因上特别重视犯罪的人类学因素，他认为，生来犯罪人是出生在文明时代的野蛮人，他们的生物特征决定了他们从出生时就具有原始野蛮人的心理与行为特征，这种行为必然不符合文明社会的传统、习惯和社会规范，必定构成犯罪。决定犯罪人生来就具有犯罪性的这种生物异常，则是通过隔代遗传而来的[1]。龙勃罗梭在其后期将犯罪人划分为具有遗传的犯罪性的犯罪人、偶发性犯罪人与情感性犯罪人三类，并认为第一类犯罪人"他们先天已有犯罪本性，因而注定要犯罪"。[2] 龙勃罗梭认为，天生注定的犯罪人的人身危险性最大，因为"此种犯罪人自孩提时即冥顽不化，即使从襁褓中便开始，对之施于母爱般的关照也无济于事的"。[3]

2. 菲利将犯罪人分为五类：①天生犯罪人，即天生具有某种犯罪倾向的人；②精神病犯罪人，即患有某种精神病的临床形态，甚至连我们的现行刑法也予以承认的人；③习惯性犯罪人，即主要由于社会对犯罪的预防和镇压措施无效而染上犯罪习惯的人；④机会犯，指一个人犯了一种轻罪，与其说他是被退化人格的进攻性所驱使，倒不如说是被其生活环境而导入歧途；⑤激情犯，受情感支配而

〔1〕 ［意］切萨雷·龙勃罗梭：《犯罪人论》，黄风译，中国法制出版社 2005 年版，第 18~19 页。

〔2〕 ［意］郎伯罗梭：《郎伯罗梭氏犯罪学》，刘麟生译，商务印书馆 1938 年版，第 362 页。

〔3〕 Cesare Lombroso，*Crime：It's Cause and Treatment*，New York，1968，p. 432.

犯罪的人。[1] 并认为前两类犯罪人的人身危险性大于后三类人。

3. 加罗法洛将犯罪分为自然犯罪与法定犯罪，并认为自然犯罪才是真正的犯罪，因而认为自然犯罪的犯罪人的人身危险性大于法定犯罪人。

4. 李斯特将犯罪人分为"偶发犯"与"情况犯"两类，前者是指受外界环境之影响而偶然发生犯罪行为之犯罪人，亦即并非由于犯人内在的不良性格上的因素，而是由于外在情况的因素而造成犯罪的人。而后者则是内在的不良性格起主要作用的犯罪人，又分为有矫治可能性者与无矫治可能性者亦即习惯犯两种。李斯特认为，偶发犯的人身危险性最小，有矫治可能性的情况犯的人身危险性稍大，无矫治可能性的情况犯亦即习惯犯的人身危险性最大。[2]

上述早期人身危险性的预测评估都是定性分析，这种定性评估方法由于简便易行，在司法实践和理论研究中都得到了广泛的应用。但是这种方法对评估工作人员个人的素质和经验依赖性较强，评估的主观主义色彩浓厚，准确性相对较差，大规模推广应用受到限制，因此对人身危险性的定量分析方法应运而生。首先是在美国，以定量分析的方法预测人身危险性广泛兴起。

在 20 世纪 20 年代，美国学者哈特与瓦纳尔设计了衡量假释成败的预测表；在 20 世纪 60 年代产生了作为预测假释成败测量方法的"加里福尼亚基本预测估分制"，并被广泛用于假释与罪犯分类决定；在 1972 年，美国假释委员会采纳了一种相似的测量法，将其作为假释准则的一部分。[3] 我国也有许多学者在人身危险性的定量分析方面作出了卓有成效的研究，不仅对人身危险性进行了定量分析，而且得出了计算公式。"在确定了影响刑释人员人身危险性的 14 种客观因素和这些因素对刑释人员人身危险性的影响程度后，以这 14 种因素为自变量，以释放后表现（2 年内是否重新犯罪）为因变量……得到刑满释放人员人身危险性的回归公式是：刑释人员人身危险性标志值 P = 性别×0.081 + 文化程度×0.034 + 捕前职业×0.012 + 婚否×0.01 + 罪名×0.077 − 刑期×0.007 + 剥政×0.033 + 前科次数×0.11063 + 离监类型×0.065 + 改造×0.074 + 就业×0.155 + 帮教情况×0.204 2 − 逮捕年龄×0.032 − 释放年龄×0.024 − 70379"。[4]

定量分析预测方法的兴起，为人身危险性的预测评估做出了不可磨灭的贡献。然而，在这些定量分析预测方法指导下所进行的量刑和行刑的实践表明，这些定量分析预测方法仍然是很不完善的，与实际情况存在较大的差距。

〔1〕［意］恩里科·菲利：《实证派犯罪学》，郭建安译，中国人民公安大学出版社 2004 年版，第 180~181 页。

〔2〕邱兴隆：《关于惩罚的哲学》，法律出版社 2000 年版，第 202 页。

〔3〕转引自邱兴隆：《关于惩罚的哲学：刑罚根据论》，法律出版社 2000 年版，第 203 页。

〔4〕邹庆祥："刑释人员人身危险性的测评研究"，载《心理科学杂志》2005 年第 1 期。

二、社区矫正人身危险性评估的具体方法

目前，在社区矫正领域，对社区矫正对象人身危险性的评估主要有定性危险评估法、定量危险评估法、定性与定量相结合的评估方法、统计评估法、临床评估法和以统计为主、临床为辅的评估方法等。

（一）定性危险评估法

定性危险评估法是对社区矫正对象的人身危险性的质的规定性进行分析并得出结论的方法。具体而言，就是通过对反映社区矫正对象的人身危险性的相关因素进行分析后，评估人员利用自己的经验和知识，就其人身危险性大小作出判断并得出结论的方法。这是一种凭主观预测的方法。

定性危险评估法由于简便易行，在司法实践和理论研究中都得到了广泛的应用。但是这种方法对评估工作人员个人的素质和经验依赖性较强，评估的主观主义色彩浓厚。不同的评估人员面对同一社区矫正对象的相关评估因素，可能会得出不同的结论。因此，定性危险评估法在较大范围的推广应用受到限制，这也是定量危险评估法受到众多人青睐的原因。

定性危险评估法主要通过以下具体方法来完成：阅卷法、犯罪事实判断法、行为观察法、访谈法、问卷调查法等。

1. 阅卷法，就是通过审阅矫正对象的案卷，了解其基本情况、犯罪事实、主观恶性程度、罪名、刑种、刑期、社区矫正起止日期、入矫前的表现与人际关系、人格特点、法律意识等，以此来初步判定其人身危险性的一种方法。这种方法主要适用于入矫前（或入矫时）的人身危险性评估。

如用阅卷法对【案例6-2】中的王某进行人身危险性评估，就是通过审阅王某的案卷来完成。通过审阅案卷，了解的情况如下：

（1）基本情况：姓名，王某；性别，男；年龄：45岁；文化程度：文化水平较低。

（2）犯罪事实：酒后与他人发生纠纷，致对方鼻骨线性骨折、左侧眼眶内壁骨折，经鉴定损伤程度构成轻伤。

（3）主观恶性程度：较高。

（4）罪名：故意伤害。

（5）刑种：拘役。

（6）刑期：拘役6个月，缓刑1年。社区矫正起止日期：2015年12月15日至2016年11月25日。

（7）入矫前的表现与人际关系：经常对妻子施以家庭暴力，导致夫妻离异；经常与人发生矛盾纠纷，人际关系不好。

（8）人格特点：脾气急躁，做事冲动。爱酗酒。享乐主义思想严重。

（9）法律意识：法制意识淡薄，法律知识欠缺。

根据以上情况，可判定其人身危险性较高，有重新犯罪的可能。

2. 犯罪事实判断法，主要是通过对矫正对象主观恶性程度、犯罪情节、犯罪手段、社会危害后果等方面的犯罪事实判断其人身危险性的一种方法。这种方法主要适用于入矫时的人身危险性评估。

如用犯罪事实判断法对【案例6-2】中的王某进行人身危险性评估，就是通过调查了解或审阅王某的案卷，对其犯罪事实进行判断并得出人身危险性高低的结论。

（1）主观恶性程度：故意伤害，主观恶性程度较高。

（2）犯罪情节：在交手中致对方鼻骨线性骨折、左侧眼眶内壁骨折，经鉴定损伤程度为轻伤。

（3）犯罪手段：用拳头打击。

（4）社会危害后果：与他人发生纠纷，将人打至轻伤，社会危害后果一般。

根据以上情况，可判定其人身危险性较高，有重新犯罪的可能。

3. 行为观察法，主要是通过对社区矫正对象的日常行为进行自然或设定情境的观察，来了解其行为特点和处事方式，以判定其人身危险性的一种方法。这种方法主要适用于矫正期间的社区矫正对象的人身危险性评估。

4. 访谈法，是通过与矫正对象本人或与其熟悉的人进行谈话，以了解其日常表现、人格特点等，以预测其行为并判断其人身危险性的一种方法。这种方法既可适用于矫正前的被告人、罪犯的人身危险性评估，也可适用于矫正期间的社区矫正对象的人身危险性评估。

5. 问卷调查法，就是根据需要设置一定的问题，让矫正对象进行回答，以了解其行为表现并判定其人身危险性的一种方法。这种方法也是既可适用于矫正前的被告人、罪犯的人身危险性评估，也可适用于矫正期间的社区矫正对象的人身危险性评估。

6. 测验法：依据要取得的信息目标，采用相应的心理测验量表（主要指各种人格量表）或心理投射测验等，对社区矫正对象进行心理测验。了解其人格特点、心理健康情况、社会适应能力、一贯的行为表现等情况。

（二）定量危险评估法

定量危险评估法是对社区矫正对象的人身危险性的量的规定性进行分析并得出结论的方法。具体而言，是把反映社区矫正对象的人身危险性的相关因素转换成分值，并确定不同因素的分值在总值中所占的权重，根据事先确定的公式得出计算结果，然后根据计算结果确定社区矫正对象人身危险性大小的一种方法。

把自然科学的研究方法引入社会学研究领域，使社会学的研究方法发生了革命性变革。一旦确定了反映社区矫正对象的人身危险性的相关因素及其分值和在总值中所占的权重，并且确定了计算公式后，人身危险性的评估和测定便变得简单易行。定量危险评估法对评估工作人员个人的素质和经验依赖性较小，评估的客观性较强。定量危险评估法的兴起，为人身危险性的评估做出了不可磨灭的贡献。

从目前来看，我国定量危险评估法主要使用的是危险评估量表、心理测验量表等进行。比如，上海市就在 2005 年设计了《社区矫正风险评估测评表》，它分为初次测评表和阶段测评表。初次测评表主要由 18 个项目组成，包括犯罪中是否使用暴力、是否惯偷、惯骗、是否有吸毒史、被害人对测评对象接受社区矫正的态度、犯罪的主观方面、初次违法犯罪的年龄、过去的刑事处罚记录和对社会的评价（主要测定对现实社会的态度）等。阶段测评表由 12 个项目组成，包括对法院判决的态度（主要测定悔罪表现）、遵守法律、行政法规及规章有关规定的情况、是否受过惩罚（包括警告、记过、治安管理处罚等）、学习教育、思想汇报的情况和适应社会生活的状况等。初次测评主要围绕个人因素、家庭因素和社会因素展开，而阶段测评主要围绕社会交往、社会心态、公益劳动、技能情况等方面展开。由于考虑到测评量表的科学性和全面性，每个测评对象不一定具有测评表中涉及的所有风险情况项目，因此，测评对象参加单项测评最高分值累计相加得出的总分值不同。为平衡总分值不同而产生的差异，测评表采取百分比方式规定风险等级划分标准。即：测评分值/总分值的百分比＝风险等级。上海市风险评估共规定三个等级，不满 35％ 的，风险等级为"稳定"；35％～70％ 的，风险等级为"重点关注"；超过 70％ 的，风险的等级为"高危控制"。测评结果由测评小组集体讨论确认，并遵循少数服从多数的原则。[1] 最后由测评小组写出风险评估测评报告并提出矫正方案的建议。2005 年，上海市通过风险评估量表，对 3984 名在册和期满的社区矫正对象进行了初次测评和阶段性测评。根据风险评估结果，对 72 名风险评估分值较高的社区矫正对象进行了个性化教育矫正。

2006 年，江苏省专门成立了社区矫正风险评估研究课题组，在大量实证研究的基础上，确定了包括社区矫正对象的生活方式、家庭、人际关系、教育、经济等在内的 42 个风险评估预测指标，制定了两套社区矫正对象定量风险测评问卷，问卷 I 适用于无监禁矫正经历的管制犯和缓刑犯，问卷 II 适用于有监禁矫正经历的假释犯和暂予监外执行犯。

从 2009 年开始，江苏省推广使用《社区矫正风险评估网络系统软件》。截至

〔1〕　金碧华："社区矫正风险评估机制的分析与思考"，载《南通大学学报（社会科学版）》2009 年第 2 期。

2009 年 8 月底，江苏社区矫正风险评估系统已开展 21 600 余例矫正人员的风险评估工作，至少在三个方面取得了预期成效：一是科学确定风险等级，提高了风险预见性；二是有效实施分级管理，提升了监管水平；三是开展针对性教育，提高了矫正质量。

此外，天津市也设计出了一套《天津市社区矫正对象风险评估测评量表（试行）》，对社区矫正对象进行危险评估预测，取得了较好的效果。

2013 年山东省司法厅也出台了《山东省社区矫正风险评估办法》，并附有社区矫正对象人身危险评估表。此表分为基本因素、个性及心理因素、社会因素、综合因素四个项目，共 25 个子项目。该量表自推广使用以来也取得了较好的效果。

心理测验量表主要是为了了解矫正对象的人格特点、躯体症状等，以预测其行为，是为了配合危险评估量表使用的一种辅助工具，单独使用不能确定服刑人员的人身危险性程度。

定量危险评估法虽然比定性危险评估法得出的结论更为客观，但在定量危险评估法指导下的实践表明，这些定量分析法仍然是很不完善的，与实际情况存在较大的差距。相关因素及其分值和在总值中所占权重的确定是一个极其复杂的过程，不同的专家学者对同一因素会得出不同的分值和权重，同一因素对不同社区矫正对象人身危险性影响的大小是否一致，也是值得商榷的。因此，定量危险评估法也难以得到大范围的推广使用。

下面以甘肃省庆城县社区矫正对象危险评估量表为例，说明定量危险评估法的工作流程。[1]

该套量表分为：《危险程度可能性评估量表》《社区矫正对象自陈量表》《症状自评量表（SCL-90）》和《矫正对象风险评估综合评分表》。

1. 其风险评估指标分为：

（1）静态指标（不变因素）：历史形成的难以被影响而减少风险程度的指标。包括五大类：①犯罪与服刑表现记录；②教育和工作背景；③经济状况；④家庭和婚姻状况；⑤居住指标。

（2）动态指标（可变因素）：主观表现的容易被影响而减少风险程度的指标，包括五大类：①休闲和娱乐活动情况；②交友情况；③酗酒和使用毒品情况；④心理、情绪和人格特征；⑤生活态度及政治倾向。

2. 其风险等级分为：为了与分类管理相衔接，将风险程度分为高、中、低三个等级。每个等级划定相应的分数区间，综合测评最后得分 65 分以下为低风

---

〔1〕 庆城县资料来源于 https：//wenku．baidu．com/view/56df5c040740be1e650e9ae1．html，访问时间：2021 年 6 月 14 日。

险等级；65分至77分为中风险等级；77分以上为高风险等级。

3. 工作流程。风险评估工作流程共分八个步骤：

（1）调查情况。工作人员要全面了解测评对象个人、家庭、生活、就业、社会关系、违法犯罪史、认罪悔罪态度及服刑表现、生活态度和政治倾向等情况，并做好记录。

（2）测量打分。根据调查情况客观地填写他评量表，并安排社区矫正对象填写自陈量表和症状自评量表。之后，对测量结果进行评分，并填写《矫正对象风险评估记录表》。要注意的是，社区矫正对象测试前，工作人员要教育和引导他们积极配合，使其真实地表达自己内心的想法和反映实际情况，减少测试的偏误。

（3）测评分数：根据要求得出分数。危险程度可能性量表测评分数×50%+自陈量表评分数×40%+症状自评量表分数×10%。

（4）综合评分。

姓名：	性别：	编号：	时间：	年　　月　　日

危险程度 可能性得分		综合得分	×50%+ ×40%+ ×10% =
自陈量表得分			
症状自评量表得分			
综合评定风险等级		主测人签字：	
监管类别			

（5）确定风险等级。为了与分类管理相衔接，将风险程度分为高、中、低三个等级。每个等级划定相应的分数区间，综合测评最后得分65分以下为低风险等级；65分至77分为中风险等级；77分以上为高风险等级。

（6）确定类别（管理等级）。工作人员按照危险程度测评量表测评分数×50%+自陈量表评分数×40%+症状自评量表×10%的公式求得该对象测评结果的最后得分，然后根据高、中、低三个类别所规定的分数区间，归入相应的类别。在此基础上，由乡镇司法所社区矫正日常工作人员集体研究审定类别，分析测评中反映出的情况，作出评估报告，提出针对性的矫正意见。

（7）调整类别。由于矫正对象的情况在不断变化之中，若矫正对象的情况变化比较明显时，须重新测评一次，根据测评结果经集体研究调整类别。并将每次测评结果填入《矫正对象风险评估记录表》内。

（8）评估与分类管理的衔接。对高、中、低三类矫正对象实施不同强度的监管。其中，对高风险类对象纳入分类管理的严管；对中风险类对象纳入分类管理的普管；对低风险类对象纳入分类管理的宽管。根据不同类别，落实相应的管理措施。

附：评估量表

 专栏 6-1

危险程度可能性评估量表

　　本量表是采用逐步推进提问式方法进行材料采集，在基本材料的采集过程中，不能够跳跃提问。本量表对原始数据的精确性要求较高，原始数据将直接影响到预测结果的精确度。在具体操作过程中应注意以下问题：

　　1. 在"犯罪类别"一栏中如果该预测对象为数罪并罚，则选择其所犯主要罪名，一般是选择判刑较重的那个罪名，但是涉毒、涉淫犯罪除外。若所列罪名中不包括预测对象所犯罪名，则选择其他罪名。

　　2. 对于"初次犯罪年龄""自杀史""家族精神病史""成瘾类别"等栏尤其要注意核实预测对象的实际情况。

　　3. "家庭经济状况"一栏是依据其居住地的生活水平进行的划分，而不是按照国家或者省、市级标准进行划分。

　　本量表由 16 个题目组成，拟判处非监禁刑、拟保外就医罪犯征求意见评估时以及矫正对象入矫时，适用此表。本量表由工作人员测评。每道题设①~⑨不等，①为 1 分、②为 2 分，依此类推。累计 23 分以下为低风险，24~35 中等风险，36 分以上为高风险。

　　1. 矫正类别
　　①剥夺政治权利□　②管制□　③假释□　④缓刑□　⑤保外就医□

　　2. 年龄
　　①55 岁以上□　②45~55 岁□　③35~45 岁□　④35 岁以下□

　　3. 性别
　　①女□ ②男□

　　4. 婚姻状况
　　①已婚□　②丧偶□ ③离婚□　④未婚□

续表

5. 捕前职业

①公务员、事业单位人员、离退休人员□　②私营业主、个体户□

③学生、工人、农民□　　　　　　　　④无业人员□

6. 文化程度

①大专以上□　②高中、中专□　③初中□　④小学及以下□

7. 初次犯罪年龄

①45岁以上□　②36~44岁□　③18~35岁□　④18岁以下□

8. 刑期

①3年以下□　②3~5年□　③5~10年□　④10年以上□

9. 前科次数（劳教处分计算在内，本次判决不计）

①无□　②1次□　③2次□　④3次以上□

10. 犯罪类型

①过失罪、贿赂犯罪、贪污犯罪、军职犯罪□

②破坏社会主义市场经济秩序罪、盗窃罪、诈骗罪、涉淫犯罪、制假售假犯罪□

③其他犯罪□

④危害国家安全犯罪、危害公共安全犯罪、故意杀人罪、故意伤害罪、抢劫罪、强奸罪、涉黑犯罪、涉毒犯罪、涉邪犯罪□

11. 剥夺政治权利

①否□　②是□

12. 家庭经济状况

①比较富裕□　②一般□　③低于社会保障□

13. 家庭关系

①和谐□　②一般□　③无往来□

14. 自杀史

①无□　②有□

15. 精神病家族史

①无□　②有□

16. 成瘾类别

①无□　②网瘾□　③药瘾□　④酒瘾□　⑤赌瘾□　⑥毒瘾□

专栏 6-2

社区矫正对象自陈量表

本量表等由 50 个题目组成。每道题设有 3 选项，即 A、B、C。
答题不能遗漏，每道题目只能选择一个答案

1. 我认为法院对自己的判决是：
A. 冤枉□　B. 部分有出入□　C. 比较恰当□

2. 自己的犯罪对社会、被害人造成了一定的危害和伤害，我认为：
A. 有愧疚感□　B. 无所谓□　C. 说不清□

3. 造成我犯罪的原因是：
A. 主观的□　B. 主、客观都有□　C. 客观的□

4. 若我知晓其他人犯罪，我的做法是：
A. 无所谓□　B. 向有关部门举报□　C. 要我谈时再说□

5. 在监狱、看守所期间，我与管理人员处理得：
A. 马马虎虎□　B. 见到他们就烦□　C. 想接触但没机会□

6. 我对有关法律法规：
A. 判刑前学过一点□　B. 现在明白得更多了□　C. 学不学无所谓□

7. 当别人侵犯或欺负我时，我一定以牙还牙
A. 是的□　B. 有时是这样的□　C. 不是的□

8. 现在看来，犯罪对我来说：
A. 运气不好□　B. 太不划算了□　C. 没考虑□

9. 只要能参加劳动，我会觉得自己是个有用的人
A. 是的□　B. 没考虑□　C. 不是的□

10. 根据我的情况，我希望从事的工作是：
A. 蓝领□　B. 白领□　C. 金领□

11. 在劳动中，我会合理化建议。
A. 是的□　B. 没想过这个问题□　C. 没有□

12. 当看到别人上当受骗时，我觉得：
A. 很可怜□　B. 贪图小利，活该□　C. 提醒当事人报警□

13. 干一桩事不管结果如何，我觉得有责任尽力干到底
A. 是的□　B. 介于 A、C 之间□　C. 不是的□

14. 当我寂寞时，我会干一些刺激性的事情
A. 是的□　B. 一般不会□　C. 不会

续表

15. 当我感到厌烦时，喜欢找一些事端发泄一番

A. 是的□　B. 介于A、C之间□　C. 不喜欢□

16. 有人闹纠纷时，我会站在熟悉人的这边

A. 是的□　B. 不予理会□　C. 看谁有理□

17 我感到我处处不比别人差

A. 是的□　B. 介于A、C之间□　C. 不是的□

18. "顺我者昌，逆我者亡"应该成为人生信条

A. 是的□　B. 介于A、C之间□　C. 不是的□

19. 在公开场合，我爱与别人交谈

A. 是的□　B. 一般□　C. 不是的□

20. 我喜欢参加热闹的聚会

A. 是的□　B. 不太喜欢□　C. 不喜欢□

21. 我总能保持一个好的心情

A. 是的□　B. 介于A.C之间□　C. 不是的□

22. 我乐于关心别人，因而我的聚合力很强

A. 是的□　B. 介于A.C之间□　C. 不是的□

23. 我时常睡不着觉

A. 是的□　B. 只是有时□　C. 睡眠很好□

24. 有时，我对某些问题很看不惯

A. 是的□　B. 无所谓□　C. 不是的□

25. 我要做的事，不管别人怎么说，我会坚持去做

A. 是的□　B. 不全是□　C. 不是的□

26. 一个人在同样的地方跌倒两次你认为可以原谅不？

A. 可以□　B. 不能□　C. 无所谓□

27. 我喜欢把自己的东西摆放得井井有条。

A. 是的□　B. 不全是□　C. 不是的□

28. 我喜欢看武打、枪战片比其他故事片更刺激。

A. 是的□　B. 各有千秋□　C. 不是的□

29. 有人向我乞讨，我会给他们一些钱。

A. 是的□　B. 有时给□　C. 不是的□

30. "有钱能使鬼推磨"。

A. 是的□　B. 不全是□　C. 不是的□

31. 马无夜草不肥，人无外财不富。
A. 是的□　B. 不全是□　C. 不是的□

32. 不怕做不到，就怕想不到。
A. 是的□　B. 不全是□　C. 不是的□

33. 社区矫正是我了解到的一种比较人性化的改造方式。
A. 是的□　B. 不知道□　C. 不是的□

34. 回到社会，我很担心社区群众对我冷眼相看。
A. 是的□　B. 有时担心□　C. 不担心□

35. 在社区服刑，我能与家人、亲友和睦相处。
A. 是的□　B. 介于A、B之间□　C. 不是的□

36. 小时候我受父母打骂较多，有些情况是我不能原谅的。
A. 是的□　B. 介于A、C之间□　C. 不是的□

37. 我希望找到一份力所能及的工作，有一个稳定的生活来源。
A. 是的□　B. 无所谓□　C. 不是的□

38. "孟母三迁"说明了环境对人生活的影响很大。
A. 是的□　B. 无所谓□　C. 没影响□

39. 休闲时间，我经常和朋友一块去卡拉OK厅、网吧等娱乐场所。
A. 是的□　B. 偶尔去一下□　C. 没有□

40. 我认为社会对每个人是公平的。
A. 是的□　B. 看谁的命好□　C. 不是的□

41. "逢人只说三分话，不可全抛一片心"是真理。
A. 是的□　B. 看情况□　C. 不是的□

42. 我对生活有信心，相信自己能够生活得更美好。
A. 是的□　B. 无所谓□　C. 不是的□

43. 心情不好时，我会喝点酒，有时喝醉。
A. 是的□　B. 介于A、C之间□　C. 不是的□

44. 诚实守法的人往往容易吃亏上当。
A. 是的□　B. 不全是□　C. 不是的□

45. 不说谎话办不成大事。
A. 是的□　B. 不全是□　C. 不是的□

46. 我认为青少年时代，学校、家庭不良管教，对我犯罪是有责任的。
A. 是的□　B. 介于A、C之间□　C. 不是的□

47. 撑死胆大的，饿死胆小的。

A. 是的□　　B. 不全是□　　C. 不是的□

48. 在事业有成的熟人面前，我总感到局促不安。

A. 是的□　　B. 多少有一点□　　C. 不是的□

49. 做了坏事的人，总会得到报应的。

A. 是的□　　B. 不一定□　　C. 不是的□

50. 为了过上好的生活，我会拼命地赚钱。

A. 是的□　　B. 够用就可以□　　C. 看有没有机会□

专栏 6-3

社区矫正对象自陈量表答题卡

姓　名：　　　　　　　　　得　分：

编　号：　　　　　　　　　测试日期：

	A	B	C
1.	○	○	○
2.	○	○	○
3.	○	○	○
4.	○	○	○
5.	○	○	○

	A	B	C
6.	○	○	○
7.	○	○	○
8.	○	○	○
9.	○	○	○
10.	○	○	○

	A	B	C
11.	○	○	○
12.	○	○	○
13.	○	○	○
14.	○	○	○
15.	○	○	○

	A	B	C
16.	○	○	○
17.	○	○	○
18.	○	○	○
19.	○	○	○
20.	○	○	○

	A	B	C
21.	○	○	○

续表

22.	○	○	○
23.	○	○	○
24.	○	○	○
25.	○	○	○
●	A	B	C
26.	○	○	○
27.	○	○	○
28.	○	○	○
29.	○	○	○
30.	○	○	○
●	A	B	C
31.	○	○	○
32.	○	○	○
33.	○	○	○
34.	○	○	○
35.	○	○	○
●	A	B	C
36.	○	○	○
37.	○	○	○
38.	○	○	○
39.	○	○	○
40.	○	○	○
●	A	B	C
41.	○	○	○
42.	○	○	○
43.	○	○	○
44.	○	○	○
45.	○	○	○
●	A	B	C
46.	○	○	○
47.	○	○	○
48.	○	○	○

续表

49. ○　○　○
50. ○　○　○

社区矫正对象自陈量表评分标准

●	A	B	C
1.	3	2	1
2.	1	3	2
3.	1	2	3
4.	3	1	2
5.	1	3	2
●	A	B	C
6.	3	2	1
7.	3	2	1
8.	3	1	2
9.	1	2	3
10.	1	2	3
●	A	B	C
11.	1	2	3
12.	2	3	1
13.	1	2	3
14.	3	2	1
15.	3.	1	2
●	A	B	C
16.	3	2	1
17.	3	1	2
18.	3	2	1
19.	1	2	3
20.	1	2	3
●	A	B	C
21.	1	2	3
22.	1	2	3
23.	3	2	1
24.	1	3	2

续表

25.	3	1	2
●	A	B	C
26.	3	1	2
27.	1	2	3
28.	2	1	3
29.	1	2	3
30.	3	2	1
●	A	B	C
31.	3	2	1
32.	3	2	1
33.	1	2	3
34.	3	2	1
35.	1	2	3
●	A	B	C
36.	3	2	1
37.	1	2	3
38.	1	2	3
39.	3	2	1
40.	1	2	3
●	A	B	C
41.	3	2	1
42.	1	2	3
43.	3	2	1
44.	3	2	1
45.	3	2	1
●	A	B	C
46.	3	2	1
47.	3	2	1
48.	2	1	3
49.	1	2	3
50.	3	1	2

専栏 6-4

　　　　症状自评量表（SCL—90），请到网上查找。

　　三套量表的得分，根据权重的不同，最后得出一个综合评分，并据此评估出矫正对象的人身危险性的高低。

　　还有一些省份的定量危险评估法更加简便易行，既有初次测评表也有阶段性测评表。请看以下量表：

専栏 6-5

社区矫正风险评估初次测评表

姓名		性别		年龄	
		身体状况		文化程度	
矫正类别		原判刑期			
案由		矫正起止日期			
测评结果					

	项目	子项目	分值
基本因素	1. 犯罪时的年龄	1. 初次违法犯罪 18 周岁以上（含 18 周岁） 2. 初次违法犯罪不满 18 周岁	
	2. 受教育程度	0. 大专以上 2. 高中初中及同等程度 3. 小学、半文盲、文盲	
	3. 就业态度和状况	0. 能自食其力 3. 不能自食其力或不愿自食其力	
	4. 婚姻家庭状况	0. 已婚或 25 周岁以下未婚（家庭稳定） 2. 丧偶、离异、大龄未婚（25 周岁以上）或 25 周岁以下未婚（生活在单亲家庭）	
	5. 生活来源	0. 依靠自己的工作收入 1. 低保或依靠家庭 3. 无	
	6. 固定住所	0. 有　3. 无	

续表

个性及心理因素	7. 自控能力	0. 能够自我控制　3. 自控能力较差或有事不能自控	
	8. 心理健康状况	1. 基本健康　2. 存在心理问题　3. 患有心理疾病	
	9. 有精神病史或精神病遗传史	0. 无　1. 有	
	10. 认罪服法态度	0. 认罪服法　1. 不认罪	
	11. 对现实社会的心态	0. 能够正确看待社会现实　2. 对社会不满甚至仇视	
	12. 法律知识或法制观念	1. 法律知识欠缺、法制观念淡薄 2. 无法律知识和法制观念（法盲）	
社会因素	13. 交友情况	0. 无不良交友情况 3. 有不良交友情况	
	14. 个人成长经历	0. 平稳　2. 有挫折	
	15. 家庭成员犯罪记录	0. 无　1. 有	
	16. 家属配合矫正工作	0. 理解支持　2. 不配合或有抵触情绪以及无家庭支持系统	

测评人：_____　　　　测评日期：_____〔1〕

🔘 **专栏 6-6**

社区矫正对象社会风险测评表（阶段性测评表）

姓名_____性别_____年龄_____

身体状况_____文化程度_____案由_____

矫正类型_____原判刑期_____

矫正起止日期_____

---

〔1〕 该表来源于：http：//wenku. baidu. com/view/a213ba4b767f5acfa1c7cd0e. html，访问时间：2019年7月10日。

续表

第一部分　基本因素

1. 犯罪时的年龄

1＝初次违法犯罪 18 周岁以上（含 18 周岁）

2＝初次违法犯罪不满 18 周岁

2. 受教育程度

0＝大专及以上

2＝高中、初中及同等程度

3＝小学、半文盲、文盲

3. 就业态度和状况

0＝能自食其力

2＝不能自食其力或不愿自食其力

4. 婚姻家庭状况

0＝已婚或 25 周岁以下未婚（家庭稳定）

2＝丧偶、离异、大龄未婚（25 周岁以上或 25 周岁以下未婚或生活在单亲家庭）

5. 未成年时的家庭生活情况

0＝与父母共同生活

1＝与父母一方或双方长期分开生活

2＝父母离异，跟随一方生活

6. 吸毒史

0＝无

2＝有过吸毒史并受到处罚

7. 固定住所

0＝有

3＝无

8. 生存技能

0＝有，可以获得职业

1＝技能水平低，需要提高

3＝基本无技能，需要教育或培训

第二部分　个性及心理因素

9. 自控能力

0＝能够自我控制

续表

3＝自我控制能力较差或有时不能自控

10. 心理健康状况

1＝基本健康

2＝存在心理问题

3＝患有心理疾病

11. 有精神病史或精神病遗传史

0＝无

1＝有

12. 对现实社会的心态

0＝能够正确看待社会现实

2＝对现实不满甚至仇视

13. 法律知识或法制观念

1＝法律知识欠缺、法制观念淡薄

2＝无法律知识和法制观念（法盲）

第三部分　家庭及人际因素

14. 交友情况

0＝无不良交友情况

3＝有不良交友情况

15. 个人成长经历

0＝平稳

1＝有挫折

16. 家庭成员犯罪记录

0＝无

1＝有

17. 邻里容纳程度

0＝容纳

1＝一般

3＝不容纳

18. 家属配合矫正工作

0＝理解、支持

2＝不配合或有抵触情绪以及无家庭支持系统

续表

19. 违法犯罪案由

1=其他

3=盗窃、抢劫、涉毒、寻衅滋事

20. 过去受刑事处罚记录

0=无

2=有

21. 过去受行政处罚记录

0=无

1=有（1~2次处罚记录）

2=（3次及3次以上）

22. 对社区矫正工作人员的态度

0=好、较好、配合

1=一般、基本配合

2=不好、不配合、蛮横

23. 主观恶性程度

1=过失犯罪

3=故意犯罪

24. 社区矫正类别

1=管制、监外执行

2=缓刑、剥权、假释

25. 犯罪中是否使用暴力或是否惯骗（2次以上含2次）

0=无

1=有

说明：

1. 本表为社区矫正机构对社区矫正对象进行社会风险测评的量表，测评分值为测评对象所有单项实际测评分值的总和；

2. 总分值为所有单项最高分值的总和，25个小项的总分值为60；

3. 计算测评分值/总分值的百分比，划定风险等级：低风险度≤45%；一般风险度45%~55%；高风险度≥55%；（即少于27分为低风险度；27分~33分为一般风险度；33分以上为高风险度）

4. 测评分值作为社区矫正对象分级管理的重要参考依据，如果测评对象具有本表未涉及但易引发重新犯罪的因素，可以注明。

测评人：＿＿＿＿＿＿＿＿　　　　测评日期：＿＿＿＿＿＿＿＿

（三）定性与定量相结合的评估方法

为避免定性评估法和定量评估法所带来的主观性、片面性，有人主张对社区矫正对象的人身危险性的评估必须坚持定性分析和定量分析相结合，只有这样才能得出相对客观的结论。在实践中，多数情况下是运用定性与定量评估相结合的方法，以便对社区矫正对象的人身危险性作出更客观、准确的判断。

（四）统计评估法

统计评估法是指，将有关罪犯重新犯罪的情况和信息一一列举，折成分值，评估的内容包括静态的和动态的、不变的和可变的因素，通过统计，将罪犯划分为不同的危险性等级。这种评估的重要前提是已经对所列举的再犯可能性因素进行了有效性考察。[1]

美国最初就采用了"统计式"的危险性评估方案，包括三个阶段：①挑选较多罪犯，通过对其矫正情况和个人特征的考察，归纳出一些可能与危险性相关的"预测参数"，用统计学上的扬弃过程将"预测参数"精减为相关性更高的"标准参数"；②运用"预测参数"给抽样调查的罪犯评分，根据分数把罪犯分配到不同的小组里；③试用分类方案。经过一定阶段的检验，如果这种分类方法比其他方法更具有预测意义，就可以定期使用。[2]

这种方法于 20 世纪 80 年代发展起来。统计评估获得的信息比较客观，通过考查有相似犯罪背景的人来获取相关的预测因子，从而估计被评估当事人将来的犯罪可能性。统计式评估通常以表格的形式出现，实际运用时就是将服刑人员的表现与预测表上的特征结合考查，得出不同的分数，以此来确定评估对象所处于的危险性等级。美国的实践表明，统计评估法效果较好，易于操作。

（五）临床评估法

临床评估法是指，由心理学家或犯罪学家依据其理论知识和实践经验，通过对当事人进行大量的访谈，对有关当事人是否会在今后实施犯罪作出判断或对其潜在的危险性得出结论的过程。[3] 这种访谈所获取的信息带有较大的主观色彩，所以从美国的实践来看，统计评估法明显优于临床评估法。

在社区矫正初期，我国的社区矫正机关也曾经试图通过聘请心理学家作为志愿者不定期地对矫正对象进行心理预测及辅导，试图通过这种方式对矫正对象特别是在改造中出现抵触情绪的矫正对象给予帮助，找出他们的问题所在，并制定

〔1〕 张亚军："论社区矫正中的人身危险性评估"，载《河南公安高等专科学校学报》2008 年第 3 期。

〔2〕 ［美］大卫·E. 杜菲：《美国矫正政策与实践》，中国人民公安大学出版社 1999 年版，第 275 页。

〔3〕 张亚军："论社区矫正中的人身危险性评估"，载《河南公安高等专科学校学报》2008 年 3 期。

下一阶段的矫正计划，这种方法就是所谓的"临床评估法"的使用。但由于我国受某些条件的限制，这种评估方法的使用效果并不理想。

（六）以统计为主，临床为辅的评估方法

统计评估法是以客观资料为基础，通过考察相似犯罪背景的人而获取相关因子，并且对相关因子进行权重分析从而制成表格。如"美国威斯康星危险评价工具"是进行危险性评价的量表。这份量表包括 11 个方面的问题，每个问题有 3 种答案。例如"饮酒问题：0 分（没有明显问题）；2 分（有中等程度的问题）；3 分（有严重问题）"。这样，不同答案有不同得分，最后根据总分来划分罪犯的危险等级。这种方法简便易行，便于操作，实用性强。与此同时，在进行人身危险性评价时，心理学家根据自己的理论和经验所做出的问卷报告也有很大的参考价值。[1] 因此，有人主张采用"以统计为主，临床为辅的评估方法"来预测社区矫正对象的人身危险性。

下面具体介绍一下美国的威斯康星危险评价工具。[2] 威斯康星危险评价工具（The Wisconsin Risk-Assessment Insitrument）是由贝尔（S. C. Baird）、海因茨（R. C. Heinz）和贝莫斯（R. J. Bemus）在 1979 年编制的一种犯罪人危险性评估工具。这个量表包括 11 个方面的问题，每个问题有 2 个或者 3 个答案，不同的答案有不同的得分，最后根据总分的多少评定犯罪人的危险性。

⊙ 专栏 6-7

威斯康星危险评价工具

项目与分值	得分
1. 过去 12 个月中改变住址的次数 0（没有改变）；2（改变 1 次）；3（改变 2 次或更多次）	
2. 过去 12 个月中就业时间的百分数 0（60%或者更多时间）；1（40%~50%）；2（不到 40%）	

---

〔1〕 张亚军："论社区矫正中的人身危险性评估"，载《河南公安高等专科学校学报》2008 年第 3 期。

〔2〕 Icf. D. A. Andrews & James Bonta, The Psychology of criminal condurt（Cincinnati, OH：Anderson Publishing. Co., 1994），p. 168. 转引自吴宗宪主编：《社区矫正导论》，中国人民大学出版社 2011 年版，第 186~187 页。

续表

项目与分值	得分
3. 饮酒问题 0（没有明显问题）；2（有中等程度的问题）；3（有严重问题）	
4. 其他药物使用问题 0（没有明显问题）；2（有中等程度的问题）；3（有严重问题）	
5. 态度 0（希望转变；接受帮助）；3（有依赖性或不愿承担责任）；5（将行为合理化；消极地不愿转变）	
6. 初次判罪（或少年判决）时的年龄 0（24岁或更大）；2（20～23岁）；4（19岁或更小）	
7. 以前被处以缓刑或假释监管的次数 0（无）；4（1次或更多）	
8. 以前被撤销缓刑或假释的次数 0（无）；2（1次）；4（2次或更多）	
9. 以前被判决犯有重罪的次数 0（无）；2（1次）；4（2次或更多）	
10. 判罪或少年判决 2（夜盗/盗窃/盗窃汽车/抢劫；每次2分）；3（伪造支票，每次3分）	
11. 因（使用武器、体力或武力威胁进行）伤害犯罪而被判罪或少年判决 15（是）；0（否）	
总分：	
评分（scoring）	
0～8分：低度风险；9～15分：中度风险；16分和更高：高度风险	

从我国情况来看，目前，对社区矫正对象进行危险性评估的方法大多数社区矫正机构也都是采用的以"统计为主，临床为辅"的方法。

【学习情境四】 社区矫正对象危险评估报告的撰写

运用一定的方法，将收集到的社区矫正对象的相关信息资料进行整理、分析，撰写危险评估报告。

一、社区矫正对象信息资料的收集与分析

（一）收集的方法

危险评估收集资料的方法，详见定性危险评估和定量危险评估的方法。

（二）收集的内容

1. 基本情况：姓名、性别、年龄、文化程度、民族、宗教信仰、生理特点、健康状况、个人经历、人格特点、法律意识、人际关系、经济状况、一贯表现、行为习惯等。

2. 家庭情况：家庭模式、婚姻状况、家庭关系、家庭经济状况、家庭居住情况、家庭成员、家庭结构等。

3. 犯罪情况：犯罪类型、犯罪事实、犯罪危害后果、犯罪的动机或目的、犯罪原因、犯罪手段、主观恶性程度、有无犯罪前科（如有，须记载详细情况）、罪名、刑种、刑期、社区矫正的起止期限、犯罪过程中的表现、犯罪后的表现等。

4. 环境状态：多元文化影响情况、社会交往情况、生活环境或生态环境等。

5. 职业情况：被捕前职业、入矫后的就业情况（谋生情况）。

6. 对判决和矫正的态度：对判决的态度、对矫正的态度、矫正后的表现（包括情绪状态、思想状况等）等。

（三）对收集的资料进行整理、分析

信息收集完成后，应对收集的信息资料进行整理、分析，并划分出危险等级。

1. 整理资料。首先，对收集到的资料进行可靠性、可信性和有效性的评估。其次，根据收集的内容要求对收集到的资料进行筛选与整理。

2. 分析资料，并划分出危险等级。分析应由危险评估小组成员共同完成。可采用面对面的讨论方式，也可采用背靠背的方式。个人先进行分析，并提出危险等级建议，最后进行汇总和讨论决定。

二、危险评估报告的撰写

根据对所收集的材料进行分析的结果，撰写危险评估报告。报告的内容包括：

1. 危险评估的类型：入矫前评估（入矫后评估、解矫前评估）。

2. 矫正对象的基本情况：①姓名、性别、年龄、民族、宗教信仰；②个人经历；③生理特点、健康情况；④文化程度；⑤人格特点；⑥法律意识；⑦人际关系；⑧经济状况（生活状况）；⑨一贯表现（行为习惯）；⑩被捕前职业、入矫后的就业情况；等等。

3. 矫正对象的家庭情况：①家庭模式；②婚姻状况；③家庭关系；④家庭经济状态；⑤家庭居住情况；⑥家庭结构；等等。

4. 矫正对象的犯罪情况：①犯罪原因；②犯罪类型；③主观恶性；④犯罪事实及危害后果；⑤有无前科记录；⑥犯罪过程中的表现；⑦犯罪后的表现；⑧罪名、刑种、刑期（社区矫正的起止期限）；等等。

5. 对判决和矫正的态度：①对判决的态度；②对矫正的态度；③矫正后的表现。

6. 综合状态的评估：危险等级的划分。

7. 提出分类矫正的建议：制定具体的矫正方案。

8. 危险评估报告小组签名。

9. 年、月、日。

 【单元小结】

对社区矫正对象开展危险评估工作，划分出危险等级及管理等级，目的是实现精准矫正，向社会输出"合格人员""放心人员"。本单元根据危险评估所要完成的典型工作任务设置了相应的学习情境，并根据完成典型工作任务所应具备的职业能力设置了相应的学习内容。通过本单元的学习，学习者应该能充分了解并掌握危险评估的概念、启动与实施的主体、危险评估的过程、危险评估的种类及内容；学会危险评估的方法，具备对社区矫正对象开展危险评估的职业能力；学会收集信息资料的方法并具备撰写危险评估报告的职业能力。

【技能训练——实训项目】

【案例6-3】

一、基本案情

张某，男，1953 年出生，初中文化，身高 1.76 米，身材较瘦；父母双亡，家中排行最小，有两个哥哥；离异 15 年，离异后和女儿共同居住直至案发后分开居住，并与一离异女子同居十余年，至今未办理婚姻登记手续；目前下岗在家。

矫正类别：缓刑，案由：故意伤害（暴力型犯罪），原判刑期：有期徒刑 6 个月，缓刑 1 年，矫正期限：2006 年 10 月 31 日~2007 年 10 月 30 日。被判缓刑后，对判决结果比较抵触，心中对女儿由爱转恨的怨气一直无法消除，致使多年未发作的哮喘病复发（第三次复发）。纳入社区矫正后，无法接受"缓刑矫正对象"的身份，每月上交思想汇报以及到居委会参加社区公益劳动的要求，使其觉得"丢人"，再加上身体的不适，难以正常参与社区的公益劳动，对社区矫正感到不适。对于每月到社区矫正机构社工点接受两次个别教育，感到非常"别扭"，在社工多次电话联系后，才会到社工点接受个别教育。矫正初期正逢冬季，由于哮喘，其每次走到社工点后，必须休息15分钟以上才能进行正常语言交流。

二、张某的成长史

1. 生活经历：该社区矫正对象初中毕业后，正遇"上山下乡"，被分派到崇明农场。在农场的工作中，总是他"说了算"。在崇明认识了一起插队的前妻，于30岁回上海结婚。回上海后被分配到上海毛纺厂工作（当时是较好的国企），有一定的工作能力。但是由于脾气比较暴躁，经常与单位的同事发生争执，是一个谁都不敢惹的"刺头"。之后工作岗位多次变动，张某担任过技术员、生产组长、销售科长的小车司机。

生活中经历的主要挫折事件：1989年离婚、1992年母亲亡故、2003年被单位买断工龄下岗。

2. 生活成长环境问题：家庭经济情况一般，兄弟之间关系一直比较紧张，经常为经济争吵。幼时，父亲对他的教育方式粗暴和专制，经常打骂他，故对父亲非常厌恶；母亲能经常照顾和保护自己，对母亲的感情较深，特别孝顺母亲。无家庭遗传病史。

三、张某的犯罪记录

2006年10月，因故意伤害罪被判处有期徒刑6个月，缓刑1年。之前无犯罪记录。

1. 犯罪事实：在自己家中，因与女儿的男朋友发生争执，抄起桌子上的水果刀，刺向对方的腹部，造成受害人脾脏破裂大出血的重伤后果。

2. 犯罪缘由：反对女儿与其男朋友交往，因对方是离过婚的，而女儿是初婚，且对方还是前妻介绍给女儿的（他和前妻之间关系已破裂），造成其情绪失衡，一直无法平复。与前妻间的争执成了案发的导火索。

3. 对判决的反应：对判决不服，认为是对方到自己家中闹事，自己的行为属于正当防卫，而且女儿和其男友串通起来做伪证坑害了自己。另外，上海电视台综合新闻频道的"案件聚焦"栏目，对此案的过程进行了报道，弄得众所周知，使其自感没有"面子"。

四、张某经历过的重大挫折

1. 前妻因经济问题经常与其发生争吵，而且妻子对女儿非常排斥，婚姻解体后，哮喘第一次发作。该矫正对象离婚后独自一人抚养女儿，第一次对女性产生了"憎恨"。

2. 自己最深爱、崇拜的母亲过世，给其造成了巨大的打击，并因此导致哮喘病复发，住院治疗。

3. 该矫正对象在原单位长期专横跋扈，但因市场经济的冲击，原企业被兼并后，被迫买断工龄而下岗，再次引发哮喘且住院治疗。

请根据以上资料，完成以下实训任务：

1. 运用定性危险评估法对该矫正对象的人身危险性进行评估，并划分出危险等级。

2. 写出虚拟的危险评估报告。

附：实训任务书和实训考核表

实训任务书

实训项目	1. 社区矫正对象定性危险评估的工作技能 2. 撰写危险评估报告的工作技能
实训课时	2 课时
实训目的	学生通过模拟实训，学会运用危险评估的方法对该案例中的社区矫正对象进行危险评估并划分出危险等级；学会撰写危险评估报告。从而具备对社区矫正对象进行定性危险评估的职业能力
实训任务	1. 掌握危险评估的工作流程：组建危险评估小组；确定危险评估的类型、内容 2. 根据案例中所给的资料进行资料的整理、分析 3. 明确针对该案例开展定性危险评估所使用的具体方法 4. 撰写危险评估报告
实训要求	1. 学生应提前掌握定性危险评估法的相关知识 2. 指导教师应具备危险评估的工作技能 3. 学生要积极配合指导教师的指导完成实训 4. 根据实训需要将学生分成若干小组，采用角色扮演的方式完成实训任务 5. 指导教师进行点评总结，每组学生根据教师的点评进行总结、找出不足
实训成果形式	实训总结
实训地点	理实一体化教室或校内实训基地

实训进程	1. 教师讲解（利用多媒体教室介绍实训步骤、注意事项，进行角色分配） 2. 阅读准备好的实训案例 3. 根据实训需要将学生分成若干小组 4. 对资料进行整理分析，并划分出危险等级 5. 小组进行讨论，确定危险评估的种类、内容和使用的方法 6. 开展模拟危险评估工作 7. 指导教师进行点评总结，每组学生根据教师的点评进行总结、找出不足

实训考核表

班级_____ 姓名_____ 学号_____

任务描述：通过模拟实训，掌握危险评估的种类、内容及实施的过程和使用的方法，从而具备对社区矫正对象进行定性危险评估和撰写危险评估报告的能力

项目总分：100 分

完成时间：120 分钟（2 课时）

考核内容	评分细则	等级评定
一、实训过程与要求 1. 根据实训需要，学生迅速分成若干小组 2. 小组成员自行分配好所扮演的角色 3. 小组进行讨论，确定危险评估的种类、内容和使用的方法 4. 根据任务书中的要求，开展模拟的危险评估工作，完成所有的实训任务 5. 指导教师进行点评和总结，每组学生根据教师的点评和总结找出不足	分值：50 分 1. 与小组成员合作良好（15 分） 2. 实训演练认真、表现积极（15 分） 3. 能成功完成所有实训任务（20 分）	实训成绩评定为四等： 1. 优（100 分~85 分） 2. 良（84 分~70 分） 3. 及格（69 分~60 分） 4. 不及格（59 分~0 分）

续表

	分值：20 分 1. 无迟到（1 分） 2. 无早退（1 分） 3. 无旷课（3 分） 4. 实训预习、听讲认真（2 分） 5. 实训态度认真（5 分） 6. 实训中不大声喧哗（1 分） 7. 能爱护实训场所、设备、保持环境整洁（2 分） 8. 能完全遵守实训各项规定（1 分） 9. 实训效果好，基本掌握了定性危险评估的方法和所要完成的工作任务、具备了危险评估的工作技能（4 分）	注意事项： 1. 实训期间做与实训无关的操作，不能评定为"优" 2. 有旷课现象，不能评为"优""良" 3. 旷课××节及以上，评为"不及格" 4. 实训内容没有完成，评为"不及格" 5. 两份报告雷同，评为"不及格" 6. 具体评分标准由教师根据实训项目具体要求规定
二、实训表现与态度		
三、实训总结 1. 实训中出现的问题及解决办法（对遇到的问题、问题产生的原因进行分析判断，把解决过程写出来） 2. 实训效果（本次实训有哪些收获，掌握了哪些知识、技能，哪些不明白，有什么疑问，等等）	分值：30 分 1. 按规定时间上交（5 分） 2. 格式规范（5 分） 3. 字迹清楚（5 分） 4. 内容详尽、完整，实训分析总结正确（5 分） 5. 无抄袭现象（5 分） 6. 能提出合理化建议或有创新见解（5 分）	
合计		

评分人：　　　　　　　　　日期：　　年　月　日

　【拓展学习】

山东省社区矫正危险评估暂行办法（2013 年）

第一章　总则

第一条　为切实提高教育矫正质量，最大限度预防和减少社区矫正对象重新违法犯罪，根据《中华人民共和国刑法》、《中华人民共和国刑事诉讼法》及《社区矫正实施办法》等有关规定，结合我省实际，制定本办法。

第二条　本办法适用于拟判处管制、宣告缓刑、裁定假释、决定暂予监外执行的被告人、罪犯和正在接受矫正的社区矫正对象。

第三条 县级司法行政机关负责社区矫正风险评估工作的指导管理、监督实施。

第四条 社区矫正风险评估包括社会调查评估、人身危险评估、阶段矫正效果评估和总体矫正质量评估。

第五条 社区矫正风险评估应当坚持依法、客观、公正，定量分析与定性分析相结合的原则。

第二章 社会调查评估

第六条 社会调查评估是指县级司法行政机关根据人民法院、人民检察院、公安机关、监狱的委托，调查了解拟适用社区矫正的被告人、罪犯对所居住社区的影响，形成评估意见，为委托机关依法判决、裁定、决定提供参考依据的活动。

第七条 社会调查评估的主要内容：

（1）被告人、罪犯的居所情况；

（2）被告人、罪犯的家庭及社会关系；

（3）被告人、罪犯在家庭、村居、学校、单位的一贯表现；

（4）被告人、罪犯犯罪行为的后果和影响；

（5）被告人、罪犯居住地村（居）民委员会和被害人的意见；

（6）拟禁止事项；

（7）其他需要调查的情况。

第八条 县级司法行政机关接到社会调查评估委托函后，应当在10个工作日内完成并提交委托机关；对于委托机关要求补充调查的，应当在3个工作日内完成并提交委托机关。

第九条 县级司法行政机关应当选派2名以上社区矫正工作人员担任调查员开展调查工作。符合回避条件的，调查员应当回避。

第十条 调查员可以采取查阅调取有关资料、走访有关单位和个人、召开座谈会及个别谈话等方式开展社会调查，现场做好笔录和录音，要求被调查人核实笔录后签字，调取的材料应当由提供单位加盖公章。

开展调查活动，调查员应当向被调查单位和个人出示工作证和委托函，不得向被调查人透露调查目的和委托机关拟适用社区矫正意向。

第十一条 社会调查结束后，县级司法行政机关应当组织相关人员集体研究，必要时可征求有关专家的意见，形成《调查评估意见书》，按时提交委托机关。

第十二条 司法行政机关工作人员有泄密、伪造或变更调查材料等违法违纪行为的，依据有关规定给予相应处分；构成犯罪的，依法追究刑事责任。

第三章　人身危险评估

第十三条　人身危险评估是指司法所对新接收的社区矫正对象进行危险等级评定，为实施分类管理提供依据的活动。

第十四条　人身危险评估应当在社区矫正对象报到后 5 个工作日内完成。

第十五条　人身危险评估内容包括社区矫正对象的基本因素、个性及心理因素、社会因素和综合因素等 4 个项目，25 个子项目。

第十六条　司法所可以采取查阅案卷、心理测试、结构性谈话、综合分析等方式，认真填写《社区矫正对象人身危险评估表》（附件 1），逐项测评打分，并根据评估得分划分社区矫正对象的危险等级：

评估得分≤40 分的，一般为低危险类；

评估得分 41-55 分的，一般为一般危险类；

评估得分≥56 分的，一般为高危险类。

第十七条　司法所应当根据社区矫正对象的人身危险等级，结合其犯罪性质、危害程度等，确定其管理等级：

低危险类的，一般适用宽管；

一般危险类的，一般适用普管；

高危险类的，一般适用严管。

第十八条　司法所应当及时向社区矫正对象告知其管理等级和处遇措施，制定有针对性的矫正方案。

第四章　阶段矫正效果评估

第十九条　阶段矫正效果评估是指司法所对社区矫正对象进行监督管理、教育帮助所产生的实际效果定期作出评价的活动。

第二十条　阶段矫正效果评估一般每半年进行一次。

第二十一条　阶段矫正效果评估内容包括社区矫正对象的个体风险、矫正期间表现、矫正期间奖惩、矫正成效和外界综合评价等 5 个项目、22 个子项目。

第二十二条　司法所可以采取查阅资料、调查核查、心理测试、结构性谈话、综合分析等方式，认真填写《社区矫正对象阶段矫正效果评估表》（附件 2），逐项测评打分，并根据评估得分划分社区矫正对象的阶段矫正效果：

评估得分≤55 分的，一般为"差"；

评估得分 56-75 分的，一般为"一般"；

评估得分≥76 分的，一般为"好"。

第二十三条　司法所应当根据社区矫正对象的阶段矫正效果，结合其日常表现，及时调整社区矫正对象的管理等级：

阶段矫正效果"好"的，一般应调整到管理较宽松的等级；

阶段矫正效果"一般"的，一般应维持原来的管理等级；

阶段矫正效果"差"的，一般应调整到管理较严格的等级。

第二十四条 司法所应当及时向社区矫正对象告知其调整后的管理等级和处遇措施，完善矫正方案。

第五章 总体矫正质量评估

第二十五条 总体矫正质量评估是指司法所在社区矫正对象矫正期满前，对其教育矫正质量进行全面评估的活动。

第二十六条 总体矫正质量评估应当在社区矫正对象矫正期满前 10 个工作日内完成。

第二十七条 司法所可以采取查阅资料等方式，认真填写《社区矫正对象总体矫正质量评估表》（附件 3），逐项计算，并依据评估得分，组织相关人员集体研究，结合社区矫正对象的自我评价、一贯表现、社区意见等，评定其总体矫正质量：

评估得分≤45 分的，一般为"差"；

评估得分>45 分的，一般为"好"。

第二十八条 根据社区矫正对象的总体矫正质量，司法所应当对社区矫正对象作出书面鉴定，提出安置帮教建议。

总体矫正质量"差"的，一般作为重点帮教对象；

总体矫正质量"好"的，一般作为一般帮教对象；

第六章 附则

第二十九条 《调查评估意见书》和《社区矫正对象人身危险评估表》、《社区矫正对象阶段矫正效果评估表》、《社区矫正对象总体矫正质量评估表》等材料应当分别存入社区矫正执行档案、工作档案。

第三十条 本办法自 2013 年 1 月 1 日起执行。

附件 1

社区矫正对象危险评估表

姓名		性别		出生年月		评估日期	
项目		子项目				分值	得分
基本因素 （26 分）	年龄	65 周岁以上				1	
		31~64 周岁				2	
		30 周岁以下				3	

续表

基本因素 （26分）	犯罪时的年龄	初次犯罪36周岁及以上	1	
		初次违法犯罪18周岁~35周岁	2	
		初次违法犯罪不满18周岁	3	
	受教育程度	大专及以上	1	
		高中、中专及同等程度	2	
		初中及同等程度、小学、半文盲、文盲	3	
	就业态度和状况	有稳定工作	0	
		工作不稳定或经常换单位	2	
		没有工作且不愿意从事累、脏、苦的工作	4	
	婚姻家庭状况	已婚或25周岁以下未婚（家庭稳定）	1	
		25周岁以下未婚（家庭不稳定）	2	
		丧偶、离异、25周岁及以上未婚	4	
	生活来源	依靠自己的工作收入	0	
		低保或依靠家庭	2	
		无工作	5	
	固定住所	有，条件较好	0	
		有，条件较差	2	
		无	4	
个性及 心理因素 （27分）	自控能力	能够自我控制	0	
		偶尔不能自我控制	2	
		自控能力较差	4	
	艾森克人格 测试结果	心理健康状况良好	0	
		心理健康状况一般	5	
		心理健康状况差	10	
	有精神病史或 精神病遗传史	无	0	
		有	2	

续表

个性及心理因素（27分）	认罪服法态度	认罪服法	0	
		基本认罪	2	
		不认罪	4	
	对现实社会的心态	能够正确看待	0	
		不知道怎么看待	2	
		对现实不满甚至仇视	4	
	法律知识或法制观念	有一定的法律知识或法制观念	1	
		法律知识欠缺，法制观念淡薄	2	
		无法律知识和法制观念（法盲）	3	
社会因素（15分）	交友情况	无不良交友情况	1	
		有不良交友情况	5	
	个人成长经历	平稳	0	
		挫折较小	2	
		挫折较大	3	
	家庭成员犯罪记录	无	0	
		有	2	
	家庭成员关系	融洽	0	
		一般、较差	1	
		差	2	
	家属配合矫正工作的态度	理解、支持	0	
		态度不明确、含混	1	
		不配合或抵触以及无家庭支持系统	3	
综合因素（32分）	违法犯罪案由	故意伤害、强奸、抢劫、盗窃、抢夺、涉毒、涉黑、寻衅滋事等严重暴力犯罪	4	
		其他	2	
	过去受刑事处罚记录	无	1	
		有（2次及以下）	2	
		有（3次及以上）	4	

续表

综合因素 （32分）	主观恶性程度	过失犯罪	1	
		故意犯罪	4	
	犯罪中是否 使用暴力或 是否为惯犯	无	1	
		有（1次）	3	
		有（2次及以上）	5	
	社区矫正类别	管制	1	
		暂予监外执行	3	
		假释、缓刑	4	
	接受社区矫正 态度	态度积极	0	
		态度一般	3	
		态度消极	6	
评估得分		危险等级	管理等级	
评估人		司法所审核意见		

附件2

社区矫正对象阶段矫正效果评估表

姓名		性别		出生年月		评估日期	
项目		子项目				分值	得分
个体风险 （15分）	管理等级	宽管类				15	
		普管类				10	
		严管类				5	
矫正期间表现 （28分）	遵守法律法规情况	严格遵守，无违法行为				4	
		偶尔违法，经教育能改正				2	
	对社区矫正的认识 和接受程度	认识正确，积极接受				2	
		认识模糊，有一定抵触				1	
		缺乏认识，拒绝接受				0	
	遵守报告情况	严格遵守				4	
		消极应对，经教育能改正				2	
		偶尔违反，经教育不改正				0	

续表

		接受教育情况	积极接受，态度认真	4	
矫正期间表现 （28分）			态度一般，经教育能改正	2	
			消极应付，经教育不改正	0	
		遵守请销假情况	严格遵守	4	
			消极应付，经教育能改正	2	
			偶尔违反，经教育不改正	0	
		完成社区服务情况	正常完成，态度认真	4	
			应付，基本完成，态度不认真	2	
			未完成	0	
		思想汇报情况	按规定认真完成，善于接受规劝	2	
			应付完成或很难接受规劝	1	
			基本未完成	0	
		参加就业技能培训	积极参加或无需参加培训	4	
			被动参加且未完成培训计划	2	
			不愿参加培训	0	
矫正期间奖惩 （10分）		日常行为奖惩	有立功表现	7	
			被评为矫正积极分子	5	
			获得日常行为表扬	3	
			未获得任何日常行为奖励或处罚	0	
			被处以警告	−3	
			被处以行政拘留	−5	
		司法奖励	获得减刑	3	
			未获得司法奖励	0	
矫正成效 （37分）	思想法制教育效果	罪错认识和 法律认识	认罪悔罪态度诚恳，具备一定法律意识	3	
			罪错认识、法律意识较为模糊	2	
			不认罪悔罪、法律意识淡薄	0	
		对被害人和 社会的反应	愧疚，愿意主动进行补偿	3	
			一般，可以被动进行补偿	2	
			无视，坚决不愿进行补偿	0	

续表

矫正成效 （37分）	思想法制教育效果	人生态度	积极乐观	3	
			消极气馁	2	
			自暴自弃	0	
	人际关系改善效果	婚姻家庭关系	和睦稳定	3	
			轻微冲突	2	
			重大冲突、纠纷或无亲属	0	
		交友状况	社交健康、正常	3	
			比较孤立、无朋友	2	
			与不良人有交往	0	
		社区邻里关系	和睦友善	3	
			较为淡薄	2	
			紧张、存在冲突	0	
	生活状况改善效果	经济来源	正常就业收入	3	
			低保救助或家庭资助	2	
			无稳定经济来源	0	
		住房条件	有独立居所	3	
			有居住地但不独立	2	
			居无定所	0	
		就业能力	较强，竞争上岗或自主择业	3	
			一般，推荐上岗或过渡性就业基地	2	
			弱，无法就业	0	
	心理矫正效果	艾森克人格测试结果	心理健康状况良好	10	
			心理健康状况一般	5	
			心理健康状况差	0	
外界综合评价 （10分）	矫正小组意见	有悔改表现、认真接受矫正、适应社会生活	是	10	
			不能确定	5	
			否	0	

评估得分		阶段矫正效果	
原管理等级		现管理等级	
评估人		司法所审核意见	

附件3

社区矫正人员总体矫正质量评估表（详见学习单元十二社区矫正的质量评估）。

学习单元七 社区矫正对象的监督管理

【学习目标】

通过本单元的学习，学习者应该能够完成以下工作任务：

项目1. 监督管理的实施。

项目2. 考核奖惩的实施。

项目3. 对脱管、漏管人员的追查与管理。

【知识树】

社区矫正对象的监督管理
- 监督管理的实施
  - 定期报告制度
  - 会客制度
  - 外出审批制度（包括经常性跨市县活动审批）
  - 变更执行地审批制度（迁居制度）
  - 电子定位管理制度
  - 学习制度
  - 信息化管理及实地查访制度
  - 禁止令执行制度、参加公益活动制度
- 考核奖惩的实施
  - 考核
    - 考核的概念
    - 考核的种类
      - 定期考核
      - 综合考核
  - 奖励
    - 奖励的概念及种类
    - 奖励的条件和程序
  - 惩罚
    - 惩罚的概念及种类
    - 惩罚的条件和程序
- 对脱管、漏管人员的追查与管理
  - 脱管、漏管的原因
  - 脱管、漏管的追查与管理

【案例7-1】

付某因犯盗窃罪被某区人民法院判处有期徒刑6个月，缓刑1年。判决生效后，付某按照规定时限，到其执行地某区司法局社区矫正机构办理了社区矫正手续，成为一名社区矫正对象。在接受矫正过程中，付某错误地认为社区矫正机构的监管只是一种形式。他不但不按规定到社区矫正机构汇报思想、参加社区志愿活动，而且将携带的手机关机，致使社区矫正机构无法掌握其位置和行踪，长达1个多月无法与其取得联系。鉴于付某的行为已严重违反《刑法》《社区矫正法》和《社区矫正法实施办法》的规定，且情节较为恶劣，某区社区矫正机构遂向原审人民法院依法提出了《撤销缓刑建议书》，并提交了相关材料。原审人民法院依法撤销了付某的缓刑，决定收监执行原判6个月的有期徒刑。接到法院裁定后，社区矫正机构立即通报区公安机关，对付某实施网上通缉并实施抓捕。最后，在广东省深圳市宝安区，付某被当地警方发现并抓获。社区矫正机构的工作人员和公安民警赶往深圳，将付某押解回居住地并按程序收监执行。

这个案例说明，如果社区矫正对象不接受社区矫正机构的监督管理，不按照社区矫正机构监督管理的规定参加矫正活动，甚至失联，则必然会受到法律的严惩。

社区矫正是刑事判决的执行方式之一，虽然执行地点由监狱转到了社区，由封闭型转为了开放型，但是，它的性质并没有改变。接受社区矫正的罪犯必须遵守相关法律法规和社区矫正制度的规定，接受社区矫正机构的监督管理，否则将受到严厉的处罚。就如本案例中的付某不按规定到社区矫正机构汇报思想、不参加社区志愿活动，而且将携带的手机关机，失联长达1个多月的行为，已经严重违反了相关法律规定和社区矫正监督管理制度，因而受到了撤销缓刑、收监执行的刑事惩罚。对社区矫正对象的监督管理是社区矫正工作的基本任务之一。

【学习情境一】对社区矫正对象监督管理的实施

一、社区矫正对象监督管理的概念

社区矫正对象的监督管理是指执行地社区矫正机构、受委托的司法所根据《刑法》《刑事诉讼法》和《社区矫正法》等相关法律的规定，为保障刑事判决、刑事裁定和暂予监外执行决定的正确执行，对被判处管制、宣告缓刑、裁定假释和暂予监外执行的社区矫正对象矫正期间的行为、思想表现等进行监督管理和考核奖惩等活动的总称。

《社区矫正法》第23条规定，社区矫正对象在社区矫正期间应当遵守法律、行政法规，履行判决、裁定、暂予监外执行决定等法律文书确定的义务，遵守国务院司法行政部门关于报告、会客、外出、迁居、保外就医等监督管理规定，服从社区矫正机构的管理。

对社区矫正对象的监督管理是社区矫正刑事执行的重要方式。所以，对社区矫正对象依法实施严格的监督管理，既是刑事执行的必然要求，也是对矫正对象开展教育帮扶的前提和基础，更是维护社区安全，预防社区矫正对象重新违法犯罪的前提和保障。通过监督管理实现对矫正对象的管控以及对特殊人群的社会管理，以维护社会的和谐稳定。

二、社区矫正对象监督管理的内容

根据《刑法》的规定，管制、缓刑、假释罪犯应当报告自己的活动情况，遵守会客规定，外出、迁居应当报经执行机关批准，对管制犯、缓刑犯可以适用禁止令。这些规定明确了社区矫正机构主要是对矫正对象的日常活动情况、会客情况、外出情况、迁居情况等进行监督管理，同时对管制犯、缓刑犯遵守禁止令的情况进行监督管理。可见，矫正对象的类型不同，其监督管理的内容也略有差异。为了便于操作，《社区矫正法》《社区矫正法实施办法》在总结各地成功经验的基础上，又对法律的原则性规定进行了细化，明确规定了关于报告、会客、外出、迁居、保外就医等各种活动的监督管理规定，并形成了卓有成效的社区矫正监督管理制度。具体内容如下：

（一）定期报告制度

1. 定期报告制度的概念。定期报告制度是社区矫正机构根据相关法律法规的规定，要求矫正对象定期汇报自己的思想、行为等情况的一种制度，目的是加强对矫正对象的管控，以避免出现脱管、漏管及违法犯罪情况，更好地完成刑事执行的任务，更好地维护社会的安全与稳定。

2. 定期报告制度的内容。《社区矫正法实施办法》第 24 条第 1 款规定："社区矫正对象应当按照有关规定和社区矫正机构的要求，定期报告遵纪守法、接受监督管理、参加教育学习、公益活动和社会活动等情况。发生居所变化、工作变动、家庭重大变故以及接触对其矫正可能产生不利影响人员等情况时，应当及时报告。被宣告禁止令的社区矫正对象应当定期报告遵守禁止令的情况。"

可见，定期报告制度包括定期报告和及时报告两种情形。

3. 定期报告的执行。在司法实践中，定期报告制度一般是这样执行的：矫正对象每周 1 次向社区矫正机构或者受委托的司法所汇报情况（这种报告原则上要求采用书面形式，但如果社区矫正工作人员认为口头、电话形式也能达到效果的，也可以口头汇报或电话汇报，但工作人员必须做好记录）。每周报告可与社区矫正机构、受委托的司法所工作人员见面，也可不与社区矫正机构、受委托的司法所工作人员见面。每月向社区矫正机构、受委托的司法所报到 1 次并书面汇报情况，未成年社区矫正对象需由监护人陪同前来汇报。社区矫正对象确因下列情形不能到社区矫正机构、受委托的司法所当面报告的，经社区矫正机构、受委

托的司法所调查核实，并报上级社区矫正机构批准同意，可以委托其家属、监护人或保证人代为提交书面情况报告，社区矫正机构、受委托的司法所应当将有关情况记录在案：①患严重疾病正在治疗或行动不便的；②怀孕、哺乳期且行动不便的；③生活不能自理的；④年老体弱且行动不便的。

根据《社区矫法正实施办法》第 24 条第 2、3 款规定："暂予监外执行的社区矫正对象应当每个月报告本人身体状况。保外就医的，应当到省级人民政府指定的医院检查，每 3 个月向执行地县级社区矫正机构、受委托的司法所提交病情复查情况。执行地县级社区矫正机构根据社区矫正对象的病情及保证人等情况，可以调整报告身体情况和提交复查情况的期限。延长 1 个月至 3 个月的，报上一级社区矫正机构批准；延长 3 个月以上的，逐级上报省级社区矫正机构批准。批准延长的，执行地县级社区矫正机构应当及时通报同级人民检察院。社区矫正机构根据工作需要，可以协调对暂予监外执行的社区矫正对象进行病情诊断、妊娠检查或者生活不能自理的鉴别。"

社区矫正机构、受委托的司法所及其工作人员必须严格执行定期报告制度并按规定的要求，检查督促社区矫正对象遵守定期报告制度的规定，对汇报不及时或不汇报的人员要进行教育，保证电话汇报的经常性、严肃性。对经教育仍不改正的，社区矫正机构、受委托的司法所应按规定作出处罚。同时，社区矫正机构、受委托的司法所的工作人员应当做好定期报告的登记、备案工作，保证做到"周周闻其声，月月见其人"。

当然，在实践中为了体现人性化管理的原则，对不同情况的社区矫正对象也要规定不同的报告时间，如对上学的、已就业的社区矫正对象，可以规定他们在放学后、下班后报到。

⊙ 专栏 7-1

社区矫正对象的报告记录表

序号	报告时间	报告形式	报告内容	记录人

社区矫正对象签名：

专栏 7-2

社区矫正对象报告情况流程图

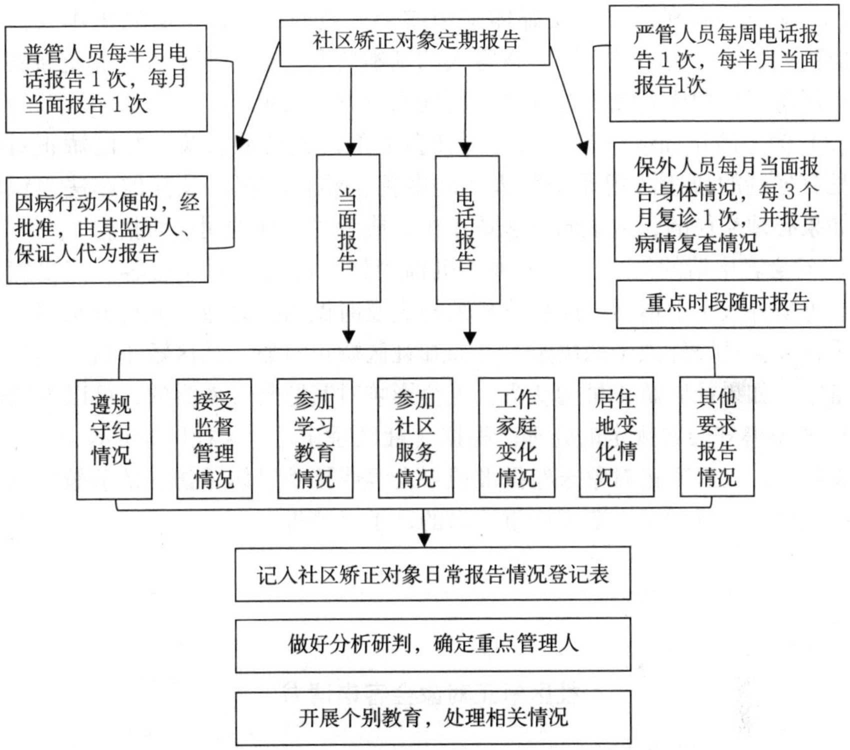

```
                    ┌──────────────────────┐
                    │  社区矫正对象定期报告  │
                    └──────────────────────┘
┌──────────────┐         │   │   │         ┌──────────────────┐
│普管人员每半月电│◄────────┘   │   └────────►│严管人员每周电话报 │
│话报告1次，每月 │             │            │告1次，每半月当面 │
│当面报告1次     │             │            │报告1次           │
└──────────────┘             │            └──────────────────┘

┌──────────────┐   ┌────┐  ┌────┐          ┌──────────────────┐
│因病行动不便的，经│   │当面│  │电话│          │保外人员每月当面报 │
│批准，由其监护人、│   │报告│  │报告│          │告身体情况，每3个 │
│保证人代为报告    │   └────┘  └────┘          │月复诊1次，并报告 │
└──────────────┘                           │病情复查情况       │
                                           └──────────────────┘

                                           ┌──────────────────┐
                                           │  重点时段随时报告  │
                                           └──────────────────┘
```

遵规守纪情况	接受监督管理情况	参加学习教育情况	参加社区服务情况	工作家庭变化情况	居住地变化情况	其他要求报告情况

记入社区矫正对象日常报告情况登记表

做好分析研判，确定重点管理人

开展个别教育，处理相关情况

（二）会客制度

社区矫正作为刑事执行的一种方式，对矫正对象的监督改造性质和监禁刑是一样的，矫正对象的人身自由具有不完全性，为保证社区矫正对象在社区矫正期间能够安心地接受矫正，不受外界的不良影响，必须对其会客情况予以严格监督、控制。

1. 会客制度的概念。会客制度是社区矫正机构根据相关法律法规的规定，对社区矫正对象在矫正期间进行会客限制的一种制度，目的是保证矫正对象在矫正期间能够安心地接受矫正，不受外界不良因素的干扰、影响和诱惑。

2. 会客的规定。《社区矫正法实施办法》第 25 条规定："未经执行地县级社区矫正机构批准，社区矫正对象不得接触其犯罪案件中的被害人、控告人、举报人，不得接触同案犯等可能诱发其再犯罪的人。"

除了上述会客规定之外，各地结合具体情形，对社区矫正对象在矫正期间，会见其他客人也作了一般性要求，主要包括：

（1）除会见亲属外，社区矫正对象会见外来客人必须向社区矫正机构或者受委托的司法所报告，经同意后方可会见。

（2）社区矫正对象在接受媒体采访或会见境外人士前，必须由本人提出申请，监护人、居委会出具证明，将客人的基本情况、会见事由进行登记备案，并经过社区矫正机构或者受委托的司法所同意后方可会见。

（3）为了防止社区矫正对象受到社会上不良人员的教唆，社区矫正对象不得会见有劣迹的或违法犯罪嫌疑人、同案犯、邪教组织以及其他非法组织的人员，如果必须交往的，应该向社区矫正机构或者受委托的司法所报告。

3. 对会客申请的处理。社区矫正机构接到社区矫正对象会客、接受媒体采访或会见境外人士申请后，应根据相关规定及时做出允许或不允许其会客、接受媒体采访或会见境外人士的决定，并通知社区矫正对象。社区矫正机构同时还应记录备案。如果社区矫正机构认为会见会影响对其监督、考察的，可以不批准。

4. 对不遵守会客规定的处理。根据《社区矫正法》《社区矫正法实施办法》的相关规定，社区矫正对象未经批准擅自会客或接受媒体采访，情节较轻的，由社区矫正机构进行训诫；造成严重后果的，予以警告。

🅠 专栏 7-3

社区矫正对象会客申请书

_____社区矫正机构/ 司法所：

本人_____，男（女），于____年____月____日出生，身份证号码__
_____；户籍地_____，居住地_____；____
____年_____月_____日因犯罪被_____人民法院判处_____，或
_____年_____月_____日被 人民法院宣告缓刑或裁定假释（决定暂予监外执行）、被_____监狱管理局（或公安局）批准暂予监外执行，矫正期限自_____年_____月_____日至_____年_____月____
____日。会见人_____，男（女），国籍及户籍地址_____，护照（证件号码）_____，工作单位及职务_____
_____。与社区矫正对象_____是_____关系。

续表

现因＿＿＿＿＿＿＿＿＿＿＿＿＿＿＿＿＿事由，需与会见人＿＿＿＿会见，会见时间：＿＿＿＿年＿＿＿＿月＿＿＿＿日＿＿＿＿时至＿＿＿＿日＿＿＿＿时，会见地点：＿＿＿＿＿＿＿。

特此申请！

申请人：　　　　（指印）

年　　月　　日

 专栏 7-4

社区矫正对象会客审批表

姓名		性别		罪名		刑期	
矫正类别		矫正期限		起止日期			
会见人姓名		性别		证件号码			
工作单位及职务				与社区矫正对象关系			
会见理由				会见时间及地点			
社区矫正机构意见				（公章） 年　月　日			
备注							

注：抄送居住地县级人民检察院

（三）外出审批制度

社区矫正对象虽然被限制了人身自由，但在法律允许的范围内，经过审批，也享有短期外出的权利。于是就形成了外出审批制度。

1. 外出审批制度的概念。外出审批制度是社区矫正机构根据相关法律法规的规定，对矫正对象的外出申请进行审批的一种制度，目的依然是加强对矫正对象的管控，以避免出现脱管、漏管及违法犯罪情况，更好地完成刑事执行的任务，更好地维护社会的安全与稳定。

2. 外出审批制度的规定。根据《社区矫正法实施办法》第 26 条的规定，社区矫正对象未经批准不得离开所居住市、县。确有正当理由需要离开的，应当经执行地县级社区矫正机构或者受委托的司法所批准。社区矫正对象外出的正当理由是指就医、就学、参与诉讼、处理家庭或工作重要事务等。前款规定的市是指直辖市的城市市区、设区的市的城市市区和县级市的辖区。在设区的同一市内跨区活动的，不属于离开所居住的市、县。

第 27 条规定，社区矫正对象确需离开所居住的市、县的，一般应当提前 3 日提交书面申请，并如实提供诊断证明、单位证明、入学证明、法律文书等材料。申请外出时间在 7 日内的，经执行地县级社区矫正机构委托，可以由司法所批准，并报执行地县级社区矫正机构备案；超过 7 日的，由执行地县级社区矫正机构批准。执行地县级社区矫正机构每次批准外出的时间不超过 30 日。因特殊情况确需外出超过 30 日的，或者 2 个月内外出时间累计超过 30 日的，应报上一级社区矫正机构审批。上一级社区矫正机构批准社区矫正对象外出的，执行地县级社区矫正机构应当及时通报同级人民检察院。

3. 对外出社区矫正对象的监督管理规定。根据《社区矫正法实施办法》第 28 条的规定，在社区矫正对象外出期间，执行地县级社区矫正机构、受委托的司法所应当通过电话通讯、实时视频等方式实施监督管理。执行地县级社区矫正机构根据需要，可以协商外出目的地社区矫正机构协助监督管理，并要求社区矫正对象在到达和离开时向当地社区矫正机构报告，接受监督管理。外出目的地社区矫正机构在社区矫正对象报告后，可以通过电话通讯、实地查访等方式协助监督管理。社区矫正对象应在外出期限届满前返回居住地，并向执行地县级社区矫正机构或者司法所报告，办理手续。因特殊原因无法按期返回的，应及时向社区矫正机构或者司法所报告情况。发现社区矫正对象违反外出管理规定的，社区矫正机构应当责令其立即返回，并视情节依法予以处理。

4. 特殊情况的监督管理规定。根据《社区矫正法实施办法》第 29 条的规定，社区矫正对象确因正常工作和生活需要经常性跨市、县活动的，应当由本人提出书面申请，写明理由、经常性去往市县名称、时间、频次等，同时提供相应证明，由执行地县级社区矫正机构批准，批准一次的有效期为 6 个月。在批准的期限内，社区矫正对象到批准市、县活动的，可以通过电话、微信等方式报告活动情况。到期后，社区矫正对象仍需要经常性跨市、县活动的，应当重新提出申请。

根据以上法律法规的规定，司法实践中形成了社区矫正对象外出审批及管理制度。

🔾 专栏 7-5

社区矫正对象外出请假流程图

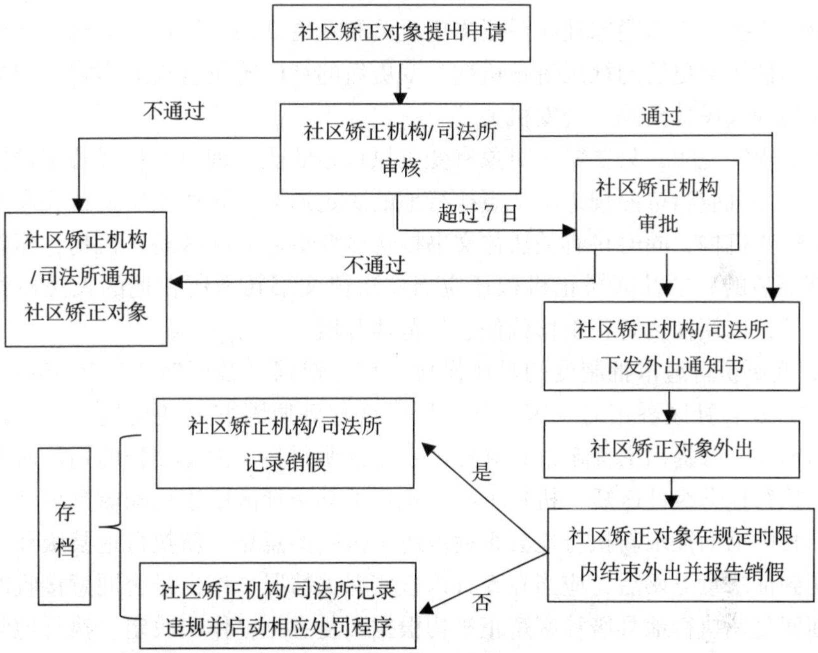

```
          ┌──────────────────────┐
          │  社区矫正对象提出申请  │
          └──────────────────────┘
                      │
    不通过            ▼                通过
  ┌──────── ┌──────────────────┐ ────────┐
  │         │  社区矫正机构/司法所 │         │
  │         │       审核         │         │
  │         └──────────────────┘         │
  │              超过7日    ┌──────────────────┐
  │                        │  社区矫正机构     │
  ▼          不通过         │    审批          │
┌──────────────┐◄──────────└──────────────────┘
│ 社区矫正机构  │                    │
│ /司法所通知   │                    ▼
│ 社区矫正对象  │          ┌──────────────────┐
└──────────────┘          │ 社区矫正机构/司法所 │
                          │   下发外出通知书   │
                          └──────────────────┘
                                    │
  ┌────────────────────┐           ▼
  │  社区矫正机构/司法所  │  ┌──────────────────┐
  │     记录销假        │  │  社区矫正对象外出   │
  └────────────────────┘  └──────────────────┘
存                是              │
档 ┤                 ▲            ▼
  │                 │  ┌──────────────────────┐
  │                 │  │ 社区矫正对象在规定时限  │
  │  ┌────────────────────┐ │ 内结束外出并报告销假  │
  │  │ 社区矫正机构/司法所记录 │ └──────────────────────┘
  └──│ 违规并启动相应处罚程序 │◄── 否
     └────────────────────┘
```

（四）变更执行地审批制度

社区矫正对象在矫正期间享有限制性的人身自由，短期外出可以实行请销假制度，如果由于工作、迁居等原因需要长期居住外地甚至变更居住地的，就会产生社区矫正执行机构变更的问题。

【案例 7-2】

社区矫正对象王某，因所在社区拆迁，需要迁居到另外一个社区居住 2 年左右，社区矫正机构是否允许其迁居呢？为此，王某来到司法所进行咨询。工作人员热情接待了他，并向其说明了相关的制度规定，告知王某需在迁居 1 个月前提交书面申请，并提供相应证明材料，经司法所签署意见后报执行地县级社区矫正机构审批，批准后即可迁居并变更执行地。王某听后，非常高兴。

1. 变更执行地审批制度的概念。变更执行地审批制度：是指根据相关法律法规的规定，社区矫正对象由于工作、居所变化等原因，需要变更执行地时，由受委托的司法所签署意见后报经执行地县级社区矫正机构审批的制度。

2. 变更执行地审批制度的规定。根据《社区矫正法》第 27 条规定："社区矫正对象离开所居住的市、县或者迁居，应当报经社区矫正机构批准。社区矫正机构对于有正当理由的，应当批准；对于因正常工作和生活需要经常性跨市、县活动的，可以根据情况，简化批准程序和方式。因社区矫正对象迁居等原因需要变更执行地的，社区矫正机构应当按照有关规定作出变更决定。社区矫正机构作出变更决定后，应当通知社区矫正决定机关和变更后的社区矫正机构，并将有关法律文书抄送变更后的社区矫正机构。变更后的社区矫正机构应当将法律文书转送所在地的人民检察院、公安机关。"

以上规定说明，只要矫正对象有变更执行地的正当理由，社区矫正机构就应当批准，并且应当按照规定将变更执行地的决定通知社区矫正决定机关和变更后的社区矫正机构，同时将有关法律文书抄送至变更后的社区矫正机构，而新执行地（变更后的）的社区矫正机构还应当将法律文书转送所在地的人民检察院和公安机关，以便社区矫正工作依法、规范地开展。

3. 变更执行地审批制度的具体操作流程。根据《社区矫正法实施办法》第 30 条的规定，社区矫正对象因工作、居所变化等原因需要变更执行地的，一般应当提前 1 个月提出书面申请，并提供相应证明材料，由受委托的司法所签署意见后报执行地县级社区矫正机构审批。执行地县级社区矫正机构收到申请后，应当在 5 日内书面征求新执行地县级社区矫正机构的意见。新执行地县级社区矫正机构接到征求意见函后，应当在 5 日内核实有关情况，作出是否同意接收的意见并书面回复。执行地县级社区矫正机构根据回复意见，作出决定。执行地县级社区矫正机构对新执行地县级社区矫正机构的回复意见有异议的，可以报上一级社区矫正机构协调解决。经审核，执行地县级社区矫正机构不同意变更执行地的，应在决定作出之日起 5 日内告知社区矫正对象。同意变更执行地的，应对社区矫正对象进行教育，书面告知其到新执行地县级社区矫正机构报到的时间期限以及逾期报到或者未报到的后果，责令其按时报到。

以上规定既说明了变更执行地的原因，即工作变动、居所变化；又说明了变更执行地审批的工作流程和时间期限。

4. 同意变更执行地的交接操作流程。

（1）法律文书的交接。根据《社区矫正法实施办法》第 31 条第 1 款之规定，同意变更执行地的，原执行地县级社区矫正机构应当在作出决定之日起 5 日内，将有关法律文书和档案材料移交新执行地县级社区矫正机构，并将有关法律文书抄送社区矫正决定机关和原执行地县级人民检察院、公安机关。新执行地县级社区矫正机构收到法律文书和档案材料后，在 5 日内送达回执，并将有关法律文书抄送所在地县级人民检察院、公安机关。

（2）社区矫正对象的交接。根据《社区矫正法实施办法》第 31 条第 2、3 款的规定，同意变更执行地的，社区矫正对象应当自收到变更执行地决定之日起 7 日内，到新执行地县级社区矫正机构报到。新执行地县级社区矫正机构应当核实身份、办理登记接收手续。发现社区矫正对象未按规定时间报到的，新执行地县级社区矫正机构应当立即通知原执行地县级社区矫正机构，由原执行地县级社区矫正机构组织查找。未及时办理交付接收，造成社区矫正对象脱管漏管的，原执行地社区矫正机构会同新执行地社区矫正机构妥善处置。对公安机关、监狱管理机关批准暂予监外执行的社区矫正对象变更执行地的，公安机关、监狱管理机关在收到社区矫正机构送达的法律文书后，应与新执行地同级公安机关、监狱管理机关办理交接。新执行地的公安机关、监狱管理机关应指定一所看守所、监狱接收社区矫正对象档案，负责办理其收监、刑满释放等手续。看守所、监狱在接收档案之日起 5 日内，应当将有关情况通报新执行地县级社区矫正机构。对公安机关批准暂予监外执行的社区矫正对象在同一省、自治区、直辖市变更执行地的，可以不移交档案。

（五）电子定位管理制度

电子定位管理制度是信息化管理制度中的一项重要内容，是一种特殊形式的信息化管理制度，目的是对某些特殊矫正对象进行更精准的监督管理。

1. 电子定位管理制度的概念。电子定位管理制度是指根据相关法律法规的规定，对具备某种情形的矫正对象运用特殊的电子定位装置，进行定位监管的制度。

2. 电子定位管理制度的规定。根据《社区矫正法》第 29 条，社区矫正对象有下列情形之一的，经县级司法行政部门负责人批准，可以使用电子定位装置，加强监督管理：①违反人民法院禁止令的；②无正当理由，未经批准离开所居住的市、县的；③拒不按照规定报告自己的活动情况，被给予警告的；④违反监督管理规定，被给予治安管理处罚的；⑤拟提请撤销缓刑、假释或者暂予监外执行收监执行的。

《社区矫正法实施办法》第 37 条规定："电子定位装置是指运用卫星等定位技术，能对社区矫正对象进行定位等监管，并具有防拆、防爆、防水等性能的专门的电子设备，如电子定位腕带等，但不包括手机等设备。对社区矫正对象采取电子定位装置进行监督管理的，应当告知社区矫正对象监管的期限、要求以及违反监管规定的后果。"

对社区矫正对象使用电子定位装置必须严格依法，且应经县级司法行政部门负责人批准。

3. 使用电子定位管理的期限及保密规定。根据《社区矫正法》第 29 条第 2 款、第 3 款的规定，对社区矫正对象使用电子定位装置的期限不得超过 3 个月。对于不需要继续使用的，应当及时解除；对于期限届满后，经评估仍有必要继续使用的，经过批准，期限可以延长，每次不得超过 3 个月。社区矫正机构对通过电子定位装置获得的信息应当严格保密，有关信息只能用于社区矫正工作，不得用于其他用途。

（六）信息化管理及实地查访制度

随着"智慧矫正"的开展，为了更好地监督管理矫正对象，在社区矫正工作中充分发挥了现代化信息技术手段的作用，通过大数据、网络监控、手机通讯、微信等手段对矫正对象实施监督管理，保证了对矫正对象的有效监管。

1. 信息化管理及实地查访制度的概念。信息化管理及实地查访制度是指根据相关法律法规的规定，社区矫正机构为了了解、掌握社区矫正对象的活动情况和行为表现，通过通讯联络、信息化核查、实地查访等方式核实有关情况，以实现有效监管的一种制度。

2. 信息化管理及实地查访制度的规定。《社区矫正法》第 26 条规定："社区矫正机构应当了解掌握社区矫正对象的活动情况和行为表现。社区矫正机构可以通过通信联络、信息化核查、实地查访等方式核实有关情况，有关单位和个人应当予以配合。社区矫正机构开展实地查访等工作时，应当保护社区矫正对象的身份信息和个人隐私。"

《社区矫正法实施办法》第 23 条规定："执行地县级社区矫正机构、受委托的司法所应当根据社区矫正对象的个人生活、工作及所处社区的实际情况，有针对性地采取通信联络、信息化核查、实地查访等措施，了解掌握社区矫正对象的活动情况和行为表现。"

据此，司法实践中，形成了信息化管理及实地查访制度。以便加强对社区矫正对象的监督管理。目前，全国大部分省市均建立了社区矫正信息监管平台，采用电子监控手段对矫正对象进行信息化监管。如山东、河北等地实行"手机+手环"双定位、"人脸+指纹"双识别、"定位可视+同步视频"双监控的措施。云南、上海等地实现了全国联网，对社区矫正对象的矫正状况在全国范围内进行信息化核查和管理，很好地解决了社区矫正工作"人员少、任务重、矫正对象居住分散"的难题，也有效地避免了脱管、漏管现象的发生。

3. 信息化管理和实地查访的方式及内容。

（1）核查的方式。司法实践中，主要采取以下方式进行信息化管理和实地查访：

第一，电话核查，通过与社区矫正对象电话通话，了解核查有关情况。

第二，定位核查，通过定位技术获取开通手机或腕带定位业务的社区矫正对象的位置信息、轨迹信息、图像信息，并在电子地图上标出被定位人员的地理位置。

第三，集中点验，要求社区矫正对象在一定时间内到指定地点集合，通过视频、指纹签到或现场检查等方式，点验社区矫正对象的到位情况。

第四，实地查访，社区矫正机构、受委托的司法所定期走访社区矫正对象及其家属、所在单位和村（居）民委员会等，做好谈话记录；元旦、春节、国际劳动节、国庆节等重大节日前，社区矫正机构、受委托的司法所走访社区矫正对象的家庭；社区矫正对象受到惩处、有重大思想问题或者出现其他特殊情况的，社区矫正机构、受委托的司法所及时走访、询问了解情况；对保外就医的社区矫正对象，社区矫正机构、受委托的司法所定期与其就诊的医院沟通联系等。

（2）核查的内容。

第一，地理位置核查。核查所处位置是否为实行定位的社区矫正对象被划定允许活动区域，划定的区域是否在本市（县、区）的行政区域范围内，未划定或划定有误的，应及时准确划定。为防止信号漂移造成越界提示误报，划定边界时，可在标准电子地图市、县（区）边界小范围外延。

第二，关停机核查。检查实行定位的社区矫正对象是否存在关机、停机情况。有关机、停机现象的，及时查明原因并作出相应处置。

第三，越界信息核查。检查分析本辖区的越界提示信息。越界提示信息属边界地区信号漂移造成的，及时审核消除；越界提示信息属社区矫正对象往返准假区域途中造成的，应关注其轨迹方向，及时纠正其绕道或在途中长时间逗留行为；越界提示信息属社区矫正对象违反外出管理规定造成的，应及时通知社区矫正对象返回并视情况予以惩处。

第四，人机分离核查。通过社区矫正信息管理系统"人脸识别"（声纹识别）、图像传输功能对社区矫正对象进行"人机分离"核查，属"人机分离"的，应及时派出人员向监护人、监管小组成员、家庭其他成员、邻居调查取证，了解去向，确定脱管时间，迅速追回，并视情况给予处罚。

第五，轨迹分析。在了解掌握社区矫正对象居住地、工作单位、工作时间、个人爱好的基础上，经常性分析社区矫正对象的活动轨迹。其中，对于非工作时间在非工作地（居住地）经常长久逗留、在人员稀少时间段外出活动、无业人员规律性地在非居住地经常逗留等情况，工作人员应及时了解核实情况，把违法犯罪和违规苗头遏制在萌芽状态。

第六，实地走访。主要是了解掌握社区矫正对象的近期情况；重大节日期间社区矫正对象的动态和现实表现情况；特殊情况下的思想动态和行为表现；保外就医矫正对象的身体状况及疾病治疗、复查结果等情况，并根据需要向社区矫正决定机关反馈。

（3）对失去联系的社区矫正对象的处理。《社区矫正法》第30条规定，社区矫正对象失去联系的，社区矫正机构应当立即组织查找，公安机关等有关单位和人员应当予以配合协助。查找到社区矫正对象后，应当区别情形依法作出处理。

根据《社区矫正法实施办法》第38条的规定，发现社区矫正对象失去联系的，社区矫正机构应当立即组织查找，可以采取通信联络、信息化核查、实地查访等方式查找，查找时要做好记录，固定证据。查找不到的，社区矫正机构应当及时通知公安机关，公安机关应当协助查找。社区矫正机构应当及时将组织查找的情况通报人民检察院。查找到社区矫正对象后，社区矫正机构应当根据其脱离监管的情形，给予相应处置。虽能查找到社区矫正对象下落但其拒绝接受监督管理的，社区矫正机构应当视情节依法提请公安机关予以治安管理处罚，或者依法提请撤销缓刑、撤销假释、对暂予监外执行的收监执行。

4. 信息化管理制度和实地查访制度对工作人员的要求。

（1）信息化管理的要求。在信息化管理方面，执行地县级社区矫正机构、受委托的司法所工作人员应当每半日登录社区矫正信息监管平台，对实行定位管理的社区矫正对象进行抽查和巡查，重要时期应增加抽查和巡查频次，在《社区矫正对象信息化核查登记表》上进行登记，发现关机、欠费、越界、定位失败等情况时，及时予以矫正及复查，并根据情节严重程度对矫正对象予以惩戒。

（2）实地查访的要求。在司法实践中，根据实地查访的要求，社区矫正机构、受委托的司法所要在社区矫正对象办理登记手续之日起7日内，到社区矫正对象的家庭、所在单位、就读学校和居住的社区进行实地走访、了解情况；在矫正期间，社区矫正机构、受委托的司法所每个月走访矫正对象的家庭、就读学校、居住的社区和其本人，了解掌握矫正对象的情况，加强双方的沟通和理解。

社区矫正机构、受委托的司法所应当根据实地查访的情况及时调整矫正方案和矫正措施，增强矫正的针对性。在实地查访过程中发现社区矫正对象有余漏罪的，应及时向有关部门反映。发现暂予监外执行社区矫正对象不符合监外执行条件的，应当及时向有关部门提出收监执行的建议。

（七）禁止令执行制度

1. 禁止令执行制度的概念。禁止令执行制度是指社区矫正机构根据人民法院对被判处管制、被宣告缓刑的矫正对象发出的禁止令，禁止其进入某些特定区域、场所、接触某些特定人员的一种制度。

2. 禁止令执行制度的规定。《社区矫正法实施办法》第39条规定："社区矫正机构根据执行禁止令的需要，可以协调有关的部门、单位、场所、个人协助配合执行禁止令。对禁止令确定需经批准才能进入的特定区域或者场所，社区矫正对象确需进入的，应当经执行地县级社区矫正机构批准，并通知原审人民法院和执行地县级人民检察院。"

执行地社区矫正机构在对社区矫正对象的日常监督管理中，必须严格执行禁止令，如确需进入的，社区矫正对象必须提前申请并说明理由，经执行地县级社区矫正机构批准后方可进入。

3. 违反禁止令的后果。《社区矫正法实施办法》第 40 条第 1 款规定，发现社区矫正对象有违反监督管理规定或者人民法院禁止令等违法情形的，执行地县级社区矫正机构应当调查核实情况，收集有关证据材料，提出处理意见。

在司法实践中，社区矫正对象如违反人民法院禁止令，会受到相应的处罚。如使用电子定位装置，加强监督管理；如果情节轻微，给予警告或者治安管理处罚；如果情节严重，则应当撤销缓刑，收监执行。

（八）参加公益活动制度

1. 参加公益活动制度的概念。参加公益活动制度是指为了恢复因被矫正对象犯罪而被破坏了的社会关系以及促使其养成良好的社会公德和劳动习惯，根据相关法律法规的规定，按照符合社会公共利益的原则，执行地县级社区矫正机构、受委托的司法所组织有劳动能力、身体健康的矫正对象参加公益活动的一种制度。

2. 参加公益活动制度的规定及目的。《社区矫正法实施办法》第 44 条规定："执行地县级社区矫正机构、受委托的司法所按照符合社会公共利益的原则，可以根据社区矫正对象的劳动能力、健康状况等情况，组织社区矫正对象参加公益活动。"

据此，司法实践中形成了参加公益活动的制度。通过组织社区矫正对象参加公益活动，培养其社会责任感、集体观念和纪律意识、劳动意识，帮助其树立正确的世界观、人生观和价值观，修复社会关系，使其尽早融入社会，并顺利回归社会。

总之，根据《社区矫正法》和《社区矫正法实施办法》的要求，社区矫正机构要认真履行监管职责，采取多种措施，加强对社区矫正对象的监督管理。

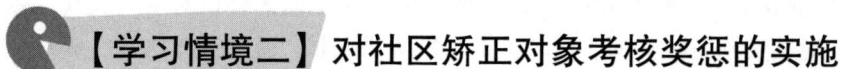

【学习情境二】对社区矫正对象考核奖惩的实施

【案例 7-3】

2015 年 12 月，王某因琐事与人争吵，故意伤害他人致人重伤，其行为触犯

《刑法》，构成故意伤害罪。王某被判缓刑后接受社区矫正，开始时情绪一度很低落，经过社区矫正工作人员的开导和教育，王某重新认识自我，树立起了重新做人的信心，积极配合社区矫正机构的监督管理。社区矫正期间，王某表现积极，不论是集中教育、公益活动，还是书面汇报等都一次不落。每周按时汇报思想，认真参加学习，积极参加公益活动，表现突出，在月度考核中始终处于前列。抱着悔罪和回报社会的心理，王某热衷于社会公益事业，多次捐钱捐物。社区矫正机构根据王某的具体表现，对王某进行了量化考核：

1. 王某每周按时汇报思想，积极参加集中教育，每次加 1~3 分；

2. 王某热衷于社会公益事业，多次捐钱捐物，每次加 2~5 分；

3. 王某认真参加学习，详细进行书面汇报，每次加 1~2 分；

4. 王某在公益劳动中总是苦事累事抢着做，每次加 0.5 分。

为更好地激励其他社区矫正对象，社区矫正机构决定给予王某书面表扬的行政奖励。接过《社区矫正对象奖励通知书》时，王某激动万分，当即表态要认真改造、再接再厉、绝不辜负政府对他的奖励。对王某的表扬激励了其他社区矫正对象积极接受社区矫正的监督管理。在这个案例中，社区矫正机构不仅根据社区矫正对象王某的日常表现，对其进行了量化考核，还根据考核结果对王某进行了行政奖励。无论是考核还是奖励，都是为了使社区矫正对象更好地配合社区矫正工作，积极改造，争取早日回归社会，做一个合格的守法的社会公民。

考核奖惩制度也是社区矫正监督管理制度中非常重要的一项内容。通过考核检验监督管理工作的成效和矫正对象的矫正情况，并根据考核结果对矫正对象进行奖励和惩罚，以发挥鼓励先进、鞭策后进，激励矫正对象积极矫正、遵纪守法的作用。

一、社区矫正对象考核奖惩制度的概念及规定

（一）考核奖惩制度的概念

社区矫正对象的考核奖惩就是社区矫正机构依据法律法规、部门规章和其他规范性文件的相关规定，根据社区矫正对象在矫正期间的认罪悔罪、遵守法律法规、服从监督管理、接受教育等表现给予考核、奖励或处罚的一种制度。

（二）社区矫正对象考核奖惩制度的规定

《社区矫正法》第 28 条规定："社区矫正机构根据社区矫正对象的表现，依照有关规定对其实施考核奖惩。社区矫正对象认罪悔罪、遵守法律法规、服从监督管理、接受教育表现突出的，应当给予表扬。社区矫正对象违反法律法规或者监督管理规定的，应当视情节依法给予训诫、警告、提请公安机关予以治安管理处罚，或者依法提请撤销缓刑、撤销假释、对暂予监外执行的收监执行。对社区矫正对象的考核结果，可以作为认定其是否确有悔改表现或者是否严重违反监督

管理规定的依据。"

《社区矫正法实施办法》第 32 条规定："社区矫正机构应当根据有关法律法规、部门规章和其他规范性文件，建立内容全面、程序合理、易于操作的社区矫正对象考核奖惩制度。社区矫正机构、受委托的司法所应当根据社区矫正对象认罪悔罪、遵守有关规定、服从监督管理、接受教育等情况，定期对其考核。对于符合表扬条件、具备训诫、警告情形的社区矫正对象，经执行地县级社区矫正机构决定，可以给予其相应的奖励或者处罚，作出书面决定。对于涉嫌违反治安管理行为的社区矫正对象，执行地县级社区矫正机构可以向同级公安机关提出建议。社区矫正机构奖励或者处罚的书面决定应当抄送人民检察院。社区矫正对象的考核结果与奖惩应当书面通知其本人，定期公示，记入档案，做到准确及时、公开公平。社区矫正对象对考核奖惩提出异议的，执行地县级社区矫正机构应当及时处理，并将处理结果告知社区矫正对象。社区矫正对象对处理结果仍有异议的，可以向人民检察院提出。"

根据以上规定，社区矫正机构建立了对社区矫正对象的考核奖惩制度。

二、对社区矫正对象的考核制度

对社区矫正对象的考核制度是指社区矫正机构根据有关法律法规、部门规章和其他规范性文件，对社区矫正对象认罪悔罪、遵守法律法规、服从监督管理、接受教育表现和参加公益活动等情况进行考察和评定的一种制度。

对社区矫正对象的考核结果，可以作为认定其是否确有悔改表现或者是否严重违反监督管理规定的依据。

考核是奖惩的基础和前提，没有考核就很难正确实施奖惩。所以，考核的科学性和准确性直接关系到对社区矫正对象奖惩的公正和公平，关系到能否充分调动社区矫正对象的矫正积极性，进一步影响社区矫正效果的好坏。

（一）考核的原则

对社区矫正对象进行考核应遵循以下几项原则：

1. 依法考核的原则。依法考核的内容包括：①考核的机构要合法，对社区矫正对象的考核由执行地县级社区矫正机构负责实施；②考核的内容要合法，严格按照法律法规的规定办理，不得随意扩大考核范围；③考核的程序要合法，要严格按照《社区矫正法》和《社区矫正法实施办法》规定的程序进行考核。

2. 实事求是、准确及时的原则。实事求是的原则是做好社区矫正考核工作的前提和基础，只有实事求是地考核社区矫正对象的矫正状况，才能得到客观、真实、有效的考核结果，才能使社区矫正对象心悦诚服，发挥教育作用。只有实事求是的考核结果，才能作为奖惩的依据。实事求是的考核原则也是实现准确考核的前提和基础。

准确及时的原则，即要求社区矫正机构对社区矫正对象遵纪守法等情况的考核要准确，并及时将考核结果记录在案、及时通知社区矫正对象、及时公布考核结果，并根据结果及时采取奖惩措施。奖惩措施只有准确及时，才具有激励或教育的作用。

3. 公开、公平、公正的原则。公开、公平、公正的原则是指对社区矫正对象的考核方法、考核过程、考核结果应当向当事人公开，向社区居民公开，接受当事人和社会的监督，并且在考核过程中对所有社区矫正对象平等对待，不搞歧视主义。

（二）考核的种类

对社区矫正对象的考核主要包括定期考核和综合考核两大类。

1. 定期考核。

（1）定期考核的概念。社区矫正对象的定期考核是指社区矫正机构、受委托的司法所采用一定的方法，在日常监管中，将社区矫正对象认罪悔罪、遵守有关规定、服从监督管理、接受教育等情况及时记录下来，并将该记录作为奖惩依据的行为。

（2）定期考核的对象及考核的时间。社区矫正定期考核的对象为已经纳入社区矫正的社区矫正对象。考核时间从社区矫正对象在规定的期限内到社区矫正机构报到登记的当日开始，未在规定期限内报到登记的，自规定期限届满第 2 日起，社区矫正机构开始对矫正对象进行考核。一般每个月对考核结果进行汇总 1 次。

（3）定期考核的内容。定期考核的内容主要包括：社区矫正对象服从监督管理（包括认罪悔罪、遵守相关法律法规、各种社区矫正规定等）、参加教育学习、公益活动等情况。根据司法实践，具体考核的内容主要包括：

第一，着重考核社区矫正对象认罪悔罪、遵守国家法律、法规和有关管理规定情况。

第二，对管制、缓刑和假释矫正对象，重点考核其报告活动、迁居审批、请销假及参加学习教育等方面的情况。

第三，对暂予监外执行矫正对象重点考核其就医、请销假、报告活动、迁居审批、接受教育等方面的情况。

（4）定期考核的方法。目前在司法实践中，各地考核的方法不一，概括起来主要有：汇报法、评议法、查评法、记事法、计分法等。其中运用较为普遍的也是比较客观的方法是计分法，也叫量化考核法。

计分考核法又分两种，一种是加分法，就是设定基础分，对遵守法律、法规的行为进行加分，对违反相关规定的行为不加分也不减分；另一种是加减分法，就是在基准分的基础上对社区矫正对象的相关行为进行加分或者减分。实践中用得较多的是加减分法。

（5）定期考核结果的运用。定期考核主要是为综合考核打基础，做准备。其考核结果为综合考核和奖惩提供依据。

（6）定期考核中应注意的问题。对社区矫正对象进行定期考核是社区矫正工作的重要内容，考核结果直接决定着社区矫正下一步的工作方向和矫正方案的制定。在对社区矫正对象进行定期考核的过程中要注意以下问题：

第一，考核方案要科学严谨、切实有效。在对社区矫正对象的考核中，考核方案的制定占据着核心的位置，同时又是一个复杂的过程。考核方案要把所有影响矫正的因素考虑在内，而这些因素又互相联系、构成一个有机整体。因此，科学的考核方案应该具备以下要件：

要件一：考核内容要全面。考核方案中不仅要包括法律、法规中列明的行为准则，还要包括日常生活中受道德约束的行为规范；不仅有行为举止的限定，还要有思想意识的标准。要全方位、多角度地构建立体考核方案。

要件二：考核目标要适度。适当的目标才可以最大限度地激起人的欲望，目标过高会使考核对象失去信心，过低则会使考核对象感受不到成功的兴奋从而失去追求的热情。社区矫正对象本身就存在着各种思想或行为上的缺陷，他们的情绪容易受到外界的干扰而变得不稳定。因此，对社区矫正对象的考核目标要高低适度、循序渐进。

要件三：考核项目要科学。考核方案中每一个考核项目的设置都要符合绝大多数的实际情况，比如，对文化水平普遍偏低的社区矫正对象尽量多用口头汇报的方式，少用书面形式。各个考核项目之间要建立有机联系而避免彼此孤立，同时操作上要简便易行。

第二，考核态度要严肃认真、公平公正。考核人员自身的素质在一定程度上影响着考核质量，而考核质量又决定着考核工作的效果。社区矫正工作人员承担着教育矫正罪犯的重要任务，这是一项十分严肃的执法工作。因此，社区矫正工作人员要以严肃认真的工作态度对社区矫正对象的日常言行进行监督考察，并本着实事求是的原则对其进行考核。

第三，考核依据要真实可靠、证据充分。我国刑事法律的基本原则是"以事实为根据，以法律为准绳"，社区矫正对象的考核作为一项执法活动，每一个环节都要有明确的法律依据，并有相应证据予以证实。在对社区矫正对象进行考核的过程中，每一项考核结果都要有充足的证据加以证实，使考核结果反映真正的矫正情况，同时，也使社区矫正对象对考核结果心服口服，更加主动地接受监督考察。

第四，考核过程要公开透明。有的地方只定期向当事人公布考核结果，对考核过程的公开性重视不够，这在一定程度上使考核失去了监督，容易造成矫正对象和社区群众对考核结果的不信任，从而影响考核的公信力。所以，在考核过程中，要注意克服懒惰思想，培养认真细致的工作作风，把考核的每一个步骤和环节及时向当事人和公众公开，自觉接受社会监督。

2. 社区矫正对象的综合考核。

（1）综合考核的概念。综合考核是对社区矫正对象的矫正效果和个人表现的一个总的评估和考核。综合考核是在日常考核和定期考核的基础上进行的，它的基本特点就是探求社区矫正项目的各个部分、环节、因素和层次之间相互联系的方式，由此形成一种新的整体性的认识。综合考核不是日常各项考核的简单相加，综合的成果往往伴随着新的发现。

（2）综合考核的对象及时间。综合考核是对社区矫正对象在一段时间内的表现所作的整体性评价，一般每6个月进行1次。所以，综合考核的对象和定期考核的对象是相同的，即已经在执行地县级社区矫正机构报到登记的社区矫正对象。

（3）综合考核的内容。综合考核是对社区矫正对象矫正的整体情况进行评价。根据社区矫正相关法律、法规和社区矫正制度，对社区矫正对象的综合考核应包括以下几部分内容：

第一，社区矫正对象的日常考核评价报告。矫正的核心工作就是对社区矫正对象进行日常管理和教育，其矫正情况也是通过日常考核来体现。所以综合考核的基本内容就是日常考核的结果（考核具体内容如前所述）。

第二，社区矫正工作人员和社会志愿者对社区矫正对象的评价。社区矫正工作人员和社会志愿者直接参与对社区矫正对象的矫正工作，他们对矫正对象各方面的情况最熟悉、最了解，矫正对象也乐于向他们陈述矫正过程中遇到的难题，考核以后的继续矫正也是由矫正工作人员和志愿者完成。因此，在对社区矫正对象进行综合考核的过程中，社区矫正工作人员和社会志愿者对矫正对象的评价具有重要的价值。

考核可以采取测评鉴定的方式，首先，由社区矫正对象总结一段时间以来在认罪悔罪、遵守法律法规、接受监督管理、参加教育学习、公益活动等方面的认知和感受，并在测评表上对自己作出相应的等次评定；其次，由社区矫正工作人员和社会志愿者根据矫正对象在社区矫正中的具体表现，分别进行客观评估，并在测评表上对矫正对象作出相应的等次评定。

第三，社区居民对社区矫正对象的评价。首先，社区矫正工作在很大程度上依赖社区居民的理解和支持。在矫正过程中，社区矫正对象最担心的是周围居民的歧视和冷漠，存在很深的自卑心理。有了周围居民的理解和支持，社区矫正对象首先会在精神上得到解脱，专心接受社区矫正。其次，社区居民作为矫正过程的见证者，对矫正对象的矫正效果最有发言权。最后，社区居民对矫正效果的认可程度从根本上决定着矫正的成败，得到社区居民的认可和接纳标志着社区矫正对象真正地顺利回归社会。考核可以采取发放调查问卷的办法，在社区随机抽出若干名居民代表组成评估小组，对社区矫正对象的矫正表现予以评价打分，最后由社区矫正机构或者司法所进行汇总，并根据每个矫正对象的平均得分情况作出等级评定。

第四，被害方对社区矫正对象的评价。社区矫正在一定程度上吸收了恢复性司法的理念，在注重对矫正对象进行改造的同时，更加重视修复受到犯罪行为破坏的社会秩序和社会关系。被害方作为犯罪行为的直接受害者，其社会生活的各方面都遭受了不同程度的损害，他们对社区矫正对象也最为抵触。所以，被害方对社区矫正对象的评价对社区矫正工作具有重要意义。考核可以采取分别座谈的办法，在街道矫正办公室工作人员的组织下，由各被害方分别对相应的矫正对象进行矫正成效评定。由于被害方的评价带有很强的主观性，所以，这部分的评价结果只能作为矫正对象年终等级评定的参考。

第五，所在单位对社区矫正对象的评价。由于社区矫正属于开放的非监禁型刑事执行方式，很多社区矫正对象并没有脱离自己的工作岗位或者在社区组织的帮助下重新就业，对这部分矫正对象的考核评价要同时吸收其所在单位的意见。这部分评价主要考核社区矫正对象在劳动生产中的表现，如劳动态度是否端正、劳动技能掌握情况、对劳动纪律的遵守情况等。由于社区矫正对象的就业情况千差万别，因此，单位的评价意见作为参考因素为宜。

（4）综合考核的方法。社区矫正机构或者司法所根据社区矫正对象各部分的考核情况加上相应权重，得出每一名矫正对象的最终考核结果，并划定等级标准，评出等级，然后进行汇总，对每个矫正对象作出考核鉴定，并存入个人档案。

（5）综合考核结果的运用。依据综合考核结果对社区矫正对象进行奖励或惩罚以及分类管理。对符合法定奖励条件的，予以表扬；对违反法律、法规和社区矫正的有关规定，尚未构成重新犯罪的，视情节轻重给予训诫、警告，提请公安机关予以治安管理处罚或者提请有关部门给予撤销缓刑、撤销假释或者收监执行的惩罚。

根据社区矫正对象分类管理规定，社区矫正机构应当把社区矫正对象受到的表扬、训诫、警告或治安管理处罚作为分类管理的依据，即根据考核结果分别给予严管、普管和宽管的不同管理类别。社区矫正机构对不同类别的社区矫正对象，在矫正措施和方法上应当有所区别，有针对性地开展监督管理和教育帮扶工作。

三、对社区矫正对象的奖励

（一）对社区矫正对象的奖励的概念

对社区矫正对象的奖励是指社区矫正机构在对社区矫正对象综合考核结果的基础上，根据有关法律、法规及相关规定，对在矫正过程中表现突出的社区矫正对象进行奖励的活动。

对于认罪悔罪并自觉接受社区矫正机构的监督管理、积极参加教育学习、公益活动等的社区矫正对象，适时给予奖励，可以最大限度地激发他们认罪悔罪、接受社区矫正、服从监督管理的积极性，并增强他们顺利回归社会的信心。同时，奖励措施的使用，还可以强化考核工作的权威性，提高考核的效用。

（二）奖励的种类

对社区矫正对象的奖励主要分为行政奖励和刑事奖励两大类。

1. 行政奖励——表扬。根据《社区矫正法》第 28 条第 1 款规定："……社区矫正对象认罪悔罪、遵守法律法规、服从监督管理、接受教育表现突出的，应当给予表扬……"

2. 刑事（司法）奖励——减刑。《社区矫正法》第 33 条第 3 款规定："……对于符合法定减刑条件的，由执行地县级社区矫正机构依照本办法第 42 条的规定，提出减刑建议。"

（三）奖励的条件

1. 表扬的条件。

（1）必须表扬的条件：根据《社区矫正法实施办法》第 33 条第 1 款的规定，社区矫正对象认罪悔罪、遵守法律法规、服从监督管理、接受教育表现突出的，应当给予表扬。

（2）可以表扬的条件：根据《社区矫正法实施办法》第 33 条第 2 款、第 3 款的规定，社区矫正对象接受社区矫正 6 个月以上并且同时符合下列条件的，执行地县级社区矫正机构可以给予表扬：①服从人民法院判决，认罪悔罪；②遵守法律法规；③遵守关于报告、会客、外出、迁居等规定，服从社区矫正机构的管理；④积极参加教育学习等活动，接受教育矫正的。

社区矫正对象接受社区矫正期间，有见义勇为、抢险救灾等突出表现或者帮助他人、服务社会等突出事迹的，执行地县级社区矫正机构可以给予表扬。

2. 减刑的条件。根据《刑法》第 78 条的规定，"减刑"的法定条件是：其一，被判处管制、拘役、有期徒刑、无期徒刑的犯罪分子，在执行期间，如果认真遵守监规，接受教育改造，确有悔改表现的，或者有立功表现的，可以减刑；其二，有下列重大立功表现之一的，应当减刑：①阻止他人重大犯罪活动的；

②检举监狱内外重大犯罪活动，经查证属实的；③有发明创造或者重大技术革新的；④在日常生产、生活中舍己救人的；⑤在抗御自然灾害或者排除重大事故中，有突出表现的；⑥对国家和社会有其他重大贡献的。

对于符合法定减刑条件的，由执行地县级社区矫正机构依照《社区矫正法实施办法》第42条的规定，提出减刑建议。

（四）奖励的程序

1. 表扬的程序。表扬的程序分为两种：

（1）执行地县级社区矫正机构可以直接决定对社区矫正对象的表扬奖励；

（2）如果执行地司法所受委托开展社区矫正的相关工作，则表扬的程序由建议、审核、批准、实施四部分构成。①建议。司法所根据社区矫正对象的表现情况和考核结果，提出表扬建议，形成书面文字材料，报执行地县级社区矫正机构。②审核。县级社区矫正机构对司法所报送的相关材料和事迹进行审核。③批准。对于符合表扬条件的社区矫正对象，经县级社区矫正机构批准，给予表扬奖励。④实施。县级社区矫正机构批准后，由受委托的司法所负责实施。

 专栏 7-6

社区矫正对象表扬审批表

姓名		性别		出生年月			
居住地				户籍地			
罪名		原判刑期			附加刑		
禁止令内容				禁止期限起止日	自 年 月 日起 至 年 月 日止		
矫正类别		矫正期限		起止日	自 年 月 日起 至 年 月 日止		
事实及依据							
司法所意见				（公章） 年 月 日			

续表

县级社区 矫正机构 意见	（公章） 年　月　日
备注	

（本表一式二份，县级社区矫正机构和司法所各留存一份）

2. 减刑的程序。根据《社区矫正法》第 33 条、《社区矫正法实施办法》第 42 条、《刑事诉讼法》第 273 条第 2 款的规定，减刑的程序主要由建议、审核、裁定和实施四部分构成。

（1）建议。执行地县级社区矫正机构对材料根据社区矫正对象确有悔改或者立功、重大立功表现的具体事实，填写《社区矫正对象减刑建议书》和《提请减刑审核表》，连同其他证据材料报送地（市）级社区矫正机构审核。

（2）审核。地（市）级社区矫正机构对材料进行审核，认为符合法定减刑条件的，在《提请减刑建议审核表》上签署意见，向执行地的中级人民法院提请减刑裁定，并移送下列材料：①《社区矫正对象减刑建议书》；②终审法院的裁判文书、执行通知书、历次减刑裁定书的复制件；③罪犯确有悔改或者立功、重大立功表现的具体事实的书面证明材料；④罪犯评审鉴定表、奖惩审批表等；⑤其他根据案件的审理需要移送的材料。

依法应由高级人民法院裁定的减刑案件，由执行地县级社区矫正机构提出减刑建议书并附相关证据材料，逐级上报省级社区矫正机构审核同意后，由省级社区矫正机构提请执行地的高级人民法院裁定。

（3）裁定。人民法院应当自收到减刑建议书和相关证据材料之日起 30 日内依法裁定。

社区矫正机构减刑建议书和人民法院减刑裁定书副本，应当同时抄送社区矫正执行地同级人民检察院、公安机关及罪犯原服刑或者接收其档案的监狱。

（4）实施。人民法院做出减刑裁定后，由其执行地县级社区矫正机构负责具体实施。

专栏 7-7

社区矫正对象减刑建议书

（　　）字第　　　号

　　社区矫正对象_____，男（女），_____年_____月_____日出生，_____族，居住地_____，户籍地_____。因_____罪经_____人民法院于_____年_____月_____日以（　　）_____字第_____号刑事判决书判处_____，附加_____。_____年_____月_____日经_____人民法院（公安局、监狱管理局）裁定（决定）假释（暂予监外执行），在管制（缓刑、假释、暂予监外执行）期间，依法实行社区矫正。社区矫正期限自_____年_____月_____日起至_____年_____月_____日止。

　　该社区矫正对象接受社区矫正期间有如下表现：_____

_____

_____

_____

_____

_____

_____

_____

_____。

　　根据《中华人民共和国刑法》第七十八条、《中华人民共和国刑事诉讼法》第二百七十三条、《中华人民共和国社区矫正法实施办法》第四十二条之规定，建议对社区矫正对象_____减去_____。

　　此致
　　_____中级人民法院

（公章）

____年____月____日

注：抄送_____人民检察院，_____公安局，_____监狱。

专栏 7-8

提请减刑审核表

姓名		性别		出生年月				
居住地				户籍地				
罪名		原判刑期			附加刑			
禁止令内容				禁止期限起止日	自 年 月 日起 至 年 月 日止			
矫正类别		矫正期限		起止日	自 年 月 日起 至 年 月 日止			
事实及依据								
社区矫正机构意见					（公章） 年 月 日			
地市级社区矫正机构审核意见					（公章） 年 月 日			
备注								

四、对社区矫正对象的惩罚

【案例 7-4】

社区矫正对象许某因故意伤害罪被某市某区人民法院判处有期徒刑 3 年，缓刑 5 年，矫正期限为 2017 年 12 月 24 日至 2022 年 12 月 23 日。从 2019 年 1 月开始，许某放松对自己的要求，多次违反社区矫正相关规定，2019 年 1 月无故不按规定到社区矫正机构报到，2019 年 5 月未履行请假手续私自外出到广州，2019

年 6 月 28 日无正当理由不参加集中教育活动，被执行地县级社区矫正机构给予 3 次警告处罚。社区矫正工作人员多次对其进行谈话教育，许某仍不思悔改，2019 年 12 月 1 日又未办理请假手续私自外出到广州。经工作人员多次电话催促做工作，许某才于 2019 年 12 月 24 日返回住所地。社区矫正机构依据《社区矫正法实施办法》第 36 条之规定，社区矫正对象违反监督管理规定或者人民法院禁止令，依法应予治安管理处罚的，执行地县级社区矫正机构应当及时提请同级公安机关依法给予处罚，并向执行地同级人民检察院抄送治安管理处罚建议书副本，及时通知处理结果。矫正对象许某执行地的县级社区矫正机构据此及时向同级公安机关提交了《治安管理处罚建议书》，建议对许某给予治安管理处罚。公安机关接到此建议书后，进行了调查核实，并对许某作出了治安拘留 7 日并罚款 200 元的治安管理处罚决定。公安机关及时将处理结果通知了许某执行地的县级社区矫正机构，并将《治安管理处罚决定书》副本同时抄送执行地同级人民检察院。

根据《社区矫正法实施办法》的相关规定，对社区矫正对象在社区矫正期间违反法律法规的不同情况，社区矫正机构将给予不同的惩罚，以保证社区矫正对象能积极接受矫正，顺利完成社区矫正并回归社会。

（一）惩罚的概念及种类

1. 惩罚的概念。所谓对社区矫正对象的惩罚，是指在社区矫正过程中，社区矫正对象违反法律法规或者社区矫正监督管理规定的，应视情节轻重依法给予行政或刑事处罚的制度。

对于违反法律法规、拒不接受社区矫正机构的监督管理，无故不参加社区矫正机构组织的各项活动或者判决生效前发现有余罪、漏罪，服刑期间有新罪的社区矫正对象，适时给予各种惩罚措施，直至取消其社区矫正的资格并予以收监执行。这样可以有力地震慑犯罪分子，维护法律的尊严。

2. 惩罚的种类。对社区矫正对象的惩罚包括：训诫、警告、治安管理处罚、撤销缓刑、撤销假释、暂予监外执行罪犯收监执行、行政拘留、司法拘留、强制隔离戒毒、被采取强制措施。根据作出惩罚决定的机关性质不同，对社区矫正对象的惩罚种类分为行政惩罚和刑事惩罚。

（1）行政惩罚。行政惩罚是指在社区矫正过程中，社区矫正对象违反法律法规或者社区矫正监督管理规定，拒绝接受社区矫正，情节轻微的，由社区矫正机构或公安机关对其作出的惩罚措施，包括训诫、警告、治安管理处罚、行政拘留、强制隔离戒毒、被采取强制措施。

（2）刑事惩罚。刑事惩罚是指在社区矫正过程中，社区矫正对象违反法律法规或者社区矫正监督管理规定，拒绝接受社区矫正，情节严重的，由社区矫正机构提请人民法院或者监狱对其作出的惩罚措施，一般包括撤销缓刑、撤销假释、暂予监外执行罪犯收监执行。

【案例 7-5】

<h3 style="text-align:center">无视法规纪律，"续写"铁窗生活</h3>

社区矫正对象张某，男，1988 年出生，汉族，初中文化，因犯赌博罪被某市人民法院判处有期徒刑 10 个月，缓刑 1 年。缓刑考验期为 2019 年 2 月 13 日至 2020 年 2 月 12 日。张某于 2019 年 2 月 13 日到其执行地某县社区矫正机构报到，正式成为一名社区矫正对象。屏南县社区矫正机构委托某司法所对张某开展相关的社区矫正工作。

矫正伊始，社区矫正对象张某先后于 2019 年 3 月 7 日至 8 日、4 月 2 日至 3 日、4 月 21 日至 22 日，无视社区矫正规定，未经请假私自外出，人机分离。司法所工作人员多次严肃教育，并给予 3 次书面警告。但张某仍不知悔改，不听劝告，于 2019 年 5 月 11 日再次未经请假私自外出，人机分离。根据《刑法》第 77 条第 2 款之规定："被宣告缓刑的犯罪分子，在缓刑考验期限内，违反法律、行政法规或者国务院有关部门关于缓刑的监督管理规定，或者违反人民法院判决中的禁止令，情节严重的，应当撤销缓刑，执行原判刑罚。"《社区矫正法实施办法》第 46 条、47 条之规定，社区矫正对象在缓刑、假释考验期内，受到社区矫正机构两次警告，仍不改正的，由执行地同级社区矫正机构向原审人民法院或者执行地人民法院提出撤销缓刑、假释建议。某县社区矫正机构依法向某市人民法院提出撤销缓刑建议。2019 年 6 月 7 日，某市人民法院裁定张某撤销缓刑并收监执行。某县社区矫正机构撤销缓刑的建议书和某市人民法院的裁定书同时抄送某县人民检察院。

2019 年 6 月 20 日，某县公安机关将张某送至省监狱执行刑罚。

张某在入矫的短短 3 个月内，无视社区矫正规定被撤销缓刑，等待张某的将是真正的铁窗生活。很多罪犯被判处缓刑后，就想当然地以为自己是"自由人"，无视社区矫正规定，张某的案例给社区矫正对象上了深刻的一课。作为社区矫正对象，必须遵守法律法规、服从社区矫正监督管理规定，积极接受社区矫正，珍惜所获得的一切，争取早日融入社会、顺利回归社会。

（二）惩罚的适用条件

1. 训诫的适用条件。根据《社区矫正法实施办法》第 34 条的规定，社区矫正对象具有下列情形之一，执行地县级社区矫正机构应当给予训诫：①不按规定时间报到或者接受社区矫正期间脱离监管，未超过 10 日的；②违反关于报告、会客、外出、迁居等规定，情节轻微的；③不按规定参加教育学习等活动，经教育仍不改正的；④其他违反监督管理规定，情节轻微的。

2. 警告的适用条件。根据《社区矫正法实施办法》第 35 条的规定，社区矫正对象具有下列情形之一的，执行地县级社区矫正机构应当给予警告：①违反人民法院禁止令，情节轻微的；②不按规定时间报到或者接受社区矫正期间脱离监管，超过 10 日的；③违反关于报告、会客、外出、迁居等规定，情节较重的；④保外就医的社区矫正对象无正当理由不按时提交病情复查情况，经教育仍不改正的；⑤受到社区矫正机构两次训诫，仍不改正的；⑥其他违反监督管理规定，情节较重的。

3. 治安管理处罚的适用条件。《社区矫正法实施办法》第 36 条规定："社区矫正对象违反监督管理规定或者人民法院禁止令，依法应予治安管理处罚的，执行地县级社区矫正机构应当及时提请同级公安机关依法给予处罚，并向执行地同级人民检察院抄送治安管理处罚建议书副本，及时通知处理结果。"

《社区矫正法》第 28 条规定，社区矫正对象违反法律法规或者监督管理规定的，应当视情节依法给予训诫、警告、提请公安机关予以治安管理处罚，或者依法提请撤销缓刑、撤销假释、对暂予监外执行的收监执行。

根据《中华人民共和国治安管理处罚法实施细则》第 2 条的相关规定，扰乱公共秩序，妨害公共安全，侵犯人身权利、财产权利，妨害社会管理，具有社会危害性尚不够刑事处罚的，由公安机关给予治安管理处罚。

根据《治安管理处罚法》的规定，治安管理处罚的种类分为警告、罚款、行政拘留、吊销公安机关发放的许可证。社区矫正中的治安管理处罚仅指警告、罚款、行政拘留。

4. 撤销缓刑、撤销假释、收监执行的适用条件。《社区矫正法实施办法》第 40 条规定，发现社区矫正对象有违反监督管理规定或者人民法院禁止令等违法情形的，执行地县级社区矫正机构应当调查核实情况，收集有关证据材料，提出处理意见。

《社区矫正法实施办法》第 46 条规定，社区矫正对象在缓刑考验期内，有下列情形之一的，由执行地同级社区矫正机构提出撤销缓刑建议：①违反禁止令，情节严重的；②无正当理由不按规定时间报到或者接受社区矫正期间脱离监管，超过 1 个月的；③因违反监督管理规定受到治安管理处罚，仍不改正的；④受到社区矫正机构两次警告，仍不改正的；⑤其他违反有关法律、行政法规和监督管理规定，情节严重的情形。

前述【案例 7-1】中的付某失踪 1 个月之久，其行为已严重违反我国《刑法》和《社区矫正法实施办法》相关法律规定，且情节较为恶劣，执行地县级社区矫正机构遂向区人民法院依法出具了撤销缓刑建议书，并提交了相关材料。区人民法院依法撤销了付某的缓刑，决定收监执行原判 6 个月的有期徒刑。

《社区矫正法实施办法》第 47 条规定，社区矫正对象在假释考验期内，有下列情形之一的，由执行地同级社区矫正机构提出撤销假释建议：①无正当理由不按规定时间报到或者接受社区矫正期间脱离监管，超过 1 个月的；②受到社区矫正机构两次警告，仍不改正的；③其他违反有关法律法规，行政法规和监督管理规定，尚未构成新的犯罪的。

5. 被提请撤销缓刑、撤销假释的社区矫正对象先行逮捕情形的规定。被提请撤销缓刑、撤销假释的社区矫正对象如果有危害社区和他人安全情形的，应如何处理呢？

根据《社区矫正法实施办法》第 48 条的规定，被提请撤销缓刑、撤销假释的社区矫正对象具备下列情形之一的，社区矫正机构在提出撤销缓刑、撤销假释建议书的同时，提请人民法院决定对其予以逮捕：①可能逃跑的；②具有危害国家安全、公共安全、社会秩序或者他人人身安全现实危险的；③可能对被害人、举报人、控告人或者社区矫正机构工作人员等实施报复行为的；④可能实施新的犯罪的。社区矫正机构提请人民法院决定逮捕社区矫正对象时，应当提供相应证据，移送人民法院审查决定。社区矫正机构提请逮捕、人民法院作出是否逮捕决定的法律文书，应当同时抄送执行地县级人民检察院。

对具有人身危险性的被提请撤销缓刑、撤销假释的社区矫正对象提请逮捕，是为了更好地保护社区和人民群众的安全，更好地维护社会秩序，同时对其他社区矫正对象也起到震慑的作用，以维护法律的严肃性和权威性。

6. 撤销暂予监外执行收监执行的适用条件。根据《社区矫正法实施办法》第 49 条第 1 款的规定，暂予监外执行的社区矫正对象有下列情形之一的，由执行地县级社区矫正机构提出收监执行建议：①不符合暂予监外执行条件的；②未经社区矫正机构批准擅自离开居住的市、县，经警告拒不改正，或者拒不报告行踪，脱离监管的；③因违反监督管理规定受到治安管理处罚，仍不改正的；④受到社区矫正机构两次警告的；⑤保外就医期间不按规定提交病情复查情况，经警告拒不改正的；⑥暂予监外执行的情形消失后，刑期未满的；⑦保证人丧失保证条件或者因不履行义务被取消保证人资格，不能在规定期限内提出新的保证人的；⑧其他违反有关法律、行政法规和监督管理规定，情节严重的情形。

（三）惩罚的程序

对社区矫正对象进行惩罚的程序分为行政惩罚程序和刑事惩罚程序。

1. 行政惩罚程序。

（1）给予训诫的程序。对具备《社区矫正法实施办法》第 34 条所规定的 4 种情形之一的社区矫正对象，由执行地县级社区矫正机构作出训诫决定并执行。

（2）给予警告的程序。对具备《社区矫正法实施办法》第 35 条所规定的 6

种情形之一的社区矫正对象，由执行地县级社区矫正机构作出警告决定并执行。

从以上的规定中可以看出：训诫和警告的决定均由执行地县级社区矫正机构作出。

（3）给予治安管理处罚的程序。对具备治安管理处罚情形的，由执行地县级社区矫正机构提请同级公安机关依法给予处罚，并向执行地同级人民检察院抄送治安管理处罚建议书副本，及时将处理结果通知执行地县级社区矫正机构。

2. 刑事惩罚程序。

（1）撤销缓刑、假释的程序。《社区矫正法实施办法》第40条第2款规定，社区矫正机构发现社区矫正对象有撤销缓刑的法定情形的，应当组织开展调查取证工作，依法向社区矫正决定机关提出撤销缓刑建议，并将建议书抄送同级人民检察院。

《社区矫正法实施办法》第46条第2款、第3款规定，决定撤销缓刑的，执行地同级社区矫正机构一般向原审人民法院提出撤销缓刑建议。如果原审人民法院与执行地同级社区矫正机构不在同一省、自治区、直辖市的，可以向执行地人民法院提出建议，执行地人民法院作出裁定的，裁定书同时抄送原审人民法院。社区矫正机构撤销缓刑建议书和人民法院的裁定书副本同时抄送社区矫正执行地同级人民检察院。

《社区矫正法实施办法》第47条第2款、第3款规定，决定撤销假释的，执行地同级社区矫正机构一般向原审人民法院提出撤销假释建议。如果原审人民法院与执行地同级社区矫正机构不在同一省、自治区、直辖市的，可以向执行地人民法院提出建议，执行地人民法院作出裁定的，裁定书同时抄送原审人民法院。社区矫正机构撤销假释的建议书和人民法院的裁定书副本同时抄送社区矫正执行地同级人民检察院、公安机关、罪犯原服刑或者接收其档案的监狱。

（2）暂予监外执行收监执行的程序。根据《社区矫正法实施办法》第49条第2款的规定，决定暂予监外执行收监执行的，执行地县级社区矫正机构一般向执行地社区矫正决定机关提出收监执行建议。如果原社区矫正决定机关与执行地县级社区矫正机构在同一省、自治区、直辖市的，可以向原社区矫正矫正决定机关提出建议。社区矫正机构的收监执行建议书和决定机关的决定书，应当同时抄送执行地县级人民检察院。

（3）送交与执行程序。根据《社区矫正法实施办法》第50条之规定，人民法院裁定撤销缓刑、撤销假释或者决定暂予监外执行收监执行的，由执行地县级公安机关本着就近、便利、安全的原则，送交社区矫正对象执行地所属的省、自治区、直辖市管辖范围内的看守所或者监狱执行刑罚。公安机关决定暂予监外执行收监执行的，由执行地县级公安机关送交存放或者接收罪犯档案的看守所收监

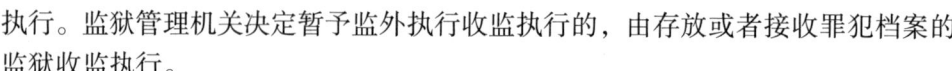
执行。监狱管理机关决定暂予监外执行收监执行的，由存放或者接收罪犯档案的监狱收监执行。

另根据《最高人民法院、最高人民检察院、公安部等关于印发〈暂予监外执行规定〉的通知》，暂予监外执行罪犯被决定收监执行的，区分 3 种情形：①人民法院对暂予监外执行罪犯决定收监执行的，决定暂予监外执行时剩余刑期在 3 个月以下的，由居住地公安机关送交看守所收监执行；决定暂予监外执行时剩余刑期在 3 个月以上的，由居住地公安机关送交监狱收监执行。②监狱管理机关对暂予监外执行罪犯决定收监执行的，原服刑或者接收其档案的监狱应当立即赴羁押地将罪犯收监执行。③公安机关对暂予监外执行罪犯决定收监执行的，由罪犯居住地看守所将罪犯收监执行。

监狱、看守所将罪犯收监执行后，应当将收监执行的情况报告决定或者批准机关，并告知罪犯居住地县级人民检察院和原判人民法院。

需要说明的是，社区矫正是在开放的社区中执行刑罚，社区矫正对象尽管受到执行机关的监督管理，但仍享有相当程度的人身自由，无论是主观因素使然，还是受客观环境影响，都有可能再次实施违法行为，甚至再次实施危害社会安全的犯罪行为。因此，公安机关对违反治安管理规定和重新犯罪的社区矫正对象要及时依法处理，社区矫正机构有责任配合公安机关做好相关工作。

社区矫正对象的考核与奖惩结果应当以书面形式记载，做到准确及时、公开公平、记入档案。社区矫正对象对于考核奖惩提出异议的，执行地县级社区矫正机构应当及时处理，并将处理结果告知社区矫正对象。

【学习情境三】对脱管、漏管社区矫正对象的管理

【案例 7-6】

社区矫正对象张某 2012 年因抢夺罪被判处有期徒刑 8 个月，缓刑 1 年。在缓刑考验期间，张某未经社区矫正机构及监护人同意，擅自外出，下落不明。经监管机关及监护人多方查找、走访，张某仍下落不明，脱离监管，严重违反了法律、法规和社区矫正监督管理规定。A 区社区矫正机构依法向原审人民法院提请撤销缓刑建议，原审人民法院在审查后，依法裁定撤销缓刑，收监执行。张某被裁定撤销缓刑后，一直在逃。经过多方协调，A 区公安分局依法将社区矫正对象张某列为网上追逃人员，在全国进行追捕。2014 年 3 月 26 日，社区矫正对象张某认为风声已过，悄悄潜回市区。刚回市区几天，就被 B 区公安分局民警抓获。

随着社区矫正工作的全面推进，最大限度地避免和减少社区矫正对象的脱

管、漏管显得越来越重要。它直接关系到社区矫正对象是否真正接受教育矫正、监督管理以及能否避免其重新走上违法犯罪的道路，关系到社区的安全和社会的稳定。所以，社区矫正机构必须会同公安机关排查脱管、漏管人员，尽最大努力将其纳入社区矫正的管辖范围之内，以维护社会的安宁与稳定。

一、脱管、漏管的定义及原因

（一）脱管

脱管是指社区矫正对象在社区矫正期间脱离执行地社区矫正机构的监督管理而下落不明，或者虽能查找到其下落但其拒绝接受监督管理的现象。具有以下情形之一的，应当认定为脱管：

1. 手机关机、停机、人机分离，且无法确定其行踪的。

2. 未经请假擅自离开执行地或虽经请假但逾期未归的。

3. 虽未离开执行地，但拒不接受社区矫正机构监管、教育的。

（二）漏管

漏管是指社区矫正决定机关作出有效的判决、裁定、决定后，与社区矫正机构衔接不到位，或者社区矫正对象故意逃避监管，未按规定时间、期限报到，造成没有及时执行社区矫正的现象。具有以下情形之一的，应当认定为漏管：

1. 交付执行机关未送达法律文书、未尽到告知义务或未办理交接手续，导致执行地县级社区矫正机构无法接收社区矫正对象的。

2. 执行地县级社区矫正机构依法应当接收社区矫正对象而未接收的。

3. 社区矫正对象未在规定时限报到，执行地县级社区矫正机构未及时组织查找的。

（三）脱管、漏管的原因

从实践中来看，出现脱管、漏管人员的原因主要有：

1. 各部门衔接、协调不畅，相关部门的法律文书到位不及时，社区矫正对象又没有按时到社区矫正机构报到，导致出现脱管、漏管现象。

2. 法院、监狱或看守所出具的法律文书不全或执行地有误，也会导致出现脱管、漏管现象。

3. 社区矫正对象委托管理操作不规范，当社区矫正对象外出就业、就医、就学、经商时，易出现脱管、漏管现象。

4. 社区矫正对象对社区矫正性质认识不足，思想上不重视，行为上不服从监管，造成主动脱管。

二、对脱管、漏管社区矫正对象的管理

《社区矫正法》第30条规定："社区矫正对象失去联系的，社区矫正机构应当立即组织查找，公安机关等有关单位和人员应当予以配合协助。查找到社区矫

正对象后，应当区别情形依法作出处理。"

根据《社区矫正法实施办法》第 38 条、《最高人民法院、最高人民检察院、公安部、司法部关于进一步加强社区矫正工作衔接配合管理的意见》的相关规定，发现社区矫正对象失去联系的，社区矫正机构应当立即组织查找，可以采取通信联络、信息化核查、实地查访等方式查找，查找时要做好记录，固定证据。查找不到的，社区矫正机构应当及时通知公安机关，公安机关应当协助查找。社区矫正机构应当及时将组织查找的情况通报人民检察院。查找到社区矫正对象后，社区矫正机构应当根据其脱离监管的情形，给予相应处置。虽能查找到社区矫正对象下落但其拒绝接受监督管理的，社区矫正机构应当视情节依法提请公安机关予以治安管理处罚，或者依法提请撤销缓刑、撤销假释、对暂予监外执行的收监执行。

执行地社区矫正机构发现社区矫正对象脱管，应当及时采取联系本人及其家属、亲友，走访有关单位和人员等方式组织追查，做好记录，并由县级社区矫正机构视情形依法给予训诫、警告、提请治安管理处罚、提请撤销缓刑、撤销假释或者对暂予监外执行的收监执行。

《社区矫正法实施办法》第 51 条规定，"撤销缓刑、撤销假释的裁定和收监执行的决定生效后，社区矫正对象下落不明的，应当认定为在逃。被裁定撤销缓刑、撤销假释和被决定收监执行的社区矫正对象在逃的，由执行地县级公安机关负责追捕。撤销缓刑、撤销假释裁定书和对暂予监外执行罪犯收监执行决定书，可以作为公安机关追逃依据。"

《最高人民法院、最高人民检察院、公安部、司法部关于进一步加强社区矫正工作衔接配合管理的意见》第 13 条规定："司法行政机关应当会同人民法院、人民检察院、公安机关健全完善联席会议制度、情况通报制度，每月通报核对社区服刑人员人数变动、漏管脱管等数据信息，及时协调解决工作中出现的问题。"

社区矫正对象出现脱管、漏管现象，必然影响社区矫正工作的成效。所以必须加强对脱管、漏管的监督管理。发现社区矫正对象脱离监管的，县级社区矫正机构应当及时组织追查。具体措施如下：

1. 做好衔接工作。执行地县级社区矫正机构接到人民法院对罪犯拟适用社区矫正的有关通知后，做好接收社区矫正对象的准备工作，并将有关事项告知拟委托承担社区矫正相关工作的司法所。发现社区矫正对象没有在法律文书规定的期限内报到的，执行地县级社区矫正机构要及时组织查找，同时将有关情况通报决定机关，抄报人民检察院和公安机关。

2. 日常监督管理中，受委托的司法所工作人员要及时掌握社区矫正对象的活动情况，如果发现社区矫正对象未按期履行报到义务，未按时参加教育学习、公益活动等，走访时未找到社区矫正对象的，要及时向县级社区矫正机构报告。

社区矫正机构通过初步核实，仍未发现社区矫正对象下落的，要通过多种方式及时组织追查，如派员深入社区矫正对象的家庭、工作单位、学校和社区进行调查，与相关人员沟通了解情况，并积极争取公安机关的支持，配合查找社区矫正对象的下落。

3. 县级社区矫正机构要及时将查找的有关情况通报社区矫正决定机关或者原服刑的监狱、看守所，加强沟通、配合。

 专栏 7-9

社区矫正对象脱离监管协助追查通知书

（存根）

编号：_____

_____县（市、区）公安局（派出所）：

社区矫正对象_____，性别_____，出生于____年____月____日，身份证号_____，现住_____，因触犯《刑法》，经_____人民法院于_____年_____月_____日，以（ ）_____字第_____号刑事判决书，判处_____，附加_____，_____年_____月_____日被_____法院判处_____，_____年_____月_____日法院裁定假释，_____年_____月_____日被_____（监狱管理局或公安局）批准暂予监外执行。该社区矫正对象于_____年_____月_____日至_____年_____月_____日在我所辖区内进行社区矫正，现该社区矫正对象于_____年_____月_____日脱离监管，经我局多方组织查找，下落不明。

特提请贵局协助追查。

_____县社区矫正机构（公章）
年 月 日

_____（骑缝章）_____

社区矫正对象脱离监管协助追查通知书

编号：_____

_____县（市、区）公安局（派出所）：

社区矫正对象_____，性别_____，出生于_____年_____月

续表

_____日，身份证号_____，现住_____
_____，因触犯《刑法》，经_____人民法院于_____年_____月
_____日，以（ ）_____字第_____号刑事判决书，判处_____
_____，附加_____，_____年_____月_____日被_____法院
判处_____，_____年_____月_____日法院裁定假释，_____
年_____月_____日被_____（监狱管理局或公安局）批准暂予
监外执行。该社区矫正对象于_____年_____月_____日至
_____年_____月_____日在我所辖区内进行社区矫正，现该社区矫正对象于
_____年_____月_____日脱离监管，经我局多方组织查找，下落不明。
  特提请贵局协助追查。

        _____县社区矫正机构（公章）
         年 月 日

专栏 7-10

社区矫正监督管理执法风险点

一、严格按规定履行审批职责，依法把握请假外出的理由、审批权限及各项审批事项的程序，不得违法违规办理，做到主体适格、程序正当、事实清楚、证据充分、结论正确。

二、严格执行各项社区矫正监管规定，按规定条件和程序履行监督管理职责，坚决杜绝玩忽职守、失职渎职。

三、监督管理过程中，要严格遵守廉洁纪律，坚决杜绝受贿索贿、徇私枉法。

四、社区矫正机构要有严管级社区矫正对象的每周报告记录、普管级社区矫正对象的每半月报告记录。

五、因故不能当面报告或参加社区矫正机构组织的教育、社区服务的社区矫正对象，要有社区矫正对象提供的医院诊断证明，经社区矫正机构集体研究决定后备案。

六、思想汇报记录、走访记录应具体详实，切忌千篇一律。

七、同意社区矫正对象进入禁止令指定的特定区域、场所的，必须具备充分理由，并履行审批手续。

八、外出请假审批，必须符合法定理由；必须把握限定时间；必须督促办理销假手续，并存档备查。

续表

九、对社区矫正对象居住地变更的申请要履行相应的审批程序，并有相关文件记录证明，交接材料要及时传递，不要漏时、漏项、漏单位。

十、管理等级的确定与调整要经相应的审批程序并有审批材料证明。

十一、在使用定位监管系统中，必须保证设备正常；必须有核查定位情况、点验情况、关停机情况、人机分离情况、越界情况、轨迹情况的记录，并显示对异常情况及发现问题核实、核查和处理的记录。

十二、对社区矫正对象会客、禁止令执行、外出请假超7日、居住地变更、漏脱管处置、管理等级调整等执法事项，必须履行审核审批程序，一般应由审议小组集体审议，体现集体决议原则。较大执法事项，可邀请检察院相关人员，纪检组人员列席，或征求他们的意见。

十三、社区矫正机构发现社区矫正对象漏管、脱管的，必须组织查找并留存工作痕迹；对下落不明认定为在逃的，由执行地公安机关负责追捕。

十四、对未成年社区矫正对象管教的执法活动一般不公开，且应注意信息保密，确保监管教育、帮扶措施等符合未成年人员特点。

 【单元小结】

刑事执行主要是通过对社区矫正对象的监督管理来完成的，因此，监督管理制度的建立和完善、执法人员的责任心、执法水平和对社区矫正对象考核奖惩的准确、及时、公正、公平、公开，直接关系到社区矫正工作的成败，甚至关系到社区矫正对象在刑满释放后的再犯罪问题。所以，本单元可以说是社区矫正工作流程中的重中之重。

 【技能训练—实训项目】

【案例7-7】

朱某于2005年6月某日在酒店乘人不备将邻桌李某的皮包拿走，内有现金2万余元。李某发现后将朱某扭送到派出所。2005年9月，朱某以盗窃罪被判处有期徒刑缓刑，进入社区矫正。朱某自接受社区矫正以来，在社区矫正工作者的帮助和教育下，能认罪服法，遵规守纪，接受社区矫正组织的教育、帮助，定期汇报思想、服从监督管理，学习认真，劳动态度端正，工作积极、不怕苦、不怕累，积极进行技术改造，为所在单位的正常生产、减少和节约成本、提高经济效益做出了重大贡献。

【案例7-8】

钱某于1970年8月出生在一个贫困家庭，小学文化程度。从小家庭教育缺失，没有接受相应的文化教育，对国家法律、法规的了解和掌握更是微乎其微。由于道德素质差，好逸恶劳、不劳而获的思想为其犯罪埋下伏笔。1991 年，他因抢劫罪、流氓罪（该罪名现已废止）被首次判刑，在某监狱服刑。1995 年出狱后，钱某与杨某结婚，并于 2001 年育有一女。有过一次深刻教训的钱某，本该思过悔改，老老实实重新做人。但钱某交友不善，不务正业，经不起诱惑，2008 年 11 月 20 日，因赌博罪被人民法院判处有期徒刑 8 个月，缓刑 1 年。2009 年 1 月 15 日，钱某在某司法所接受社区矫正，被评定为普管级矫正对象。在矫正期刚开始时，钱某也能按照每月的矫正管理规定接受矫正。但好景不长，缺乏明辨是非能力和行为控制能力的钱某，最终重操旧业，再次走上歧路。2009 年 5 月 7 日晚，钱某伙同他人在某地进行赌博违法活动，被警方抓获。某公安分局遂于 2009 年 5 月 8 日，对其作出行政拘留 10 日，并处罚金 3000 元的处罚。

请依据考核奖惩办法的计分方法为朱某和钱某进行量化考核。

附：实训任务书、实训考核表

实训任务书

课时安排	2 课时
实训目的	通过实训，使学生掌握对社区矫正对象监督管理的具体内容；在技能上学会利用合适分值的分配，制定出科学的考核记分办法并在实践中具体应用。记分办法应该达到激发社区矫正对象的改造积极性，遏制其违法和重新犯罪欲望的目的
实训任务	1. 制定一份记分考核办法 2. 运用考核办法对社区矫正对象进行量化考核
实训要求	1. 每位同学制定出一份考核办法 2. 根据案例并进行量化考核赋分；并对涉及的社区矫正对象给出奖惩建议
实训成果形式	1. 上交书面作业 2. 老师对学生提交的作业进行批改并点评
实训地点	理实一体化教室
实训过程	1. 首先由教师举出范例 2. 提前布置学生预习案例 3. 由学生自行制定考核办法 4. 根据自己制定的办法对案例进行分析和量化考核并给出奖惩建议 5. 由教师逐一点评

实训考核表

班级_____　姓名_____　学号_____

任务描述：通过此次实训，学生可以掌握制定考核评分标准的原则和具体内容，学会制作一份科学规范有效的赋分量表，并能用此量表对案例中社区矫正对象的表现进行考核，并给出符合法律规定的奖惩建议。
项目总分：100分
完成时间：120分钟（2课时）

考核内容	评分细则	等级评定
一、实训过程与要求	分值：20分 1. 上课无迟到早退现象（6分） 2. 积极回答问题（5分） 3. 讨论态度端正（5分） 4. 有合作精神（4分）	实训成绩评定分为五等： 1. 优（90分及以上） 2. 良（80及不满90分） 3. 中（70及不满80分） 4. 及格（60及不满70分） 5. 不及格（不满60分） 注意事项： 1. 有旷课现象的不能评定为优或者良 2. 旷课达到××节的直接评定为不及格 3. 有抄袭现象的不及格 4. 具体评分标准由老师掌握
二、实训表现与态度	分值：20分 1. 所选案例经典（7分） 2. 思考认真，思路清晰（6分） 3. 观点正确，核心突出（7分）	
三、实训成果	分值：60分 1. 按照规定时间上交（5分） 2. 格式规范（10分） 3. 字迹清楚（5分） 4. 内容详尽完整，赋分科学合理（20分） 5. 无抄袭现象（5分） 6. 有创新思维（5分） 7. 奖惩建议合法合理（10分）	
合计		

评分人：　　　　　　　　　　　　　　　日期：　年　月　日

【拓展学习】

上海市关于贯彻落实
《中华人民共和国社区矫正法实施办法》的实施细则

2020 年 8 月 13 日，上海市高级人民法院、上海市人民检察院、上海市公安局、上海市司法局正式会签完成《关于贯彻落实〈中华人民共和国社区矫正法实施办法〉的实施细则》（以下简称《上海实施细则》）。

《上海实施细则》将于 8 月 20 日施行。

《上海实施细则》共八章，分别为总则、调查评估、衔接与交付、日常管理、事项审批管理、奖惩、解除和终止、附则等，共六十二条，总体凸显了"四大特点"：

01 体现了传承发展，确保工作平稳衔接

《上海实施细则》是对上海市原有社区矫正工作制度的总结和延续。根据《社区矫正法》和《实施办法》的立法精神和有关具体规定，在充分总结吸收近年来公检法司衔接配合的有效做法与成功经验的基础上，对《上海实施细则》的规范作了充实和完善，确保了新旧规定有效衔接。

02 体现了规范统一，确保执法精细严谨

《上海实施细则》对《实施办法》的相关规定作了细化，在不新设或增加社区矫正对象义务的前提下，以贯彻落实《实施办法》为主要落脚点，细化相关规定和要求。如，对《实施办法》第十二条"固定住所"做了必要界定；对第二十六条"家庭或者工作重要事务"做了一般性解释等，为统一执法标准，提高执法规范提供了保障。

03 体现了协同监管，确保协调配合高效

《上海实施细则》对公检法司职责分工与协调配合机制作了进一步明确，对社区矫正机构委托司法所开展社区矫正相关工作具体事项进行了规范和明确，强化了与公安机关、审判机关的工作衔接配合，比如明确社区矫正机构 24 小时内查找失联社区矫正对象未果的，应提请公安机关协助查找，公安机关应当派员协助追查，同时定期向区社区矫正机构反馈追查情况；明确"社区矫正对象脱离监管，社区矫正机构提请收监执行的，人民法院、公安机关、监狱管理机关应当依法及时作出裁定、决定"等。

04 体现了科学矫正，确保教育针对性强

《上海实施细则》对社区矫正对象的日常管理考核与分级矫正作了规范，明确区社区矫正机构、司法所可以依法对社区矫正对象遵守社区矫正规定情况、服从监督管理和接受教育帮扶情况以及其他日常表现情况开展日常管理考核，并将考核结果作为实施分类、分级管理和依法给予表扬、训诫、警告以及提请治安管理处罚的依据。[1]

〔1〕　https：//www.sohu.com/a/413785713_660595 或 http：//www.chjzxc.com/.

学习单元八　社区矫正对象的教育矫正

【学习目标】

通过本单元的学习，能够完成以下工作任务：

项目 1. 社区矫正对象的入矫教育

项目 2. 社区矫正对象的常规教育

项目 3. 社区矫正对象的解矫教育

【知识树】

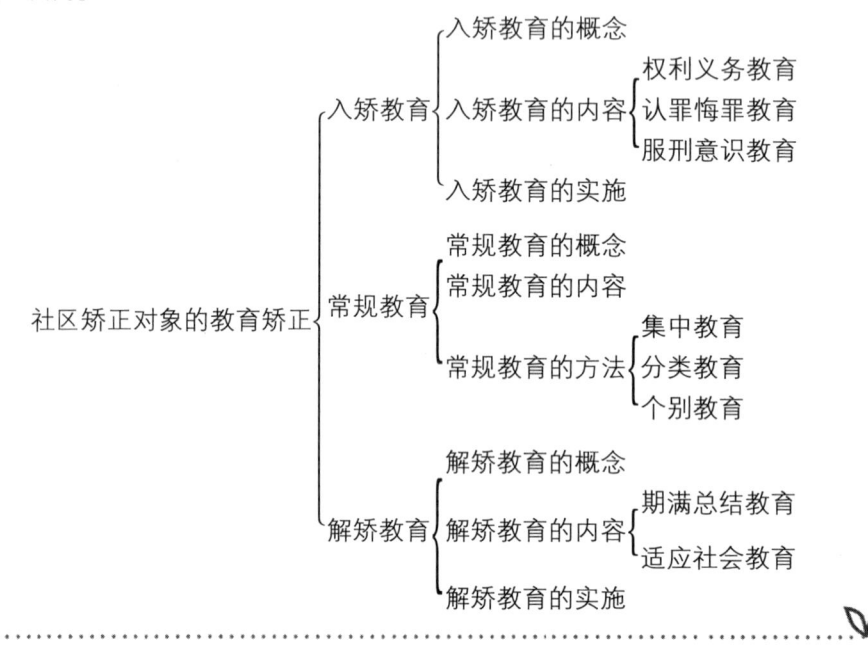

【案例 8-1】

朱某，男，1987 年 12 月出生，已婚，大专文化。户籍地为某市 A 区，居住地为某市 B 区。2016 年 9 月 5 日，朱某因交通肇事罪被某市 B 区人民法院依法判处有期徒刑 1 年，缓刑 1 年，缓刑考验期为 2016 年 9 月 20 日至 2017 年 9 月 19 日。2016 年 9 月 28 日，B 区社区矫正机构对其进行了入矫宣告。

在宣告会结束后，朱某的母亲对于判决结果非常不满，并向专职干部和社工抱怨，她认为社区矫正的各项制度规定会对朱某正常的工作、生活带来很多不利的影响。朱某对于法院的判决结果也持有异议，他认为钱都赔了，受害人家属也签了谅解协议书，不应该判得这么重。受此影响，朱某对于社区矫正的态度不够端正，对于自己社区矫正对象的身份认识不够深刻。

朱某案发前是一家教育培训机构的员工，主要的工作任务是对教学点的办学情况进行巡视和指导。案发后，朱某丢掉了原来的工作，又因事故赔偿导致他经济压力大，所以朱某的情绪很不稳定，对待工作人员的言语和态度比较生硬。

根据以上情况，如何让朱某正视现实，接受现有矫正对象角色，服从管理，如何矫正朱某的不良心理与行为恶习，如何防止朱某重新犯罪，促进其成为守法公民？这就要求社区矫正机构必须根据朱某的个性特点、犯罪原因、现实表现等情况，对其开展分阶段、个别化教育，才能真正帮助其回归社会。

《社区矫正法实施办法》第43条规定："社区矫正机构、受委托的司法所应当充分利用地方人民政府及其有关部门提供的教育帮扶场所和有关条件，按照因人施教的原则，有针对性地对社区矫正对象开展教育矫正活动。社区矫正机构、司法所应当根据社区矫正对象的矫正阶段、犯罪类型、现实表现等实际情况，对其实施分类教育；应当结合社区矫正对象的个性特征、日常表现等具体情况，进行个别教育。社区矫正机构、司法所根据需要可以采用集中教育、网上培训、实地参观等多种形式开展集体教育；组织社区矫正对象参加法治、道德等方面的教育活动；根据社区矫正对象的心理健康状况，对其开展心理健康教育、实施心理辅导。社区矫正机构、司法所可以通过公开择优购买服务或者委托社会组织执行项目等方式，对社区矫正对象开展教育活动。"

【学习情境一】社区矫正对象的入矫教育

一、入矫教育的概念

入矫教育是指社区矫正机构接收社区矫正对象之后，为实现使之尽快适应社区矫正生活而进行的以权利义务、认罪悔罪和矫正意识等为主题的专项教育活动。入矫教育的内容主要包括权利义务教育、认罪悔罪教育、矫正意识教育、警示教育、社会认知教育等。

开展入矫教育的目的主要有以下两个方面：一方面，帮助社区矫正对象认识社区矫正的性质，了解社区矫正的监管、教育等方面的规定，消除其思想顾虑，促进其认罪悔罪及明晰身份，强化其在矫意识，帮助其明确矫正目标以及适应矫正生活。另一方面，社区矫正工作者能够全面掌握社区矫正对象的罪错案由、文化程度、生活工作经历、家庭、社交等基本情况，了解社区矫正对象的思想动态、个性特征及现实需求，为下一步的教育矫正奠定基础，保障社区矫正工作安

全和有效地开展。

二、入矫教育的内容

(一) 权利义务教育

权利义务教育是指社区矫正机构向社区矫正对象明确其在社区矫正期间所享有的权利和所应履行的义务的教育。权利义务教育是入矫教育的重要内容。

社区矫正是一种非监禁刑事执行制度。非监禁性是社区矫正区别于监禁矫正的重要特征。社区矫正对象进入开放式的矫正程序后，首先要明确自己的权利和义务。《社区矫正法》第 4 条第 2 款明确规定："社区矫正工作应当依法进行，尊重和保障人权。社区矫正对象依法享有的人身权利、财产权利和其他权利不受侵犯，在就业、就学和享受社会保障等方面不受歧视。"这是社区矫正对象权利法定性的要求。2016 年河北省司法厅下发《关于加强社区服刑人员教育管理工作的意见》中规定，"社区矫正告知教育。依据分类矫正的有关规定，告知集中教育、个别教育、思想汇报、就医报告、外出请假、迁居审批、禁令遵守、定位管理、社会服务的规定和要求，告知社区矫正工作有关日常行为考核奖惩的规定及实施办法等"。告知教育更多地体现了社区矫正对象的矫正义务。

在一些地区制定的有关社区矫正教育工作的规定中，明确了社区矫正对象的权利和义务。例如，《湖北省社区矫正教育工作规定》第 9 条规定，矫正对象享有下列权利：①人格不受侮辱；②人身安全和合法财产不受侵犯；③享有辩护、申诉、控告、检举以及其他未被依法剥夺或限制的权利。矫正对象应当履行下列义务：①遵守国家法律、法规和有关管理规定；②积极参加学习、教育和社区服务；③定期向司法所和监督考察小组报告自己的思想、活动情况；④迁居或离开所居住区域时必须经司法行政机关和公安机关批准；⑤服从监督管理。被决定保外就医的罪犯，在接受社区矫正期间，同时应当遵守下列规定：①在指定的医院接受治疗；②确因治疗需要转院或者离开所居住区域的，应当事先经司法行政机关和公安机关批准；③治疗疾病以外的社会活动应当经司法行政机关和公安机关批准。[1]

其他地区规定的社区矫正对象权利义务内容也基本相同。对社区矫正对象开展权利义务教育有利于社区矫正对象明确其特殊身份，强化其行为规范养成。这是社区矫正工作顺利进行的根本保证。

【案例 8-1】中，社区矫正机构接收朱某后，成立了以社区矫正专门国家工作人员为核心，社区民警、矫正社工、志愿者、社区矫正对象家属为成员的 "4+X" 矫正小组，并根据其存在的主要问题，制订了差异化的矫正方案。在入矫

---

〔1〕 司法部社区矫正管理局编：《社区矫正法律法规与工作制度汇编》，法律出版社 2014 年版，第 529~530 页。

教育中，针对朱某的错误认知，即遵守社区矫正的监管制度会带来生活不便，社区矫正机构对其开展了个别化的权利义务教育，告知其即使没有进入监狱，但其仍是罪犯的身份，社区矫正期间享有未被剥夺或限制的权利，但必须遵守报到、外出审批、会客、变更执行地、定位管理等监管制度，若有违反，应承担相应的后果及法律责任，甚至撤销缓刑收监执行。

（二）认罪悔罪教育

认罪悔罪教育是指教育工作者针对社区矫正对象对所犯罪行不承认、不悔过现象而开展的教育活动。认罪悔罪教育是社区矫正对象接受矫正的前提和基础。根据司法部印发的《教育改造罪犯纲要》的精神，社区矫正对象认罪悔罪教育的目标是：承认犯罪事实，正确分析犯罪原因，正确认识犯罪危害，破除不认罪的思想观点以及交清隐瞒的余罪，并对自己的犯罪行为表示悔恨，决定改过自新。

认罪悔罪是社区矫正对象接受矫正的前提和基础。马克思主义理论认为，人的行为受主观意识的支配。社区矫正对象只有正确认识到自己的犯罪行为，才能安心接受矫正。有些社区矫正对象虽然已经被判处刑罚，却仍然没有真正承认犯罪和认可刑罚。不认罪主要有以下几种表现：无罪论（不认为自己的行为是犯罪）；轻罪重判论（承认犯罪，但罪行不重，判刑过重）；犯罪外因论（把犯罪的主要原因推向客观，妄图推卸罪行）；有错无罪论（把犯罪行为视为一般性的错误，因而感到不至于判刑）等。[1] 在认罪教育中，教育工作者要针对上述不认罪的错误观念，坚持以理服人原则，加强思想疏导，组织开展有目的的批判，纠正社区矫正对象的错误认识。做好这项工作，有利于社区矫正对象自觉接受监督管理和教育矫正，决心接受矫正，走弃恶从善的道路，真正回归社会。教育工作者可以利用"入矫后认罪态度评估表"，判断社区矫正对象的认罪态度及不认罪表现，进而有针对性地开展认罪悔罪教育。

专栏 8-1

入矫后认罪态度评估表[2]

序号	一级指标	二级指标	分值	得分
1	对犯罪事实的认知	承认判决书所指控的全部事实	5	
		仅承认判决书所指控的部分事实	2	
		不承认判决书所指控的事实	0	

〔1〕 杜雨主编：《监狱教育学》，法律出版社1996年版，第153页。

〔2〕 陈耀鑫主编：《上海市社区矫正"三分矫正"工作实务指南》，上海人民出版社2019年版，第35~36页。

续表

序号	一级指标	二级指标	分值	得分
2	对法院判决的认知	服从法院判决的罪名及刑罚并积极执行判决内容	5	
		服从法院所判罪名，但认为刑罚过重	2	
		认为行为不构成犯罪，不应当判刑	0	
3	对犯罪归因的认知	犯罪行为是自己的问题，应当接受刑罚	5	
		强调社会和其他客观原因	2	
		强调自己完全是受害者	0	
4	对犯罪危害的认知	认识到自己的行为给国家、他人造成的危害	5	
		认识到自己的行为给自身、家庭造成的危害	2	
		自认为没有造成伤害	0	
5	对社会现状的态度	对社会现状满意，表现积极、乐观	5	
		对社会现状基本满意，偶有不满情绪	2	
		对社会现状非常不满，或扬言要采取一定的行动	0	
总分			25	

开展认罪悔罪教育要坚持集体教育与个别教育相结合的原则。教育工作者运用集体教育可以解决认罪教育中的共性问题，从分析社区矫正对象如何走上犯罪道路和认识犯罪造成的危害入手，讲明认罪教育的目的、意义和要求；讲明认罪与守法的关系，认罪服法与矫正的关系。个别教育是开展认罪悔罪教育的重要手段。个别教育前，教育工作者一定要熟悉案情，熟知不认罪的表现；在教育过程中，要坚持正面启发诱导，对其错误的思想观点据理驳斥，对其反矫正行为据理揭露、批判。同时，在认罪教育过程中，教育工作者既要坚定必胜信心，又要耐心等待，不要怕社区矫正对象思想认识上的反复，并且要集中全力找出其不认罪的关键所在，对症下药，才能取得良好的教育效果。

【案例8-1】中，朱某不认罪的表现是认为量刑过重，即不认同法院的判决结果，认为自己已经赔偿受害人，并获得了受害人家属的谅解，但仍被判处刑罚。针对朱某不认罪、不悔过的情况，社区矫正机构动员朱某参加区矫正中心组织的交通肇事类社区矫正对象专项教育，以小组活动和同伴辅导的形式对其开展教育矫正工作。同时，从犯罪行为的社会危害性入手，分析朱某的犯罪行为给受害人及其家庭、社会造成的危害，并从社区矫正的优越性、宽容性、文明性出发，加强思想疏导，批判错误认知，纠正偏差观点，进而促进其自我反思、自我检讨、自我改造，帮助其平稳地度过社区矫正的初期阶段。

（三）矫正意识教育

矫正意识教育是指教育工作者针对社区矫正对象矫正意识淡薄，不服从监督管理，抗拒矫正工作现象而开展的教育活动。

矫正意识教育是社区矫正教育的特色。非监禁性是社区矫正区别于监禁矫正的重要特征。在开放性的社区中接受矫正，容易造成部分社区矫正对象忽视其罪犯身份，以为不被关押在监狱中就不是罪犯，与其他守法公民一样享有自由。因此，开展矫正意识教育是十分必要的。

开展矫正意识教育体现了法制教育与政策教育相结合的原则。教育工作者通过必要的法制教育，使社区矫正对象明确罪与非罪的界限，认识其犯罪行为的危害性，以及刑事审判的权威性和严肃性，使他们意识到自己虽然没有被关押在监狱中，但仍然是一名接受矫正的矫正对象，从而端正其对社区矫正的态度，主动接受监管和教育。同时，教育工作者应当充分发挥政策的威力，解读社区矫正是一种行刑社会化方式，明确社区矫正的法定义务，强调关于学习、管理、劳动等方面的规章制度，以及违反规定后应当承担的法律责任，给社区矫正对象以外在的约束，以加强其矫正意识。组织参观监狱、讲解收监执行等警示性案例等方法是目前开展服刑意识教育的主要手段。

【案例 8-1】中，朱某不认罪、不悔过，导致矫正意识差，表现为态度不够端正，也不认同现有矫正对象的身份。针对此种情况，社区矫正机构对其加强法制教育，向朱某阐明其行为已构成犯罪，赔偿及谅解不能抵消其犯罪行为造成的危害，也不能弥补其所造成的法益损害。同时，应向社区矫正对象强调法院的判决以及社区矫正机构的执行都具有严肃性、权威性，并告诫朱某时刻提醒自己虽然在社会之中，但仍是一名接受监督管理的矫正对象，必须端正矫正态度，自觉遵守法律法规及社区矫正规章制度，否则，可能收监执行或重蹈覆辙。此外，为强化朱某的矫正意识，教育工作者还向其介绍本地区缓刑犯收监执行的典型案例，以此作为警示，提醒其避免不良后果。

三、入矫教育的组织实施

（一）及时接收

交付接收工作牵涉部门多、内容繁琐，须认真对待。接收社区矫正对象是社区矫正工作的起点，也是开展教育矫正工作的前提。交付接收是指在社区矫正决定机关作出的适用社区矫正的判决、裁定或决定生效后，社区矫正对象在规定期限内到社区矫正机构报到，或由监狱、公安机关将社区矫正对象移送社区矫正机构，社区矫正机构依法为其办理接收手续的相关活动。根据《社区矫正法》第22条，接收工作主要包括：核对法律文书、核实身份、办理接收登记、建立档案，并宣告社区矫正对象的犯罪事实、执行社区矫正的期限以及应当遵守的规定。

（二）调查评估

调查评估是对社区矫正适用前社会调查评估的深化，也是全面掌握社区矫正对象特征，开展有针对性教育的条件。尽管社区矫正对象都具有犯罪的属性，但仍表现出千差万别的个性，即他们在性别、年龄、婚姻状况、文化程度、家庭环境、工作经历、社会资源等方面都存在很大差异。在入矫教育期间，社区矫正机构工作人员应当利用文献法、问卷法和访谈法等调查手段，全面了解社区矫正对象的现状，进行客观性评价。社区矫正机构工作人员通过文献分析，认真研究起诉书、判决书、社区矫正对象在监狱或看守所期间的表现情况和心理档案等法律文书及相关材料，了解社区矫正对象的犯罪情况。社区矫正机构工作人员利用调查问卷，如【专栏8-2】《社区矫正对象需求调查问卷》，了解社区矫正对象的需求，为后续开展有针对性的管理、教育、帮扶工作提供参考，但应当注意对相关信息予以保密。社区矫正机构工作人员可以运用心理学量表，进行心理测试，了解、掌握社区矫正对象的心理状态；可以深入社区矫正对象家庭、单位或居（村）委会，通过个别谈话，了解社区矫正对象的思想、工作、生活以及成长过程等情况。在充分调查的基础上，要分析确定每个罪犯的犯罪主要原因（物欲、性欲、权欲、义欲）、犯罪手段（凶残、狡诈、一般）、犯罪方式（公开、秘密、欺诈、暴力、威胁）、犯罪类型（偶发、激情、预谋、职业）、性格类型（内向、外向、中性）、行为特征（暴躁、灵敏、一般、迟缓）等。[1]综合上述调查评估情况，对社区矫正对象形成相对客观的认识，为开展个性化的教育矫正工作奠定基础。

 专栏 8-2

社区矫正对象需求调查问卷[2]

为了更好地了解您的个人需求，使您今后在社区矫正期间的管理、教育、培训更具针对性、有效性，社区矫正中心特开展社区服刑人员需求调查。调查结果仅供组织开展社区矫正安置、帮教工作参考并予以保密，请您认真完成本次问卷。

---

〔1〕 王明迪主编：《罪犯教育概论》，法律出版社2001年版，第125页。

〔2〕 陈耀鑫主编：《上海市社区矫正"三分矫正"工作实务指南》，上海人民出版社2019年版，第13~18页。

请您根据问题的选项，在您认为匹配的"□"内打钩；题目注可多选的可以在多个选项的"□"内打钩；选"其他"的，请填写选项中没有列举出的答案。

第一部分　个人信息

1. 姓　　名：_____

2. 性　　别：_____

3. 填表日期：_____

4. 所属街道：_____

5. 出生日期：_____年_____月_____日

6. 学历：

□A 文盲　□B 小学　□C 初中　□D 中专　□E 技（职）校　□F 高中

□G 大专　□H 大学本科及以上

7. 身体状况：

□A 良好　□B 一般　□C 有严重疾病（请注明）_____

8. 家庭情况：

□A 双亲家庭　□B 父母一方去世　□C 父母双方去世

□D 离异家底　□E 离异再婚家庭　□F 其他（请注明）_____

9. 婚姻状况：

□A 未婚　□B 已婚　□C 再婚　□D 丧偶　□E 其他（请注明）____

10. 子女状况：

□A 无子女　□B 一个子女　□C 两个及以上子女

11. 工作状况：

□A 国有企业　□B 私营企业　□C 事业单位　□D 社会团体

□E 个体户　□F 自由职业　□G 无业　□H 退休

12. 您对现在的工作：

□A 很满意，充分体现了自我的价值，工作时感到开心

□B 比较满意，符合自己的要求

□C 一般满意，基本能满足生活所需

□D 不大满意，和自己的想象有很大差距

□E 很不满意，觉得自己在浪费时间

□F 无所谓

续表

13. 您觉得您的生活压力：

□A 很大，无法接受　　　　　□B 比较大，但还可以承受

□C 一般，没有太大的压力　　□D 很少有压力　□E 没有压力

14. 您目前交往的对象有（多选题）：

□A 家人和亲戚　□B 同事或同学　□C 自己的朋友　□D 社区工作人员

□E 其他（请注明）＿＿＿＿＿＿

15. 您目前最信赖的人是（多选题）：

□A 父母　□B 伴侣　□C 祖辈　□D 朋友　□E 没有　□F 其他（请

注明）＿＿＿＿＿

16. 经济状况：

□好　□B 较好　□C 一般　□D 困难

17. 入矫前生活来源（多选题）：

□A 自食其力　□B 父母收入　□C 社会救助　□D 其他（请注明）＿

＿＿＿＿＿

18. 您希望在矫正期得到什么类型的帮扶服务（多选题）：

□A 教育培训　□B 法律方面的咨询和援助　□C 推荐工作　□D 社会救

助　□E 家庭矛盾调解　□F 心理辅导　□G 倾诉交流　□H 无　□I 其他

（请注明）＿＿＿＿＿＿

19. 您愿意参加下列哪几类公益性活动？（多选题）：

□A 慈善募捐　□B 帮困助学　□C 义务献血

□D 志愿服务　□E 不愿意　　□F 其他（请注明）＿＿＿＿＿＿

20. 您有哪些技能、特长、爱好（多选题）：

□A 艺术类

□①唱歌 □②绘画 □③摄影 □④书法 □⑤乐器 □⑥舞蹈 □⑦陶艺 □

⑧篆刻□⑨其他（请注明）＿＿＿＿＿＿

□B 体育类

□①乒乓球 □②羽毛球 □③棋艺 □④足球 □⑤武术 □⑥篮球 □⑦游

泳 □⑧排球 □⑨其他＿＿＿＿＿＿

□C 生活类

□①编织 □②修理 □③家政 □④驾驶 □⑤按摩 □⑥园艺 □⑦其他

（请注明）＿＿＿＿＿＿

□D 计算机类

续表

□①熟悉办公软件应 □②熟悉 PS、视频制作 □③电脑修理维护 □④其他（请注明）_____

第二部分　教育学习

21. 教育学习时间您希望安排在什么时候？

□A 工作日　　　□B 周末　　　□C 其他（请注明）_____

22. 您希望接受下列哪些选修课程？（请选出您最希望的 3 门）

□A 心理健康类

□①心理疏导 □②沟通艺术 □③行为治疗□④其他（请注明）_____

□B 艺术

□①音乐 □②绘画 □③书法 □④手工艺 □⑤园艺 □⑥棋艺 □⑦其他（请注明）_____

□C 职业规划类

□D 生活常识类

□E 其他（请注明）_____

23. 您认为，下列哪种属于对您而言较为有效的教学方法？（请选出您认为最有效的 3 种）

□A 课堂讲授□B 案例分析□C 模拟及角色扮演□D 实地参观□E 圆桌讨论 □F 其他（请注明）_____

24. 您是否愿意担任课堂教学的临时讲师？

□A 非常乐意□B 乐意□C 要考虑一下□D 不乐意

25. 如愿意，可负责什么专业（题）的教学？

_____

26. 您平日喜爱阅读哪一类书籍？

□A 心灵鸡汤类□B 电脑信息类□C 金融理财类□D 生活百科类□E 不看书□F 其他（请注明）_____

第三部分　社区服务

27. 您希望参加什么样的社区服务？（多选题）

□A 普通体力型　□B 行业服务型　□C 简单劳动型　□D 技能传授型

具体为：

□①打扫公共卫生□②植树□③保洁□④敬老助残□⑤值班巡逻

□⑥文化辅导　□⑦课堂讲授□⑧板报宣传 □⑨其他（请注明）_____

续表

28. 您愿意为哪些群体提供社区服务？（多选题）

□A 老人　　　　□B 智障儿童　　　□C 残疾人

第四部分　就业培训

（如果目前无业就请填写 29~34 项）

29. 您是否有过工作经验？

□A 是　　　　□B 否

30. 若有工作经验，您曾从事过哪类工作？（多选题）

□A 管理类□B 服务类□C 操作类□D 技术类□E 研发类□F 其他（请注明）＿＿＿＿＿＿＿

31. 您目前是否有就业打算？

□A 有强烈意愿　　　□B 有意愿　　　□C 无所谓　　　□D 不打算

32. 如果您正处于失业状态，您是否愿意参加由政府组织的职业培训？

□A 非常愿意　　　□B 一般　　　□C 无所谓　　　□D 不愿意

33. 您对自身就业前景的评价：

□A 乐观　　　□B 一般　　　□C 不乐观　　　□D 不知道

34. 您认为将来您有能力并期望从事哪类工作？

□A IT　　□B 家政　　□C 环卫　　□D 烹饪　　□E 安保　　□F 驾驶

□G 维修□H 行政　　□I 创业　　□J 不知道□K 其他（请注明）＿＿＿＿＿

35. 除本问卷所涉及的内容，针对即将对您实行的社区矫正，您还有哪些想法和建议？

＿＿＿＿＿＿＿＿＿＿＿＿＿＿＿＿＿＿＿＿＿＿＿＿＿＿＿＿＿＿

（三）介入实施

介入实施是入矫教育工作的具体贯彻。通常来讲，社区矫正对象入矫宣告后的 3 个月是入矫教育期间。但社区矫正机构工作人员可以根据矫正时间长短予以调整。社区矫正机构工作人员根据调查评估的结果，结合社区矫正对象的具体特点，分析其存在的主要问题，有针对性、侧重性地制定个性化教育计划与方案，主要包括：确定入矫教育的项目及重点；通过个别谈话、思想汇报、情感交流等手段，扩大社区矫正对象的认知范围；通过警示教育等手段，加强刑罚执行的严肃性，提高社区矫正对象的服刑意识，督促其认真接受社区矫正。社区矫正机构工作人员可以以周为时间单位制定教育计划，列出教育学习的内容及重点，认真准备教学内容，并填写教学日志以及教学情况反馈。

（四）考核鉴定

考核鉴定是在入矫教育结束之前，社区矫正机构对社区矫正对象教育情况的考核与鉴定工作。在入矫教育结束前，社区矫正机构应当组织社区矫正对象考试，重点考核《刑法》等刑事法律法规、《社区矫正法》以及相关规章制度的掌握情况，了解入矫教育的效果，为接下来的常规教育奠定基础。有些地方结合矫正表现和考试成绩，对社区矫正对象作出入矫教育期满合格与否的评估，填写《入矫教育评估》（详见【专栏 8-3】），并告知社区矫正对象。

 专栏 8-3

入矫教育评估表[1]

社区矫正对象_____自_____年_____月_____日起接受入矫教育。经教育，该对象（能/不能）正确认识社区矫正，树立良好的在刑意识，以积极的心态面对社区矫正。

矫正中心通过综合评估，认定该社区矫正对象入矫教育（合格/不合格）。

评估人：

评估单位（盖章）：

评估日期：

【学习情境二】社区矫正对象的常规教育

一、常规教育的概念

常规教育也叫日常教育，是指介于入矫教育与解矫教育之间的，教育工作者对社区矫正对象开展的各种内容和形式的教育活动的总称。常规教育是整个教育矫正工作的关键。常规教育的目的是，改变社区矫正对象的不良心理和行为恶习，增强其守法意识，修复其社会关系，提高其道德修养、文化素质、劳动技能、心理健康水平和社会适应能力。

二、常规教育的内容

常规教育的内容丰富，形式多样，是整个教育矫正工作的关键。《社区矫正法》第 36 条第 1 款规定："社区矫正机构根据需要，对社区矫正对象进行法治、

————————

　　[1]　陈耀鑫主编：《上海市社区矫正"三分矫正"工作实务指南》，上海人民出版社 2019 年版，第 35 页。

道德等教育，增强其法治观念，提高其道德素质和悔罪意识。"第 40 条第 1 款规定："社区矫正机构可以通过公开择优购买社区矫正社会工作服务或者其他社会服务，为社区矫正对象在教育、心理辅导、职业技能培训、社会关系改善等方面提供必要的帮扶。"基于上述规定，结合各地社区矫正教育的实践，我们认为，社区矫正的常规教育主要包括形势政策教育、思想教育、法制教育、文化教育和心理健康教育等。

（一）形势政策教育

形势，是指社会经济、政治、文化等方面的发展状况和趋势。形势教育主要包括，政治形势教育、经济形势教育和精神文明建设形势教育。非监禁性是社区矫正的重要特征，社区矫正对象在开放性的社区中接受改造，必然与社会发生千丝万缕的联系，社会形势也必然影响矫正对象的改造。但有些社区矫正对象不能认清形势的发展趋势，在形势问题上存在着认知偏差，甚至错误观念。形势教育的目的就是帮助社区矫正对象正确认识社会形势，增强其回归社会的信心，使其逐步适应社会生活。社区矫正机构可以以中华人民共和国成立、改革开放等为主题，讲好中国故事，讲述改革开放以来在中国共产党的领导下经济、社会、科技、军事、民生等方面取得的巨大成果，讲明每个公民在国家发展和社会进步中的责任，以培养矫正对象的爱国意识，增强矫正对象的社会服务意识。社区矫正机构也可以根据形势发展，结合党和国家的重要活动，与时俱进地开展形势教育。例如，为增强时事政策意识和法律意识，激发改造热情和社会责任感，2018年 7 月 5 日，湖南省宜章县司法局为全县 200 余名社区矫正对象组织了"党的十九大"、全国"两会"以及《宪法》精神主题辅导报告，引导社区矫正对象了解党的大政方针，把握社会发展大局形势，进一步激发了他们积极改造、积极参与建设全面小康社会的热情。

政策是国家根据一定的社会形势为实现一定历史时期的路线而制定的行为准则。政策教育主要包括党和国家大政方针教育、刑事政策教育、社会福利与社会保障政策等方面的教育。政策教育有助于矫正对象了解国家各类政策，帮助其回归社会。社区矫正是一种非监禁性刑事执行制度，对我国公众而言是一项新生事物。一些矫正对象对社区矫正并不了解，甚至一无所知，容易产生抵触、消极、甚至对抗的心理。因此，教育工作者应当把社区矫正制度作为刑事政策教育重点。教育工作者可以从刑罚变迁的视角，向矫正对象阐释社区矫正制度的内涵、历史发展及优势，促进其自觉接受矫正。同时，社区矫正机构应当积极组织矫正对象学习社会福利、社会保障政策，例如职业技能培训、就业扶持、义务教育、生活救助、社会保险、劳动争议仲裁、劳动监察等相关政策以及办事程序。政策教育也要与时俱进，例如，社区矫正机构可以围绕扫黑除恶、特赦等国家重大形势政策开展教育，向社区矫正对象进行解读。

（二）思想教育

思想教育是指教育工作者对社区矫正对象进行的以转变错误认识和增进道德修养为主要目的的教育活动。社区矫正机构当根据社区矫正对象的年龄层次、家庭背景、罪错案由的具体情况，有侧重性地进行思想道德教育，具体内容主要包括下列方面：

1. 观念教育。观念教育是为了转变社区矫正对象的基本观念而进行的教育，其内容主要有两个方面：

（1）人生观教育。人生观教育是为了让社区矫正对象树立正确的人生观，帮助他们正确对待和处理人生问题而进行的教育。人生观是关于人生价值、生活的目的和意义的根本看法和观点，主要回答人的本质，人生的价值、目的和理想等方面的问题。

在进行人生观教育时，教育工作者应当着重强调以下方面：一是人的本质的教育。要教育社区矫正对象认识人的本质是社会关系的总和，是历史的、具体的，帮助他们破除"人的本质是自私的""人的本性就是趋利避害，追求感官快乐"等错误的人生观。二是人的价值的教育。要使社区矫正对象认识到个人价值和社会价值是统一的，消除各种错误的人生观，如享乐主义、个人主义等，帮助他们重塑自身价值。三是人生观与罪犯改造关系的教育。帮助社区矫正对象认识到，错误的人生观是他们走上违法犯罪道路的根本原因。

（2）价值观教育。价值观教育是指为了让社区矫正对象形成正确的价值观念和价值评价而进行的教育。价值观是指社会成员用来评价行为、事物以及从各种可能的目标中选择自己合意目标的准则。个人的价值观主要表现为个人判断是与非、好与坏、善与恶、美与丑的标准。[1]

在进行价值观教育时，教育矫正工作者应当侧重以下内容：一方面，转变矫正对象错误的价值观念，即矫正只讲个人价值、不讲社会价值，注重奢侈享受、忽视劳动创造等错误的价值观念；教育他们以劳动确立自身价值，以社会评价衡量自身价值。另一方面，更新矫正对象的价值评价，即矫正以个人需要、利益为核心，以金钱、权力、享受和实用为尺度的错误的价值评价，帮助他们形成正确认识，建立符合社会需求的价值评价体系。

2. 道德教育。道德教育是为了让社区矫正对象遵守道德规范和提高道德修养而进行的教育。

道德教育是对社区矫正对象更高层次要求的体现。道德是人类社会生活中依

---

〔1〕　吴宗宪主编：《刑事执行法学》，中国人民大学出版社 2007 年版，第 414~415 页。

靠内在信念、社会舆论和传统习惯来调整人与人之间、个人与社会之间的行为规则和规范的总和。从因果关系来讲，多数矫正对象的犯罪行为，是错误的思想观念和道德败坏导致的恶果。社区矫正对象知法守法是社区矫正工作的最低限度，但从更高的层次来说，则应提高他们的道德观念，唤起他们的良知，重塑他们向善的内心体验。开展道德教育可以改变社区矫正对象原有的道德标准和价值体系，用社会主义道德规范去指导他们的行为，不断提高其道德修养。

道德教育主要包括以下方面：一是道德的基本问题，即道德的本质与特征，道德与法律的关系，社会主义道德的基本原则与内容等。二是道德规范，即公民基本道德规范、职业道德规范、婚姻道德与伦理道德等。教育工作者要重点讲述社区矫正对象如何处理与家庭成员、社区矫正机构工作人员以及其他社会成员之间的关系。三是道德修养，即按照社会主义道德规范的要求，培养良好的道德品质。要教育社区矫正对象掌握道德修养的正确方法：首先，要从点滴小事做起，勿以恶小而为之，勿以善小而不为；其次，要敢于自我剖析，对自己的缺点、不足进行客观真实的自我批评；最后，要慎独，在任何情况下，甚至在独自一人无人监督的情况下，也要自觉地严格要求自己，不做任何不符合道德规范的事情。[1]

3. 前途教育。前途教育是指为了让社区矫正对象正确认识个人的未来发展而开展的教育。前途教育是一项很有意义的观念教育。前途教育的目的是帮助社区矫正对象消除悲观失望、前途暗淡等错误观念，在认罪悔罪的前提下，增强其生活的勇气和信心。社区矫正对象是否树立正确的前途观，直接影响其矫正态度和行为表现。因此，教育工作者应当通过前途教育，帮助社区矫正对象指明人生的新方向。

在进行前途教育时，教育工作者应当从以下方面入手：

（1）帮助社区矫正对象树立正确的前途观。有些社区矫正对象能够认罪悔罪，但不能正确认识社会形势，对前途感到悲观失望，没有前进的动力。因此，教育工作者要加强社会形势方面的教育，让社区矫正对象了解社会状况和发展趋势。在进行社会形势教育时，可以帮助社区矫正对象了解国家进步和社会发展的大好形势，了解国家对他们宽容的态度，破除享乐主义和个人主义等错误的前途观念，逐步树立正确的前途观念。

（2）明确实现光明前途的正确途径。尽管外在的客观环境和宽容的社会政策为社区矫正对象的前途提供了有利的条件，但是，能否有光明的前途，更多地取决于社区矫正对象的主观努力。在矫正过程中，社区矫正对象必须认罪服法，遵守监管制度，服从社区矫正机构工作人员的管理；解矫后，社区矫正对象必须诚实劳动、合法经营。这些才是社区矫正对象实现光明前途的正确途径。

---

〔1〕 王明迪主编：《罪犯教育概论》，法律出版社 2001 年版，第 66 页。

（3）进行前途教育时，教育工作者可以利用对比法，将努力改造、表现良好并获得光明前途的矫正对象，和消极抵抗、放弃矫正的矫正对象进行对比，促使社区矫正对象认识到，遵纪守法、努力改造是争取光明前途的唯一途径，从而调动他们自觉改造的积极性。

（三）法制教育

法制教育是指为了让社区矫正对象学习法律知识和增强法律意识而进行的教育。知法是守法的前提。缺乏法律常识是多数社区矫正对象走上违法犯罪道路的重要原因。因此，在教育矫正过程中，教育工作者应加强法律常识教育。开展法制教育具有多方面的意义：有利于促进社区矫正对象认罪服法，安心接受矫正；有利于改造社区矫正对象的行为恶习，帮助他们成为守法公民；有利于预防和减少重新犯罪，维护社会稳定。

法制教育主要包括以下方面：①法的基本知识教育。教育工作者向社区矫正对象阐明社会主义法的本质、作用、要求以及依法治国的基本理念，强调"有法可依、有法必依、执法必严、违法必究"是社会主义法制的基本内容，以增强他们的法制理念。②现行主要法律法规教育。教育工作者应当侧重开展与社区矫正对象现实生活紧密相关的法律法规的教育，例如，进行宪法、刑法、刑事诉讼法、民法、婚姻法、治安管理处罚法等方面的教育，帮助社区矫正对象了解这些法律的内容及其与自身的关系，并学会运用法律保护自己的合法权益。③社区矫正规章制度教育。教育工作者应当向社区矫正对象阐明社区矫正的各项规章制度，如接收、管理、教育、公益劳动、考核奖惩、解矫等，告诫社区矫正对象应当严格遵守上述规定，若有违反要承担相应的责任。

此外，针对不同类型的社区矫正对象开展的法制教育，应当各有侧重。2006年3月23日，上海市社区矫正办公室出台的《关于加强和规范社区矫正教育学习工作的意见》中规定，对缓刑、管制人员应当注重《刑法》《刑事诉讼法》等刑事法制教育，强调社区矫正刑罚执行的工作性质，增强在刑意识；对假释、暂予监外执行、剥夺政治权利人员应侧重社区矫正工作规定教育和实用民事法律教育，增强遵纪守法的法律意识。这种做法值得借鉴。

【案例8-1】中，社区矫正机构在法制教育过程中，根据朱某的犯罪类型，因人制宜地为朱某安排了交通肇事罪专题教育活动。在活动中，通过对一些有重大社会影响的案例进行讲解和剖析，使朱某逐渐意识到，因为不遵守交通规则，长期漠视法律法规和生命安全，不仅使自己身陷囹圄，同样也造成了受害者生命的消逝和家庭的破碎。同时，通过个别教育等方式，逐步纠正朱某对于自己所犯罪错的错误认知。朱某逐渐认识到交通肇事罪判决的依据是犯罪的事实和结果，金钱永远无法和生命相提并论，经济赔偿虽然可以减轻刑罚，但并不代表可以将

罪错一笔勾销。

（四）文化教育

文化教育是指为了提高社区矫正对象的文化知识水平和自身素质而开展的教育。开展文化教育有利于提高社区矫正对象接受思想教育的能力及文明程度。文化是人类在社会历史发展过程中所创造的物质财富和精神财富的总和。文化知识与人的发展有着极为密切的关系。文化知识的匮乏，特别是法律意识淡薄是部分矫正对象走上违法犯罪道路的重要原因。正如国外学者所言，教育和犯罪之间存在着无可争辩的关系。没有进过学校的人，得不到符合道德规范的教育，所以更容易接受不良刺激和坏影响。[1]

文化教育是降低重新犯罪的重要手段。根据罗杰·博（Roger Boe）"对参加成人基础教育的罪犯释放2年后的跟踪研究"，罪犯参加文化教育可以明显降低重新犯罪率。这个项目是对美国联邦监狱内参加成人基本教育的假释罪犯与没有参加的罪犯在完成项目2年后进行比对。对完成成人基本教育8级的接受假释的718名罪犯进行比对研究，发现参加项目可以降低7.1%的重新入狱率。对完成成人基本教育10级的接受假释的74名罪犯进行比对研究，发现参加项目可以降低21.3%的重新入狱率。[2]

文化教育是社区矫正对象矫正教育的重要内容。国外矫正机构为文化程度偏低的社区矫正对象提供不同形式和多种程度的文化教育，主要包括扫盲教育、基本读书能力教育，以及较高程度的文化教育。在美国很多司法管辖区的日间报告中心里，都提供普通同等学力证书（General Equivalence Diploma，GED）教育课程。例如，在美国加利福尼亚州的阿拉梅达县（Alameda County），缓刑局（Probation Department）向缓刑犯提供线上的GED课程教育，大多数参加者每星期在计算机上学习10个小时的课程，以便通过各种GED测验。这项教育计划是计算机在线教育计划，缓刑犯可以通过计算机网络学习阅读、写作、计算和生存技能（例如，看地图技能、使用电话号码本的技能、理解街头的交通等标志的技能等）。[3]

文化教育应当根据社区矫正对象的年龄、文化程度和需求灵活调整。对于处于学龄阶段的未成年社区矫正对象，社区矫正机构应当协调当地教育部门，帮助其完成义务教育。《社区矫正法》第55条第1款规定："对未完成义务教育的未成年社区矫正对象，社区矫正机构应当通知并配合教育部门为其完成义务教育提供条件。未成年社区矫正对象的监护人应当依法保证其按时入学接受并完成义务教育。"对于初中以下文化程度的成年社区矫正对象，重点加强启蒙教育和文化补

---

〔1〕 魏平雄等主编：《犯罪学教程》，中国政法大学出版社1998年版，第273页。

〔2〕 翟中东：《国际视域下的重新犯罪防治政策》，北京大学出版社2010年版，第472～473页。

〔3〕 吴宗宪：《社区矫正比较研究》（上），中国人民大学出版社2011年版，第419～420页。

课，根据国家中学教育的要求开展教育工作，特别是帮助文盲和半文盲的社区矫正对象达到义务教育的水平。对于高中以上文化程度的社区矫正对象，教育内容重在智力开发，并鼓励他们参加电大、函大、高等教育自学考试等更高层次的学习。

（五）心理健康教育

心理健康教育是指教育工作者及其他专业人员利用心理学原理、方法与技术，对社区矫正对象进行心理辅导，帮助他们消除心理障碍，提高心理素质，促进其适应社会生活的教育活动。心理健康教育应当以宣传心理健康知识，提供心理咨询服务以及解答社区矫正对象提出的心理问题为主。在心理健康教育中，应重点把握以下教育技巧：积极倾听、真切关注、真诚相待、诱发共情。[1]

心理健康教育是教育矫正的重要内容。心理健康教育包括心理健康基本知识、自我认识、积极情感、人际关系、人格健全、社会环境适应等。心理健康教育应占到全年教育内容的20%以上，社区矫正对象均应接受系统完整的心理健康普及教育。目前各地区司法行政机关已经认识到心理健康教育的必要性和重要性，大多都成立了心理咨询中心或心理辅导站，定期开展心理健康教育，同时，充分利用本地区人力资源，聘请相关专业人员开展心理矫治工作，并取得了良好的效果。

【案例8-1】中，朱某因为犯罪导致失业，家庭的经济压力比较大，自己的职业前景也蒙上了一层阴影，这也是朱某心情低落、情绪敏感的主要原因。针对朱某的情况，社区矫正机构一方面与其谈话缓解其负面情绪，另一方面安排其参加由区矫正中心组织的心理健康教育、心理矫正以及传统文化教育等方面的课程。通过上述手段，朱某逐渐走出心理阴影，能够客观地认识自己，不断提升自信心与自我效能感。慢慢地，朱某在大家的鼓励下重新走上了就业岗位。

三、常规教育的方法

社区矫正的开放性决定了常规教育方法的多样性。《社区矫正法》第36条第2款规定："对社区矫正对象的教育应当根据其个体特征、日常表现等实际情况，充分考虑其工作和生活情况，因人施教。"第39条规定："社区矫正对象的监护人、家庭成员，所在单位或者就读学校应当协助社区矫正机构做好对社区矫正对象的教育。"第40条第1款规定："社区矫正机构可以通过公开择优购买社区矫正社会工作服务或者其他社会服务，为社区矫正对象在教育、心理辅导、职业技能培训、社会关系改善等方面提供必要的帮扶。"目前，各地区司法行政机关借助社区矫正中心、监狱、戒毒所、公共图书馆、爱国主义教育基地、司法所、村（居）社区矫正工作站、社会组织、社区矫正小组、社会工作者、社会志愿者等社会资源与力量，开展形式多样的教育矫正活动，并取得了良好的教育效果。常

---

〔1〕　张建明主编：《社区矫正理论与实务》，中国人民公安大学出版社2008年版，第322~323页。

规教育的主要方法有：

（一）集中教育

集中教育是相对于分类教育、个别教育而言的，是将社区矫正对象按照一定的组织形式集合起来进行宣传教育、传授和训练，解决他们共同存在的普遍性问题的教育方法。在社区矫正中，集中教育方法被广泛运用在教育矫正实践之中。集中教育既是一种教育组织形式，也是一种教育方法和理念。

1. 集中教育的组织形式。

（1）课堂式教育。课堂式教育是指社区矫正机构利用自身资源及整合力量，在规定的时间和地点，按照拟定的教学计划，对相对稳定的社区矫正对象进行的系统授课活动。课堂教育是集中教育最基本和最常用的一种方法，广泛地用于社区矫正对象的思想教育、文化教育、法制教育之中。此种教育的组织形式比较正规，有专业或专门的教师，有明确的教材、教学大纲、教学时间及场所等。在课堂式教育中，教师要充分利用讲述、讲解、演示、提问等方法，充分调动社区矫正对象的积极性和主动性，增加互动环节，以提高课堂教学效果。随着互联网技术的发展与推广，传统"面对面"的课堂式教育也发生了变革。例如，为推进教育矫正精准化，打造社区矫正的"开封模式"，目前，河南省开封市司法局积极推行社区矫正"互联网+课堂化教育"的新模式，打破了传统课堂式教育的空间限制，形式更加灵活。

（2）集会式教育。集会式教育是指就特定专题或任务而进行的宣讲说教活动。例如，动员大会、奖惩会、分析国内外形势、宣讲政策、法律、决定以及学习文件材料等。它具有时间短、针对性强、教育主题单一的特点。集会式教育要密切配合形势，针对社区矫正对象在一个阶段内取得的成绩和存在的突出问题，进行总结和讲评，鼓励先进、鞭策后进，提出进一步的希望和要求，以保障和促进教育矫正工作的顺利进行。此外，一些地区开展的专题教育也类似集会式教育。例如，江苏省规定，重点时段、重要节日、重大活动期间或者根据实际需要，县级司法局、司法所应当对社区矫正对象进行专题教育。

（3）现场式教育。现场式教育是一种组织矫正教育对象直接参与社会实践，以亲身体验为特点的集体教育形式。其特点是使矫正教育对象在实践中学习，比较生动、直观，容易激发矫正教育对象的感情，加深印象和记忆。[1] 现场教育主要通过参观来实现。参观是有计划、有目的地引导社区矫正对象接触实际事物，以增强其感性认识的形象化教育方法。监狱、看守所、部队、爱国主义教育基地等是组织社区矫正对象参观的主要场所。例如，2017年11月，广东省深圳市罗

---

[1] 高莹主编：《矫正教育学》，教育科学出版社2007年版，第191页。

湖区社区矫正机构组织社区矫正对象在警示教育基地——罗湖区看守所开展集中教育。在活动现场，深圳市检察院、深圳市罗湖区社区矫正机构领导分别向全体社区矫正对象进行法治教育并提出具体要求，之后，在看守所民警的带领下，社区矫正对象进入看守所参观，实地接受警示教育。

另外，除上述三种类型外，集中教育还可以通过座谈、讨论、集中咨询等方式实现。

2. 集中教育的具体实施。集中教育是常规教育的重要形式之一。根据教育矫正工作的实际需要，社区矫正机构应当有计划、有目的地组织集中教育。同时，对新入矫、有违规违纪行为、重点、重要的社区矫正对象分批次、分重点地开展集中教育；重点时段、重大活动期间或者遇有特殊情况，应当及时组织全体社区矫正对象开展专题教育。根据实际情况与矫正需要，社区矫正机构设计并调整集中教育的内容，综合开展形势政策教育、法制教育、文化教育、心理健康教育等。

集中教育对象的特殊性要求社区矫正机构应当严格、规范组织有关活动。组织单位应当及时做好教育记录，记录事项包括授课人、教育内容、组织形式、参加人数、课堂情况、教育效果等。要加强对集体教育效果的总结和评定，集体教育一般应组织结业（阶段）考试，并将成绩记入社区矫正对象档案。社区矫正对象因特殊原因缺席集体教育的，应当填写《社区矫正对象集中教育请假单》（详见【专栏8-4】），报有关单位批准，并参加补课；无故缺席集中教育并拒绝补课的，应当予以批评教育；经教育仍不改过的，县级社区矫正机构应当给予训诫处罚；严重违反社区矫正工作有关规定且符合收监条件的，提请相关部门予以收监。

 专栏 8-4

社区矫正对象集中教育请假单

填表日期：

姓名		性别		出生日期		案由	
矫正类别		矫正期限		矫正起止日		司法所	
请假事由							
请假期限							
批准机关意见							
说明：此表由社区矫正对象填写，由批准机关留存。							

（二）分类教育

分类是按照某种科学标准或规范将事物区分为不同类别的过程。分类矫正是我国社区矫正工作的重要原则之一。《社区矫正法》第 24 条规定，"社区矫正机构应当根据裁判内容和社区矫正对象的性别、年龄、心理特点、健康状况、犯罪原因、犯罪类型、犯罪情节、悔罪表现等情况，制定有针对性的矫正方案，实现分类管理、个别化矫正。矫正方案应当根据社区矫正对象的表现等情况相应调整。"由此，社区矫正机构工作人员对社区矫正对象的教育矫正，应当区别其不同特点和情况，分类、分阶段地开展。分类教育是指将具有共性的社区矫正对象集中在一起给予同类教育。实施分类教育可以突出重点、有的放矢，合理分配教育力量，有效节约教育资源，提高教育工作的效率与质量。

1. 分类教育的标准。分类标准是开展分类教育的关键。分类标准是否科学直接决定教育矫正的质量。目前，我国将社区矫正对象分为以下四类：被判处管制的；被宣告缓刑的；被裁定假释的；被暂予监外执行的。被决定暂予监外执行主要有以下几种情形：①有严重疾病需要保外就医的；②怀孕或者正在哺乳自己婴儿的妇女；③生活不能自理，适用暂予监外执行不致危害社会的。

从社区矫正工作实践来看，上述分类不能满足分类教育工作的实际需要，一些地区不断探索合适的分类教育标准，例如，河北省曾将社区矫正对象按照以下分类方式分为八种：一是依犯罪事实、犯罪性质和主观恶意、社会危害程度，可将其划分为过失犯罪与故意犯罪，严重刑事犯罪和轻微刑事犯罪 4 种类型。二是依在社区矫正中的处遇等级，可将其划分为严管级、普管级 2 种类型。三是依在社区矫正中所处的教育管理阶段，可将其划分为入矫阶段、矫中阶段和解矫阶段 3 种类型。四是依自身所固有的心理特征，可将其划分为胆汁质、多血质、黏液质、抑郁质 4 种类型。五是依家庭或个人状况，可将其划分为家庭完整型和残缺型、经济较好型和生活困难型、人际和谐型和关系紧张型、身体健康型和病患缠身型 8 种类型。六是依年龄结构可将其划分为 20 岁以下、20 岁至 60 岁、60 岁以上 3 种类型。七是依文化程度，可将其划分为文盲、小学、初中、高中、大学以上 5 种类型。八是依性别不同可将其划分为男、女 2 种类型。上述规定从不同角度对社区矫正对象进行分类，社区矫正机构工作人员应当根据性别、年龄、犯罪原因、犯罪类型、刑罚种类等构成特点，借鉴上述规定的思路，将社区矫正对象进行合理区分。每种类型社区矫正对象既要凸显其群体特征，又要数量适中，才能达到分类的目的，取得良好的教育效果。

2. 分类教育的典型。

（1）未成年社区矫正对象的教育矫正。《社区矫正法》第 52 条规定："社区矫正机构应当根据未成年社区矫正对象的年龄、心理特点、发育需要、成长经历、犯罪原因、家庭监护教育条件等情况，采取针对性的矫正措施。社区矫正机构为未成年社区矫正对象确定矫正小组，应当吸收熟悉未成年人身心特点的人员参加。对未成年人的社区矫正，应当与成年人分别进行。"据此，对未成年社区矫正对象的教育矫正，应当与成年社区矫正对象分开进行。《社区矫正法》第55条第1款规定："对未完成义务教育的未成年社区矫正对象，社区矫正机构应当通知并配合教育部门为其完成义务教育提供条件。未成年社区矫正对象的监护人应当依法保证其按时入学接受并完成义务教育。"未成年社区矫正对象在校学习期间，社区矫正机构可以委托学校对其进行教育矫正。寒暑假期间，社区矫正机构联合未成年社区矫正对象的监护人、共产主义青年团、妇女联合会、未成年人保护组织等社会力量共同对其进行专门的教育矫正。尽管未成年社区矫正对象受到不良因素影响，但他们的世界观、人生观、价值观还在发展与形成之中，具有极强的可塑性。根据未成年社区矫正对象生理、心理特点和健康成长的需要，在建立矫正小组时，社区矫正机构应当吸收熟悉未成年人身心特点的人员参加，并对其采取有针对性的教育矫正措施。

第一，坚持教育为主，惩罚为辅原则。《中华人民共和国未成年人保护法》（以下简称《未成年人保护法》）第113条第1款规定："对违法犯罪的未成年人，实行教育、感化、挽救的方针，坚持教育为主、惩罚为辅的原则。"因为未成年社区矫正对象正处于身体发育期，从生理角度讲，正值内分泌活跃和亢进期，如果受到过度的思想压力，易于因为分泌活动失常而影响身体发育；从心理角度讲，未成年社区矫正对象还不是心理成熟的个体，如果给以强刺激，易于引起他们感知偏颇和扭曲，使他们的人格发展偏离正常，进而影响心理的健康发展。基于此，我们在教育矫正过程中，应始终坚持教育为主，惩罚为辅的原则。

未成年社区矫正对象的生理和心理尚未完全成熟，知识水平低、辨别能力差，依附心理极强。因此，教育工作者应当将自己树立为未成年社区矫正对象的榜样。这就要求教育矫正工作者身体力行，以身作则，坚持在教育矫正中落实"三像"政策——"像父母照顾孩子，像医生照顾病人，像教师教育学生"一样去教育犯罪未成年人。在教育过程中，教育工作者要注意以下方面：首先，教育工作者要正确对待未成年社区矫正对象，要给他们更多的关怀、鼓励和帮助，粗暴式、命令式的管理方法，特别是歧视他们，容易使其失去再社会化的信心，并产生对抗心理。其次，教育工作者还要尊重未成年社区矫正对象的人格，善于发现他们自身的积极因素和潜在优势，培养他们积极向上的自信心以及克服困难的意志力。最后，教育工作者可以运用"移情换位"的方法，即设身处地、站在矫正对象的位置上，从他们的角度体会其内心感受，将心比心，进行说服教育，同时，可用亲身经历教育他们改正错误的认知结构，认清江湖义气的虚伪性和危害性，用真正的友谊代替江湖义气。

第二，精选教育内容，适应身心发展。根据我国对未成年犯"以学习文化和生产技能为主"的法律规定，对未成年社区矫正对象主要开展制度化、正规化、经常化的思想道德教育、文化知识教育和职业技术教育，以适应未成年犯身心健康的发展。

思想道德教育以塑造社会品格为主。未成年社区矫正对象普遍缺乏责任意识、集体意识及社会意识，道德教育严重不足。开展思想道德教育的目标是让未成年社区矫正对象在社会规范上识对错，在道德伦理上断善恶，在交往处事中明是非，在意识追求中分美丑。同时，教育工作者要加强法制教育。法制教育的目的是教会未成年社区矫正对象在遇到问题时通过法律加以解决，而不是非法使用暴力等手段解决；帮助他们形成法治理念，增强法律意识，远离违法犯罪行为，做守法的社会公民。

文化知识教育以初等教育为主。未成年社区矫正对象大多文化水平偏低。事实证明，许多未成年人违法犯罪主要是因为文化基础差、缺乏法律知识，因此对未成年社区矫正对象进行文化教育是十分必要的。同时，随着互联网的发达，未成年人获取信息的渠道多样化，一些负面信息对部分未成年社区矫正对象的价值观、交友观、金钱观等产生不良影响，加之不良同辈群体的外在影响，容易导致其行为产生偏差。文化教育有利于提高未成年社区矫正对象的文化素质与认识水平。对尚处在学龄阶段的未成年社区矫正对象，社区矫正机构及教育部门要帮助他们复学，安排在适合的学校及年级中学习，并督促其监护人履行监护责任，承担抚养、管教等义务。监护人拒不履行监护职责的，社区矫正机构应当通知有关部门依法作出处理。

职业技术教育以学习生产技能为主。职业技术教育是为了提高未成年社区矫正对象的职业技能水平而进行的教育。对未成年社区矫正对象进行职业技术教育，以学习生产技能为主。在内容上，要加强基础知识培训，生产习艺性训练和技能教育。年满16周岁的社区矫正对象有就业意愿的，社区矫正机构可以协调有关部门和单位为其提供职业技能培训，给予就业指导和帮助。此外，社区矫正机构还可以通过政府购买服务的方式，出资聘请合适的职业教育机构专门对未成年社区矫正对象进行职业技术培训。

在教育矫正项目上，上海市社区矫正系统积极探索，根据未成年社区矫正对象的需求，形成了一套涵盖法律、认知与技术的矫正项目（详见【专栏8-5】），值得全国社区矫正机构借鉴。

专栏 8-5

未成年社区矫正对象初、中期矫正阶段的教育项目[1]

项目模块		课程设置	所需课时
初期矫正阶段		社区矫正中心入矫教育	每月 3 次
中期矫正阶段		社区矫正中心个别教育	每月 3 次
	法律	法律常识 （犯罪构成、常见犯罪、禁毒教育）	6 课时
		在刑意识（重大、特殊节点）	8 课时
	认知	心理健康	4 课时
		爱国（国歌广场）	2 课时
		爱党（中共一大会址）	2 课时
		爱军（军事形势课）	2 课时
		暑期拓展	8 课时
		家庭日活动	4 课时
	技能	就业技能	2 课时
		应急救护	8 课时
		消防安全	2 课时

第三，加强亲情教育，落实帮教工作。在教育过程中，教育工作者应当充分利用未成年社区矫正对象的社区环境资源，发挥其家庭、亲属、学校和其他社会力量的教育、感化作用。教育工作者应与未成年社区矫正对象的家庭及其他社会力量签订帮教协议，重视监护人、亲人、家属的规劝工作。安全感和归属感是人的基本心理需求，未成年社区矫正对象也不例外。大部分未成年社区矫正对象渴望得到家庭的认可、接纳、关心与爱护，与家庭成员建立起和谐、温暖的家庭关系。家庭成员及其他社会力量的感化、帮助和监督有利于促使未成年社区矫正对象改变不良心理和行为，也有利于实现再社会化的目标。

【案例 8-2】

对社区矫正对象王某依法实施教育矫正[2]

王某，女，2000 年 7 月出生，户籍地、居住地均为某市某区。2017 年 8 月，

---

〔1〕　陈耀鑫主编：《上海市社区矫正"三分矫正"工作实务指南》，上海人民出版社 2019 年版，第 93 页。

〔2〕　"对社区服刑人员王某依法实施教育矫正"，载中国法律服务网司法行政（法律服务）案例库，http://alk.12348.gov.cn/Detail？dbID=68&dbName=SJJZ&sysID=1540，访问时间：2020 年 4 月 5 日。

因犯聚众斗殴罪被某区人民法院判处拘役 6 个月，缓刑 6 个月，缓刑考验期自 2017 年 9 月 5 日起至 2018 年 3 月 4 日。2017 年 9 月 5 日，王某到某区社区矫正机构报到，某区社区矫正机构委托某司法所负责其社区矫正期间的日常管理。

王某是某学校的一名在校生。王某被判处缓刑后，陷入了思想上无法认同自己，缺乏归属感的痛苦迷茫中。她变得寡言少语，自卑胆小，不敢去学校，拒绝和同学、朋友见面。她整天把自己关在屋子里，担心学业，担心未来，觉得自己学习成绩不好，也没有特长和技能支撑她在社会上立足，年纪轻轻就要过着没有未来的"啃老"的日子。背负着如此沉重的思想负担，她成天躲在家中，沉默寡言，萎靡不振，完全没有之前活泼开朗、青春烂漫的样子。

本着对未成年社区矫正对象"教育为主"的工作原则，司法所工作人员格外重视王某的身心健康，重视她在教育、监督、管理工作中的点滴进步和成长。开展经常性走访，交心谈心，教育引导王某对家人要尊重、理解、体贴、关心。同时劝导其母亲和父亲，对王某多些宽容、关怀、鼓励和陪伴，促进建立起包容和谐的家庭关系，借助亲情的力量消除心理适应障碍，加强矫正效果。

某司法所根据综合评估分析情况制定矫正方案，确定矫正工作重点：进行心理疏导和依法监督管理，帮助其解决心理问题、健全人格、适应社会生活。对其开展有针对性的个别谈话教育，了解其学习、生活情况，并适时调整教育矫正方案。实施效果达到后，根据具体情况，将矫正工作的重点调整为：一方面，对王某的心理疏导工作坚持不放松；另一方面，积极联系王某家长、村干部及学校，争取让王某重返校园，重拾对学习的兴趣，好好学习，积累知识、丰富经验，将来成为对社会有用之才，更好地回馈社会。

（2）女性社区矫正对象的教育矫正。女性自身生理、心理及行为的特殊性，要求教育过程中应坚持以普遍教育为基础，特殊教育为重点的原则。

第一，感化教育与感性教育相结合的原则。在分类矫正过程中，教育工作者要根据女性的性别特征，遵循宽严相济的原则，寓管于教，坚持感化教育与感性教育相结合的原则。由于女性社区矫正对象感情丰富细腻，情绪容易受客观环境影响且不稳定，特别是在审判后、入矫之初、节假日、纪念日、生病、遇到困难、社会交往异常时，解除矫正之前，情绪波动极为明显。教育工作者应当把握时机，以情对情，以自己的真挚感情和工作热情来感化、教育她们。

同时，教育工作者要加强感性教育。由于大多数女性社区矫正对象知识文化水平较低，倾向于直观、形象的思维方式。因此，对她们的矫正应当避免教条式、空洞式的理论说教，尽量采用她们喜欢又易于接受的直观、具体、生动、形象的教育方式，如组织文艺表演、开展手工制作、参观等，这种感性教育方式有利于提高教育效果。例如，上海市社区矫正系统组织的女性社会公益实践活动中的爱心小兔制作和捐赠活动就具有借鉴意义，值得复制、推广。参与女性分类教育的学员在老师的指导下亲手完成爱心小兔制作。一个小兔从最初的布料裁剪，到各部分的缝制、填充塞棉，直至最后的组装完成，将花费 8~10 小时，这是对制作者耐心和爱心的一次磨炼。凭借自身努力，一针一线到最终完成，由此带来的成就感和自我肯定，对这些女性社区矫正对象也起到了积极的效果。爱心小兔的成品通过认领后，所得款项也以爱心捐款的形式全部赠与宝贝之家。[1]

第二，个别教育与家庭教育相结合的原则。部分女性社区矫正对象虚荣心强，不喜欢在公开场合表达自己的真实思想、展现内心世界，害怕在公众面前被批评。因此，教育工作者应当坚持个性化教育的原则，运用个别教育的方法，这对于解决女性社区矫正对象的特殊问题，调动她们矫正的积极性，具有明显的作用。

同时，由于犯罪性质、犯罪恶习等方面差异显著，不同类型的女性社区矫正对象具有不同的特点，这要求教育工作者根据各类女性社区矫正对象的实际情况，开展个别教育。例如，针对眼浅心细的女性社区矫正对象，要"以细对细"进行教育；针对心存疑虑的女性社区矫正对象，则要以诚开导，开展心理健康教育或心理咨询；针对心灰意冷的女性社区矫正对象，则要"以热对冷"，给予鼓励；针对爱慕虚荣的女性社区矫正对象，注意尊重她们的人格；针对情感脆弱的女性社区矫正对象，则应以情动人、循循善诱。

此外，社区矫正机构工作人员要充分发挥家庭教育优势。女性社区矫正对象具有家庭观念重，对亲人依附感强的特点。社区矫正小组要与其亲属建立帮教协议，充分发挥家庭成员的帮助、支持、配合及监督作用。特别是女性社区矫正对象与其家庭成员关系不融洽的，教育工作者应当多走访其家庭，动员家庭成员规劝女性社区矫正对象努力改造，让她们感受到亲情和真情的温暖，消除被亲人鄙视、抛弃的顾虑，重新树立家庭责任感和生活信心，以提高教育矫正质量。

第三，精选教育内容。首先，注重女性生理、心理知识教育。女性有其特殊的生理现象和与之相伴的心理反应，但部分女性社区矫正对象对女性基本的生理卫生常识知之甚少，在遇到月经期和更年期这样的生理反应时，不能适当地调节心理变化和情绪反应，这给她们的正常生活与矫正工作带来诸多麻烦。因此，对女性社区矫正对象开展基本的女性生理、心理知识教育十分必要。其次，加强伦理道德和法纪教育。有关道德发展理论的研究认为，与男性相比，女性更具有"关怀道德"，即考虑别人的感情和关怀别人的道德特点，"关怀道德"水平的降低会导致女性犯罪的发生。因此，对女性社区矫正对象进行矫治时要重视关怀道

---

〔1〕 陈耀鑫主编：《上海市社区矫正"三分矫正"工作实务指南》，上海人民出版社 2019 年版，第88~89 页。

德的培养，进而减少女性的犯罪行为。同时，加强法律教育，让她们学会通过正当手段来维护自己的合法权益，不仅包括宪法、刑法等内容，还包括妇女儿童权益保障法、婚姻家庭法等与妇女自身权益密切相关的法律知识。此外，重视文化知识教育和职业技术教育。文化知识水平的高低直接影响到人们分析、判断和解决问题的能力。女性社区矫正对象的文化水平普遍较低，因此，要提高她们的文化知识水平，通过各种层次的文化知识教育，使她们掌握一定的自然科学知识和社会科学常识，提高其思维能力和认知水平。同时，还应该进行诸如烹调、缝纫、裁剪、理发、美容、插花等职业技术教育，使她们习得一技之长，避免因不能自食其力再次走上犯罪的道路。

在教育矫正项目上，上海市社区矫正系统积极探索，针对女性社区矫正对象心理承受能力差，思想包袱重，消极沉沦等特点，围绕调整自我认知和建立正常社会关系，制订了一套涵盖集中教育学习、社会公益实践和心理矫正的矫正项目（详见【专栏8-6】），值得其他社区矫正机构借鉴。

专栏8-6

女性社区矫正对象中期矫正阶段的教育项目[1]

	项目模块	课程内容	课时
女性社区矫正对象分类矫正项目	集中教育学习课程	遇见自己	2课时
		压力管理与应对	2课时
		非暴力沟通技巧	2课时
		婚姻家庭	2课时
		女性角色定位与认知	2课时
		感恩教育	2课时
	社会公益实践课程	爱心小兔制作	6课时
		义卖捐赠活动	2课时
		病残孤儿陪伴	4课时
	心理矫正	团体心理咨询	6课时
		个案辅导	/

---

〔1〕 陈耀鑫主编：《上海市社区矫正"三分矫正"工作实务指南》，上海人民出版社2019年版，第85页。

【案例8-3】

对社区矫正对象唐某依法实施教育矫正[1]

唐某，女，1976年8月出生，户籍地、居住地均为A市A区。2016年7月，因犯诈骗罪被B省B市中级人民法院判处有期徒刑3年，缓刑5年。缓刑考验期为2016年7月4日至2021年7月3日。2016年7月11日，唐某到A市A区社区矫正机构报到，A区社区矫正机构委托C司法所负责对其进行社区矫正期间日常管理。

唐某的父母均已年过七旬，靠在家务农为生，生活条件较差。案发之前，唐某对自己工作的"诈骗性质"并不清楚，当被公安机关逮捕时，才得知自己工作的公司是诈骗公司，唐某的内心一度崩溃。被判缓刑后，唐某对生活更加消极悲观，主观上认为自己是服刑人员，在社会上会遭受歧视，对现实社会有一定的排斥心理。

C司法所根据综合评估分析制定矫正具体方案，确定教育矫正重点，进行心理疏导和依法监督管理，帮助其走出消极自卑的情绪，重拾自信，融入社会生活。C司法所对唐某开展定期和不定期走访，交心谈心，开展有针对性的个别谈话教育，了解其工作、生活情况，教育引导唐某正确面对自己的犯罪事实，帮助其克服消极悲观的生活态度。通过向其介绍一些社区矫正对象劳动致富、顺利融入社会的案例，唤醒唐某勤劳善良的性格，鼓励她用劳动创造美好未来，帮助其重燃对生活的希望。在走访时劝导唐某的丈夫、父母对唐某多些关怀和鼓励；充分利用唐某对姐姐的信任，让其姐姐通过微信、电话等方式与唐某多沟通，为她打气，助其重拾自信，借助亲情的力量消除其心理障碍，让她能感受到家庭的温暖。

（3）财产型社区矫正对象的教育矫正。广义的财产型犯罪是指《刑法》分则第三章"破坏社会主义市场经济秩序罪"，第五章"侵犯财产罪"中的所有取得财产的犯罪，第八章"贪污贿赂罪"中国家工作人员利用职务之便实施的犯罪，以及分则其他章节中涉及财产利益的犯罪。财产型社区矫正对象是指触犯上述罪名而接受社区矫正的犯罪人。该类犯罪涉及的罪名种类较多，其中最典型的是盗窃罪、抢劫罪、诈骗罪等侵占财产型犯罪。

第一，加强思想教育与法制教育。极端利己主义的人生观和扭曲的道德观是财产型违法犯罪的主要原因。因此，教育工作者要通过开展观念教育、道德教

---

〔1〕"对社区服刑人员唐某依法实施教育矫正"，载中国法律服务网司法行政（法律服务）案例库，http：//alk.12348.gov.cn/Detail？dbID=68&dbName=SJJZ&sysID=189，访问时间：2020年4月5日。

育，矫正财产型社区矫正对象畸形的价值观念和需要结构，消除其贪婪心理与犯罪欲念，帮助其形成正确的价值标准与生活目标。同时，加强法制教育，使财产型社区矫正对象明确国家保护公私财产的所有权，享受应当以自己的劳动和付出为前提，非法侵占公私财产必然要受到法律的惩罚。通过运用"换位法"和"算账法"提高他们的认罪悔罪意识，让他们设身处地站在社会和被害人的角度，认真反思、深刻检讨自己的罪行。

第二，矫正需求结构。在一般人的需要结构中，较低层次的生理需要和较高层次的社会性需要是协调统一的，生理需要只是生活的一部分，是社会性需要和精神需要的基础。不正当的需求结构是利己主义倾向产生的根源，使财产型社区矫正对象逐步形成贪图物质利益的违法犯罪观念。财产型社区矫正对象的"物质性动机高居首位"，这种物质性动机根源于物质性需要或生理需要。在财产型社区矫正对象的需要结构中，较低层次的物质或生理需要占主导地位，支配着其他层次的需要。生理需要在其活动中的地位被无限夸大，物质欲望的满足成为其生活的首要目的。因此要将他们矫正成为遵纪守法、自食其力的社会公民，就必须矫正他们不正当的需要结构，培养和发展他们的社会性情感和社会性需要，如集体荣誉感、自尊心等，使他们认识到，个人需要必须服从社会需要、国家需要，满足个人需要的方式必须符合法律规定和社会规范，任何通过不正当的手段来满足个人需要的行为，都是社会和法律所不允许的。

【案例8-4】

对社区矫正对象李某依法实施社区矫正[1]

李某，男，1960年6月出生，户籍地、居住地均为某省某市某县。2013年9月，因犯贪污罪被某县人民法院判处有期徒刑3年，缓刑3年，缓刑考验期为2013年10月22日至2016年10月21日。

2013年10月22日，李某在规定时间内到某县司法局某司法所报到，某司法所核对李某携带的证明材料，核实后为李某办理接收社区矫正手续。司法所有针对性地对李某开展个别教育，加强人生观、价值观、法制教育，矫正其需求结构。李某对其犯罪行为也觉得对村民有愧，他自己也不好意思、不愿意面对村民。为此，司法所组织李某参加社区服务，到村（社区）打扫街道、捡垃圾，参加村（社区）组织的公益劳动，主动帮助村民做些力所能及的事情，通过劳动修复社会关系，培养其正确的劳动观念，增进其与他人的沟通，李某在劳动中

---

〔1〕 "对社区服刑人员李某依法实施社区矫正"，载中国法律服务网司法行政（法律服务）案例库，http：//alk.12348.gov.cn/Detail？dbID=67&dbName=SSSJ&sysID=96，访问时间：2020年4月5日。

重塑自我，重新获得了社区群众的认可和信任。

（4）暴力型社区矫正对象的教育矫正。暴力犯罪人即实施暴力犯罪者。暴力犯罪是指非法使用暴力或以暴力相威胁，侵犯他人人身权利或财产权利的极端攻击性行为。杀人、伤害、强奸、抢劫罪等通常被认为是暴力犯罪的典型形态。

第一，注重个别教育。在对暴力犯罪人进行个别教育时，要把握他们的心理和行为特点，注意方式方法；教育他们认识自己违法犯罪的原因以及给社会、家庭、他人和自己造成的危害，引导他们和受害者角色互换，设身处地地认识自己行为的错误。同时，针对暴力犯罪人冲动、暴躁、固执和不稳定的心理特点，避免在其情绪激动时与其进行争论，做到"冷处理"，避免"顶牛"现象的发生，坚持以理服人，以情感人的原则，使其心服口服，从而调动其自觉矫治的积极性。在个别教育过程中，教育工作者要特别注意矫正暴力犯罪人的错误认知。暴力犯罪人在社会化过程中接受了一些不良思想与观念的影响，同时内化了暴力亚文化，导致其形成了一些错误的道德观和价值观，最终导致了违法犯罪行为。因此，矫正暴力犯罪人错误的认知结构是十分必要的。

第二，强化法制教育。法制教育是针对暴力犯罪人开展教育矫治的核心。教育工作者通过法制教育，使他们充分认识到不良的心理及行为特征是导致其违法犯罪的直接原因；通过教育改变他们以往用暴力解决问题的思维方式，让他们学会运用法律的武器维护自身的权益。促使他们知法、懂法、守法，增强法律意识和法治观念。

【案例 8-5】

对社区矫正对象夏某依法实施教育矫正[1]

夏某，男，1974 年 5 月出生，户籍地、居住地均为某市某县。2014 年 8 月，因犯故意伤害罪，被某县人民法院依法判处有期徒刑 1 年，宣告缓刑 1 年 6 个月，缓刑考验期为 2014 年 9 月 6 日至 2016 年 3 月 5 日。2014 年 9 月 7 日，夏某到县司法局报到，由居住地司法所负责其社区矫正期间的日常管理。

司法所根据对夏某综合评估分析的情况，为其制定了矫正方案。鉴于夏某法律知识、认识匮乏，在制定矫正个案时，司法所重点从提高夏某的法律知识着手，组织引导其学习《刑法》，帮助其分析自己行为的危害性，指明夏某的行为触犯了《刑法》的相关规定。并从传媒、资料中选出有关故意伤害罪的案例给夏某学习，帮助其分析案例，使其从中受到教育。

---

〔1〕 "对社区服刑人员夏某依法实施教育"，载中国法律服务网司法行政（法律服务）案例库，http://alk. 12348. gov. cn/Detail？ dbID＝68&dbName＝SJJZ&sysID＝145，访问时间：2020 年 4 月 5 日。

（三）个别教育

个别教育是我国传统的教育方法。我国古代第一部教育专著《礼纪·学记》中指出："学者有四失，教者必知之。人之学也，或失则多，或失则寡，或失则易，或失则止。此四者，心之莫同也。知其心，然后能救其失也。教也者，长善而救其失者也。"这段话的意思是：学习的人有四种缺点，教育别人、传授知识的人一定要知道，即在学习时，贪多求快，囫囵吞枣；或者蜻蜓点水，浅尝辄止；或者急于求成，专找捷径；或者畏首畏尾，遇难即止。这四种缺点，都在于没有把心思真正用到学习之上，教育者只有知道了学习人的具体情况，才能对症下药，纠正缺点。所谓教育，就是善于发现并纠正学子的缺点。这段话充分阐明了根据教育对象的不同情况因人施教的意义。

个别教育是指教育工作者为解决社区矫正对象个体存在的特殊问题而采取的一种思想影响或知识、技能传授的教育活动。个别教育是集体教育和分类教育的补充和深化，是因人施教原则的具体运用，也是刑事个别化原则的具体体现。《社区矫正法》第36条第2款规定："对社区矫正对象的教育应当根据其个体特征、日常表现等实际情况，充分考虑其工作和生活情况，因人施教。"一些地方性社区矫正教育规定也对个别教育作了明确规定。据此，个别教育是教育矫正的重要手段。

1. 个别教育的具体方法。

（1）个别谈话。个别谈话是教育工作者与社区矫正对象面对面交流思想观点和情况，以解决其思想和实际问题的方法。个别谈话是了解和教育社区矫正对象的一种重要方法。在个别谈话过程中，教育工作者应把握以下环节：

第一，熟悉情况。所谓"知彼知己，百战不殆"。教育工作者在进行个别谈话之前，要明确以下五个方面情况，即社区矫正对象的基本情况、个别教育的原因、目的、内容以及方法。

第二，抓住时机。教育工作者应当善于抓住最佳时机，因为这能使个别谈话起到事半功倍的效果。2016年河北省司法厅下发的《关于加强社区服刑人员教育管理工作的意见》（冀司〔2016〕147号）中规定："一般每周应当至少进行1次个别教育。对家庭发生变故、身患重病、生活出现困难、有自杀倾向、发生矛盾纠纷、有报复社会或他人的言论和苗头、社会交往异常等特殊需求或特殊情况的对象，应当适当增加个别教育的次数和时间，乃至采取特别管控教育措施，消除风险隐患。"此外，一些地区还特别规定了女性矫正对象的个别教育。例如，江苏省社区矫正系统规定，对女性社区矫正对象进行个别教育，应当由女性社区矫正机构工作人员或者2名以上社区矫正机构工作人员实施。

第三，投入情感。社区矫正对象特殊的身份与社会地位，容易给其带来紧张、焦虑、抑郁、恐慌等负性情绪。人本主义心理学家罗杰斯认为，共情是体验别人内心世界，就好像那是自己的内心世界一样的能力，即站在对方的立场上体验其内心世界的能力。如果个别谈话过程中缺乏共情，社区矫正对象会认为教育工作者不理解他，不懂得他正在经历的一切，或者根本不关心他的事情。因此，教育工作者应当运用情感的力量，设身处地地考虑社区矫正对象的精神世界，体验他们的感受，并作出恰当的反应，才能形成良性的互动。

第四，善于总结。个别谈话后，教育工作者应当及时进行总结，检验谈话效果，分析存在的问题，确定下一步努力的目标。

（2）个别感化。教育、感化、挽救是我国刑罚执行政策的重要内容。在社区矫正教育中，所谓感化法，是指教育工作者以真情实意、满腔热情去影响社区矫正对象，以达到潜移默化目的的教育活动。在个别教育中，感化是一种有效的"催化剂"，是取得良好效果的重要方法。

违法犯罪行为导致社区矫正对象被赋予"犯罪人员""罪犯""坏人"等角色，社会对上述角色，无论是从伦理的角度，还是从价值的角度，普遍评价偏低。在刑事执行过程中，社区矫正对象原有的自我观念被破坏，社会地位被贬低，被社会群体所排斥，但大部分社区矫正对象还是希望通过努力改变自身角色，得到社会认可，他们比普通公众更渴望认同和接纳。这就需要教育工作者根据具体情况，用真情实感，用实际行动去感化社区矫正对象，消除对抗性的矛盾关系，在平等、信任的基础上，调动其接受矫正的积极性和主动性。

在运用个别感化法时，教育工作者必须注意以下两个方面：

第一，尊重社区矫正对象的人格尊严。行刑社会化理论认为罪犯有复归社会的权利，社会有使罪犯复归社会的义务，现代社会对于犯罪人的关怀不再是一种对犯罪人的恩惠，而是法治国家的社会义务。[1]在教育矫正过程中，当社区矫正对象的问题暴露之后，其处于易受伤害的地位，而且会变得异常敏感，教育工作者没有权力而且也不应该轻视他们。因此，教育工作者应当克服标签效应，尊重社区矫正对象的人格及尊严，不能将他们当作"另类"。可以说，尊重社区矫正对象的人格尊严是个别感化的前提。

第二，解决社区矫正对象的实际困难。社会适应性帮扶是社区矫正的任务之一。教育工作者应当从帮助社区矫正对象解决实际困难入手，缓和对抗，化解矛盾，真正起到感化心灵的作用。从目前社区矫正实践来看，社区矫正对象面临的困难主要包括以下方面：缺乏必需的物质生活资料，如住房、责任田等；缺少必要的生活支持性资源，如专业技术、文化知识等；此外，还有一些社区矫正对象

---

〔1〕 张建明主编：《社区矫正理论与实务》，中国人民公安大学出版社 2008 年版，第 133 页。

有心理问题、甚至患心理疾病，需要专业人员提供必要的心理干预和矫治等。

另外，除上述两种类型外，个别教育还可以通过个人报告、家庭走访、专题座谈等形式进行。特殊情况下，如社区矫正对象请假外出期间，应当通过电话方式开展个别教育。

2. 个别教育的组织实施。个别教育应当与集中教育、分类教育相结合。个别教育要结合集中教育、分类教育的内容，巩固集中教育、分类教育的成果。个别教育要有连贯性，整个矫正期内的个别教育要清晰、全面、系统、客观地反映社区矫正对象接受社区矫正的全过程。个别教育是教育的重要形式之一，社区矫正机构应当有目的、有针对性地组织实施。通常来讲，社区矫正机构对社区矫正对象每周至少进行 1 次个别教育。当社区矫正对象出现家庭变故、交往异常等特殊情况时，社区矫正机构应当及时介入，增加个别教育的频率，以达到消除风险，维持稳定的目标。

个别教育是社区矫正对象考核的重要内容，应当认真执行，严格记录。个别教育应当做好记录，包括教育主题、教育内容、采取的工作措施、教育效果初步分析等。社区矫正对象接受个别教育的情况是日常管理考核的重要依据之一。除了非正常情况外，无故不接受个别教育的，应当进行批评教育；经教育仍不改过的，应当予以训诫处罚；情节严重的，县级社区矫正机构应当提请同级公安机关给予治安管理处罚。

【学习情境三】社区矫正对象的解矫教育

一、解矫教育的概念

解矫教育是社区矫正工作者对处于解矫前的社区矫正对象进行的，以适应社会生活为主题的，带有总结性、补课性的专项教育活动。这是教育矫正的最后一道工序，是针对即将解矫的社区矫正对象如何适应正常社会生活，防止重新违法犯罪而进行的教育活动。解矫教育时间通常为矫正期限届满前 1 个月。

解矫教育的目的是，指导社区矫正对象做好自我鉴定，填写《社区矫正期满鉴定表》（详见【专栏 8-7】）；结合自我鉴定情况，引导社区矫正对象巩固教育成果，增强社会责任意识；根据社区矫正对象的就学、就业、创业、生活等情况，有针对性地开展安置帮教政策教育，进一步强化社会关系修复、职业技能培训、就业创业辅导及生活、工作引导，为其全面适应社会提供帮助。

专栏 8-7

社区矫正期满鉴定表

姓名		性别		出生年月	
居住地		户籍地			
罪 名		原判刑期			
矫正类别		矫正期限 起止日		自　　年　月　日起 至　　年　月　日止	
禁止令 内容		禁止期限 起止日		自　　年　月　日起 至　　年　月　日止	
社区矫正 期间日常 行为奖惩					
社区矫正 期间司法 奖惩					
社区矫正 对象自我 鉴定					
社区矫正 志愿者评 语				社区志愿者： 　　年　月　日	
社区矫正 社工评语				社工： 　　年　月　日	
司法所鉴 定意见及 安置帮教 建议				鉴定人：（公章） 　　年　月　日	
备注					

二、解矫教育的内容

解矫教育主要包括以下内容：

1. 期满总结教育。期满总结教育是指引导社区矫正对象回顾和总结接受社区矫正以来的思想转变、矫正表现、矫正效果等情况，进一步认识不足，明确努力方向的教育。司法所应当在矫正期限届满前，指导社区矫正对象进行自我总结，填写《社区矫正期满鉴定表》。开展期满总结教育是为了教育引导社区矫正对象客观地总结过去取得的成绩和存在的问题，巩固矫正成果。在总结教育过程中，教育工作者要告诫社区矫正对象克服"松口气"的思想，消除浮躁心态，要求他们客观、全面地总结教育矫正过程，重点总结在法制观念、思想道德、文化技术及纪律作风等方面的变化或收获，特别要注意目前存在的不足，以明确真正回归社会后的努力方向。

在自我总结过程中，社区矫正对象要坚持实事求是原则，不能夸大也不能缩小，更不得杜撰。在总结过程中，教育工作者可以运用对比和启发的方法。所谓对比法，就是引导社区矫正对象进行自身矫正前后的对比，自己与其他社区矫正对象的对比，在比较中发现进步及不足的方法。启发法，就是通过个别谈话或总结座谈会等方式，启发社区矫正对象思路及感悟的方法。

2. 适应社会教育。适应社会教育是指社区矫正对象如何顺利实现社会角色转变的教育。角色是对群体或社会中具有一定身份的人的行为期待。[1]社会赋予不同社会角色以不同的期望。违法犯罪行为导致社区矫正对象的社会地位贬降，并被赋予"罪犯""坏人""服刑人员"等社会角色，社会对这些角色的期望是认罪服法，遵纪守法。大多数社区矫正对象希望通过努力，改变不良角色，重获社会地位。解矫后，社区矫正对象的角色转变为自由公民，社会要求他们遵纪守法，不再违法犯罪。这就要求教育工作者在解矫中开展必要的教育，如加强守法意识，通报再犯罪案例，开展再犯罪警示教育，并引导他们理性地看待生活中的挫折，学会处理紧张人际关系等社会问题。

除上述内容外，教育工作者还应当加强以下两个方面的教育：

（1）加强心理辅导。通过期满前心理测试，教育工作者了解社区矫正对象矫正初期和结束前的心理变化情况，肯定积极成果，提示存在的不足，帮助社区矫正对象调节不良情绪，做好正式回归社会的心理准备。

（2）安置帮教衔接教育。对于即将解矫的社区矫正对象，告知安置帮教工作的性质及相关工作内容，引导社区矫正对象树立信心，全面开始创造新的生活，坚决摒弃错误观点、不良心理及行为习性；放下包袱，一路向前、向上，

---

〔1〕 ［美］戴维·波普诺：《社会学》，李强等译，中国人民大学出版社1999年版，第97页。

绝不重蹈覆辙；有困难、有疑惑的，及时与安置帮教部门沟通，向其请求帮助。

【案例 8-1】中，在社区矫正后期，对朱某的教育矫正以巩固矫正效果、帮助其顺利回归社会为目的。司法所告知其有关安置帮教工作的相关内容，并就一些法律法规和民生政策向其作了说明，使朱某吸取教训，不再触碰法律的红线，能够重新在社会上立足。

三、解矫教育的组织实施

（一）组织撰写总结

《社区矫正法实施办法》第 53 条第 2 款规定，社区矫正对象一般应当在社区矫正期满 30 日前，作出个人总结。据此，社区矫正机构应当督促和指导社区矫正对象在期满前 30 日内，完成矫正期满书面总结。矫正总结是社区矫正对象对自身思想观念、遵纪守法、服刑态度、行为表现、矫正体会以及今后计划等方面的梳理和归纳。

（二）调查矫正情况

社区矫正机构工作人员应当对即将解矫的社区矫正对象在矫期间的情况进行全面调查，并对其作出客观分析。社区矫正机构工作人员通过查阅社区矫正对象的档案，如考核奖惩材料、思想汇报、社区服务与教育矫正记录、走访记录等，了解他们的日常表现。此外，社区矫正机构工作人员可以通过个别谈话的方式，让社区矫正对象自述矫正体会，以实现对档案材料的印证。

（三）提出希望要求

在社区矫正对象提交总结鉴定后，社区矫正机构应当组织召开矫正小组评议会，对期满鉴定表进行审核，对社区矫正期间的表现进行综合评议，并出具鉴定意见及安置帮教意见。

社区矫正期满评议会的基本程序为：社区矫正对象回顾总结自身矫正情况；矫正小组组长结合社区矫正对象的实际表现进行讲评，并介绍奖惩考核等方面的有关情况；与会的公安派出所民警、居委会（社区）干部、帮教小组代表以及社区矫正志愿者，对社区矫正对象的矫正表现进行评议；社区矫正对象对评议提出的意见或要求表态，其中如涉及对其家属的意见或要求时，家属也应当进行表态；矫正小组组长对评议情况进行小结，在此基础上形成明确的评议结果并当场宣读；公安派出所所长或民警对社区矫正对象再次提出希望和要求，告诫其遵纪守法，避免重蹈覆辙。

此外，上海市社区矫正系统将解矫承诺仪式作为解矫教育的重要内容之一，其程序主要由社区矫正对象发言表态、佩戴黄丝带（可选）、宣誓承诺三个环节组成。解矫承诺仪式具有仪式感，能够达到鼓励、警示以及震撼心灵的作用。这种现场式教育的方式也值得借鉴、推广。

【单元小结】

　　社区矫正对象的教育矫正是指社区矫正机构对社区矫正对象实施的，以转变其不良心理和行为恶习、促进其再社会化为目标的系统性影响活动。教育矫正是实现矫正对象再社会化的重要手段，是社区矫正的基本任务之一，贯穿社区矫正工作的全过程。本单元以社区矫正对象教育矫正工作的程序为线索，设置了相应的学习情境，并根据完成典型工作任务应具备的职业能力安排了相应的学习内容、实训任务以及拓展知识。通过本单元的学习，学生应该了解入矫教育、常规教育与解矫教育的概念及目的，熟悉入矫教育、常规教育与解矫教育的内容，学会入矫教育与解矫教育的组织实施，掌握集中教育、分类教育以及个别教育的方法，初步具备开展教育矫正工作的职业能力。

【技能训练——实训项目】

【案例8-6】

　　陈某，女，1978年3月出生，户籍地、居住地均为A省A市A区。2017年5月31日，因犯诈骗罪被A市B区人民法院判处有期徒刑10个月，缓刑1年，缓刑考验期为2017年6月13日至2018年6月12日。2017年6月13日，陈某到A区社区矫正机构报到，A区社区矫正机构委托C司法所负责对其开展社区矫正的相关工作。

　　陈某家庭条件优越，且是家中独女，本人又是某艺术学院的老师，婚后生活幸福美满。后因其频繁参与赌博，且多次到境外进行豪赌，赌输后借高利贷再赌，所以其家庭对其经济进行管控，陈某出现入不敷出、债台高筑的情况。为还赌债和高利贷，陈某以帮人就读某知名民办小学为由，诈骗王某人民币3万元。被抓获的次日，其家属将3万元归还给受害人王某。2017年5月31日，陈某因犯诈骗罪被A市B区人民法院判处有期徒刑10个月，缓刑1年。

　　请根据以上资料，完成以下实训任务：

　　1. 根据案例提供的资料，对社区矫正对象陈某进行个别化教育矫正。

　　2. 总结影响个别化教育矫正工作效果的因素。

附：实训任务书和实训考核表

实训任务书

实训项目	1. 根据案例提供的资料，对社区矫正对象陈某进行个别化教育矫正 2. 总结影响个别化教育矫正工作效果的因素
实训课时	2 课时
实训目的	学生通过模拟实训，掌握个别化教育矫正的程序、内容与方法，并根据陈某的具体情况，选择合适的教育内容、采用合理的教育方法进行分阶段教育，进一步回顾教育矫正工作的关键环节，从而初步具备开展教育矫正的职业能力
实训任务	1. 掌握教育矫正的程序、内容与方法 2. 对案例中资料进行整理、分析 3. 结合陈某的个性特点、犯因性问题等，对其开展相应的教育矫正 4. 总结影响个别化教育矫正工作效果的因素
实训要求	1. 学生应提前掌握刑法学、矫正教育学、罪犯教育学的相关知识 2. 指导教师应熟悉教育矫正的理论知识与实践技能 3. 学生要积极配合指导教师完成实训 4. 根据实训需要将学生分成若干小组，采用角色扮演的方式完成实训任务 5. 指导教师进行点评总结，每组学生根据教师的点评总结找出不足
实训成果形式	实训总结
实训地点	实训教室或校外实习基地
实训进程	1. 教师讲解（介绍实训步骤、注意事项、进行角色分配） 2. 阅读准备好的实训案例 3. 根据实训需要将学生分成若干小组 4. 对案例所提供资料进行整理、分析 5. 小组讨论案例中陈某的个性特点、心理特征、犯罪原因、刑罚种类、现实表现 6. 开展模拟的个别化教育矫正工作 7. 指导教师进行点评总结，每组学生根据教师的点评总结找出不足

实训考核表

班级＿＿＿＿＿＿＿＿　姓名＿＿＿＿＿＿＿＿　学号＿＿＿＿＿＿＿＿

任务描述：通过模拟实训，掌握个别化教育矫正的程序、内容与方法，从而初步具备开展教育矫正的能力。

项目总分：100 分

完成时间：120 分钟（2 课时）

考核内容	评分细则	等级评定
一、实训过程与要求 1. 根据实训需要，学生迅速分成若干小组 2. 小组成员自行分配所扮演的角色 3. 小组讨论案例中社区矫正对象的个性特点、心理特征、犯因性问题、现实表现等，分析教育矫正的内容及方法 4. 根据任务书中的要求，开展模拟的个别化教育矫正工作，完成所有的实训任务 5. 指导教师进行点评总结，每组学生根据教师的点评总结找出不足	分值：50 分 1. 实训过程中，与小组成员合作良好（15 分） 2. 实训演练认真、表现积极（15 分） 3. 能成功完成所有实训任务（20 分）	实训成绩评定为四等： 1. 优（100 分~86 分） 2. 良（85 分~70 分） 3. 及格（69 分~60 分） 4. 不及格（59 分~0 分） 注意事项： 1. 实训期间做与实训无关的操作，不能评定为"优" 2. 有旷课现象，不能评为"优、良" 3. 旷课××节及以上，评为"不及格" 4. 实训内容没有完成，评为"不及格" 5. 两份报告雷同，评为"不及格" 6. 具体评分标准由教师根据实训项目具体要求制定
二、实训表现与态度	分值：20 分 1. 无迟到（1 分） 2. 无早退（1 分） 3. 无旷课（3 分） 4. 实训预习、听讲认真（2 分） 5. 实训态度认真（5 分） 6. 实训中不大声喧哗（1 分） 7. 能爱护实训场所、设备，保持环境整洁（2 分）	

续表

	8. 能完全遵守实训各项规定（1分） 9. 实训效果好，基本掌握个别教育的程序、内容与方法，具备开展教育矫正工作的职业能力（4分）	
三、实训总结 1. 实训中出现的问题及解决办法（对遇到的问题、问题产生的原因进行分析判断，写出解决过程） 2. 实训效果（本次实训有哪些收获，掌握了哪些知识、技能，哪些不明白，有什么疑问，等等）	分值：30分 1. 按规定时间上交（5分） 2. 格式规范（5分） 3. 字迹清楚（5分） 4. 内容详尽、完整，实训分析总结正确（5分） 5. 无抄袭现象（5分） 6. 能提出合理化建议或有创新性见解（5分）	
合计		

评分人： 日期： 年 月 日

 【拓展学习】

对矫正教育本质的认识[1]

学术界关于矫正教育的本质问题有以下几种观点：

1. 矫正教育的本质是其强制性。矫正教育发生在特殊的对象身上，而且多半在特定机构进行，与司法活动有一定的关系。所以，矫正教育普遍带有强制性。但是也有学者指出，司法领域的执法活动几乎都具有强制性，强制性并不是矫正教育所特有的、区别于其他活动的本质特征。

2. 生产性是矫正教育的本质。持这种观点的学者认为，生产劳动是教育改造违法犯罪人员，使之成为自食其力的劳动者的必要手段，也是我们国家教育改造罪犯的重要途径。其实，生产只是矫正教育的外部形式之一，它只是矫正教育的必要条件而不是充分条件。在某些条件下，生产会成为影响教育的因素。随着我国矫正教育事业的发展，需要重新思考生产劳动在矫正教育中的作用。

3. 矫正教育属于或基本上属于司法行政活动。但这种认识只说出了矫正教

---

〔1〕 高莹主编：《矫正教育学》，教育科学出版社2007年版，第55~56页。

育的归属，类似于教育本质讨论当中的归属之争。如果有人认为矫正教育属于或基本上属于司法行政活动，那么也会有人从教育的角度提出相反的意见，导致双方争执不下，但是都不会对解决矫正教育的本质问题作出更多的理论贡献。

4. 矫正教育的本质是转化人、挽救人、培养人的活动。持这种观点的学者认为，"矫正教育学中所研究的矫正教育，是指由矫正机关组织实施的狭义矫正教育，是针对违法犯罪人员的主观恶性和严重越轨行为而开展的有计划、有目的、有组织的系统影响活动，具有一般教育活动所具有的共同属性。其特殊性在于它是转化人、挽救人的补偿性教育活动。"

矫正教育的本质是一种再社会化过程。做出这种判断，实际上是基于这样一种认识：矫正教育是教育的一种特殊类型，这种类型的特殊性取决于教育对象的特殊性。普通教育的目的是促进教育对象的社会化，而矫正教育的目的则具有再社会化的特征。矫正教育区别于其他活动的本质属性就在于此。

学习单元九　社区矫正对象的心理矫正

【学习目标】

通过本单元的学习，能够完成以下工作任务：

项目 1. 心理矫正方案的制定。

项目 2. 心理矫正方案的实施。

项目 3. 心理矫正效果的评估。

【知识树】

```
                          ┌ 心理矫正概述 ┤ 心理矫正的概念
                          │              └ 心理矫正的对象
                          │
                          │              ┌ 心理矫正方案的构成要素
                          │ 心理矫正方案的制定 ┤
                          │              └ 心理矫正方案的制定步骤
                          │
            社区矫正对象  │              ┌ 心理健康教育
              的心理矫正 ┤              │ 心理辅导
                          │ 心理矫正方案的实施 ┤ 心理咨询
                          │              │ 心理治疗
                          │              └ 心理危机干预
                          │
                          │              ┌ 评估的标准
                          └ 心理矫正效果的评估 ┤
                                         └ 评估的方法
```

【案例9-1】

社区矫正对象葛某，男，汉族，30 岁，未婚，被捕前为某外企公司职员。因挪用公款罪被判有期徒刑 1 年，缓刑 1 年。进入社区矫正后，葛某难以接受地位、身份的巨大落差，觉得自己给家人丢了脸，让全家人在外人面前都抬不起头来。所以一直情绪低落、自卑，不愿见任何人，对社区矫正工作人员也持抵触对立情绪。1 个月前开始出现烦躁不安的症状，总感觉焦虑、紧张，睡觉翻来覆去总是不能入眠，即使睡着了，梦也很多，容易醒，但尚能入睡，早晨醒后感觉头痛、疲劳，全身酸痛。白天感觉心慌意乱，注意力不集中，虽然能控制自己的情绪，但总觉得心里不踏实。虽能够正常应付日常工作，但效率有所下降，内心感到烦恼、痛苦，曾到医院就诊，医生开了口服安定类药物，情况未见明显改善。无论是在工作还是在生活中，他总是感到紧张不安、怕出问题。虽然如此，但工作生活的其他方面未受太多影响。

很显然，葛某进入社区矫正后在情绪上、生理上、社会功能上都出现了一些问题，虽然还未造成严重后果，但毕竟影响了他正常的矫正生活，成为其顺利接受社区矫正的拦路虎。如何清除这些拦路虎，使其顺利度过矫正期呢？国内外的经验表明，清除这些拦路虎的有效办法就是运用专业的方法和手段，对其开展心理矫正工作，以达到消除其心理问题或心理障碍，提高其心理健康水平，积极接受矫正，顺利回归社会，并在矫正解除后也能正确地对待生活中出现的各种问题，正确处理各种问题，不再走上违法犯罪道路的目的。

【学习情境一】 社区矫正对象心理矫正概述

心理矫正既是人类行刑理念的改革，更是促进罪犯教育矫正向科学化、文明化、人道化方向转变，促进罪犯再社会化目标实现的重要手段。社区矫正作为刑罚执行文明化、进步化、人道化的标志，自然不可缺少这种以人为本，体现人性化理念的新型的、独特的矫正手段。

司法实践表明，社区矫正对象也是发生心理问题的高危人群。他们无论是在犯罪前还是在犯罪后，都或多或少地存在着各种各样的心理问题，有的甚至犯罪的主要原因就是心理问题。比如说，心胸狭隘、暴躁易怒、情绪不稳、自控自制能力差、自卑、嫉妒、焦虑、人际关系紧张、贪婪、懒惰、认知错误、偏激、片面、不遵守规章制度，喜欢挑战权威、无道德感或道德观念差等。这些人格上的缺陷很可能使他们在为人处世或面对困难或挫折时采取不适当的行为方式来解决，从而走上了违法犯罪的道路。也有一些社区矫正对象在矫正期间因为地位、身份的变化而产生一些新的心理问题，影响他们的改造，阻碍他们顺利回归社会。

上海市徐汇区康健街道司法所就曾对社区内的矫正对象进行心理状况调查，结果显示：在这些社区矫正对象中患有严重心理障碍的比例较高，他们之所以犯罪与他们的人格缺陷、心理健康水平较低有着密切的关系。在进行人格调查时发现，矫正对象中精神质偏高的占46.1%，其中特别高的占23.1%；情绪不稳定的占30.7%。在进行心理健康调查时发现，人际关系差、有敌对倾向、过于敏感的占25%；情绪忧郁的占75%；情绪焦虑的占25%。在进行家庭环境调查时发现，家庭成员之间情感沟通不佳的占33%；法律知识缺乏的占56%；道德观念差的占56%。这些问题的存在会成为这些矫正对象顺利接受社区矫正的拦路虎，所以社区矫正机构必须想办法解决。

随着社区矫正工作的深入开展，全国各地社区矫正机构的心理矫正工作也逐步由初期的试点探索走上了现在的大面积推广适用，各地都开展了内容、形式、水平不等的心理矫正工作，比如，为矫正对象建立心理档案，开展心理健康教育、心理咨询和心理治疗、心理危机干预等工作。心理矫正工作的开展，使得社区矫正机构对矫正对象的矫正更加精准，效果更好。

《社区矫正法》第 11 条规定："社区矫正机构根据需要，组织具有法律、教育、心理、社会工作等专业知识或者实践经验的社会工作者开展社区矫正相关工作。"第 24 条规定："社区矫正机构应当根据裁判内容和社区矫正对象的性别、年龄、心理特点、健康状况、犯罪原因、犯罪类型、犯罪情节、悔罪表现等情况，制定有针对性的矫正方案，实现分类管理、个别化矫正。矫正方案应当根据社区矫正对象的表现等情况相应调整。"第 40 条第 1 款规定："社区矫正机构可以通过公开择优购买社区矫正社会工作服务或者其他社会服务，为社区矫正对象在教育、心理辅导、职业技能培训、社会关系改善等方面提供必要的帮扶。"这些法律条文都非常明确地规定了为社区矫正对象开展心理矫正的工作。

《社区矫正法实施办法》第 43 条第 3 款也规定，根据社区矫正对象的心理健康状况，对其开展心理健康教育、实施心理辅导。

以上规定，为社区矫正对象开展心理矫正工作提供了法律法规依据。

一、社区矫正对象心理矫正的概念及原则

(一) 社区矫正对象心理矫正的概念

社区矫正对象的心理矫正是指将心理学的原理、方法和技术运用于社区矫正工作中，剖析社区矫正对象犯罪心理形成的过程、原因和规律，分析他们在矫正过程中出现的各种心理问题，然后有针对性地采取心理学技术对其不良心理和不良行为进行矫正和治疗，帮助他们消除心理障碍，解决心理矛盾，促使其心理健康，重塑健全人格和提高适应社会的能力，并最终成为一名合格社会公民的一种矫正措施。

(二) 社区矫正对象心理矫正的原则

社区矫正对象心理矫正是一项科学性、实践性很强的工作，做好这项工作应当遵循以下原则：

1. 以社区矫正对象的再社会化为最终目标，结合社区矫正的整体工作开展心理矫正。

2. 在全面了解社区矫正对象的基础上，根据他们的心理特征和发展规律，基于他们的个别特征和发展需要，有针对性地实施心理矫正。

3. 心理健康教育与心理咨询、心理治疗有机结合，使心理矫正贯穿社区矫正的全过程，积极主动地开展心理教育与心理辅导，同时关注出现心理障碍的社

区矫正对象，积极能动地实施心理咨询与心理治疗。

4. 心理矫正的主导作用与社区矫正对象的积极参与有机结合。内因是变化的根据，外因是变化的条件，社区矫正对象的认知、情绪和行为的改变，尽管一定程度上得益于矫正者的专业工作，但是心理矫正者的作用只是"授之以渔"，而不是"授之以鱼"，所以，在矫正关系中，矫正者只承担"助动者"的角色，而被矫正者才是改变自己的真正主宰。因此，应充分调动和启发社区矫正对象的主动性和自觉性，提高他们自我矫正、自我发展的思想观念与能力。

5. 心理矫正遵循相互尊重、平等原则。这是进行心理矫正的基础。心理矫正人员要与被矫正人员一起分析他们存在的心理问题，制定心理矫正目标，确定心理矫正方案等。

二、社区矫正对象心理矫正的对象、目的和方法

（一）社区矫正对象心理矫正的对象、目的

1. 面向全体社区矫正对象。通过开展心理健康教育、心理辅导等活动，使社区矫正对象对心理矫正和心理健康有一个正确的认识，激发和强化自我矫正的积极性，改善和提高自身的心理素质，加速其再社会化的进程。

2. 对有心理问题和心理障碍的社区矫正对象。通过实施辅导、教育、咨询和治疗，帮助他们消除心理障碍，缓解心理矛盾，摆脱心理困扰，改变不良行为，促进心理健康。

具体来讲，社区矫正对象心理矫正的目的主要包括六个方面：激发改善动力、探究问题根源、提高适应能力、转变行为观念、改变行为习惯、增强自我控制等。

（二）社区矫正对象心理矫正的方法

社区矫正对象心理矫正的方法主要包括心理健康教育、心理咨询、心理治疗和心理危机干预等。

1. 社区矫正对象的心理健康教育是面向全体矫正对象，根据他们的心理和生理特点，运用心理学的教育方法和手段，培养其良好的心理素质，促进其整体素质全面提高的教育。心理健康教育注重矫正对象健全的人格和健康的心理品质的培养，体现的是以人为本、对人的可持续发展负责的基本精神。

2. 社区矫正对象的心理咨询是指心理咨询专业人员运用心理学的知识、理论和技术，协助求助的社区矫正对象解决心理问题，从而帮助其实现自强自立，增进心理健康水平，提高生活质量，使其顺利回归社会，不致重新犯罪。

3. 社区矫正对象的心理治疗是指由受过专业训练的心理咨询（或治疗）师以心理学理论为指导，运用心理治疗的有关理论和技术，对有各类心理与行为问题的社区矫正对象进行矫治，以消除或缓解其心理或行为问题，促进其人格向健康、协调的方向发展，促进社区矫正对象重新社会化的过程。

4. 社区矫正对象心理危机干预是指针对处于心理危机状态的个人，及时给予适当的心理援助，使之尽快摆脱困难。社区矫正对象的心理危机干预就是指针对由于突然遭受严重灾难、重大生活事件或精神压力而处于心理危机状态的社区矫正对象及时给予适当的心理援助，使其尽快摆脱困难，顺利参与社区矫正的一种有效的服务方法。

 专栏 9-1

心理咨询和心理治疗的关系

"心理治疗"与"心理咨询"，在临床干预中，本是交替使用的措施，虽然操作方式有区别，但两者的目标是一致的。不去严格区分原本也无大碍，但是，目前学界有许多人喜欢对两者进行比较，并指出许多异同点。

从心理咨询和心理治疗的定义来看，两者在本质上有一个共同点，即工作目的是一样的：消除求助者的心理或行为问题。有两个不同点：①一个在操作上是规范化、标准化的；另一个是不太规范、不太标准化的。②一个是"协助解决"，即在协商和帮助过程中解决问题；另一个则是"矫治"，即带有强制性的矫正和按治疗方法进行调治。[1]

【学习情境二】社区矫正对象心理矫正方案的制定

对社区矫正对象进行心理矫正应当有计划、有步骤地按照一定的程序展开。只有方法恰当，安排合理，步骤紧凑，并制定出科学合理的心理矫正方案，才能使心理矫正取得预期效果。

一、心理矫正方案的构成要素

心理矫正方案一般由以下要素构成：①方案编号；②心理矫正工作人员的基本情况：姓名、性别、职务、工作单位、心理矫正的资质等；③社区矫正对象的基本情况：姓名、性别、年龄、文化程度、住址、罪名、矫正种类、刑期及矫正期限、捕前职业、人际关系、是否有前科等；④心理评估与诊断的情况；⑤心理矫正计划；⑥矫正措施；⑦双方签订的矫正协议；⑧矫正效果评估；等等。

---

〔1〕 郭念锋编：《国家职业资格培训教程 心理咨询师（三级）》，民族出版社 2005 年版，第 280~282 页。

专栏 9-2

心理矫正方案

方案编号：

××市××区_____社区矫正机构

一、心理矫正工作人员的基本情况：

姓名		性别		职务		工作单位	
从事 心理矫正 工作资质							

二、社区矫正对象的基本情况：

姓名		性别		出生年月		文化程度	
住址				罪名		刑期	

矫正类别		矫正期限	自 年 月 日起 至 年 月 日止	捕前 职业		
				是否 有前科	有	无

主要 问题	
心理 评估 与诊断	

续表

矫正计划	
矫正措施	责任人：　　　　　　　　　　　　　　　年　　月　　日 社区矫正机构负责人：　　　　　　　　　年　　月　　日
矫正协议	责任人：　　　　　　　　　　　　　　　年　　月　　日 矫正对象：　　　　　　　　　　　　　　年　　月　　日
矫正效果 评估	责任人：　　　　　　　　　　　　　　　年　　月　　日 社区矫正机构负责人：　　　　　　　　　年　　月　　日

注：此心理矫正方案完成后存入社区矫正对象档案

二、心理矫正方案的制定步骤

如何制定心理矫正方案呢？概括起来主要有以下几个步骤：

（一）心理评估与诊断

心理评估是对社区矫正对象过去和现在的智力状况、个性特征、心理健康状况等进行评价和鉴定。评估的方法主要有心理测验、行为观察、访谈、调查、心理问题的诊断等，可分为初期、中期、后期心理评估。通过评估了解社区矫正对象的基本信息和存在的心理问题，为下一步的工作提供依据，也为以后的教育、辅导、咨询、治疗提供依据。

心理诊断是根据评估所获取的信息，进行分析、评价，诊断出社区矫正对象的心理特征、心理类型及所存在的心理问题。再根据诊断的结果，考虑矫正的方案，为临床治疗提供科学依据。

【案例9-2】

社区矫正对象周某，性别：男，29岁，文化程度为中技，未婚。因犯敲诈勒索罪被判处有期徒刑5年，后因在监狱中表现良好，被予以假释。

周某出生于一个农民家庭，家庭经济条件一般，家族有遗传性精神病史。因其本人性格较为内向、拘谨，父母对其较为宠爱和放心，而较少与其沟通和交流，在其成长过程中忽视了对其思想、道德方面的教育和引导，导致他没有形成正确的金钱物质观和法制观念。参加工作后，周某被金钱物质迷惑，于是产生了不劳而获的想法，心理发展逐渐偏离正常轨道。物质欲望的逐渐膨胀，使得本来法制观念就淡薄的他开始爱慕虚荣，贪图享乐，渐渐失去自我控制的能力，逐步走上犯罪的歧途。自 2017 年 10 月被假释以来，周某一直无心工作，情绪低迷。目前待业在家。

如何为周某制定有针对性的心理矫正方案呢？矫正工作人员首先对其进行了心理问题的评估和诊断。评估和诊断的方法及过程如下：

矫正工作人员运用行为观察法、访谈法、调查法和心理测试法，了解矫正对象周某的情况。

首先，在与周某的日常交流中，发现周某日常行为有明显偏执或缺乏自控现象，并存在着严重的抑郁倾向，情绪极易波动。其次，在与周某家属的沟通过程中，得知周某家族有精神病遗传史，其父母对周某的现状十分担心，忧虑其过度的情绪波动会诱使其病情发作。通过一个阶段的交流和沟通，工作人员对周某的现状大致有了比较客观的了解，并作出了恰当的评估和诊断结论。

一、极端情绪使其日常行为有明显偏执或缺乏自控现象，自我评价偏低，对前途缺乏信心，有重新违法犯罪的倾向

矫正工作人员发现周某在平时的生活中，情绪易受外界的影响和刺激，自我克制能力较差，容易被激怒。其家族遗传的精神病导致的思路紊乱也对他极端的情绪带来了一定的副作用。由于以往的罪错经历，他在就业、人际关系等方面普遍遭受挫折和失败，加之经济方面的不独立以及对家庭的负罪感，他在生活中也比常人承受了更大的压力。这些压力，导致周某比常人更容易有极端困扰感和心理自卑感。他对自己的前途缺乏信心，自我评价低，经常心情郁闷，缺乏自我调控的能力，容易产生偏执、急躁和悲观的情绪，不能客观地思考问题。如果一旦无法妥善完成某事，将会进入极端悲观情绪之中而无法自拔，容易失控进而产生过激行为。在其情绪激动的时候，多次出现动手、砸东西的行为。周某与其祖父感情极为深厚，祖父是他最亲近的人。得知其被判刑后，其祖父郁郁寡欢，后因病去世。周某就将其祖父的去世归因于法院当时未能将原刑事判决书及时送达家中，致使其祖父误认为他已不在人世而过早去世，故周某对其祖父的去世极为内疚，经常沉浸于痛苦之中，并以此为借口，拒绝外出工作，表示无心工作，坚持要与法院打官司，并一直努力寻求原判决的相关人员，执意要为祖父讨回一个"公道"，甚至扬言不惜为此付出"血的代价"。从其上述表现来看，周某有重新违法犯罪的倾向。

二、对社会适应不良，导致心境恶劣

人的孤独感是在不同时间和空间中普遍存在的。对周某而言，长时间的监狱

生活使他与社会隔离，出狱后对社会的正常生活感到无所适从，因此一直待业在家。对周围生活环境的不适应，与父母的缺少交流，在生活、社会交往等方面的障碍所产生的心理负担，使其内心的孤独感更为强烈，导致其异常悲观。他经常沉迷于网络游戏中，用隐蔽思想、封闭感情的方式来抵制、对抗社会上的歧视与偏见，从而进一步加剧了其孤僻的性格。而缺乏社会群体意识和社会交往、合作的能力、遇事缺乏解决能力，对日常生活中的一些社会活动也明显缺乏热情和兴趣，无心工作、对可获得的工作机会又嫌苦怕累，习惯于依赖父母而无法自食其力等一系列对社会生活的适应不良愈加导致了他的心境恶劣。

三、对物质的高追求和经济状况引发了父子关系的不和，情绪激动

在平日的生活中，周某对目前的时尚潮流有一定的追逐倾向，喜欢购买添置各种时尚物品，如苹果手机、电脑，并流连于网络等。出狱后，其父亲一改往日宽松的态度，对周某严加约束，再加上家中经济状况差，周父对他的消费需求多有不满，这让他很不适应，彼此关系较为紧张。对物质的高追求和家庭实际经济状况之间相矛盾的现实，使得周某产生了巨大的心理落差。周某待业在家、好逸恶劳，其父多次劝说未果，后周某向其母亲借钱炒股亏损，导致父子间的矛盾进一步恶化。周某的情绪极易波动，父子俩经常因生活琐事，一言不合而发生争执，进而动手、摔东西等。

四、对周某的明尼苏达多项人格测试分析

在了解了周某的情况后，为进一步对周某的现状作出科学的评估和分析，工作人员为周某作了明尼苏达多项人格测试，通过有关心理专家对 MMPI 评估报告中综合图形的分析可知：周某可能存在着长期的心理问题，是由广泛性的不适感和内疚感而产生的抑郁症状，症状为焦虑、紧张、犹豫不决，可能会产生反复多思，自我怀疑、易冲动，发怒，容易无视社会规范和习俗，对权威形象有不满和敌意等情况，表现为反社会行为或者是与家人对抗。矫正期间出现的抑郁情绪可能是外部因素所致。他对自己处理这些问题的能力缺乏信心，希望寻求别人的帮助和关心，但又过度防备。

通过心理评估与诊断，基本上明确了周某所存在的问题，应在此基础上为其制定心理矫正计划。

(二). 制定心理矫正计划

心理矫正计划是对社区矫正对象实施心理矫正的重要环节，是具体实施心理矫正的行动纲领。计划的内容应包括：心理矫正的目标、种类；矫正所用的设施；矫正对象；矫正工作人员的安排；矫正的时间、地点、次数的安排以及心理矫正所采用的方法、技术等。

专栏 9-3

社区矫正对象周某的心理矫正计划

心理矫正的对象	周某
心理矫正的目标	短期目标：消除其不良情绪，学会对不良情绪进行调节，提高自控自制能力 中期目标：改变不良认知，正确对待法院的判决，避免再次走上违法犯罪的道路 长期目标：形成正确的自我意识，正确评价自己。在此基础上，改变自卑心理，提高自信心；提高社会适应能力
心理矫正的种类	心理健康教育和心理咨询
心理矫正所用的方式	明尼苏达多项人格测试表、焦虑量表、抑郁量表、需求量表等
心理矫正工作人员的安排	具有二级以上心理咨询师资格的社区矫正工作人员 1 人或社工 1 人
心理矫正的时间	利用 1~3 周的时间完成短期目标；利用 1~2 个月的时间完成中期目标；利用 6 个月左右的时间完成长期目标。
心理矫正的地点、次数	在社区矫正中心的心理咨询室完成，可 1 次/周，50 分钟/次。
心理矫正的方法与技术	认知疗法；行为疗法；自信心训练法等综合方法和技术

如根据【案例 9-2】的评估与诊断结果，为社区矫正对象周某制定心理矫正计划。

心理矫正计划的制定，需要矫正工作人员与社区矫正对象双方协商并签订协议，以保证计划的贯彻执行。

（三）签订心理矫正协议

对社区矫正对象进行心理矫正，根据其具体的心理问题所使用的方法或技术，以及参与这项工作的心理矫正人员等情况，必须经双方协商决定，签订矫正协议，并明确规定双方的权利和义务，否则这项工作很难取得应有的效果。

【学习情境三】 社区矫正对象心理矫正方案的实施

在心理矫正方案制定后，更重要的是对这一方案的实施。这既是对矫正方案科学性、可行性的检验，更直接关系到心理矫正效果的好坏。实施过程主要是贯彻已制定的矫正计划，矫正措施，同时还要根据具体过程中所出现的新情况、新问题，适当地调整矫正计划和矫正措施，使矫正更具有针对性。

矫正方案的实施阶段也就是心理帮助阶段。此阶段的主要任务是心理矫正工作人员应用心理学的方法和技术来帮助矫正对象消除心理障碍，缓解心理矛盾，摆脱心理困扰，改变或矫正不良行为，促进心理健康。在实践中，根据社区矫正对象所存在的心理和行为问题，采取不同的矫正方法和技术，主要包括：心理健康教育、心理咨询、心理治疗、心理危机干预等。

一、心理健康教育

心理健康教育一般面向全体矫正对象，主要是让矫正对象了解心理健康的相关知识以及心理健康对人的重要作用。

（一）心理健康的概念

1. 健康的概念。传统观点认为：健康是指人体生理机能正常，没有缺陷和疾病。1998 年世界卫生组织对健康给出了新的定义，即"健康不仅是没有疾病，而且包括躯体健康、心理健康、社会适应良好和道德健康"。

躯体健康，是指生理平衡，没有器质性或功能性异常——没有身体疾病；

心理健康，是指心理是稳定的，没有主观不适感——没有心理障碍；

社会适应良好，是指社会成熟度较高，具有社会适应能力——没有社会公认的不健康行为；

道德健康，是指具有良好的道德品质——没有道德问题。

可见，衡量一个人是否健康，必须从生理、心理、行为等因素进行分析。

⊙ 专栏 9-4

名人名言

世界卫生组织前总干事马勒博士：必须让人们认识到，健康并不代表一切，但失去了健康，便失去了一切。

古罗马哲学家西塞罗：心理疾病比起生理疾病为数更多，为害更烈。

---

2. 心理健康的概念。心理健康是相对于生理健康而言的。心理健康也叫心理卫生，其含义主要包括两个方面。一是指心理健康的状态，即没有心理疾病，

心理功能良好，即能以正常稳定的心理状态和积极有效的心理活动，面对现实的、发展变化着的自然环境、社会环境和自身内在的心理环境，具有良好的调控能力、适应能力，保持切实有效的功能状态。二是指维护心理的健康状态，亦即有目的、有意识、积极自觉地按照个体不同年龄阶段身心发展的规律和特点，遵循相应的原则，有针对性地采取各种有效的方法和措施，营造良好的家庭环境、学校环境和社会环境，通过各种形式的宣传、教育和训练，以求预防心理疾病，提高心理素质，维护和促进心理活动的良好的功能状态。上述两个方面构成了心理健康这一概念的基本内涵。世界卫生组织把心理健康定义为：心理健康是指个体对环境的高效而良好的适应，在这种状态下，人的生命具有活力，人的潜能得到开发，人的价值能够实现。

（二）心理健康的标准

1992 年，世界卫生组织提出关于心理健康的七个标准：①智力正常；②情绪协调，心境良好；③具备一定的意志品质；④人际关系和谐；⑤能动地适应环境；⑥保持人格完整；⑦行为符合年龄特征。

美国心理学家马斯洛和米（密）特尔曼对心理健康提出了十个标准：①有足够的自我安全感；②能充分地了解自己，并能对自己的能力作出适当的评价；③生活理想切合实际；④不脱离周围实际环境；⑤能保持人格的完整和谐；⑥具有从经验中学习的能力；⑦能保持良好的人际关系；⑧能适度地发泄和控制情绪；⑨在符合集体要求的前提下，能较好地发挥个性；⑩在不违背社会规范的前提下，能恰当地满足个人的基本需求。

我国著名心理学家林崇德认为："心理健康标准的核心是：凡对一切有益于心理健康的事件或活动作出积极反应的人，其心理便是健康的。"他认为心理健康主要有以下十条标准：

1. 了解自我：对自己有充分的认识和了解，并能恰当地评价自己的能力；

2. 信任自我：对自己有充分的信任感，能克服困难，面对挫折能坦然处之，并能正确地评价自己的失败；

3. 悦纳自我：对自己的外形特征、人格、智力、能力等都能愉快地接受认同；

4. 控制自我：能适度地表达和控制自己的情绪和行为；

5. 调节自我：对自己不切实际的行为目标、心理不平衡状态、与环境的不适应性，能做出及时的反馈、修正、选择、变革和调整；

6. 完善自我：能不断地完善自己，保持人格的完整与和谐；

7. 发展自我：具备从经验中学习的能力，充分发展自己的智力，能根据自身的特点，在集体允许的前提下，发展自己的人格；

8. 调适自我：对环境有充分的安全感，能与环境保持良好的接触，理解他人，悦纳他人，能保持良好的人际关系；

9. 设计自我：有自己的生活理想，理想与目标能切合实际；

10. 满足自我：在社会规范的范围，适度地满足个人的基本需求。[1]

（三）心理健康对人的作用

心理健康与否，对人的工作、生活、学习、身体都会产生巨大的影响。一个心理健康的人，其身心是和谐的；是适应环境的；在人际关系中是彼此谦让的；是有幸福感的；在职业工作中，是能充分发挥自己的能力，过着有效率的生活的。所以，心理健康的人能正确处理生活中的各种问题，即使自己存在缺点与不足，也能正确对待。而心理不健康的人则恰恰与之相反。一个心理不健康的人会出现各种心理问题，甚至是严重的精神疾病，并影响身体健康。

由于社区矫正对象都或多或少存在着一些心理健康问题，所以在社区矫正期间对他们开展心理健康教育是消除其犯罪心理和不良行为，顺利回归社会的重要矫正手段。

专栏 9-5

心理健康维度图

纯白　　　　　　浅灰　　　　　深灰　　　　纯黑

纯白： 健康人格；自信心高；适应力强

浅灰： 因生活、人际关系压力产生各种心理冲突（求助于心理咨询师）

深灰： 心理异常或障碍（求助于临床经验非常丰富的二级以上心理咨询师或精神科医生）

纯黑： 精神疾患（必须求助于精神科医生）

---

[1]　俞国良主编：《心理健康教育（教师用书）》，高等教育出版社 2005 年版，第 4~7 页。

专栏 9-6

中国人心理健康量表
——著名心理学家王极盛教授编制

指导语：下面是有关您近 10 天内心理状态的一些题目，您应根据自己的实际情况认真填写。每个题目没有对错之分，请您尽快回答，不要在每道题上过多思索。

中国人心理健康量表，共有 80 个评定项目，每一个项目都采用 5 级评分制，即无、偶尔、有时、经常、总是。

每个题目后都有五个等级供您选择，分别按照程度的高低用 1、2、3、4、5 来表示。

1——无，2——偶尔，3——有时，4——经常，5——总是。

注意：①每个题目后只能选择一个等级，在相应的数字上画圈（或作出标记）；②每个题目都要作答。

项目	无	偶尔	有时	经常	总是
1. 我情绪忽高忽低	1	2	3	4	5
2. 做什么事我都感觉很困难	1	2	3	4	5
3. 我喜欢与人争论	1	2	3	4	5
4. 我对许多事情心烦	1	2	3	4	5
5. 遇到紧急的事我就手发抖	1	2	3	4	5
6. 我怕应付麻烦的事	1	2	3	4	5
7. 我情绪低落	1	2	3	4	5
8. 我感到人们对我不公平	1	2	3	4	5
9. 我觉得大多数人都不可信任	1	2	3	4	5
10. 我感到别人对我不友好	1	2	3	4	5
11. 我不能控制自己而发脾气	1	2	3	4	5
12. 我感到前途没有希望	1	2	3	4	5
13. 我喜怒无常	1	2	3	4	5
14. 我要求别人十全十美	1	2	3	4	5

续表

15. 我抱怨自己为什么比不上别人	1	2	3	4	5
16. 我觉得别人想占我的便宜	1	2	3	4	5
17. 我觉得活得很累	1	2	3	4	5
18. 看见房间杂乱无章，我就安不下心来	1	2	3	4	5
19. 我着急时，嘴里有味	1	2	3	4	5
20. 我感到我有坏事发生	1	2	3	4	5
21. 我觉得疲劳	1	2	3	4	5
22. 我常为一些小事而心情不好	1	2	3	4	5
23. 我不能容忍别人	1	2	3	4	5
24. 别人有成绩我生气	1	2	3	4	5
25. 我的想法与别人不一样	1	2	3	4	5
26. 遇到挫折，我便灰心	1	2	3	4	5
27. 我经常责备自己	1	2	3	4	5
28. 害怕别人注意我的短处	1	2	3	4	5
29. 我一紧张就头疼	1	2	3	4	5
30. 我有想打人骂人的冲动	1	2	3	4	5
31. 感到别人不理解我、不同情我	1	2	3	4	5
32. 我固执己见	1	2	3	4	5
33. 我对什么事情都无兴趣	1	2	3	4	5
34. 我心里焦躁	1	2	3	4	5
35. 我过人多、车多的十字路口心里发慌	1	2	3	4	5
36. 遇到紧急的事我尿多	1	2	3	4	5
37. 我心情时好时坏	1	2	3	4	5
38. 我对新事物不习惯	1	2	3	4	5
39. 我感到别人亏待我	1	2	3	4	5
40. 我感到很难与人相处	1	2	3	4	5
41. 我有想摔东西的冲动	1	2	3	4	5

项目	无	偶尔	有时	经常	总是
42. 我觉得我出力不讨好	1	2	3	4	5
43. 总觉得别人在背后议论我	1	2	3	4	5
44. 我爱揭别人短处	1	2	3	4	5
45. 我喜怒都表现在脸上	1	2	3	4	5
46. 我紧张时睡不好觉	1	2	3	4	5
47. 我无缘无故感到紧张	1	2	3	4	5
48. 应采取果断行动时，我就犹豫不决	1	2	3	4	5
49. 我与他人相处，关系紧张	1	2	3	4	5
50. 该做的事做不完我就放心不下	1	2	3	4	5
51. 我不分场合发泄我的不满	1	2	3	4	5
52. 我控制不住自己的情绪	1	2	3	4	5
53. 当别人看我或议论我时感到不自在	1	2	3	4	5
54. 别人对我成绩的评价不恰当	1	2	3	4	5
55. 我感到自己没有什么价值	1	2	3	4	5
56. 我总觉得别人在跟我作对	1	2	3	4	5
57. 我情绪波动性大	1	2	3	4	5
58. 我担心别人看不起我	1	2	3	4	5
59. 我感到忧愁	1	2	3	4	5
60. 我心情紧张，胃就不舒服	1	2	3	4	5
61. 在变化的情况下，我不能灵活处事	1	2	3	4	5
62. 我觉得我的学习或工作的负担重	1	2	3	4	5
63. 我对比我强的人并不服气	1	2	3	4	5
64. 我不能接受别人意见	1	2	3	4	5
65. 我对亲朋好友忽冷忽热	1	2	3	4	5
66. 我觉得生活没意思	1	2	3	4	5
67. 我担心自己有病	1	2	3	4	5

续表

项目	无	偶尔	有时	经常	总是
68. 遇到紧急情况，我心跳得厉害	1	2	3	4	5
69. 我与陌生人打交道感到为难	1	2	3	4	5
70. 我心里总觉得有事	1	2	3	4	5
71. 我在公共场合吃东西感觉不舒服	1	2	3	4	5
72. 我的朋友有钱，吃好穿好我感到不舒服	1	2	3	4	5
73. 我做事想怎么做就怎么做	1	2	3	4	5
74. 我难以完成工作任务或学习任务	1	2	3	4	5
75. 紧张时我手出汗	1	2	3	4	5
76. 我常用刻薄的话刺激别人	1	2	3	4	5
77. 我对于杂、乱、脏环境，强烈噪声不能承受	1	2	3	4	5
78. 我容易激动	1	2	3	4	5
79. 我的感情容易受到别人伤害	1	2	3	4	5
80. 到一个新环境，我不能很快适应	1	2	3	4	5

（三）心理健康教育的内容

心理健康教育的主要内容包括普及心理健康基本知识、树立心理健康意识；了解简单的心理调节方法；认识心理异常现象以及初步掌握心理保健常识。其重点是学会调控情绪，正确面对现实；学会人际交往，升学择业以及生活和社会适应等方面的常识；把握自己的命运，争取美好的生活。对社区矫正对象的心理健康教育内容可根据社区矫正对象实际存在的心理问题选取相应的内容。一般来讲，可从以下几个方面进行：

1. 健康情绪教育。情绪对身体健康有着非常重要的影响，健康情绪有益于身体健康，消极情绪容易导致生理疾病。健康情绪教育是心理健康教育的重要内容。情绪取决于当事人所遭遇的事件，好事自然令人开心，遇到倒霉事谁也高兴不起来。社区矫正对象虽然在社区接受矫正，免去了牢狱之灾，但不管怎样，其罪犯的身份没有变，其法律地位发生了巨大的变化。在社区矫正期间会出现各种各样的情绪问题，如抵触对立、焦虑抑郁、自卑、痛苦、愤怒、无助、迷茫等，所以需要社区矫正机构及时对他们开展健康情绪的教育，以帮助他们安全度过矫正期，顺利回归社会。

2. 人际关系教育。人际关系是个人发展的重要资源。这不仅是因为良好的人际关系使个人拥有更多的发展机遇，也是因为良好的人际关系能满足个人多种心理需要，构成了个人心理健康发展的支持系统。人际关系不良通常导致个人产生各种心理问题。人在人际关系中成长，良好人际关系的构建过程，人际冲突的妥善处理过程，就是当事人优良心理品质的形成过程。所以，人际关系教育历来为心理健康教育所重视。在社区矫正中，社区矫正对象的人际关系教育也应成为重点内容。

3. 自我意识教育。自我意识教育包括自我认识、自我体验和自我调节，是隐藏在个体内心深处的心理结构。自我意识是人的意识发展的高级阶段，是人的自我调控系统。个体正是通过自我意识来认识、调节自己，在环境中获得动态平衡，求得其独特发展的。

心理健康教育强调自我意识教育，为矫正对象的自主和谐发展，提供更科学、更全面、更有效的指导。

二、心理咨询

（一）社区矫正对象心理咨询的种类

社区矫正对象心理咨询的种类主要有以下几种：

1. 发展心理咨询和健康心理咨询。针对社区矫正对象在日常生活中可能产生的困惑或障碍，如择业、升学、社会适应等问题开展的咨询就属于发展性心理咨询。而因各类刺激引起的焦虑、紧张、恐惧、抑郁、痛苦、悲伤、自卑、自责等情绪问题，或者因各种挫折引起的行为问题所进行的咨询就属于健康心理咨询。

社区矫正对象在社区矫正期间，因自己身份的变化，必定会产生各种各样的心理困扰，如有的无业可就，生存压力过大而产生痛苦、自卑、焦虑、抑郁等不良情绪；有的是因自己的过失而导致犯罪的，自卑、自责情绪强烈；有的与家人关系紧张而产生焦虑、紧张、抑郁、痛苦等不良情绪；有的因害怕他人知道自己的身份而忧愁、紧张、痛苦，既不愿与人交往，更不愿矫正工作者到他家里来，并因此而产生了强烈的抵触对立情绪；等等。对上述问题的咨询就属于发展性心理咨询和健康性心理咨询。

2. 个性与社会心理问题的咨询。个性心理方面的咨询主要包括：需要、动机、兴趣以及认知、情感、意志和性格等方面的咨询；社会心理问题咨询主要包括：社会适应、自我意识、人际关系等社会心理层面的咨询。

3. 实际问题的咨询。如婚姻家庭方面的问题、再社会化方面的问题、矫正期间的问题等。

（二）社区矫正对象心理咨询的过程

心理咨询不是随意的谈话或聊天，而是按照一定的程序进行的。一般来讲，社区矫正心理咨询的过程主要包括：资料的搜集与整理阶段；心理诊断、明确问题阶段；咨询目标的确定阶段；咨询方案的制定与实施阶段；咨询结束与巩固阶段。

1. 资料的搜集与整理阶段。

（1）资料的搜集。临床资料，是咨询人员进行心理咨询工作的基本依据。没有资料或资料不完整，心理咨询就会陷入盲目或无从下手。所以，必须先广泛和深入地搜集与求助者情况有关的资料，只有如此，才能帮助求助者制定合理的、有针对性的咨询目标和方案。

搜集资料的途径主要有：①摄入性会谈与记录；②观察与记录；③访谈与记录；④心理测量、问卷调查；⑤实验室记录（心理、生理）；等等。

搜集资料的内容应包括：①人口学资料；②个人成长史与个人健康史（含生理、心理、社会适应）；③家族健康史（含生理、心理、社会适应）；④个人生活方式、个人受教育情况；⑤对自己家庭及成员的看法；⑥社会交往情况（与亲戚、朋友、同学、同事、邻里的关系）；⑦目前生活、学习、工作状况；⑧自我心理评估（优缺点、习惯、兴趣爱好、对社会、家庭、婚姻以及目前所从事的工作的看法、对被判处刑罚的看法、对个人能力和生存价值的评估等）；⑨近期生活中的变化（或遭遇）；⑩求助的目的与愿望；⑪求助者的言谈、举止、情绪状态、理解能力等；⑫有无精神疾病症状、自制力如何；⑬自身心理问题发生的时间、痛苦程度、持续的时间以及对生活与工作的影响；⑭心理冲突的性质和强烈程度；⑮与心理问题相应的测量、实验结果。

在搜集求助者的资料时，既要注意其本人所反映的主要问题，还要注意以下几个方面：①回答问题时无意透露的信息；②求助者有意回避或拒绝回答的问题；③交谈中的口误；④交谈中出现频率最高的询问；⑤求助者的表情和行为等非语言信息。以便准确把握求助者的有关信息，发现关键性的问题。

（2）资料的整理。对搜集到的资料必须进行整理和分析，并对各种与临床表现有关的资料加以综合，最后才能作为诊断的依据。在整理资料时可遵循如下步骤：①整理归纳求助者的一般资料，包括人口学资料；生活状况资料；婚姻家庭状况资料；工作状况资料；社会交往资料；娱乐活动资料；自我描述资料；个人内心世界的资料。②整理归纳求助者个人成长史资料，包括婴幼儿期的资料；童年期的生活资料；少年期的生活资料；青年期的生活资料；个人成长中的重大变化以及现在对其的评价资料；③整理归纳求助者目前精神状态、身体和社会工作与社会交往状态资料，包括精神状态资料、身体状态资料；社会交往与社会工作状况资料等。

在搜集资料时，各类资料可能是互相交错、混杂在一起的，如环境条件、个人情绪、表现、个人的看法等。所以，应按资料的性质加以分类。当然，也可以按与心理问题有关的三个方面即个体情况、环境情况和临床专业初步评价进行分类。

2. 心理诊断、明确问题阶段。此阶段的主要任务是根据搜集到的资料，结合心理学的有关知识，对求助的社区矫正对象的问题进行分析和诊断，辨明其问题的类型、性质和严重程度等，以便确立咨询的目标，选择帮助的方法。

（1）判断求助的社区矫正对象心理问题的类型和严重程度。根据所搜集到的资料，按照从重到轻、由粗到细的顺序筛选出求助者存在的心理问题及严重程度。如果属于精神障碍则应及时转入精神专科医院治疗；如果属于某些神经症症状，如焦虑症、恐惧症、强迫症、忧郁症等，则应进行心理治疗；如果属于一般性、严重性或神经症性心理问题，如学习、工作中的问题、生活中的问题等，则应通过心理咨询解决；如果是心理危机事件（自杀、伤人、危害社会等），要及时予以心理危机干预。

咨询人员只有正确判断社区矫正对象心理问题的性质和严重程度，才能做出下一步决断。如确定哪些问题是可以通过面谈咨询逐步解决的，哪些问题是需要借助其他力量进行直接干预的；哪些问题是需要与有关方面配合完成的；等等。

（2）弄清楚社区矫正对象问题产生的原因。咨询人员要通过充分了解社区矫正对象问题发生、发展的来龙去脉及影响因素，了解其生活、家庭、社区、社会支持系统等背景材料以及其认知模式、应付困难和挫折的方式方法等方面的情况，来寻找问题产生的原因。分析这些问题是与个人发展、人格特征、人生观、价值观、世界观等内部特征有关，还是与外部环境、家庭教育、家庭成员的关系及生活条件有关。

（3）可结合心理测验作出诊断。通过借助各种心理测试，帮助社区矫正对象分析问题类型、严重程度（轻、中、重）和可能产生的原因，以作出进一步的判断和诊断。

3. 咨询目标的确定阶段。这一阶段的主要任务是根据社区矫正对象心理问题的性质和程度，通过双方协商，确立双方共同接受的、有效的咨询目标。所谓有效的咨询目标应具备以下几个特征：①具体性。目标不具体，就难以操作和判断，目标越具体，就越容易见到效果。②可行性。咨询目标必须可行，不能超出社区矫正对象的水平，否则难以达到目的。③积极性。目标的积极性是指所制定的目标是符合矫正对象发展需要的。④双方可接受性。一般来说，咨询目标应该由双方共同商定。无论是社区矫正对象提出还是咨询人员确定的咨询目标，最好是双方都可接受的。若双方的目标有差异，则应通过协调来修正。若无法协调，应以社区矫正对象的要求为主。若咨询人员无法认可，也可终止咨询关系或转介给别的咨询人员。⑤心理学性质。对于不牵涉心理问题的来访，一般不属于心理咨询范畴。心理咨询主要涉及心理障碍问题、心理适应问题、心理发展问题。⑥可评估性。目标无法评估，则不足以被称为目标。及时评估，有助于看到进步，加强双方信心，还可发现不足，及时调整目标或措施。咨询目标的达成，有的可直接表现为行动，有的可用心理测验量表来评定，比如观念的转变、情感的调节等。⑦多层次统一性。咨询目标应是多层次的，既有长远目标，又有短期目标；既有特殊目标，又有一般目标；既有局部目标，又有整体目标；既有终极目标、中间目标，又有直接目标。多层次的目标还应保持协调统一。[1] 举例说明：

【案例9-3】

　　某社区矫正对象，在社区矫正期间，恋爱5年的女朋友与之分手了，他感到难以接受，心理既怨恨又自卑，觉得女朋友不讲义气，自己没出息，感到生活没有意义，谁都不可相信。因而情绪低落，行为消极退缩，干什么都毫无兴趣，甚至有轻生的念头。对这位求助者，经双方协商制定的咨询目标是：①直接目标——不良情绪、"我没出息"等消极认知的改变，自尊心的重建和消极退缩行为的改变；②中间目标——正确认识自我、接纳自我、欣赏自我，重建一个健康自我的形象；③终极目标——消除人生的自我失败感，过理性的生活。

　　4. 咨询方案的制定与实施阶段。根据社区矫正对象心理问题的性质和程度、个人条件、环境条件，咨询人员使用的咨询方法和技术，结合已制定的咨询目标，为求助者制订心理咨询方案，为最终进行心理帮助与指导做准备。

　　咨询方案应由双方在相互尊重、平等的基础上共同商定。一般来说，包括以下内容：通过咨询期望达到的目标和结果；双方各自特定的权利和义务；咨询的次数与时间安排；咨询的具体方法、过程和原理；咨询的效果及评价手段；其他问题及有关说明。

　　商定的心理咨询方案不是固定不变的，它可以随着咨询的进程而有所调整。比如，随着咨询的深入，又发现了矫正对象更深层的问题，或矫正对象出现了强烈的阻抗现象等，这就需要对方案作必要的变动。

　　方案制定之后就进入到了心理咨询的核心阶段——方案实施阶段，也就是心理帮助阶段。

　　此阶段是咨询人员利用自己丰富的知识和对人性的深刻领悟，利用各种心理咨询的方法和技术，在充分理解社区矫正对象心情和处境的基础上，积极地正面引导、启发和教育，帮助其分析自己的问题的性质，寻找问题的根源，树立战胜困难的信心，商讨解决问题的对策，建立新的认知结构，从而以积极的态度调整

---

　　〔1〕　郭念锋编：《国家职业资格培训教程心理咨询师（三级）》，民族出版社2005年版，第68页。

情绪、面对现实的过程。

这里应该注意的是：咨询人员帮助矫正对象解决问题时，不要越俎代庖，不要硬性规定求助者干什么或不干什么，而应始终与矫正对象商讨，帮助矫正对象进行分析，为其提供指导意见，最终依靠矫正对象自身的努力，通过改变他们的认知结构和行为方式来恢复心理的平衡。

5. 咨询结束与巩固阶段。每进行一次咨询，都要写好总结，并做好下一次的咨询准备，包括布置作业，商定下一次咨询的主题和咨询的时间等。咨询进行一段时间，逐步达到咨询目标后，便可进入结束阶段。咨询结束前，咨询人员要综合所有资料，结合咨询目标和实施方案，与矫正对象进行一次全面的总结，帮助矫正对象回顾整个咨询的基本情况，强调咨询要点，使矫正对象对自己有一个更清晰的认识，进一步了解自身问题的前因后果，明确今后努力的方向。同时还可要求求助者复述咨询中的要点，使矫正对象开动脑筋，加深理解和印象。为巩固咨询成果，咨询人员对矫正对象的积极表现，应给予积极的鼓励和表扬，强化矫正对象的正确思维和积极行动，帮助矫正对象获得独立返回社会生活的自信与能力，引导矫正对象以独立、自主、积极的角色和方式，运用咨询中接受的知识和态度来分析、处理生活中的问题。

咨询结束后，还要做好追踪考察。其目的在于：了解矫正对象是否用已形成的行为模式和应对环境的方法来解决社区矫正过程中出现的新问题，以此来确定咨询人员对矫正对象的帮助是否真正取得了成效；通过追踪考察，咨询人员也可以总结经验教训，改进方式方法，提高咨询水平；通过追踪考察，咨询人员还可帮助矫正对象巩固咨询效果，预防"旧病复发"。

总之，心理咨询是一个过程，是由不同的步骤、阶段形成的。各阶段之间互相交叉衔接，互相关联，形成一个完整的统一体。各阶段又各有不同的侧重点，但最终都是为了达到咨询的目的，解决矫正对象的心理困扰，促进其心理健康。

（二）社区矫正对象心理咨询的形式

社区矫正对象心理咨询的形式多种多样。根据咨询的规模，可分为个体咨询和团体咨询；根据咨询采用的方式，可分为门诊咨询、电话咨询、书信咨询、网络咨询；根据咨询的时程，可分为短程咨询、中程咨询和长程咨询；根据咨询是否有中转媒介，可分为直接咨询和间接咨询。

1. 个体心理咨询和团体心理咨询。

（1）个体心理咨询。个体心理咨询是咨询人员与矫正对象建立一对一的咨询关系，是心理咨询的主要形式。这种咨询活动与求助者所处的社会、集体、家庭无直接的关系。在内容上，着重帮助矫正对象解决个人的心理问题。个体心理咨询既可以采用面谈的方式，也可以通过电话、信函、互联网等其他途径来进行。这种咨询由于没有其他人在场，咨询对象一般顾虑较少，可以毫无保留地表达自己的真实思想，倾吐内心的秘密，所以是心理咨询中最常用的形式。

（2）团体心理咨询。团体心理咨询是根据社区矫正对象求助的共同心理问题，在团体情境中，向他们提供心理帮助和指导。它是通过团体内人际关系交互作用，促使个体在交往中观察、学习、体验，认识自我、探讨自我、接纳自我、调整和改善自我与他人的关系、学习新的态度与行为模式，以促进个人的发展和适应的助人过程。

团体心理咨询的规模一般以 10 人左右为宜。团体心理咨询的程序包括以下几步：第一步是由咨询者根据矫正对象所提出的问题，以及他们的年龄、性别、文化等个别差异，把他们分成小组；第二步是由咨询者通过讲解、交流、探明团体内和成员个人的心理问题，再通过放录像、参观、商讨、指导等形式，使他们对自身的问题有一个总体上的认识；第三步是开展团体活动，通过问题讨论及角色扮演等形式，共同寻求解决问题的方法，做出正确决定并付诸实施；最后是总结与评价工作。

与个体心理咨询相比，团体心理咨询有许多优点：其一，团体心理咨询是一种多向性的交流，矫正对象看到其他人有着与自己类似的痛苦，可以提高自我认识，安定情绪，进而相互影响，获得彼此鼓励与相互学习的效果。通过讨论集思广益，使他们认识到在团体中不仅可以帮助自己，还能帮助别人，这就大大地增强了他们摆脱困境的能力和信心；其二，因为团体之间的交流、互动、感染和影响，矫正对象会增进自我了解和接受大家一致认可的正确观点。其三，团体心理咨询效率高，能够集中解决一些共同的问题；其四，团体心理咨询对于帮助那些害羞、孤独的人际交往障碍者，有其特殊的功效。其五，团体心理咨询可以创设较为真实的社会环境，使矫正对象学会怎样从别人那里获得帮助，形成互相支持的团体，从而减少对咨询者的依赖，提高自尊、自信、自强、自爱、自立的品质。

当然，团体心理咨询也有其局限性，主要是个人内心深处的问题不易暴露，个体差异难以顾及。所以团体心理咨询只能解决一些共同存在的表层心理问题，深层的心理问题仍旧需要通过个体心理咨询加以解决。

2. 门诊咨询、电话咨询、书信咨询、网络咨询。

（1）门诊咨询。门诊咨询是指在社区矫正机构中的咨询室进行的咨询，是心理咨询中最典型的咨询形式。它既可用于个体心理咨询，也可用于团体心理咨询。门诊咨询有很多优越性：其一，面谈咨询的形式，使来访的矫正对象可以充分、详尽地倾诉。他（她）可将自己的烦恼、焦虑、不安、痛苦和困惑等都直接告知咨询人员，咨询人员在耐心倾听的基础上，可与矫正对象进行面对面的磋商、讨论、分析和询问。这种面谈的形式与书信咨询和电话咨询等其他形式相比，更为直接和自然。其二，门诊咨询可使咨询人员对来访者进行直接观察，有助于对矫正对象的个性、心理健康状况、心理问题的严重程度和心态进行观察、了解和评估。其三，门诊咨询的时间一般为 40~50 分钟，时间比较宽裕，加上没有别人在场，所以比较容易令矫正对象信任和接受。

总之，门诊咨询有助于咨询者在合适的环境中，对矫正对象的心理做出正确、全面的诊断，制定和实施周密的咨询计划，循序渐进，通过深入的会谈等方式，帮助矫正对象打开心灵的窗户，重新正确认识自我，改变或发展自我。

（2）电话咨询。电话咨询是一种利用电话对社区矫正求助对象进行劝告、安慰和引导的咨询方式。电话咨询具有方便、及时、迅速、匿名的特点，主要适用于以下情形：在矫正对象产生心理问题但不能立即求助于门诊咨询时；在矫正对象心理问题不是很严重，只要通过电话咨询就能得到释放或点拨时；在矫正对象对面对面的咨询不了解，心存顾虑或戒备时；在矫正对象产生心理危机，苦恼至极痛不欲生时；在矫正对象由于一时冲动而准备采取某种冒险行为时。电话咨询架起了心理沟通的桥梁。矫正对象拨通心理咨询的电话，就可能得到意想不到的关怀和温暖，在心理上得到开导和慰藉，甚至能把他从死神手中拯救出来。电话咨询已通行多年，它在防止由于心理危机而酝酿的自杀与犯罪方面起到了良好的作用。因而人们把它称为"希望线"或"生命线"。

在社区矫正工作中，我们应很好地利用这一咨询形式，充分发挥它的作用，为社区矫正对象服务。

（3）书信咨询。通过书信进行心理咨询，也是心理咨询的一种形式。其优点是可以打破时空、地域的限制，向心理咨询机构请求帮助。有的社区矫正对象不愿向咨询人员当面述说，为了避免当面交谈可能带来的尴尬局面而更愿意书信咨询，或者是对求助的问题羞于启齿，或觉得用书信更能表达清楚，此时书信咨询就显得尤为方便。但书信咨询也有不足之处：一方面，由于双方不能直接地面对面交谈，因而不易深入了解情况，咨询人员只能提供一些原则性的疏导意见，很难深入、具体的指导；另一方面，受矫正对象文字表达能力的限制，或由于字迹潦草等原因，咨询人员无法把握问题的关键，从而影响咨询效果。此外，书信咨询往返周期长，咨询者无法及时了解情况、发现问题，这也影响了咨询效果。

（4）网络咨询。互联网心理咨询是咨询人员通过互联网来帮助求助者的一种形式。互联网咨询除了可以突破地域限制外，还可以凭借行之有效的软件程序，进行心理问题的评估与测量，可以将咨询过程全程记录，便于深入分析求助者的问题以及进行案例讨论；互联网咨询还可以解除面对面交谈的尴尬和顾虑；还可以避免书信往来的长周期；如果愿意与咨询人员见面的话，也可以通过视频系统进行类似面对面的交谈。所以，互联网咨询发展得非常快。随着社区矫正心理咨询工作的开展，这种心理咨询的方式必将大受欢迎。

3. 短程、中程和长程心理咨询。

（1）短程心理咨询。短程心理咨询是指在相对短的时间内（1~3 周以内）完成的咨询。资料的收集和分析集中在心理问题的关键点上，就事论事地解决矫正对象的一般心理问题。追求近期疗效，对中、远期疗效不做严格要求。做好这类咨询，要求咨询人员的思维敏捷、果断，语言准确、明快，有较长期的临床经验。

（2）中程心理咨询。中程咨询一般在 1~3 个月内完成咨询。可涉及较严重的心理问题，要求有完整的咨询计划，咨询预后，追求中期以上疗效。

（3）长程（期）心理咨询。在遇到严重心理问题或神经症性心理问题时，可采用长期心理咨询，一般用时较长，在 3 个月以上，应使用标准化咨询方法，制定详细咨询计划，并采取一定的疗效巩固措施。

4. 直接心理咨询和间接心理咨询。

（1）直接心理咨询。直接心理咨询是指咨询人员直接对矫正对象进行咨询。直接咨询的特点是通过咨询人员与矫正对象的直接交往，使问题得以解决。直接咨询有助于咨询人员对矫正对象问题的准确了解和对症下药。

（2）间接心理咨询。间接心理咨询是由咨询人员向矫正对象的家属、朋友等了解其心理问题，并通过他们实施指导。间接心理咨询的特点是在咨询人员和矫正对象之间增加了一道中转媒介，矫正对象的问题通过中介人向咨询人员介绍，咨询人员对矫正对象的指导意见也是由中介人权衡后付诸实施。这种咨询的效果取决于如何处理好咨询人员与中介人的关系，使咨询人员的意见为中介人所接受并合理实施。

三、心理治疗

（一）心理治疗的适用

心理治疗在不同理论学派的影响下，方法各异，适用对象也有所不同。但一般来讲，常用心理治疗的适用范围包括：

1. 社会心理应激引起的各种适应性心理障碍。诸如因人际关系未处理好等原因而心境低落、自责自卑、悲观失望等，常常需要进行心理治疗，如支持性心理治疗和环境安置等。遭受突然的生活事件刺激产生急性心理障碍时，也可使用心理治疗。

2. 心身疾病。常见的心身疾病如冠心病、原发性高血压、心律紊乱、支气管哮喘、消化性溃疡、溃疡性结肠炎、心因性肥胖症和偏头痛以及风湿性关节炎等，均可使用心理治疗的方法。

3. 神经症性障碍。如神经衰弱、强迫症、焦虑症、抑郁症、恐怖症、癔症等。

4. 各种人格障碍。

5. 性心理障碍。

6. 精神障碍的恢复期。

7. 酒精中毒和药物依赖。

8. 其他精神科问题。如神经性厌食症、神经性贪食症、精神发育不全等。

9. 其他问题。

由于这些心理障碍严重影响着社区矫正对象顺利度过矫正期，所以有针对性地对他们施以心理治疗，可以帮助他们尽快消除各种心理障碍，提高心理健康水平，轻松愉快地接受矫正，并顺利回归社会。

（二）心理治疗过程的特征

1. 自主性，心理治疗的关键是帮助求助者自己改变自己。心理治疗过程中的医患关系，不是传统意义上的关系，而是一种伙伴或同盟的关系。求助者从一开始就承担主动的作用，通过治疗，求助者变得越来越具有自主性和自我导向能力，对自己的情感和行为更负责任。

2. 学习性，心理治疗的过程就是一个学习的过程。心理治疗的一个基本假设就是，个体的情感、认知以及行为都是个体过去生活经历的产物，它们是"学习"而来的。因此心理治疗需要具备三个条件：①求助者自愿主动，参加治疗的来访者应有强烈的动机；②环境允许他的改变，即有一个可能提供转变的外在环境；③能克服学习的内部阻碍，这需要其转变防御机制，与治疗师密切配合。

3. 实效性，心理治疗是一项有实效的工作，它是有效的、有益的，而且是人道的。

四、心理咨询和心理治疗的技术

心理咨询和心理治疗是通过会谈和人际沟通来实现的，是具有专业知识和经过专门训练的专业人员才能从事的一项工作，是对心理学知识、理论、方法和技术的运用。其技术主要有：

（一）建立咨访关系的技术

咨访关系是贯穿心理咨询和治疗过程始终的重要内容。良好的咨访关系不仅能给求助的社区矫正对象提供一种安全感、温暖感，而且也能促进他们对咨询者的信任，减少其防御心理，向咨询者敞开心扉，在咨询者的帮助下认真地进行自我探索，进而提高自尊心和自信心，最终达到成长的目的。因此，良好的咨访关系是心理咨询和治疗顺利进行的重要保证。在建立良好咨访关系的过程中，咨询人员的态度和技术起着至关重要的作用。

1. 搞好初诊接待，建立初步关系。咨询人员与求助的社区矫正对象（以下简称求助者）第一次接触，应态度平和、诚恳，使用礼貌语言，语气要轻柔。如与求助者握手、寒暄，用"请坐""欢迎您前来，谢谢您对我们的信任，我很愿意向您提供心理学帮助"等语言，以消除其紧张情绪，同时给对方留下一个良好的印象。在进行询问时，要使用间接询问法，不可直接逼问。如"我很希望知道，我在哪方面能给您提供帮助"。而不能说，"您有什么问题，说吧！"或"怎么啦，有什么问题，说吧！"等。同时，在会谈过程中，应当自然而然地让求助者明白咨询的性质、原则和任务，说明双方的权利、义务。初步了解求助者的问题，双方协商确定使用什么样的咨询方式。在初次接触时，咨询者还要注意衣着整洁、坐姿自然、放松，不可直视对方，可扫视对方的眼神或表情，以避免使对方感到紧张、拘谨。咨询室环境的布置要温和、宁静，椅子舒适。总而言之，要给求助者安全感，信任感。

2. 建立深入的咨访关系。要想建立深入的咨访关系，咨询者对求助者必须做到：尊重、热情、真诚、共情和积极关注。

（1）尊重。尊重意味着把求助者作为有思想感情、内心体验、生活追求和独特性与自主性的人去对待。[1] 社区矫正对象因其身份、地位的变化，或多或少会心存自卑与顾虑，他们非常渴望获得尊重、接纳、信任。咨询人员对他们的尊重，会给他们创造一个安全、温暖的氛围，使其能够最大限度地表达自己；可使他们获得一种自我价值感，还可唤起他们的自尊心和自信心，起到开发潜能的作用。这是咨询或治疗成功的开端。

尊重求助者，具体体现在以下几个方面：其一，尊重意味着完整地接纳求助者；其二，尊重意味着以礼待人；其三，尊重意味着信任对方；其四，尊重意味着保护隐私；其五，尊重意味着真诚。

（2）热情。尊重富有理性色彩，而热情则充满了浓厚的感情色彩。只有两者结合，才能情理交融，感人至深。公事公办的做法不利于咨询效果的实现。热情应体现在咨询的全过程，从求助者进门到出门，都应热情、周到，要让求助者感到自己受到了最友好的接待。

咨询者的热情应体现在以下几个方面：其一，求助者初次来访时适当询问，表达关切；其二，注意倾听求助者的叙述；其三，咨询时耐心，认真，不厌其烦；其四，咨询结束时，使求助者能够感受到温暖。

（3）真诚。真诚是指在咨询过程中，咨询者应该以"真正的我"出现，而不是让自己隐藏在专业身份之后，扮演十全十美的咨询者角色，也不是戴着假面

〔1〕 中国就业培训技术指导中心，中国心理卫生协会组织编写，郭念峰编：《国家职业资格培训教程·心理咨询师（三级）》，民族出版社 2005 年版，第 53 页。

具在例行公事。相反，咨询者应该是很开放、很自然、很真诚地投入到咨询过程中，具体来说，真诚的表现就是咨询者开诚布公地与求助者交谈，直截了当地表达自己的想法，而不是让求助者去猜测、去想象谈话中的真实意思。

真诚在咨询活动中可以为求助者提供一个安全自由的氛围，能让他知道可以袒露自己的软弱、失败、过错、隐私等而无需顾忌，使求助者切实感到自己被接纳、被信任、被保护；同时，咨询者的真诚坦白为求助者提供了一个良好的榜样，求助者会因此而受到鼓励，愿意以真实的自我和咨询者交流，坦然地表露自己的喜怒哀乐，宣泄情感，也可能因而发现和认识真正的自己，并在咨询者的帮助下，做出相应改变，而这种改变会减少面谈过程中的混淆和模糊，使双方的沟通更加清晰和准确。当然咨询者的真诚表露也要恰如其分，那些有害于求助者的言语，哪怕是真诚的也不能轻易说出来，以免给求助者造成伤害，从而影响咨询关系。

（4）共情。共情是指在咨询过程中反映咨询者认识、体会并能理解求助者内心世界的能力。"感受求助者的私人世界，就好像那是你自己的世界一样，但又绝未失去'好像'这一品质，这就是共情"。

在咨询过程中，共情可以使咨询者设身处地理解求助者，从而更准确地把握材料；共情可以使求助者感到自己被理解、悦纳，从而感到愉快、满足；共情可以促进求助者的自我表达、自我探索，从而促进更多的自我了解和咨询双方更深入地交流；共情可以使那些迫切需要获得理解、关怀和情感倾诉的求助者，获得更加有效的咨询。

（5）积极关注。积极关注是对求助者的言语和行为的积极面予以关注，从而使求助者拥有正向的价值观。咨询过程中的积极关注对咨询效率以及良好的咨访关系的建立与发展而言至关重要。当有些求助者带着一种敏感而又混乱的情感态度前来寻求帮助时，咨询者以肯定的态度接纳和关怀他，不仅能打开双方心与心沟通的大门，有助于求助者自由顺畅地进行情感表达，同时咨询者有选择地注意并突出他的积极方面（可能是他本人未曾意识到或不予重视的地方），还会促进他更全面地认识自己，增强战胜困难的勇气和信心。

（二）参与性技术

参与性技术包括倾听、开放式询问与封闭式询问、鼓励和重复技术、内容反应、情感反应、具体化、参与性概述和非言语行为的理解与把握。

1. 倾听。倾听是心理咨询的第一步，它既可以表达对求助者的尊重，同时也能使对方在比较宽松和信任的氛围下诉说自己的烦恼。倾听意味着咨询者要认真地、不带偏见地、有兴趣地且设身处地地听，并表示理解，但不做任何价值评判。倾听时，不仅要听懂求助者表达的意思，还要听出弦外之音、潜台词或隐含的意思，甚至是求助者自己未发现的心理倾向。咨询者对求助者讲的任何内容都不能表现出惊讶、厌恶、奇怪或非常激动、气愤等情绪，而应予以无条件的尊重和接纳，但可以适当地通过言语和非言语的方式对求助者的倾诉做出反应，如用"噢""嗯""是的""然后呢"等以及"点头""目光注视""微笑"等作出反应，以鼓励求助者叙述。

2. 开放式询问与封闭式询问。开放式询问与封闭式询问是心理咨询的第二步，开放式询问通常使用"什么""如何""为什么""能不能""愿不愿意"等词来发问，引导求助者就有关问题、思想、情感给予详细的说明。

一般来说，带"什么"的询问往往能获得一些事实、资料，如："你为解决家庭关系问题做了什么呢"；带"如何"的询问往往牵涉某一件事的过程、次序或情绪性的内容，如："你是如何看待这件事的"；带"为什么"的询问则可引出一些对原因的探讨，如："为什么你说别人看不起你"；带"能不能""愿不愿意"的询问可以促进求助者的自我剖析，如"你能不能告诉我什么事令你这样烦恼"。不同的询问用词可对应不同的回答。

封闭式询问通常使用"是不是""对不对""要不要""有没有"等词，而回答也是"是"或"否"式的简单答案。这种询问常用来收集资料、澄清事实、缩小讨论范围，也可用来帮助咨询者把求助者偏离主题的话题引导到主题上来。如："我们要不要就刚才的话题再讨论讨论""你现在心情很沉重，是吗"

在咨询过程中，开放式询问与封闭式询问结合使用为宜。

3. 鼓励和重复技术。直接地重复求助者的话或以某些词语，如"嗯""讲下去""还有吗"等，来强化求助者叙述的内容并鼓励其继续讲下去。鼓励除促进会谈继续以外，还可表明咨询者对求助者所说的话中关键词语的注意，以便引导求助者的谈话向纵深方向进行。

4. 内容反应技术。内容反应技术也称释义或说明，是指咨询者把求助者的主要言谈、思想加以综合整理后，再反馈给求助者。这种反馈是咨询者用自己的语言把求助者用过的最敏感、最有代表性、最重要的词语，即求助者所表达的实质性内容表达出来。如对"我的人际关系不好，我觉得很难融入社区生活中，他们都不喜欢我"，咨询者可释义为："你说你的人际关系不好，别人都不喜欢你，你很难融入社区生活，是这样吗?"释义的作用有两个：一是检查咨询者是否准确理解了求助者所说的话；二是传递给求助者这样的信息——我正认真听你讲话，我的思想一直跟着你。通过释义，让求助者感到自己被理解了，有助于其深化所谈话题的内容，从而找出问题的实质。

5. 情感反应技术。情感反应技术和释义有很多共同之处，但又有所区别。释义着重于对求助者所谈内容的反馈，情感反应则着重于对求助者的情绪反应，也就是咨询者用词句来表达求助者所谈到、所体验到的感受。这些感受是求助者虽感受到却不曾清楚地意识到或未曾留意的。情感反应的基本作用是引导求助者注意和探索自己的感受和情绪体验，或把这些感受和与之伴随的情景、事实联系起来，实现对自己的整体性的认识。如对具有愤怒和敌意的求助者，咨询者可以这样反应："看起来，你好像气得不得了""听起来，你好像恨死他了""你似乎对这件事情的安排非常不满意"等。情感反应有助于求助者对自己情绪的觉察和了解，也体现了咨询过程中的人情味。

6. 具体化。这是指在咨询过程中，咨询者协助求助者清楚准确地表述他们的观点、所用的概念、所体验到的情感以及所经历的事件。一般来说，求助者前来咨询时，多抱着一种烦乱、痛苦的心理状态，以至于他们在表达时言语含混不清、词不达意，或矛盾、混乱，从而加重他们内心的困惑感；而具体性的晤谈方式则有助于理清他们真正的观念、事实、感受、态度和欲望，引发他们对问题产生新的思考和领悟。面对求助者的混乱状态，咨询者的任务就是要明确他们所要表达的真正意图，澄清具体的、重要的事实与情感。如当求助者思维混乱时，可用"你能举个例子吗"来进一步澄清事实。具体化使咨询者可以有针对性地开展工作。

7. 参与性概述。这是指咨询者对求助者的言语和非言语行为（包括情感等）进行分析、综合，并以概括的形式表述出来。参与性概述可以使求助者再一次回顾自己的叙述，并使面谈有一个暂停喘息的机会。它既可以在一次面谈结束前使用，也可以在一阶段完成时使用，也可在会谈中随时使用。只要判定对方所说的某件事情的有关内容已基本清楚，就可以作一小结性概述，如："从前面所说的情况来看，你的痛苦主要与家人不接纳有关。是吗？"

8. 非言语行为的理解与把握。正确把握非言语行为并妥善运用，是一个优秀咨询者的基本功。非言语行为能提供许多言语不能直接提供的信息，甚至是求助者想要回避、隐藏、作假的内容，借助于求助者的非言语行为，咨询者可以全面了解求助者的心理活动，也可以更好地表达自己对求助者的支持和理解。因此，咨询者应特别注意全面观察求助者的非言语行为。

（三）影响性技术

影响性技术包括面质、解释、指导、情感表达、内容表达、自我开放、影响性技术等。

1. 面质，也叫对质、对抗、对峙等，是指咨询者在建立了良好咨询关系的基础上，对求助者言行中的矛盾、歪曲、逃避、口误、前后不一致、掩饰行为、言语与非言语行为的不协调、静默等部分，通过询问技术向其提问，协助求助者觉察自己的感觉、态度、信念和行为不一致或欠缺协调的地方。使求助者实现言语与行动的一致，理想我与现实我的一致；明晰自己所具有而又被自己掩盖的能力、优势，即自己的资源，并加以利用，以便将来自己有能力去面对他人或者自己。

2. 解释，是指在充分理解求助者的基础上，运用某种理论来描述求助者的思想、情感和行为的原因、过程、实质等。解释使求助者从一个全新的角度来重新面对困扰、周围环境及自己，并借助于新的观念和思想加深对自身行为、思想和情感的了解，产生领悟、提高认识、促进变化。

3. 指导，是指咨询者直接地指示求助者做什么和说什么，或者如何做和如何说。指导的本质在于直接造成行为的改变，它明白地指示改变什么、学习什么，以及如何改变、如何学习。所以指导可能是影响力最强的技巧之一。它利用各种心理学原理和技术来帮助求助者改变自己。

4. 情感表达，是指咨询者对求助者表明自己的情绪、情感。它既可以针对求助者，如"我觉得你说了真心话"，也可以针对自己，如"对不起，我没听清你刚才说的话"，还可以针对其他事物，如"我喜欢与各种人交朋友"等。正确使用情感表达既可以体现对求助者的理解，又能表达自己的感受，同时还为求助者做了示范，有利于促进求助者的自我表达。

5. 内容表达，是指咨询者表达自己的意见，直接对求助者施加影响。主要是用于传递信息、提出建议、提供忠告、反馈等。

6. 自我开放技术，也称自我暴露，指咨询者把自己的情感、思想、经验与求助者共同分享。它与情感表达和内容表达十分相似，是二者的一种特殊组合。

这一过程有助于与求助者建立相互信任和开诚布公的良好关系，也有助于求助者更多地自我开放。

自我开放一般有两种形式，一种是咨询者把自己对求助者言行问题的体验、感受告知求助者；另一种是咨询者分享与求助者所谈内容有关的个人经验。

7. 影响性概述技术，是指咨询者将自己所阐述的观点、意见、主题进行组织、整理后，以简明扼要的形式表达给求助者。它既可以在面谈中使用，也可在结束时使用。

影响性概述要求做到两点：条理分明和重点突出。一次面谈可能涉及很多问题、资料、观点、方案，信息量比较大。如果最后不能分门别类地梳理一番，求助者会感到混乱，不知所措。突出重点应体现在主题、原因、目标及实现的可能性、改变措施及行动方案上。

（四）案例记录整理与保管

1. 社区矫正对象个案记录所包含的内容。

（1）一般背景资料（包括性别、年龄、民族、判刑前职业、判刑前职务、文化程度、婚姻状况、联系方式等）；

（2）求助的原因（情绪问题、个性问题、人际关系问题、疾病困扰问题、婚恋问题、就业问题、学习生活问题及其他重要问题等）；

（3）目前主要症状（指当前困扰或症状的程度、频率、发生时间及起因）；

（4）家庭关系、人际关系、个人成长史和社会支持体系；

（5）个人的情绪、个性特征、兴趣爱好、自我认识与评价及常用的应对方式；

（6）既往病史、家族病史；

（7）心理测试结果；

（8）咨询者的一般印象（包括外貌、仪表、情绪、水平、防御方式、语言表达、理解能力、配合程度等）；

（9）诊断与评价意见；

（10）处理意见与咨询方案；

（11）咨询各阶段及效果分析。

2. 社区矫正对象个案记录要求。咨询记录是咨询中必不可少的内容，缺少咨询记录是一种对咨询不负责任的表现。每次咨询之后，咨询者都应拿出时间详细地做好咨询记录，并回顾咨询的过程及咨询中所使用的策略。

咨询记录可分为三种：每次咨询的记录、阶段性小结记录和咨询终结或中断时的记录。

其中，每次咨询记录的内容包括：①记录求助者来访时的特征。如穿着打扮、说话的语气、表情的变化、坐姿、行为等。②将咨询中的会谈内容简明扼要地记录下来。记录要用第一人称，尽可能按求助者的语句来写，既可以逐条记录，也可以像"流水账"一样来写，但应尽可能反映出当时的气氛。③对咨询中印象的总结。这一部分主要是记录咨询者对求助者的反应、状态等的感受、印象及情绪体验等。④对咨询的话题、求助者主诉的内容、问题的综合记录。

咨询记录用纸没有特殊的规格要求，可依据自己的咨询实际编制。

3. 案例记录的保管。为了保护求助者的隐私，对于留下的记录必须严格管理和保护。不允许外传、借用、公开发表等。一旦被不相干的人看到或翻阅，就很可能造成严重的后果，须引起充分的重视和注意。

除上文介绍的几种技术之外，还有处理阻抗技术、移情技术等也很重要。在此就不一一介绍了。

专栏 9-7

首次咨询记录表

求助者姓名：		性别：		年龄：		单位（或社区）：

联系电话：	紧急联系人：	咨询日期：	咨询者：

内容：

印象：

问题：

处理：

备注：

 专栏 9-8

每次咨询记录表

求助者：	咨询日期：	求助次数：	咨询者：

内容：

印象：

问题：

处理：

备注：

专栏 9-9

咨询终结记录表

求助者姓名： 　　　性别： 　　年龄： 　　　咨询者：

受理： 　年　月　日　咨询开始： 　年　月　日　终结： 　年　月　日
历经时间： 　　　咨询次数：
终结理由：
终结状态：
咨询经过中的变化：
求助者的变化：
今后应注意的问题及建议：

五、心理咨询和心理治疗的方法

目前心理咨询和心理治疗的理论、方法和技术多种多样，学派林立。1986年，美国有报告称，心理咨询和心理治疗的学派多达 4000 种。我们在这里仅介绍几种主要的心理咨询和心理治疗方法，分别是精神分析疗法、行为主义疗法、个人中心疗法、认知行为疗法、现实疗法、音乐疗法、支持疗法等。

（一）精神分析疗法

精神分析疗法来源于弗洛伊德的精神分析理论。弗洛伊德认为，人类的行为是由许多非理性的、潜意识的、生物和本能驱动力所决定的。尤其存在于人的潜意识中的早期经验，对人的现实行为影响很大。罪犯之所以犯罪，一定程度上是因为其潜意识活动，当这些潜意识的东西存在于罪犯的内心深处并产生动机与冲突时，就会导致非理性行为（违法犯罪行为）的发生，也即弗洛伊德所说的本我与超我发生冲突所引起的罪恶。

精神分析疗法的目的就是促使社区矫正对象的潜意识经验出现于意识层面，帮助矫正对象发现、了解和处理其内在的动机与冲突，倾泻其潜意识的东西，使其行为朝着意识化、理智化方向发展，从而达到改变犯罪人格与行为的目的。精神分析的具体方法有自由联想、释梦、阐释、移情、迁移、宣泄等。

（二）行为主义疗法

行为主义疗法与精神分析疗法不同，它不认为人的行为推动力源于内部心理，而认为其源于外部环境。要改变人的行为就必须改变外部环境。这实际上是用认识与行为的关系原理及学习原理，帮助矫正对象改变不当行为并在所处的环境中学习新的行为。

在心理咨询和心理治疗中，常用的行为矫正方法主要有：系统脱敏法、行为契约法、代币法、厌恶疗法、模仿法、角色扮演法、行为训练法（包括自信训练、敢于自我表达训练、果敢训练等）、强化法等。

（三）个人中心疗法

个人中心疗法又叫求助者中心疗法，来源于人本主义理论，建立在人本主义的哲学基础上，首创者是卡尔·罗杰斯。该疗法目前已成为心理咨询和心理治疗中的主要流派之一。罗杰斯认为人有理解自己、不断趋向成熟、产生积极的建设性的巨大潜力，因而心理咨询与治疗的任务在于启发和鼓励这种潜能的发挥，促进其成熟、发展。所以，他强调咨询者在咨询过程中更多的是创造一个帮助求助者了解自身的气氛和环境，减轻其面对自我概念与自我经验出现矛盾时的焦虑。个人中心疗法的主要技术有三种：一是真诚、统一。在咨询或治疗过程中，咨询者是一个真实的、统一的人。他必须是他本人，没有任何刻意的伪装，真诚地感受自己，如果情况允许，也可以真诚地表达自己。二是无条件积极关注。无论求助者表现出何种行为、何种情绪，咨询者都会对其投入积极关注的情感，不做评价地、无条件地接纳他，令求助者体验到一种尊重、安全、自由，从而他们可以无所顾忌地思考与行动，不必再受以前的观念限制，达到扩展自我经验的目的。三是同理心地了解。咨询者对求助者的各种体验能够感同身受，并且能够让自己把这种感受反馈给他，可以让求助者感到被理解、被接纳，愿意深入地探讨自己的问题，同时也有利于求助者了解自己的真实情感，更深入地剖析自我，能够触及真正的自我。这三种技术都是围绕着与求助者建立开放、信任的相互关系而进行的，目的是帮助求助者实现自我了解和促进自我成长，使他们不仅能解决眼前的问题，还能更好地解决将来面临的问题。

（四）认知行为疗法

认知行为疗法是一组通过改变思维和行为的方法改变求助者不良认知，达到消除不良情绪和行为目的的心理咨询和治疗的方法。其中较有代表性的是阿尔伯特·艾利斯的合理情绪疗法（简称 REBT），阿伦·T. 贝克和雷米的认知疗法（简称 CT）以及唐纳德·梅肯鲍姆的认知行为疗法。

认知行为疗法具有以下特点：其一，求助者和咨询者是合作关系；其二，假设心理痛苦在很大程度上是认知过程发生机能障碍的结果；其三，强调改变认

知，从而产生情感与行为方面的改变；其四，通常是一种针对具体的和结构性的目标问题的短期和教育性治疗。所有认知行为疗法都建立在一种结构性的心理教育模型之上，强调家庭的作用，赋予求助者更多的责任，让他们在治疗中和治疗外都承担一种主动的角色，同时注意吸收各种认知和行为策略来达到改变的目的。

下面重点介绍一下艾利斯的合理情绪疗法。

合理情绪疗法是美国著名心理学家艾利斯于 20 世纪 50 年代首创的一种心理治疗的理论和方法。这种方法旨在通过纯理性分析和逻辑思辨的途径，改变求助者的非理性观念，以帮助求助者解决情绪和行为上的问题。这种理论强调情绪的来源是个体的想法和观念，个体可以通过改变这些因素来改变情绪。该理论认为，使人们难过和痛苦的，不是事件本身，而是对事件的不正确解释和评价。事件本身无所谓好坏，但当人们赋予它自己的偏好、欲望和评价时，便有可能产生各种无谓的烦恼和困扰。如果某个人有正确的观念，他就可能愉快地生活，否则，错误的思想及与现实不符的看法就容易使人产生情绪困扰。因此只有通过理性分析和逻辑思辨，改变引发求助者情绪困扰的不合理信念，并建立起合理、正确的理性观念，才能帮助求助者克服自身的情绪问题，以合理的人生观来创造生活，并以此来维护心理健康，促进人格的全面发展。

合理情绪疗法的核心是 ABC 理论。A 代表诱发事件；B 代表个体对这一事件的看法、解释及评价，即信念；C 代表继这一事件后，个体的情绪反应和行为结果。一般情况下，人们都认为是外部诱发事件 A 直接引起了情绪和行为结果 C，但合理情绪疗法认为 A 并不是引起 C 的直接原因，继 A 发生之后，个体会对 A 产生某种看法，做出某种解释和评价，从而产生关于 A 的某些观念即 B。虽然这一过程因自动化而不经常为人所意识，但正是由这个过程所产生的 B，才是引起情绪和行为反应的直接原因。换句话说，抑郁、焦虑、沮丧等情绪结果 C 并不是由所发生的事件 A 直接引起的，而是由想法 B 所导致的。所以治疗的重点在于改变那些不合理的、非理性的观念。合理情绪疗法的工作过程是：

1. 心理诊断阶段：在这一阶段，咨询者的主要任务是根据 ABC 理论对求助者的问题进行初步分析和诊断，通过与求助者的交谈，找出他情绪困扰和行为不适的具体表现 C，以及与这些反应相对应的诱发事件 A，并对两者之间的不合理信念 B 进行初步分析。

2. 领悟阶段：和前一阶段的任务没有严格区分，只是在寻找和确认求助者不合理信念上更加深入，而且通过对理论的进一步解说和证明，使求助者在更深层次上领悟到他的情绪问题不是由于早年生活经历的影响，而是由于他现在所持有的不合理信念（绝对化的要求、以偏概全和悲观态度）造成的，因此，他应该对自己的问题负责。

3. 修通阶段：运用多种技术（如与不合理信念辩论、合理情绪想象技术、家庭作业等）使求助者修正或放弃原有的非理性观念，并代之以合理的信念，从而使症状得以减轻或消除。

4. 再教育阶段：主要任务是巩固前几个阶段治疗所取得的效果，帮助求助者进一步摆脱原有的不合理信念及思维方式，使新的观念得以强化，从而使求助者在咨询结束后仍能用所学到的东西应付生活中遇到的问题，以能更好地适应现实生活，不致重新违法犯罪。

（五）现实疗法

现实疗法是由美国精神病学者威廉·格拉塞于 20 世纪 60 年代创立的，他强调受治疗者不应缅怀过去，而应面对现实，要认清自己并对自己的行为负责。因此在治疗过程中，要求求助者用现实的、负责的和正当的行为来满足自己的需要。其目标是培养求助者的责任感，将其行为纳入社会规范所许可的轨道上，并能从过去的不当行为中吸取教训，使其行为符合客观现实。

（六）音乐疗法

音乐疗法是指通过音乐的影响作用，改善调节人的生理功能，从而达到治疗疾病、增进心身健康的目的。主要适用于治疗情绪行为障碍，促进人格健康发展。古希腊时代的人已经认识到乐曲的单调可以影响人的情绪，如 E 调安定，D 调热烈，C 调和蔼等。巴甫洛夫的实验研究发现，引起愉快情绪的音乐能增加消化液的分泌。美国有研究发现，音乐节律可影响胃的蠕动节律和皮电反应的变化。总之，音乐有明显的改善人的生理功能和心理状态的作用，成功地使用音乐疗法，或以之辅助其他疗法，可以起到较明显的治疗效果。

（七）支持疗法

支持疗法，即支持性心理治疗，是应用得最为普遍的一类心理治疗方法。它是治疗者运用宣泄、倾听、鼓励、保证、解释、指导、暗示和促进环境的改善等手段给被治疗者提供心理上的支持，以帮助其度过心理危机，避免精神崩溃，并辅导其有效地去适应环境、面对现实、处理问题的治疗方法。一般支持性心理治疗的治疗方式有以下几种：宣泄与倾听；鼓励与保证；解释与指导；暗示；改善环境与指导适应。

六、心理危机干预

（一）引起心理危机的常见原因

引起心理危机的原因很多，比较常见的主要有以下几种：急性残废或急性严重疾病；恋爱关系破裂；突然失去亲人（如父母、配偶或子女）或朋友，如亲人或朋友突然死亡或关系破裂；失去爱物；破产或重大财产或住房损失；重要考试失败；晋升失败；严重自然灾害，如火灾、洪水、地震等。

（二）心理危机的特征

1. 通常具有自限性，多于 1~4 周内消失。

2. 在危机期，个人会发出需要帮助的信号，并更愿意接受外部的帮助或干预。

3. 预后取决于个人的素质、适应能力和主动作用，以及他人的帮助或干预。

（三）心理危机的正常应对三阶段

每个人对严重事件都会有所反应，但不同的人对同一性质事件的反应强度及持续时间不同。一般的应对过程可分为三阶段：第一阶段（立即反应），当事者表现麻木、否认或不相信；第二阶段（完全反应），感到激动、焦虑、痛苦和愤怒，也可有罪恶感、退缩或抑郁；第三阶段（消除阶段），接受事实并为将来作好计划。危机过程不会持续太久，如亲人或朋友突然死亡的居丧反应一般在 6 个月内消失，否则应视为病态。

（四）心理危机干预的技术

危机干预技术是近四十年来国外常用于自杀和自杀企图者的一种有效心理社会干预方法，是一种短程的帮助具有情绪危机者的心理救助过程，是对处于困境或遭受挫折的求助者予以关怀和帮助的一种方式，因此，国外有时亦称之为情绪急救。

危机干预技术非常强调以下几个方面：①干预时间的紧迫性；②干预的效果；③尽可能在短时间内帮助求助者恢复失衡的心理状态；④应该经常肯定求助者已经采用过的有效应对技巧；⑤危机干预工作者应该帮助他们寻找社会支持系统；⑥明确干预目标。

危机干预主要应用三类技术：沟通技术、心理支持技术和干预技术。

1. 沟通技术：危机干预技术应用首先要运用沟通技术，建立良好关系，如果不能与危机当事者建立良好的沟通和合作关系，干预技术较难执行和贯彻，从而就难以起到最佳效果。因此，建立和保持双方的良好沟通和相互信任，有利于当事者恢复自信和减少对生活的绝望感，保持心理稳定和有条不紊地生活，以及改善人际关系。

影响人际沟通的因素有许多，一般来说，危机干预工作人员应该注意以下几项：

（1）消除内部的干扰，以免影响双方诚恳沟通，提高表达能力；

（2）避免双重和矛盾的信息交流，如工作人员口头上对当事者表示关切和理解，但在态度和举止上却并不给予专心的注意或体贴；

（3）避免给予过多的保证，因为一个人的能力是有限的；

（4）避免使用专业性或技术性等难以理解的语言，多使用通俗易懂的言语交谈；

（5）具备必要的自信，利用可能的机会改善病人的自我内省和感知。

2. 心理支持技术：危机干预工作人员应该给予求助者以心理支持，而不是支持当事者的认知错误或行为，这类技术的应用旨在尽可能地解决目前的心理危机，使当事者的情绪得以稳定。可采用暗示、保证、疏泄、环境改变、镇静药物等方法，如果有必要，可考虑短期的住院治疗。有关指导、解释、说服主要应集中在放弃自杀、自伤等观念上，而不是对自杀、自伤原因的反复评价和解释。同时，在干预过程中须注意，不应带有教育的目的。心理教育虽说是心理医生的任务，但应是危机解除以后和康复过程中的工作重点。

3. 干预技术亦称解决问题的技术，危机干预技术是以改变求助者的认知为前提，一般可以采取以下方法：

（1）会谈：疏泄被压抑的情感；

（2）认识和理解危机发展的过程及与诱因的关系；

（3）学习问题的解决技巧和应对方式；

（4）帮助求助者建立新的社交天地，尤其是重塑其人际交往关系。同时鼓励他们积极面对现实和重视社会支持系统的作用。

（五）心理危机干预技术的适应证

在心理危机阶段，求助者是较为开放的，很少是保守的。他们往往乐于且易于接受他人的干预和帮助，甚至主动求助。因此，危机干预适用于人格稳定和面临暂时困境或挫折的人，以及家庭问题、婚姻问题、儿童问题、蓄意自伤、自杀或意外伤害等急诊情况。可以说危机干预无绝对的禁忌证。一般情况下，以下四类矫正对象是危机干预的首选：

1. 目前的心理失衡状态与某种特殊生活事件直接相关的矫正对象；

2. 有急性、极度的焦虑、紧张、抑郁和失望等情绪反应或有自杀危险的矫正对象；

3. 近期暂时性丧失解决或处理问题能力的矫正对象；

4. 求助动机明确并有潜在改善能力的矫正对象。

（六）心理危机干预的步骤

1. 心理危机干预的步骤。危机干预开始，危机干预工作人员首先应该思考和询问如下问题：矫正对象当前遇到的挫折或问题是什么？他（她）为什么此时此刻来寻求帮助？我能给予的帮助是什么？然后按照下面的危机干预步骤进行：

（1）问题或危机的评估。危机干预工作人员在干预的初期，必须全面了解和评价矫正对象有关遭遇的诱因或事件，以及探求心理帮助的动机，同时建立起良好的关系，取得对方的信任。需要明确：目前存在的主要问题是什么？有何诱因？什么问题必须首先解决？然后再处理什么问题？是否需要家属和同事参与？有无严重的躯体疾病或损伤？必须评价危机（自杀或自伤等）的危险性，如有严重的自杀或他杀倾向时，可考虑精神科门诊和住院治疗。

（2）制订干预计划。良好的危机解除计划可以避免走弯路或减少不必要的意外发生。要针对当时的具体问题，并基于矫正对象的功能水平和心理需要来制订干预计划，同时还要考虑到文化背景、社会生活习惯以及家庭环境等因素。危机干预的计划是限时、具体、实用和灵活可变的，并且有利于追踪随访。

（3）提供解决问题的基本方法与技术。因为危机干预的主要目标之一是让矫正对象（当事者）学会应对困难和挫折的一般性方法，这不但有助于渡过当前的危机，而且也有利于以后的适应。干预的基本方法为：

第一，主动、冷静和耐心倾听并热情关注；让他（她）倾诉自己的内心感受，给予心理上的支持。在此，可以应用询问技术，询问他（她）是否想自杀。

第二，提供疏泄机会，鼓励其将自己内心的情感表达出来；认可他（她）表露出的情感，建立同感，不要说服他们改变自己的感受。要相信他（她）说的话，当他（她）说想自杀时，要认真对待。当他（她）要你对他说想自杀的事情保密时，不应答应。

第三，解释和指导，创伤性应激事件使当事者情绪焦虑水平上升，并影响到日常生活。要解释危机的发展过程，使当事者理解目前的境遇、理解他人的情感，树立自信，让他相信咨询者的帮助能够缓解目前所面临的困境。生命是一个过程，总要经历风雨。

第四，提高信心，给予恢复健康的希望、给以肯定和支持，使其保持乐观的态度和心境。

第五，鼓励自助，培养兴趣、鼓励其积极参与社交活动。

第六，注重社会支持系统的作用，多与家人、亲友、同事接触和联系，减少孤独和隔离。

（4）危机解决和随访。一般经过4~6周的危机干预，绝大多数的危机当事者会度过危机，情绪危机得到缓解，这时应该及时地中断干预性治疗，以减少依赖性。在结束阶段，应该注意强化新习得的应对技巧，鼓励当事者在今后面临或遭遇类似应激或挫折时，学会举一反三地应用解决问题的方式和原理来独立处理问题和应对危机，自己调整心理、实现平衡，提高自我的心理适应和承受能力。

总而言之，危机干预工作人员实际上是起到一根拐杖的作用，即帮助和支持那些心理失去平衡的矫正对象，一旦他们学会自我解决和处理问题的技能，就应该让他们"扔掉拐杖"，自己独立面对生活，真正地实现人格的独立。

国外有人提出危机干预技术的六步法，在整体的检查评估框架下积极地倾听和干预，使用危机干预的六步法：

第一，确定问题。即从求助者的角度，确定和理解求助者本人所认识的问题。在整个危机干预过程中，工作人员应该围绕所确定的问题来倾听和应用有关技术。为了帮助确定危机问题，推荐在干预开始时，使用核心倾听技术：同情、理解、真诚、接纳以及尊重。

第二，保证求助者安全。在危机干预过程中，危机干预工作者应将保证求助者安全作为首要目标。简单地说，就是将自我和他人的生理和心理危险性降低到最小可能性。

第三，给予支持。危机干预的第三步强调与求助者沟通与交流，使求助者知道工作人员是能够给予其关心和帮助的人。工作人员不要去评价求助者的经历与感受是否值得称赞，或是否是心甘情愿的，而是应该提供这样一种机会，让求助者相信："这里有一个人确实很关心我！"

第四，提出并验证可变通的应对方式。这一步侧重于求助者与工作人员常会忽略的一面——有许多适当的方法或途径可供求助者选择。因为多数情况下，求助者处于思维不灵活的状态，不能恰当地判断什么是最佳的选择，有些处于危机的求助者甚至认为无路可走了。

在这一步中，工作者有效的工作能帮助求助者认识到，有许多可变通的应对方式可供选择，其中有些选择比别的选择更为适宜。应该从多种不同途径思考变通的方式，包括：①环境支持。这是提供帮助的最佳资源，求助者知道有哪些人现在或过去能关心自己；②应对机制，即求助者可以用来战胜目前危机的行动、行为或环境资源；③积极的、建设性的思维方式，可用来改变自己对问题的看法并减轻应激与焦虑水平。如果能从这三方面客观地评价各种可变通的应对方式，危机干预工作者就能够给感到绝望和走投无路的求助者以极大的支持。

虽然危机干预工作者知晓有许多变通的方式来应对求助者的危机，但只需与求助者讨论其中的几种。因为处于危机之中的求助者不需要太多的选择，他们需要的是能现实处理其境遇的适当选择。

第五，制订计划。危机干预的第五步是制订计划，这是从第四步逻辑地、直接地发展而来的。危机干预工作者要与求助者共同制订行动步骤来矫正其情绪的失衡状态。计划应该包括：①确定有另外的个人、组织团体和有关机构能够提供及时的支持；②提供应对机制——求助者现在能够采用的、积极的应对机制。确定求助者能够理解和把握的行动步骤。根据求助者的应对能力，计划应当切实可行并能系统地帮助求助者解决问题。

计划制订时，咨询者应该与求助者合作，让其感到这是他自己的计划，这一点很重要。制订计划的关键在于让求助者感到没有剥夺他们的权力、独立性和自尊。有些求助者可能并不会反对帮助者决定他们应该做什么，但此时这些求助者往往过分地关注自己的危机而忽略自己的能力，他们甚至会认为将计划强加给他们是应该的。让受情绪困扰的求助者接受一个善意强加给他们的计划往往很容易。因此计划制订过程中的主要问题是保持求助者的控制性和自主性，让求助者将计划付诸实施的目的是恢复他们的自制能力和保证他们不依赖于支持者，如危机干预工作者。

　　第六，得到承诺。第六步紧接在第五步之后，同样，控制性和自主性问题也存在于得到恰当的保证这一过程中。如果制订计划这一步完成得较好的话，则保证这一步就比较容易。多数情况下，保证这一步比较简单，让求助者复述一下计划："现在我们已经商讨了你计划要做什么，下一步将看你如何向他（她）表达自己的愤怒情绪。请跟我讲一下你将采取哪些行动，以保证你不会大发脾气，避免危机的升级。"在这一步中，危机干预工作者要明确，在实施计划时是否达成同意合作的协议。

　　在第六步中，危机干预工作者不要忘记其他帮助的步骤和诸如评估、保证安全和给予支持的技术。在结束危机干预前，工作者应该从求助者那里得到诚实、直接和适当的承诺。然后，在检查、核实求助者的过程中用理解、同情和支持的方式来进行询问。也就是说，核心的倾听技术在这一步中也很重要，与在确定问题或其他步骤中一样。

　　2. 心理危机干预工作人员的职能。心理危机干预工作人员的职能是：启发、引导、促进和鼓励，而不是提供现成的公式。

　　（1）帮助当事者正视危机；

　　（2）帮助当事者正视可能的应对和处理方式；

　　（3）帮助当事者获得新的信息和知识；

　　（4）可能的话，在日常生活中提供必要帮助；

　　（5）帮助当事者回避一些应激性境遇；

　　（6）避免给予不恰当的保证；

　　（7）督促当事者接受帮助和治疗。

　　（七）社区矫正对象常见的心理危机与干预

　　社区矫正对象常见的心理危机状态主要有：因躯体疾病、婚恋关系的破裂、亲人的突然死亡、失业或重大经济损失、重大考试失败等引起的痛苦、焦虑、恐惧、抑郁、愤怒、攻击、自杀、自伤行为等。

1. 躯体疾病时的心理反应。

（1）急性疾病时的心理反应：

第一，焦虑，病人感到紧张、忧虑、不安。严重者感到大祸临头，伴发植物神经症状，如眩晕、心悸、多汗、震颤、恶心和大小便频繁等，并可能出现交感神经系统亢进的体征，如血压升高、心率加快、面色潮红或发白、多汗、皮肤发冷、面部及其他部位肌肉紧张等。

第二，恐惧，对自身疾病，轻症者感到担心和疑虑，重症者惊恐不安。

第三，抑郁，心理压力可导致情绪低落、悲观绝望，对外界事物不感兴趣，言语减少，不愿与人交往，不思饮食，严重者出现自杀观念或行为。

（2）慢性疾病时的心理反应：

第一，抑郁，多数心情抑郁沮丧，尤其是性格内向的病人容易产生这类心理反应。可能产生悲观厌世的想法，甚至出现自杀观念或行为。

第二，性格改变，如总是责怪别人，如责怪医生未精心治疗，埋怨家庭未尽心照料等，故意挑剔和常因小事勃然大怒。他们对躯体方面的微小变化颇为敏感，常提出过高的治疗或照顾要求，因此导致医患关系及家庭内部人际关系紧张或恶化。

干预原则为积极的支持性心理治疗与药物治疗相结合，以最大程度减轻其痛苦，选用药物时应考虑疾病的性质、可能产生的问题，以及病人的抑郁、焦虑症状。以癌症为例，如疼痛可用吗啡，抑郁用抗抑郁药，焦虑用抗焦虑药。

2. 恋爱关系破裂。失恋可引起严重的痛苦和愤懑情绪，甚至导致自杀行为，或者因爱生恨，采取攻击行为，攻击恋爱对象或所谓的第三者。

干预原则为与当事者充分交谈，指出恋爱和感情不能勉强，也不值得殉情，而且肯定还有机会找到自己心爱的人。同样，对拟采取攻击行为的当事者，应防止其攻击行为，指出这种行为的犯罪性质及可能带来的严重后果，因此既要防止当事者自杀，也要阻止其鲁莽攻击行为。该影响一般持续时间不长，给予适当的帮助和劝告可使当事者顺利度过危机，危机期过后相当长一段时间内，当事者可能认为世界上的女人（男人）都不可信，产生偏执的信念，但这不会严重影响其生活，而且随着时间的迁延会逐渐淡化。

3. 婚姻关系障碍。夫妻的感情破裂，结局多是离婚，如果双方都能接受，不会引起危机，否则可能引起危机。

（1）夫妻间暂时纠纷，如受当时情绪的影响使矛盾激化时，可能引发冲动行为，甚至凶杀。

干预原则为暂时分居，等待双方冷静思考并接受适当的心理辅导后，再帮助其解决问题，防止以后类似问题的重演。

（2）夫妻间长期纠纷，其原因包括彼此不信任、一方有外遇、受虐待、财产或经济纠纷等。这可能使双方（尤其是女方）产生头痛、失眠、食欲和体重下降、疲乏、心烦、情绪低落等，严重者甚至出现自杀企图或行为。

干预原则为尽量调解双方矛盾，否则离婚是必然结局。对有自杀企图者应采取预防措施，可给予适当药物帮助其改善睡眠、缓解焦虑和抑郁情绪。

4. 亲人死亡的悲伤反应（居丧反应）。与死者关系越密切的人，产生的悲伤反应也就越严重。亲人如果是猝死或是意外死亡，如突然死于交通事故或自然灾害，引起的悲伤反应最重。

（1）急性反应：在听到噩耗后陷于极度痛苦。严重者情感麻木或昏厥，也可能出现呼吸困难或窒息感，或痛不欲生、呼天抢地地哭叫，或者处于极度激动的状态。

干预原则为将昏厥者立即置于平卧位，如血压持续偏低，应静脉补液。处于情感麻木或严重激动不安者，应给予镇静药物使其进入睡眠。当居丧者醒后，应表示同情，营造支持性气氛，让居丧者采取符合逻辑的步骤，逐步减轻悲伤。

（2）悲伤反应：在居丧期出现焦虑、抑郁，或认为对死者生前关心不够而感到自责或有罪，脑子里常浮现死者的形象或出现幻觉，难以坚持日常活动，甚至不能料理日常生活，常伴有疲乏、失眠、食欲降低和其他胃肠道症状。严重抑郁者可能产生自杀企图或行为。

干预原则为让居丧者充分表达自己的情感，给予支持性心理治疗。用镇静药物改善睡眠，减轻焦虑和抑郁情绪。对自杀企图者应有专人监护。

（3）病理性居丧反应：如悲伤或抑郁情绪持续6个月以上，明显的激动或迟钝性抑郁，自杀企图持续存在，存在幻觉、妄想、情感淡漠、惊恐发作，或活动过多而无悲伤情感，行为草率或不负责任等。

干预原则为适当的心理治疗和抗精神病药、抗抑郁药、抗焦虑药等药物治疗。

5. 破产或重大经济损失。破产或重大经济损失，可使当事者极度悲伤和痛苦，感到万念俱灰而萌生自杀的想法，并进一步采取自杀行动。

干预原则是与当事者进行充分交流，告知其自杀并不能挽救已经发生的经济损失，只有通过再次努力才能重建生活。如果通过语言交流不能使病人放弃自杀企图，应派专人监护，防止当事者采取自杀行动。渡过危机期后，当事者可能逐渐恢复信心，可能在一段较长的时间内情绪低落、失眠、食欲降低或有其他消化道症状，可给予其支持性心理治疗和抗抑郁药。

6. 重要考试失败。对个人具有重要意义的考试失败可引起痛苦的情感体验，通常表现为退缩、不愿与人接触，严重者也可能采取自杀行动。

干预原则对自杀企图者采取措施予以防止。发生这类情况的大多是青少年矫正对象，可塑性大，危机过后大多能重新振作起来。

 【学习情境四】社区矫正对象心理矫正效果的评估

心理矫正效果的评估，是指按照一定的评估标准，选择恰当的评估方法，对经过一定阶段矫治的社区矫正对象是否达到预期的矫治目标和要求，所作的鉴定和判断。对社区矫正对象心理矫正的效果进行准确、客观的评估，不仅是考查矫正效果的重要手段，也是对社区矫正对象在解除社区矫正后再犯罪预测、预防的重要依据。

一、社区矫正对象心理矫正效果评估的标准

衡量社区矫正对象心理矫正效果的标准，可以分为整体标准和分项标准两类。

（一）整体标准

这是适用于所有矫正对象的标准，主要体现在以下几方面：

1. 社区矫正对象的犯罪心理结构是否实现了良性转化，守法心理和意识是否建立。

2. 社区矫正对象的人格障碍、性心理障碍和其他精神疾患是否得到了有效的治疗，是否恢复常态心理。

3. 社区矫正对象是否具备适应社会生活的心理素质和生存能力。

（二）分项标准

这是衡量不同犯罪类型社区矫正对象矫治质量的具体标准。这种标准可以从不同角度分别制定，如从性别角度、从年龄角度、从犯罪经历角度、从犯罪动机角度、从个性特点角度制定评估标准，等等。现对不同犯罪动机社区矫正对象的心理矫正评估标准加以分析：

1. 对物欲型社区矫正对象的评估标准。对物欲型矫正对象的心理矫正效果，应侧重从以下几个方面进行评定：

（1）好逸恶劳等不良的行为习惯是否得以消除，是否养成了勤劳俭朴的生活习惯。

（2）以畸形膨胀的物质需要为主的不良需要结构是否得到了改变，是否形成了正常的需要结构。

（3）是否具备了抵御金钱物质利益诱惑的意志力。

（4）是否能够自食其力。

2. 对情绪型社区矫正对象的评估标准。评估情绪型矫正对象的矫正效果，应侧重从以下几个方面加以分析：

（1）情绪的冲动性、不稳定性、极端性等不良的性格品质是否得以改变。

（2）各种不良的情绪、情感，如嫉妒、敌对、抑郁、焦虑等是否得到矫正。

（3）对消极情绪的自我调节控制能力以及挫折耐受能力是否增强。

（4）是否学会正确的人际交往方式得具备处理人际冲突的能力。

3. 对性欲型社区矫正对象的评估标准。性欲型矫正对象的社会心理缺陷主要表现为错误的性道德观念以及缺乏对自己性生理、心理冲动的自我调控能力。因此，对这类社区矫正对象的矫正效果应侧重从以下几方面评定：

（1）错误的性爱观念是否减弱以至消除，正确的性意识是否建立。

（2）对性生理、心理冲动的自我调控能力以及是否具有抗御色情诱惑的意志力。

4. 对信仰型社区矫正对象的评估标准。评定信仰型社区矫正对象的矫正效果，应侧重考察其错误的社会意识及歪曲的人生观、价值观、世界观是否消除，正确的信仰结构是否建立，是否具备区分真理与谬误、现实与虚无的能力，歪曲的自我意识是否得到矫正，等等。

二、社区矫正对象心理矫正效果评估的方法

对社区矫正心理矫正效果的评估，可以采取多种方法进行，常用的有以下几种方法：

（一）定量评估法

定量评估法就是运用标准化的量表或评估项目对社区矫正对象的心理进行评估，是当前心理矫正效果评估中的重要手段之一。从形式上分为两种：自评和他评。

1. 自评。

（1）量表自评。量表自评以受测者对问题作答为依据，实际上相当于受测者的自我陈述或自我评估，自评的主要依据就是心理测量量表。目前在我国被广泛应用的 EPQ、16PF、MMPI、SCL-90 等，均属于自评量表，它们更多地被用于对社区矫正对象进行心理诊断，在评估矫正效果时，也作为重要的评估量表使用。当前，我国有关专家正在致力于研制适合我国国情和社区矫正对象实际情况的心理测验量表，其主体部分就是自评量表。在制定最初的心理矫正计划时对社区矫正对象使用自评量表进行问题诊断，在矫正终结时对其再次使用同一自评量表进行心理矫正效果评估，可以对其心理变化作出前后比较，以达到评估的目的。

（2）社区矫正对象自我评定。即在社区矫正工作人员的组织下，通过问卷或口头评议的方式进行的评定。①制作问卷，在内容上要全面，能反映社区矫正对象全部或基本的人格及行为倾向；语言上要通俗易懂，让社区矫正对象能够理解；所提问题应有一定的掩饰性，让矫正人员感到真实作答不会影响自己的矫正成绩。各地区可以根据自己当地社区矫正对象的具体特点来制作问卷。②社区矫正对象口头评议，需要工作人员事先制定计划，认真组织，即可以围绕一个中心进行，也可以不确定主题，仅让被评估的社区矫正对象就一个阶段的矫正收获与不足作出自我总结。

2. 他评。他评是社区矫正工作人员以观察为基础，对被评估者作出评价。它所依据的资料是非正式收集的，评价带有主观性，但却是在真实条件下通过观察获得的，其依据的来源也是真实的，因而有很大的参考价值。社区矫正对象心理矫正效果评估中的他评，包括社区矫正工作人员评价和其他人员评价两种。

（1）社区矫正工作人员评价。这里的工作人员包括社区矫正机构工作人员、心理咨询人员、社会工作者等。工作人员可以从各个方面对社区矫正对象的表现进行评价，如社区矫正对象的矫正态度、思想情况、集体学习情况、参与社区劳动的情况、定期报告情况、请销假情况、日常纪律的遵守情况等。

（2）其他人员评价。这里的其他人员包括监护人、社区居民、所在单位的同事、所在学校的老师和同学等。其他人员也可以从各个方面对社区矫正对象的表现进行评价，如矫正表现如何、人生观与个人修养、矫正态度、人际关系、目前的生活状况、生活是否有规律、从事的活动、工作、学习中的表现等。

（二）情境实验评估法

即针对不同类型社区矫正对象的心理社会化缺陷，在自然状态下设置一定的实验情境，根据社区矫正对象对情境刺激的反应，评估其心理矫正的程度，良好个性品质形成的状况等。如，对物欲型社区矫正对象设置一定的利益诱惑，考查其抗御金钱、物质诱惑的意志力；让性欲型社区矫正对象接触与性有关的刺激信息，观察其情绪变化，是否具备克制性冲动的意志力；对情绪型社区矫正对象设置人际冲突等挫折情境，考查其情绪的自我调控能力等。

（三）跟踪调查法

这种方法是对解除社区矫正的人员进行定期的跟踪调查，根据他们解除矫正后的表现，重新犯罪率的高低来评估矫正效果。对社区矫正对象矫正效果的评估，应当把社区矫正前的调查评估、社区矫正期间的考核和解除矫正后的调查结合起来。跟踪调查虽然费时费力，但却是一种十分客观的评估方法。因为个别社区矫正对象是具有很强的掩饰性的，一旦解除矫正，随着强制性措施和矫正措施的解除，就会恢复其本来面目。因此，通过跟踪调查所获得的资料进行评估比较客观。

对社区矫正对象心理矫正效果的评估，是一项十分复杂的工作。既要定性分析，又要有定量分析；既要进行自我评价，也离不开他人评价。只有综合运用多种方法，通过各种途径收集资料，才能得出客观、准确的结论。

 【单元小结】

对社区矫正对象开展心理矫正工作，目的是消除社区矫正对象的犯罪心理以及在矫正期间出现的各种心理问题与行为问题，重塑健全人格，提高心理健康水平和社会适应能力，学会正确认识生活中遇到的各种挫折与困难，并能正确对待与处理，预防其重新走上违法犯罪的道路。

本单元根据心理矫正所要完成的典型工作任务设置了相应的学习情境，并根据完成典型工作任务所应具备的职业能力设置了相应的学习内容。通过本单元的学习，应该能充分了解并掌握社区矫正对象心理矫正的概念、原则、内容及对象；心理矫正方案的制定与实施；心理矫正效果的评估；学会运用不同的心理矫正的方法和技术为社区矫正对象开展心理矫正工作；具备对社区矫正对象开展心理矫正的职业能力。

【技能训练——实训项目】

【案例9-4】

一、基本情况

社区矫正对象，钱某，女，汉族，35岁，已婚，大专文化。被捕前为某中学教师，经济状况良好。因伤害罪被判刑2年，缓刑3年。

二、求助者自述

钱某进入社区矫正后，虽然夫妻并未离婚。但她一直处于情绪低落状态，经常感到委屈，有时独自落泪，认为现实是冷酷无情的，觉得对许多事情都提不起精神来，工作、生活没有意思，对未来的婚姻生活悲观失望，认为夫妻感情已经走到了尽头，终日生活在悔恨和痛苦中。吃不下饭，睡眠也很差，白天注意力不集中，记忆功能下降，容易急躁，遇到一点小事就爱发脾气，此种情况已持续三个多月了，多次想来咨询但又担心解决不了问题，在家人和朋友的再三鼓励下，前来就诊。

三、咨询师了解到的情况

求助者自幼身体健康，未患过严重疾病。从小性格较内向，听话，在大人眼中是个乖孩子，没有什么过错让父母担心。但父母要求较严格，从小到大学习和生活一帆风顺。24岁时与现在的丈夫自由恋爱结婚，婚后夫妻感情一直很融洽，自己感觉很幸福。半年前，她突然发现丈夫与一年轻女子有不正当关系，就感觉天要塌下来了，非常气愤，悔恨交加，与丈夫大吵了一架。虽然丈夫一直表示悔改，但自己就是不能原谅他。在与丈夫的一次争吵扭打中，在愤怒状态下将丈夫砍成重伤。判刑后，曾想到离婚，但顾虑重重：离婚吧，自己今后的日子怎么过，别人会怎么看自己，孩子怎么办？不离吧，自己又不愿意再这样生活下去。在这种矛盾冲突下，日渐憔悴，情绪低落，脾气变得暴躁。遇到别人谈论婚姻问题时，就特别敏感、脆弱，后来甚至看到年轻人谈恋爱都感到受不了。虽然还能坚持完成日常的活动，但积极主动性较前降低，生活的兴趣也大不如以前了。自己也想通过一些途径改变现状，如向朋友倾诉，寻求帮助，却难以解脱，故前来心理咨询。

请根据以上资料，运用前面学习的内容和拓展学习中的资料完成以下实训任务：

1. 分析钱某存在的主要问题，并做出评估与诊断。

2. 为钱某制定心理矫正方案。

附：实训任务书和实训考核表

实训任务书

实训项目	1. 对社区矫正对象钱某心理评估与诊断的工作技能 2. 为钱某制定心理矫正方案的工作技能
实训课时	2 课时
实训目的	学生通过模拟实训，学会运用心理评估与诊断的方法对该案例中的社区矫正对象钱某进行心理评估与诊断；学会制定心理矫正方案。从而具备对社区矫正对象进行心理矫正的职业能力。
实训任务	1. 根据案例中所给的资料进行心理问题评估与诊断，并说明诊断的依据 2. 根据该矫正对象存在的心理问题制定矫正方案
实训要求	1. 学生应提前掌握心理评估与诊断的相关知识 2. 指导教师应具备心理咨询师的资格并能带领学生完成实训任务 3. 学生要积极配合指导教师的指导完成实训 4. 根据实训需要将学生分成若干小组，采用小组成员合作的方式完成实训任务 5. 指导教师进行点评总结，每组学生根据教师的点评总结找出不足
实训成果形式	1. 实训总结 2. 制定该矫正对象的心理矫正方案
实训地点	理实一体化教室或校内实训基地

续表

实训进程	1. 教师讲解（利用多媒体教室介绍实训步骤、注意事项、进行角色分配） 2. 阅读准备好的实训案例 3. 根据实训需要将学生分成若干小组 4. 根据所学的内容和拓展学习的资料为该案例中的矫正对象进行问题的评估和诊断 5. 小组进行讨论确定该案例中矫正对象存在的主要问题；心理评估与诊断的结论 6. 制定心理矫正计划和矫正措施并形成一个完整的心理矫正方案 7. 指导教师进行点评总结，每组学生根据教师的点评总结找出不足。

实训考核表

班级＿＿＿＿＿＿＿＿　　姓名＿＿＿＿＿＿＿＿　　学号＿＿＿＿＿＿＿＿

任务描述：通过模拟实训，掌握心理评估与诊断和制定心理矫正方案的技能，从而具备对社区矫正对象开展心理矫正的能力。

项目总分：100分

完成时间：120分钟（2课时）

考核内容	评分细则	等级评定
一、实训过程与要求 1. 根据实训需要学生迅速分成若干小组 2. 小组成员自行分配好所要完成的任务 3. 小组进行讨论确定该案例中矫正对象存在的主要问题；心理评估与诊断的结论及依据 4. 根据任务书中的要求，制定心理矫正计划和矫正措施，并最终形成完整的心理矫正方案。 5. 指导教师进行点评总结，每组学生根据教师的点评总结找出不足。	分值：50分 1. 实训过程与小组成员合作良好（15分） 2. 实训演练认真、表现积极（15分） 3. 能成功完成所有实训任务（20分）	实训成绩评定为四等： 1. 优（100分-86分） 2. 良（85分-70分） 3. 及格（69分-60分） 4. 不及格（59分-0分）

续表

二、实训表现与态度	分值：20分 1. 无迟到（1分） 2. 无早退（1分） 3. 无旷课（3分） 4. 实训预习、听讲认真（2分） 5. 实训态度认真（5分） 6. 实训中不大声喧哗（1分） 7. 能爱护实训场所、设备、保持环境整洁（2分） 8. 能完全遵守实训各项规定（1分） 9. 实训效果好，基本掌握了定性危险评估的方法和所要完成的工作任务、具备了危险评估的工作技能（4分）	注意事项： 1. 实训期间做与实训无关的操作，不能评定为"优" 2. 有旷课现象，不能评为"优、良" 3. 旷课××节及以上，评为"不及格" 4. 实训内容没有完成，评为"不及格" 5. 两份报告雷同，评为"不及格" 6. 具体评分标准由教师根据实训项目具体要求规定
三、实训总结 1. 实训中出现的问题及解决办法（对遇到的问题、问题产生的原因进行分析判断，把解决过程写出来） 2. 实训效果（本次实训有哪些收获，掌握了哪些知识、技能，哪些不明白，有什么疑问，等等）	分值：30分 1. 按规定时间上交（5分） 2. 格式规范（5分） 3. 字迹清楚（5分） 4. 内容详尽、完整实训分析总结正确（5分） 5. 无抄袭现象（5分） 6. 能提出合理化建议或有创新见解（5分）	
合计		

评分人：　　　　　　　　　　　　　　　日期：　　年　月　日

 【拓展学习】

一、心理问题的诊断标准

诊断为心理问题，必须满足以下条件：

1. 由于现实生活、工作压力、处事失误等因素而产生内心冲突，并因此而体验到不良情绪（如厌烦、后悔、懊丧、自责等）——由现实因素激发；

2. 不良情绪不间断地持续满1个月，或不良情绪间断地持续两个月仍不能自行化解——持续时间较短；

3. 不良情绪反应仍在相当程度的理智控制下，始终能保持行为不失常态、基本维持正常生活、学习、社会交往，但效率有所下降——情绪反应能在理智控制之下；

4. 自始至终，不良情绪的激发因素仅仅局限于最初事件；即便是与最初事件有联系的其他事件，也不引起此类不良情绪——情绪反应尚未泛化。

二、严重心理问题的诊断标准

诊断为严重心理问题，必须满足以下条件：

1. 引起"严重心理问题"的原因，是较为强烈的、对个体威胁较大的现实刺激。不同原因引起的心理障碍，求助者分别体验着不同的痛苦情绪（如悔恨、冤屈、失落、恼怒、悲哀等）——由相对强烈的现实因素激发；

2. 从产生痛苦情绪开始，痛苦情绪间断或不间断地持续时间在两个月以上，半年以下——持续时间较长；

3. 遭受的刺激强度越大，反应越强烈。多数情况下，会短暂地失去理性控制；在后来的持续时间里，痛苦可逐渐减弱，但是，单纯地依靠"自然发展"或"非专业性的干预"，却难以解脱；对生活、工作和社会交往有一定程度的影响——初始情绪反应强烈；

4. 痛苦情绪不但能被最初的刺激引起，而且与最初刺激相类似、相关联的刺激，也可以引起此类痛苦——反应对象、反应内容被充分泛化。

江西省丰城市司法局积极探索社区矫正心理矫治"心"模式[1]

丰城市下辖 32 个乡镇（街道），人口近 150 万，社区矫正对象在册 800 多名。随着社区矫正工作的深入开展，对新时期的社区矫正工作提出了新的更高的要求，单纯的"人防""技防"管理方式已不能满足新的工作需求。近年来，丰城市司法局在省、市司法行政业务部门的大力支持和精心指导下，开拓创新，充分运用心理学知识、技能、方法，对全市 800 多名社区矫正对象开展心理测试、心理评估、心理健康教育、心理咨询和心理治疗等系列活动，帮助社区矫正对象打开"心"墙，调节情绪、消除不良心理及其他心理障碍，矫正其不正当的认知方式，完善其人格，从而形成了矫正中心、司法所、"五管一"矫正小组、心理老师、社区矫正对象"五互动"的独具特色的心理矫治服务机制，切实保证"你点我诊""药到病除"，最大限度提高了社区矫正工作的质量。

智能化心理健康评估体系

丰城市从社区矫正对象基本情况出发，根据心理健康专业要求，立足危险程度、自陈量表和症状自评量表（SCL-90）三个方面，形成了心理健康评估测评

---

[1] 资料来源于社区矫正宣传网，WWW.chjzxc.com/index.php/Artcle./info/id19572.html，访问时间：2019 年 8 月 2 日。

体系。

　　丰城市社区矫正对象心理健康评估体系主要以犯罪与服刑表现记录、教育和工作背景、经济状况、家庭和婚姻状况、居住情况等为静态指标；以休闲和娱乐、交友情况、酗酒和使用毒品、心理、情绪和人格特征、生活态度及政治倾向等为动态指标，细化为 156 项，采取调查了解、测量打分、划分类别等方式与流程进行心理健康评估与测评，生成测评量表与数据。

　　丰城市心理健康评估体系，实现数字网络化、智能化。该市开发了社区矫正对象心理测评专用微信小程序，能自动评算出每个社区矫正对象心理健康评估综合评分，评估综合得分 65 分以下为低风险等级；65 分至 77 分为中风险等级；77 分以上为高风险等级。心理测评微信小程序，打破测评空间、时间、地点的限制，让社区矫正对象快捷、便利地进行心理健康评估与测评。

"三重奏"阶段式心理健康教育

　　根据社区矫正对象在接受矫正过程中心理、行为特点和需求变化的规律，丰城市十分注重将心理健康教育全面纳入社区矫正对象入矫、常规和解矫三个阶段，并针对社区矫正对象在这三个阶段不同的心理、行为特征和需求，设定相应的教育矫正目标、主要内容和方式、方法，确保"对症下药、行之有效"。

　　入矫矫正教育阶段（即社区矫正对象接受矫正的前三个月），推行"一谈一测一档一课"工作机制，入矫一周内，对社区矫正对象进行 1 次谈心，1 次心理分析测试，建立 1 本心理健康档案，1 次新入矫社区矫正对象心理健康集中教育课，普及心理健康知识。

　　中间阶段（即常规教育阶段），在日常指纹（人脸识别）签到、教育学习、社区服务、个别走访过程中，随时与社区矫正对象沟通交流，将可疑人员列入重点人员名册，提高与其交流频率。结合每月专题教育，对社区矫正对象从传统文化、道德伦理方面，通过诗词音乐鉴赏、励志电影赏析、小团体心理辅导等活动方式，全面提升社区矫正对象的素养和自信心，实现道德重建和心理重建；开通并完善在线教育平台，利用社区矫正 APP "线上+线下"双重教育模式并行，侧重关注社区矫正对象心理健康，帮助其由内而外深入教育改造。

　　解矫前教育阶段（即解除矫正的前三个月），每季度组织即将解矫社区矫正对象进行《展望美好明天》的解矫前教育，帮助社区矫正对象再社会化。

"量身定做"的心理咨询套餐

　　丰城市司法局聘请了 3 名心理咨询师，在丰城市社区矫正中心设立每周三心理咨询日。

　　心理咨询师依据社区矫正对象呈现的症状倾向或个体的心理偏差、管理级别和日常表现，依据审前调查过程、社区矫正对象风险自评结果、人格特质与心理健康程度的分析、日常社区矫正工作的配合程度等四个方面的数据；依据市司法局干部、"五管一"矫正小组成员结对监管获取的社区矫正对象思想、生活、工作信息，进一步识别其个体心理需要，在个体自愿接受的前提下制定出"量身定做"的心理矫治套餐，套餐包括心理测评、心理疏导、心理教育、心理访谈和心理行为训练等项目，每个套餐都配合相应心理矫治方案，方案包括基本情况分析、存在问题、工作措施和工作目标等。因人施策的多样化心理咨询套餐，供社区矫正对象灵活自主选择，让心灵存在创伤的社区矫正对象如沐春风。

社区矫正对象小美（化名），在矫正中心报到时泪流不止，工作人员和心理老师耐心倾听她的哭诉，原来是她被判缓刑后因害怕被婆家人知道而退婚，可是她的小孩才五个月大，她一时不知道怎么办。心理老师在了解情况后，制定心理干预方案，根据她是孤儿，从扶养她长大的奶奶和她幼小的孩子入手，对她进行亲情感化疗愈，让她好好孝敬亲人抚养孩子，安心改造以便顺利度过缓刑期。在最近的一次心理教育和干预后，小美感慨道："这样的心理培训我要是早点参加就好了，这样就不会犯不可挽回的错误了。我会跟我的婆家人好好解释，努力工作，好好过日子，以实际行动证明自己。"

"菜单式"心理矫治

丰城市司法局制定社区矫正心理矫治"菜单"，把社区服务、技能培训、就业安置、教育学习、心理咨询等，以"点菜"自选的方式提供给社区矫正对象，与丰城市义工联、团市委等社会团体组织联合，供其选择适合自己时间和地点的义工等活动项目。每个"菜品"对应相对的分值，比如完成1小时社区服务季度考核累计分数1分，用社区矫正手机APP客户端学习一篇教育学习资料类计2分。通过灵活化的社区矫正方式，提高存在心理问题的社区矫正对象的教育改造动力和融入社会的适应能力。

社区矫正对象小华（化名），因感情问题判刑，假释后，对自己未来的生活很茫然，然后又极具强烈自尊心。以前的事实对家庭和他造成极大的影响，心理老师循序渐进、循循善诱，耐心细致听他倾诉，发现小华小时候因父母长期不在身边，导致认知存在偏差、行为存在偏激，心理老师根据他的情况制定家庭、学校、矫正中心"三方联治"矫治方案，家庭方面多给予其关心关爱，建议父母与他每天至少一次电话或者视频通话，学校方面要给予理解与宽容，并做好疏导和就业指导工作，加强与同学之间的交流沟通，矫正中心方面要密切关注小华的情况，每周对其进行深入沟通交谈，掌握其心理及思想行为动态。个性化的矫治方案，使小华慢慢恢复自信心，消除自卑，对未来的生活重新充满了憧憬……一个个鲜明的实例进一步凸显心理矫治对防范重新违法犯罪的重要性，进一步推动社区矫正工作提高矫正质量。截至目前，共成立了1个社区矫正社会帮教基地，33个社区矫正教育基地，34个社区矫正社区服务基地。

学习单元十 社区矫正对象的社会适应性帮扶

【学习目标】

通过本单元的学习，能够完成以下工作任务：

项目1. 社区矫正对象社会适应性帮扶的需要评估。

项目2. 社区矫正对象社会适应性帮扶的介入实施。

项目3. 社区矫正对象社会适应性帮扶的调查回访。

【知识树】

社区矫正对象的
社会适应性帮扶

- 需要评估
  - 需要评估的概念与作用
  - 需要评估的方法
  - 需要评估与矫正需要评估的区别
- 介入实施
  - 介入实施的概念
  - 介入实施的内容
  - 介入实施的手段
- 调查回访
  - 调查回访的概念
  - 调查回访的作用

【案例10-1】

邓某，男，1978年5月出生，户籍地、居住地均为江苏省南通市如东县。2009年3月，因犯诈骗罪被江苏省南通市崇川区人民法院判处有期徒刑11年。在常州监狱服刑期间，邓某患获得性免疫缺陷综合征、白细胞缺少症、贫血病，经江苏省监狱管理局批准，暂予监外执行。考验期自2012年7月31日起至2017年12月9日止。2012年7月31日，邓某到如东县社区矫正机构报到，县社区矫正机构委托邓某居住地的司法所负责日常管理教育。邓某妻子于2012年跟邓某离婚。邓某现与父母、儿子共同生活[1]。邓某入矫时身患特殊疾病，性格内向，自卑心理严重，同时受生活环境因素的限制，容易走向极端。根据上述情况，如何对邓某开展社区矫正，避免其重新犯罪？这就要求社区矫正机构秉承人道主义精神，坚持教育、感化与挽救的方针，积极利用自身与社会力量帮扶邓某，避免

〔1〕 案例来源：江苏省南通市如东县司法局对社区服刑人员邓某依法依政策开展社会适应性帮扶案例，载 http://alk.12348.gov.cn/Detail? dbID=69&dbName=SJKB&sysID=919 中国法律服务网司法行政（法律服务）案例库，访问时间：2018年7月31日。

其重蹈覆辙，让其感受到国家的宽容、司法的文明、人性的关怀以及社会的温暖，进而顺利回归社会，成为守法公民。

根据《社区矫正法实施办法》第45条："执行地县级社区矫正机构、受委托的司法所依法协调有关部门和单位，根据职责分工，对遇到暂时生活困难的社区矫正对象提供临时救助；对就业困难的社区矫正对象提供职业技能培训和就业指导；帮助符合条件的社区矫正对象落实社会保障措施；协助在就学、法律援助等方面遇到困难的社区矫正对象解决问题。"

可见，社会适应性帮扶是指：社区矫正机构调动社区资源，整合社会力量，依法对符合条件的社区矫正对象在生活、就业、就学、医保、法律援助及心理等方面开展的救助活动，以保证矫正对象安心矫正的一项社区矫正制度。对社区矫正对象开展社会适应性帮扶工作，是社区矫正工作的重要创新，是刑事执行工作的重大变革。这项制度不仅有利于帮扶社区矫正对象适应社会生活，实现再社会化的目标；而且有利于预防社区矫正对象重新违法犯罪，实现维护社会稳定的目标；更有利于体现人道主义精神实现构建和谐社会的目标。

【学习情境一】社区矫正对象社会适应性帮扶的需要评估

一、需要评估的概念与作用

所谓需要，就是人们在一定的情景下，对客观事物产生的匮乏感，而要求得到满足的社会心理反应。[1] 在马克思主义的理论中，需要是人的本性。马克思和恩格斯在《德意志意识形态》中指出："在现实世界中，个人有许多需要。"之后又说明满足个人需要的重要性，"任何人如果不同时为了自己的某种需要和为了这种需要的器官而做事，他就什么也不能做"。最后得出，"他们的需要即他们的本性"的结论。既然需要是人的本性，那么社区矫正对象也有满足需要的欲望。

美国人本主义心理学派的创始人马斯洛提出了需要层次论，他将人的需要分为五个等级：①生理需要，②安全需要，③归属和爱的需要，④自尊的需要，⑤自我实现的需要。马斯洛指出需要是由低级向高级发展，人们只有满足了低级的需要才会去追求较高级的需要。马斯洛的需要层次论告诉我们，社会成员的需要是有层次方面差异的。同样，社区矫正对象的需要也是有差异的。尽管社区矫正对象都有犯罪经历及服刑人员的特殊身份，但仍表现出千差万别的特殊性，他们的性别、年龄、婚姻状况、文化程度、家庭环境、工作经历、社会资源等方面都存在很大差异。社区矫正对象的需要也不尽相同，或是急需解决住房、最低生

---

〔1〕 韩明谟主编：《社会学概论》，中央广播电视大学出版社2008年版，第29～30页。

活保障、生活来源、医疗保障等；或是需求法律援助、心理辅导、良好的人际关系等；或是希望得到职业培训、教育学习、就业指导等。因此，社区矫正机构应当根据社区矫正对象的具体需要制定有针对性的帮扶措施及矫正方案，不能不加区分地对所有社区矫正对象开展整齐划一的帮扶工作。在开展帮扶工作之前，社区矫正机构工作人员应当了解社区矫正对象的需要状况，以利于其采取合适的帮扶措施，因此，需要评估是十分必要的。

需要评估是用来评估矫正对象的个人社会技能、健康、情感的稳定性、教育水平和职业能力、智力状况和其他相关因素的手段。[1] 需要评估是开展社区矫正对象社会适应性帮扶工作的前提。需要评估关注目前社区矫正对象的生存、生活及发展状态，系统性评价其需要的具体内容及强弱程度。同时，随着社区矫正工作的开展，社区矫正对象处于不断变化的状态，其需要自然也随之变化。社区矫正机构工作人员应当及时了解社区矫正对象需要的变化状态，以调整相应的帮扶措施，提高社区矫正工作的效果。

在社区矫正工作中，需要评估具有不可替代的重要作用。其一，需要评估是预防社区矫正对象重新犯罪的重要措施。从犯罪心理学角度讲，"犯罪心理是犯罪行为生成的前提，而犯罪心理的生成又是以满足需要为基础的"。[2] 因此，内在需要是产生外在行为的原始动力。当社区矫正对象的迫切需要，例如衣、食、住、行等基本生活需要都无法通过正当手段获得满足时，他们就极有可能无视法律规章与道德规范，采取非法手段去满足需要。其二，需要评估是有效帮扶社区矫正对象的重要措施。社区矫正对象的需要多种多样，错综复杂；有些是显性的，有些是隐性的；有些是客观存在的，有些是主观臆测的。因此，社区矫正机构工作人员进行科学、系统的评价后，才能甄别出主要矛盾，即社区矫正对象最迫切的需要，开展相应的帮扶措施使之得以满足。

二、需要评估的内容和方法

国外社区矫正工作重视社区矫正对象的需要评估工作，并将需要区分为不同内容。例如，美国康涅狄格州黑文市对社区服刑人员的需要评估主要分为以下部分：①经济和住房的情况；②教育和职业的历史；③就业的历史情况；④有关法律方面的历史，如过去是否被逮捕过，什么原因被逮捕等；⑤家庭和社会交往的历史；⑥医疗的和精神方面的历史；⑦滥用物质的历史，主要是指是否有吸毒和酗酒的历史；⑧情感的状态。社区矫正工作者根据社区矫正对象的上述情况，将他们的需求划分层次，依据需要的重要程度开展具体的帮扶工作。

从目前我国社区矫正的实践来看，有些学者也在社会适应性帮扶个别化方面

---

[1] 刘强主编：《社区矫正制度研究》，法律出版社 2007 年版，第 159 页。

[2] 梅传强："论犯罪心理的生成机制"，载《河北法学》2004 年第 1 期。

进行了探索，并构思出一些了解社区矫正对象需要的参考[1]：①希望得到矫正工作者的信任；②希望继续学习文化或升学；③希望得到技能培训；④希望参与劳动；⑤希望考核奖惩公正合理；⑥能获得法律援助；⑦能有一份稳定的工作；⑧亲友能理解关心自己；⑨希望家庭关系和睦；⑩有吸毒或酗酒问题，希望得到治疗；⑪身体有疾病，希望自己健康；⑫希望生活在宽松、友好的环境中；⑬希望自己的生活条件能得到改善；⑭希望社会可以尊重和认可自己；⑮希望自己有良好的声誉；⑯希望经济收入有所增加；⑰希望能得到充分及时的社会保障；⑱希望能得到心理治疗。

目前，社区矫正机构工作人员开展需求评估工作主要采取入矫调查与走访排查两种方式。入矫调查是指社区矫正机构要求新入矫的社区矫正对象填写《矫正需求调查表》，围绕生活来源、家庭婚姻、身体健康状况、掌握工作技能等方面，进行需求调查；走访排查是指社区矫正机构定期对社区矫正对象的生活来源、家庭婚姻、身体健康状况、掌握工作技能等情况进行走访核实，有重大变化时，及时调整帮扶措施。

从整体上讲，目前我国社区矫正对象需要评估工作在理论和实践方面都相对匮乏。需要评估的文献十分少见，国内学者以介绍国外需要评估情况为主，结合国内实际进行的理论研究严重不足。实践中，目前仍没有编制出社区矫正对象需要评估量表。社区矫正机构工作人员更多地依靠社区矫正对象的说明进行判断，很少通过系统性的观察、查阅档案资料和量化评估等方式揭示其需要的实然状况。这可能导致帮扶工作走向偏差，也会造成"头痛医头，脚痛医脚"，浪费社会资源的同时也消耗工作人员有限的精力。简言之，目前我国社区矫正对象需要评估工作十分薄弱。

三、需要评估与矫正需要评估的区别

矫正需要是矫正项目的实施根据。矫正对象的矫正需要不同，矫正机构及矫正工作人员对其所采取的矫正项目就不同。[2] 需要评估与矫正需要评估的终极目标一致，都是为了预防社区矫正对象重新犯罪，促进其顺利回归社会，但两者的侧重点不同，需要评估是以社区矫正对象为出发点，侧重他们客观的具体需求，而矫正需要评估是以社区矫正机构工作人员为出发点，强调与社区矫正对象犯罪、重新犯罪密切相关的因素。进而，两者的直接目标不同，前者是为社区矫正对象后续开展具体的帮扶措施提供根据，而后者则是为社区矫正机构工作人员设计矫正项目提供根据。

矫正项目是国外开展社区矫正工作的特色之一，客观分析社区矫正对象的矫

〔1〕 刘强主编：《社区矫正制度研究》，法律出版社 2007 年版，第 159~160 页。

〔2〕 翟中东：《社区性刑罚的崛起与社区矫正的新模式——国际的视角》，中国政法大学出版社 2013 年版，第 286 页。

正需要则是设计合理矫正项目的前提条件。为了准确把握社区矫正对象的矫正需要，国外研制了一些量化式矫正需要评估工具，例如，美国印第安纳州的矫正需要评估工具、加拿大矫正需要评估表等。对我国而言，矫正项目的概念及理念正逐渐被关注与接受，矫正需要评估工具的设计自然也被提上日程。有学者已开始对矫正项目的原则与具体框架进行探讨，明确矫正项目的设计应当坚持以矫正需要为根据的原则、学习原则以及本土经验抽象原则，并设计了劳动培训类、家庭矫正类、社会交往技能类、戒毒类、生活能力类、情绪控制类、认知行为类、文化教育类方面的矫正项目内容。[1]　总之，需要评估与矫正需要评估的出发点与直接目标等方面存在显著差异，是两个不同的概念。

 【学习情境二】社区矫正对象社会适应性帮扶的介入实施

一、介入实施的概念

介入实施是指在需要评估的基础上，社区矫正机构工作人员针对社区矫正对象的具体困难而开展的帮扶服务活动。介入实施是社会适应性帮扶的重要环节。在需要评估的基础上，社区矫正机构工作人员甄别出社区矫正对象的具体需要，并研判其主次关系与紧迫程度，利用法规、政策，整合社会资源，调动社会力量，帮扶社区矫正对象解决问题，满足其现实需要。鉴于司法行政机关资源的有限性，以及社区矫正对象自身资源的稀缺性与需要的多样性，社区矫正机构应当以社会资源为依托，建立以社区矫正机构为中心，社会力量大力支持和社会公众广泛参与的帮扶体系。

二、介入实施的内容

社区矫正对象需要的差异性决定了介入实施内容的多样化。有学者指出，从中国社区矫正的实践来看，相当多的社区矫正对象存在着不同的问题和困难，概括起来主要可以有四类：第一类是物质经济方面的问题和困难，包括没有住房、缺乏生活来源、缺乏劳动岗位和职业技能等；第二类是婚姻家庭方面的问题和困难，包括适婚服刑人员没有配偶、家庭成员之间关系不融洽等；第三类是社会交往方面的问题和困难，包括缺乏社会交往或者进行不良社会交往、不能恰当对待社会歧视等；第四类是心理行为方面的问题和困难，包括对自己的犯罪与判决的疑问、存在一些心理异常、有不良个人嗜好、养成了不良行为习惯等。[2]　根据需要层次的区分，我们将社区矫正对象的需要区分为三种类型：生存性需要，涵

---

〔1〕　翟中东：《中国社区矫正制度的建构与立法问题》，中国人民公安大学出版社 2017 年版，第 239~246 页。

〔2〕　吴宗宪主编：《刑事执行法学》，中国人民大学出版社 2007 年版，第 405 页。

括最低生活保障、基本生活帮扶、医疗或养老保障等；支持性需要，包括法律援助、心理帮扶、家庭关系修复等；发展性需要，包括帮扶就学、扶持就业、职业技术培训等。针对上述三种层次的需要，社区矫正机构应当协调社会资源及力量开展相应的帮扶措施。

（一）生存性帮扶

生存性帮扶是指为了满足社区矫正对象生存性需要而进行的帮困扶助活动。生存性帮扶主要包括下列具体种类：

1. 临时救助。临时救助是指在社区矫正对象面临暂时的生活困难时，社区矫正机构为其提供的暂时性帮扶措施。对社区矫正对象开展临时救助具有重要意义。大多数社区矫正对象是社会中的弱势群体，他们在生活中会面临多方面的困难。特别是经过长期监禁矫正后回归社会的社区矫正对象，可能面临无处投靠、无家可归、无力自养的窘境；还有一些患有严重疾病保外就医的社区矫正对象，可能面临无人照顾、病情恶化、无力支付高额医疗费用等困难。此外，在日常生活中，社区矫正对象可能遇到意外事件而处于紧急状态。在上述情况下，社区矫正机构应当从人道主义出发，充分调动社会资源，整合社会力量，为社区矫正对象提供救助，以利于他们适应社会生活。对社区矫正对象提供临时性救助，可以帮扶他们渡过难关，树立重新生活的信心，提高适应社会生活的能力，促进其再社会化进程；也可以预防和减少他们因生活困难而导致的重新违法犯罪。

在国外，一些国家和地区为社区矫正对象提供紧急救助的制度和措施已相当成熟，但具体做法有所不同。在美国，对于临时遇到困难的社区服刑人员的紧急救助，很大一部分是由社会团体进行的。例如，救世军（Salvation Army）[1] 经常提供紧急食物、衣物和住宿帮扶；美愿产业（Goodwill Industries）[2] 是一种提供住宿和工作的机构，向那些有身体残疾或者心理疾病的犯罪人提供住宿和工作。[3] 在英国，监狱给即将释放的犯人（包括被假释的犯人）发放津贴，帮扶他们解决交通等问题，以及在释放后的短时间内遇到的生活困难。在日本，保护观察的辅导援助包括：帮扶提供教养训练的手段；帮扶得到医疗以及修养；帮扶寻找住宿等。在我国，2014 年司法部、中央综治办、教育部、民政部、财政部、人力资源社会保障部联合下发《关于组织社会力量参与社区矫正工作的意见》中明确规定，"做好基本生活救助。民政部门对基本生活暂时出现严重困难、确实需要救助的社区服刑人员依法给予临时救助……"。这为开展社区矫正对象临

---

〔1〕 救世军是英国慈善家威廉·布思于 1865 年在英格兰的伦敦东区创建的一个基督教组织，从事范围广泛的慈善工作。成员穿军队制服，拥有军衔。

〔2〕 美愿产业是美国一家规模较大的慈善机构，1901 年由卫理公会牧师埃德加·赫尔姆斯（Edgar Helms）创立，在美国和许多其他国家活动，给身体、精神有残疾者或者犯过罪的人等提供培训和就业帮扶。

〔3〕 吴宗宪：《社区矫正比较研究》（上），中国人民大学出版社 2011 年版，第 420 页。

时救助工作提供了依据和保障。

在我国，自社区矫正工作开展以来，各地政府和司法行政机关在社区矫正对象临时救助方面，进行了有益探索。例如，2016 年河北省司法厅联合多部门联合下发《关于社会组织参与帮教社区服刑人员、刑满释放人员工作的实施意见》（冀司〔2016〕100 号）中规定，"社会组织对符合社会救助条件的帮教对象，可以向其介绍社会救助相关政策和申请的条件、程序等，协助"三无"、老弱病残等生活困难的"两类人员"〔1〕及其家庭提出社会救助申请，配合管理部门落实最低生活保障、特困人员供养、基本养老保险、基本医疗保险等救助政策"。2014 年，浙江省杭州市上城区财政局、民政局和司法局联合制定下发了《上城区社区矫正救助金管理暂行办法》，专门对社区矫正对象建立救助金，实行人均不超过 5000 元的帮困救扶，已对 14 个生活困难的社区矫正对象进行了累计 4.3 万元的临时救助，下城区和拱墅区分别在全区的"春风行动"专项基金中专题列支"司法救助"模块，对社区矫正对象进行人均不超过 3000 元的临时救助。

【案例 10-1】中，为临时解决邓某的基本生活问题，县社区矫正机构协调镇民政部门拨款为其危房改造，让其有家可住；通过与其儿子所在学校协调，免去其儿子一年的学费。同时在临时救助过程中，防止其出现懒惰、过度依赖等情况，及时与其沟通，引导鼓励他在公司努力工作，维持家庭生活。

2. 社会保障。社会保障是国家和社会依法对社会成员的基本生活予以物质帮扶和保障的社会安全制度。〔2〕目前我国的社会保障制度主要包括社会保险、社会救济、社会福利和公共医疗卫生。

对社区矫正对象的社会保障，重点是指为符合条件的社区矫正对象提供最低生活保障。最低生活保障简称"低保"，是一种社会保障制度类型，指国家对家庭人均收入低于当地政府公告的最低生活标准的人口给予一定现金资助，以保证该家庭成员基本生活所需的社会保障制度。2014 年，司法部、中央综治办、教育部、民政部、人力资源社会保障部联合下发《关于组织社会力量参与社区矫正工作的意见》（司发〔2014〕14 号）规定，"将生活困难、符合最低生活保障条件的社区服刑人员家庭依法纳入最低生活保障范围"。"已参加企业职工基本养老保险并实现再就业或已参加城乡居民基本养老保险的，按规定继续参保缴费，达到法定退休年龄或养老保险待遇领取年龄的，可按规定领取相应基本养老金，但服刑期间不参与基本养老金调整。社区服刑人员可按规定执行基本医疗保险等有关医疗保障政策，享受相应待遇。符合申领失业保险金条件的社区服刑人员，可按规定享受失业保险待遇"。《社区矫正法》第 38 条规定，"居民委员会、村民委员会可以引导志愿者和社区群众，利用社区资源，采取多种形式，对有特殊

---

〔1〕 两类人员是指社区矫正对象、刑满释放人员。
〔2〕 吴宗宪主编：《刑事执行法学》，中国人民大学出版社 2007 年版，第 420 页。

困难的社区矫正对象进行必要的教育帮扶。"第 43 条规定,"社区矫正对象可以按照国家有关规定申请社会救助、参加社会保险、获得法律援助,社区矫正机构应当给予必要的协助。"这些规定为社区矫正对象享有最低生活保障、社会保险、医疗保险等社会救助提供了法律及制度保障。

自开展社区矫正工作以来,很多省、市将生活困难(特别是伤残、家庭困难),且符合最低生活保障条件的社区矫正对象纳入最低生活保障范围。例如,2016 年 9 月,天津市协助解决最低生活保障 352 人,发放临时救助金 20 余万元。

【案例 10-1】中,邓某患艾滋病,家中还有年迈的父母与上小学的儿子,家庭贫困。社区矫正机构/司法所工作人员了解到实际情况后,与民政部门多次协调,最终为邓某及其儿子解决了最低生活保障问题。

各地区规定的社区矫正对象申请最低生活保障程序大体相同,下面以北京市为例加以介绍[1]:①申请。申请人持社区矫正机构开具的介绍信及所需证明、材料,向户口所在地社区居委会(村委会)提出申请;社区居委会(村委会)对申请的家庭进行登记,填写《北京市最低生活保障待遇申请登记表》;在辖区内公布,征求群众意见;经核实后,填写《北京市最低生活保障待遇申请审批表》,提出具体意见后,上报街(乡)民政部门。②审核。街(乡)民政部门对上报的材料进行核查,根据实际情况填写《北京市低保待遇申请人员家庭情况调查表》,主管领导签署意见后,报区(县)民政局。③审批。区(县)民政局对申请最低生活保障待遇的家庭进行审批登记。对不符合条件的,30 日内书面通知申请人并说明理由。④备案。街(乡)民政部门接到区(县)民政局审批意见后,将社区矫正对象享受城市"低保"待遇的相关材料抄送本街(乡)社区矫正工作领导小组备案。

从目前社区矫正的实践来看,协助社区矫正对象办理最低生活保障是社会适应性帮扶的重要手段之一。将社区矫正对象纳入社会保障体系之中,可以帮扶他们解决实际困难,有利于他们安心接受矫正,顺利实现回归社会的目标。但在办理最低生活保障过程中应当注意以下两点:一是社区矫正对象必须生活确有困难,符合当地民政部门规定的最低生活保障条件,并严格按照程序办理;二是申请最低生活保障的目的是帮扶社区矫正对象摆脱困境,而不是培养"养懒汉"思想,要避免社区矫正对象盲目、无理申请最低生活保障的现象,以节省国家资金,也要避免生活改善,不符合最低生活保障条件后,仍继续享受最低生活保障待遇的现象。

(二)支持性帮扶

支持性帮扶是指为满足社区矫正对象支持性需要而提供的帮困扶助。支持性帮扶主要包括下列具体种类:

---

〔1〕 荣容、肖君拥主编:《社区矫正的理论与制度》,中国民主法制出版社 2007 年版,第 226 页。

1. 法律帮扶。法律帮扶是指社区矫正机构指导社区矫正对象学习、遵守和应用法律的帮扶活动。提供法律帮扶具有重要的作用：一是能够增强社区矫正对象的法律知识，提高他们的法律观念和意识，促进他们成为守法公民，实现其再社会化的目标；二是可以帮扶社区矫正对象解决实际问题，避免其重新违法犯罪，实现维护社会稳定的目的。

从目前社区矫正实践来看，各地区社区矫正机构主要通过法律援助的形式帮扶社区矫正对象解决有关法律问题。法律援助是国家为贫者、弱者、残疾者等社会弱势群体提供减费、免费的法律帮扶，以保障其合法权益的社会公益性法律制度。法律援助是一项司法救助制度。我国的法律援助制度建立于 1994 年初，主要是由律师、公证员、基层法律工作者等法律服务人员为经济困难或特殊案件的公民给予减、免收费提供法律帮扶，以保障其合法权益的实现和司法公正。2016年河北省司法厅联合多部门联合下发的《关于社会组织参与帮教社区服刑人员、刑满释放人员工作的实施意见》（冀司〔2016〕100 号）中规定，社会组织可以协助有关部门，为符合条件的"两类人员"提供法律援助。

根据《社区矫正法》第 43 条之规定，社区矫正对象可以按照国家有关规定申请获得法律援助，社区矫正机构应当给予必要的协助。

获得法律援助是社区矫正对象维护自身合法权益的重要途径。在日常生活中，社区矫正对象可能遇到法律问题而需要帮扶时，特别是遇到需要通过法律诉讼解决的重大问题，但自己又无力聘请律师，社区矫正机构应当给予其必要的帮扶。

【案例 10-2】

牵手法律援助　开展矫正帮扶
——周礼司法所为社区矫正对象杨某提供法律援助并胜诉

四川省安岳县社区矫正机构委托开展社区矫正相关工作的周礼司法所为社区矫正对象提供法律援助，法院判决由对方当事人赔偿受援人各项损失计人民币17 万余元，受到了当事人及当地干部群众的广泛赞誉。

安岳县龙桥乡千金村杨某因非法买卖枪支罪，被安岳县人民法院判处有期徒刑 1 年 2 个月，宣告缓刑两年。2019 年 10 月初，杨某到执行地安岳县社区矫正机构报到，安岳县社区矫正机构委托周礼司法所开展具体的社区矫正工作。司法所工作人员对杨某开展入矫谈话时了解到，杨某在 2018 年 12 月 15 日与本社另外两人相约持改装射钉枪一同打鸟时，被其中一支枪击中头部，造成左眼失明，现其头部仍残留着钢珠，而取出钢珠需要手术费至少 8 万元。杨某家庭经济十分困难，其父亲身患癌症，其妻子也已离家出走，确实无法支付巨额医疗费用。

得知此情况后，司法所工作人员告知杨某，可以就其受伤致残的民事赔偿事项，通过法律援助途径维护自己的合法权益，杨某当即请求法律援助。司法所通过绿色通道将此案迅速上报县级社区矫正机构，社区矫正机构协调县法律援助中心开展此项工作，县法律援助中心指派某律师承办此案。承办人接手此案后，第一时间与受援人见面，听取了杨某关于其受伤经过的具体陈述，并到事发地进行了实地查看，到县法院刑庭调取了杨某一案的刑事卷宗材料，对案情有了更直观的把握。承办人了解到涉案的另两人将很快会从安岳县看守所移送至成都某监狱服刑，于是连夜准备诉讼相关法律文书，在接手本案的第三天便代当事人向安岳县人民法院提起了民事诉讼，要求一同持枪参与打鸟的被告杨某某、周某赔偿受害人各项损失共计25万余元。庭审中，二被告均否认自己击中了杨某，且公安机关的侦查实验也无法确认谁实施了具体的伤害行为。针对此焦点问题，承办人利用已有证据，具体分析了各方的相对位置与距离、三人枪支的杀伤半径，结合受害人杨某的枪支未击发的事实，指出民事诉讼与刑事诉讼在证据要求上的区别，本案在刑事侦查过程中虽未能确定谁是具体实施侵害行为的人，但基于民事诉讼高度盖然性（即可能性）的证据认定原则，基本可以确定受害人杨某的伤系另一持枪人杨某某所致，最终，一审法院采纳了承办人的意见，判决由被告杨某某赔偿受害人各项损失共计17万余元。拿到法院的判决书后，社区矫正对象杨某十分感慨：想不到他一个犯罪分子，居然也能享受到免费的诉讼代理服务，而且还胜诉了。他还表示，一定会安心改造，服从监管，做一个守法的好公民。

从目前我国社区矫正工作的实际情况来看，法律帮扶已经成为社会适应性帮扶的重要内容之一。各地社区矫正机构通过法律援助的形式，为社区矫正对象解决实际问题，同时能够提高他们依法维权的意识。此外，社会参与性是社区矫正的重要特征和优势所在，社区矫正机构除利用司法行政机关的法律资源之外，可以充分利用社区中的律师事务所、法律专业人员、法律援助志愿者等为社区矫正对象提供帮扶。例如，湖北省武汉市成立社区矫正讲师团，搭建专业社会力量参与平台，广泛吸纳优质教育资源，组建专家库，在全国副省级城市中，率先成立市级社区矫正讲师团，对社区矫正对象开展法制宣传、法律援助、心理辅导、技能培训等教育活动。[1] 但是，目前我国缺乏专门为社区矫正对象提供法律援助的规章制度，社区矫正机构通常参照监狱服刑人员法律援助制度开展工作。因此，国家应尽快建立健全相关规章制度，保障法律帮扶规范推进。

2. 心理帮扶。心理帮扶是为了解决社区矫正对象的不良心理问题而提供的帮扶活动。对社区矫正对象开展心理帮扶是十分必要的。这是因为，首先，犯罪有其深层的心理原因，特别是多次犯罪者一般都有较大的心理问题。有关研究表明，当代罪犯总体上心理问题的检出率为90.10%，其中有82%的罪犯心理问题

---

〔1〕　武汉市出台22项制度织牢社区矫正规范体系，载司法部政府网，http://www.moj.gov.cn/Department/content/2017-09/27/607_8621.html，最后访问时期：2021年6月16日。

与正常群体相比，达到了异常或严重的程度。[1]　其次，在矫正过程中，社区矫正对象经常表现出自卑、敌意、多疑、矛盾、焦虑、抑郁、反社会倾向等心理异常，需要及时地帮扶和救治。

心理帮扶是社区矫正工作的重要内容之一。2019年颁布的《社区矫正法》第40条第1款规定，"社区矫正机构可以通过公开择优购买社区矫正社会工作服务或者其他社会服务，为社区矫正对象在教育、心理辅导、职业技能培训、社会关系改善等方面提供必要的帮扶"。心理帮扶主要包括心理健康教育、心理咨询与心理辅导等。目前各地区的社区矫正机构已经认识到心理帮扶的必要性和重要性。一些地区成立了心理咨询中心或心理辅导站，定期开展心理健康教育，同时，充分利用本地区的人力资源，聘请相关专业人员开展心理咨询与治疗工作，并取得了良好的效果。

（1）心理健康教育。心理健康教育是指教育工作者及其他专业人员利用心理学原理、方法与技术，对社区矫正对象进行心理辅导，帮助他们消除心理障碍，提高心理素质，促进其适应社会生活的教育活动。

对社区矫正对象开展心理健康教育是十分必要的。社区矫正对象是心理问题、心理疾病的高发人群，高水平心理健康在他们当中是很少见的。最近一项研究对22名社区矫正对象的心理健康状况调查发现，社区矫正对象这一特殊群体心理不健康者的比率虽然低于监狱服刑人员，但是仍高于用同一测验测得的一般群体，SCL-90测验中1个或1个以上因子为阳性症状的检出率为100%。[2]　由此可见，社区矫正对象心理健康存在问题的情况是较普遍的。

社区矫正对象心理健康教育内容丰富，且在不同阶段有所侧重。社区矫正对象心理健康教育的内容主要包括：普通心理学、犯罪心理学与矫治心理学的一般知识；自卑、嫉妒、猜疑、焦虑、矛盾、恐惧、逆反、对抗等消极心理的表现、特征与防治对策；不健康心理的自我调适方法等。在矫正过程的不同阶段，社区矫正对象会表现出不同的心理问题，心理健康教育也应当有所侧重。在矫正初期，心理健康教育以调整心态，适应环境，确立目标为主题，要求社区矫正对象了解和掌握心理学的一般知识。在矫正中期，心理健康教育以形成正确的自我意识，建立和谐的人际关系，塑造积极的心态为主要内容。同时，要积极开展有针对性的心理健康教育。例如，针对未成年社区矫正对象，注重提升他们的情感、智商，控制其冲动情绪，加强性知识教育等；针对女性社区矫正对象，注重加强道德修养，增强自尊、自爱、自强的精神，以及增加生理、心理卫生教育；针对暴力型社区矫正对象，注重控制和调节情绪；针对财产型社区矫正对象，注重培养其社会性情感和社会性需要，如集体荣誉感、自尊心等。在矫正后期，心理健

---

〔1〕　黄京平、席小华主编：《社区矫正工作者手册》，中国法制出版社2007年版，第219页。

〔2〕　刘素珍等："社区服刑人员心理健康状况调查"，载《心理科学》2006年第6期。

康教育以巩固积极成果为重点，以传授自我心理调适方法为主要内容。

【案例10-3】

对社区矫正对象王某实施心理健康辅导

社区矫正对象王某，男，1965年10月出生，户籍地、居住地均为海南省澄迈县。2014年4月，王某因犯聚众扰乱社会秩序罪被澄迈县人民法院判处有期徒刑1年，缓刑1年，缓刑考验期自2014年4月23日起至2015年4月22日止。2014年5月21日，王某到澄迈县司法局社区矫正机构报到，由指定司法所负责对其社区矫正期间进行日常管理。

为进一步提高遵纪守法教育成效，预防和避免王某因人格障碍或心理问题的困扰而发生再犯罪情况，社区矫正机构会同某心理咨询中心，组织开展心理健康专题教育学习活动。活动中，心理咨询师重点为王某宣讲心理健康知识，辅导王某学会正确认识自己、剖析自己，增强心理调适能力，提高心理健康水平，从而学会控制自己的情绪、改善性格、调整心态，积极面对生活、迎接未来。王某逐步地稳定思想，渐渐地接受社区矫正教育。

心理健康教育的形式可以是多样化的。矫正环境的开放性决定了心理健康教育形式的多样性。社区矫正机构工作人员可以通过系统化课堂教育，举办心理健康专题讲座，利用传播媒介（如心理健康专业性报纸、黑板报、宣传册、电话、网络等）等方式开展心理健康教育。

（2）心理咨询。社区矫正对象的心理咨询，是指社区矫正机构工作人员或专业工作人员运用心理学的原理与技术，协助社区矫正对象发现其心理问题，挖掘其潜在能力，改变其原有的认知结构和行为模式，提高其适应社会生活能力的服务活动。

社区矫正对象心理咨询的方法多种多样。根据咨询的规模，可分为个体咨询和团体咨询；根据咨询采用的方式，可分为门诊咨询、电话咨询、书信咨询、网络咨询；根据咨询的时程，可分为短程咨询、中程咨询和长程咨询；根据咨询是否有中转媒介，可分为直接咨询和间接咨询。目前我国社区矫正机构主要运用个体咨询方法开展心理咨询活动。心理咨询的相关内容在本书"学习单元九"中介绍，在此不再赘述。

（3）危机干预。危机干预是指对发生心理危机的社区矫正对象进行的指导帮扶活动。危机干预是一种特殊的心理咨询服务。其本质是短期的心理咨询与治疗的过程，是对处于困境或遭遇挫折的社区矫正对象给予心理方面的关怀和支持，使其尽快恢复心理平衡的过程。

对社区矫正对象进行心理危机干预是十分必要的。在社区矫正期间，社区矫正对象可能会遇到各种突发事件而处于紧急状态。例如，躯体疾病、失恋、婚姻关系紧张、亲人死亡、重大经济损失、失业、受到他人严重伤害等，这些情况都会引发社区矫正对象情绪失调，造成心理危机，甚至会诱发社区矫正对象违法犯罪、自杀等极端行为。在这些情况下，社区矫正机构工作人员或专业工作人员应当及时对社区矫正对象开展心理危机干预，帮扶他们摆脱困境，恢复到危机前的状态。

【案例 10-4】

句容社区矫正首例心理危机成功干预

"当我站在楼上决定往下跳的时候，真的有些害怕恐惧……可是一想到马上一切要结束了，心里就莫名顺畅起来。"日前，江苏省句容市某区社区矫正机构管理的一位特殊的社区矫正对象小王，突然切断一切联络，离家出走，在失踪20天后被句容市社区矫正机构委托开展社区矫正工作的茅山司法所工作人员找回，然而从她口中蹦出的话语让司法所工作人员心惊肉跳。

据了解，小王是个20多岁的姑娘，因犯有轻微罪行，而在社区接受社区矫正，近日，因事业、爱情诸事不顺，情绪抑郁，切断一切联络离家出走，想选择一种自杀的方式结束自己的生命，司法所工作人员得知后，上报了区社区矫正机构。区社区矫正机构了解情况后立即指派专业心理咨询师、执法干警、矫正工作人员组成三人心理危机干预小组前往介入。

"其实当割腕时，血流出来的时候真的很恐怖，现在我真的不想死了，我不想连累任何人，我要重新找份工作，重新开始我的新生活，谢谢你们，要不然我真不知道该怎么走出来。"面对干预小组，小王倾诉了所有的不满、忧虑和恐惧，情绪逐渐平复，干预小组以稳定情绪、理性思维、调整心态三部曲让小王重拾自信、重塑生活的期望，一场危机顺利解除。

在心理危机干预过程中，干预者可以借助心理咨询与治疗的相关技术，根据危机者的具体情况和干预者的技术进行灵活运用。危机干预技术主要有三大类，即沟通技术、心理支持技术和干预技术。沟通技术主要目的是建立和保持双方的良好沟通和相互信任；心理支持技术是指通过暗示、保证、疏泄、环境改变、镇静的药物等方式，给予社区矫正对象以心理支持，其主要目的是化解危机；干预技术是以改变社区矫正对象的认知为前提，通过疏泄情感，提供危机的应对方式，建立新的社交关系等方法去解决问题。支持技术和干预技术的效果，取决于双方的咨访关系。

社区矫正对象心理问题的危机干预工作应当遵循一定步骤推进，而不能盲目展开。首先，评估危机。干预者应当对危机及相关因素进行综合性评价。干预者必须了解危机事件、易受伤害状态、促成因素、主动危机状态等；同时，与社区矫正对象建立良好的咨询关系，取得对方信任。其次，制定计划。干预者应当根据危机干预目标，并结合社区矫正对象的心理需求及功能水平，制定具体、实用的干预计划。干预计划还要考虑社区矫正对象的文化背景、社会生活习惯以及家庭环境等因素。再次，实施干预。干预的基本策略为：①主动倾听并热情关注，给予其心理上的支持；②提供疏泄机会，鼓励当事者将自己的内心情感表达出来；③解释危机的发展过程，使当事者理解目前的境遇、理解他人的情感，树立自信；④给予希望和保持乐观的态度和心境；⑤培养兴趣、鼓励其积极参与有关的社交活动；⑥注意社会支持系统的作用，多与家人、亲友、同事接触和联系，减少孤独和心理隔离。最后，后续跟进。社区矫正对象的心理危机暂时化解后，并不意味着危机完全解除。为防止危机再次发生或出现连锁反应，干预者必须通过个别心理学或团体心理学干预方式，做好后续的跟进工作，强化危机应对技能训练，以增强其个人功能，达到自主化解危机的目标。[1]

（三）发展性帮扶

发展性帮扶是为满足社区矫正对象发展性需要而进行的帮困扶助活动。发展性帮扶主要包括下列种类：

1. 帮扶就学。帮扶就学是指为了解决处在学龄期或者愿意继续在学校学习的社区矫正对象的入学问题而进行的帮扶活动。

为未成年社区矫正对象提供就学帮扶，具有重要意义。

（1）有利于促进未成年社区矫正对象的再社会化。学校是个体社会化的重要机构。部分未成年社区矫正对象正处于学龄阶段，学校是个体社会化的重要机构，同时也是矫正未成年犯的场所。学校在对学生的制约和保护、对学生劣迹行为的矫治、对学生的自我管理与教育以及培养良好的品德和新型的人际关系方面，都起着教育的"杠杆"作用。[2] 学校可以通过教师的关怀与教导、同辈群体的交流与鼓励，以及良好的文化氛围，发挥教育的隐性功能，矫正未成年社区矫正对象不良心理及行为恶习，促进其重新回归社会。同时，将学校纳入社区矫正体系之中，可以避免未成年社区矫正对象与不良群体的交往，有利于预防和减少其重新犯罪。

（2）有利于创造良好的学习环境。帮扶就学可以为未成年社区矫正对象创造良好的学习环境。现在很多学校都不愿意接受"问题"青少年，特别是有过犯罪行为的社区服刑人员，担心他们会影响学校的学习氛围。因此，帮扶未成年社区矫正对象就学，创造良好的学习环境，必须采取相应的措施，需要社区矫正机构、教育部门、未成年社区矫正对象的监护人、共产主义青年团、妇女联合会、未成年人保护组织等社会力量共同努力。

首先，学校不能歧视未成年社区矫正对象，不能公开其特殊身份。教师应当克服注重分数的片面思想，以宽容的心态接纳未成年社区矫正对象，发现他们的教育优势，并给予鼓励和关怀，以营造良好的学习环境。其次，加强适时的心理

---

〔1〕 吴宗宪：《中国服刑人员心理矫治技术》，北京师范大学出版社 2010 年版，第 378 页。

〔2〕 马辉、周静茹主编：《社区矫正工作实务》，暨南大学出版 2008 年版，第 81 页。

辅导和必要的法制教育。尽管未成年社区矫正对象受到不良因素污染，但他们的人生观、价值观还在形成与发展之中，具有极强的可塑性。心理辅导和法制教育有利于他们悔过自新，重塑自我。此外，未成年社区矫正对象的监护人、学校与社区矫正机构要规范各自的权利与义务，加强相互间的沟通与合作，形成以学校为中心的"三位一体"的矫正体系。

（3）有利于贯彻执行有关立法的规定。根据我国立法的规定，对于受到刑事处分的未成年人，应当帮扶他们继续学习。例如，《预防未成年人犯罪法》第58条规定："刑满释放和接受社区矫正的未成年人，在复学、升学、就业等方面依法享有与其他未成年人同等的权利，任何单位和个人不得歧视。"

帮扶未成年社区矫正对象就学，也是社区矫正工作的重要方面。2014年，司法部、中央综治办、教育部、民政部、财政部、人力资源社会保障部联合下发《关于组织社会力量参与社区矫正工作的意见》（司发〔2014〕14号）规定，"帮助接受教育。对于未完成义务教育的未成年社区服刑人员，司法行政部门应当配合教育部门，协调并督促其法定监护人，帮助其接受义务教育。对于非义务教育阶段有就学意愿的社区服刑人员，地方教育部门应当对其予以鼓励和支持"。《社区矫正法》第55条第1款规定，"对未完成义务教育的未成年社区矫正对象，社区矫正机构应当通知并配合教育部门为其完成义务教育提供条件。未成年社区矫正对象的监护人应当依法保证其按时入学接受并完成义务教育"。帮助未成年社区矫正对象就学是对《社区矫正法》及相关规范性文件具体规定的贯彻。此外，随着入学观念及相关制度的变化，对于有继续入学愿望的成年社区矫正对象，社区矫正机构应当鼓励他们参加电大、函大、高等教育自学考试或者其他类型的成人教育，有关部门应当给予支持，积极促成他们继续学习。

【案例10-5】

帮扶缓刑犯入学[1]

王某，女，2000年7月出生，户籍地、居住地均为天津市宁河区。2017年8月，因犯聚众斗殴罪被天津市宁河区人民法院判处拘役6个月，缓刑6个月，缓刑考验期自2017年9月5日起至2018年3月4日止。2017年9月5日，王某到宁河区司法所社区矫正机构报到，成为一名社区矫正对象。宁河区社区矫正机构委托宁河司法所负责对王某社区矫正期间的日常管理。

王某是某学校的一名在校生。王某被判处缓刑后，陷入了思想上无法认同自己，缺乏归属感的痛苦迷茫中。她变得寡言少语，自卑胆小，不敢去学校，拒绝

---

〔1〕"对社区服刑人员王某依法实施教育矫正"，载 http://alk.12348.gov.cn/Detail? dbID = 68&dbName=SJJZ&sysID=1540 中国法律服务网司法行政（法律服务）案例库，访问时间：2018年8月8日。

和同学、朋友见面。她整天把自己关在屋子里，担心学业，担心未来，觉得自己学习成绩不好，也没有特长和技能支撑她在社会立足，年纪轻轻就要过着没有未来、"啃老"的日子。背负如此重的思想负担，她成天躲在家中，沉默寡言，萎靡不振，完全没有之前活泼开朗、青春烂漫的样子。

矫正小组成员协助司法所对社区矫正对象开展教育情况。建立起司法所社区矫正工作人员、社区公安民警、志愿者、社区矫正对象家属为成员的矫正小组，对王某实施全方位教育矫正。王某判处缓刑后，学校让其回家冷静一段时间。新学期开始，学校也一直没有通知她返校入学。宁河司法所了解这一情况后，和矫正小组成员积极沟通，想对策帮扶王某重返校园。经过多方努力，学校给予答复：会召开学校领导班子会议，一有结果，会及时答复。得知这一消息的王某，心花怒放，脸上终于有了笑容。

2. 帮扶就业。帮扶就业是指社区矫正机构为了解决有劳动能力的社区矫正对象的就业问题而提供的帮扶活动。

对社区矫正对象开展就业帮扶，具有十分重要的意义。首先，有利于顺利开展社区矫正工作。对社区矫正对象提供就业帮扶，有利于从根本上解决他们生活困难的问题，也有利于他们重新树立生活信心，实现个人价值，达到真正回归社会的目标。其次，有助于预防和减少社区服刑人员重新犯罪。失业与犯罪之间关系密切。无业导致入狱，入狱导致无业，无业导致再次入狱。如此循环使人犯罪的原因都模糊了。[1] 因此，就业帮扶是预防罪犯重新犯罪的重要手段。

专栏 10-1

2012~2015 年全国社区矫正工作帮扶就业、就学情况[2]

年份	就业基地（个）	技能培训（万人次）	指导就业或就学（万人次）
2012	6978	22.4	26.1
2013	7649	24.5	29.6
2014	8013	22.9	27.9
2015	8165	20.2	25.5

从专栏 10-1 可知，近年来，我国社区矫正机构重视对社区矫正对象就业、就学方面的帮扶，就业数量逐年上升，技能培训、指导就业或就学都保持着较高

----

〔1〕 翟中东：《国际视域下的重新犯罪防治政策》，北京大学出版社 2010 年版，第 488 页。

〔2〕 数据来源：司法部社区矫正管理局编：《全国社区矫正发展情况与数据统计》，法律出版社 2017 年版。

的频次。这些是发展型帮扶的主要措施。

在国外，矫正机构十分重视对罪犯就业能力的培训。针对社区矫正对象普遍缺乏职业技能和寻找工作能力的情况，国外矫正机构大多通过职业技能培训和寻找职业帮扶等形式开展就业帮扶。职业技能培训往往是通过私营职业培训机构进行的。寻找职业帮扶方面的培训往往是通过现场训练进行的。例如，在美国的很多州立监狱以及联邦监狱中，都实施了"模拟工作招聘会"（mock job fair）计划，以便帮扶即将出狱的犯人学习和实践寻找工作的技能，熟悉在以后可能要使用的劳动工具等。[1]

帮扶就业也是我国社区矫正的任务之一。我国《宪法》第42条规定，有劳动能力的公民参加劳动，既是一项法律权利，也是一项法律义务。2014年，司法部、中央综治办、教育部、民政部、财政部、人力资源社会保障部联合下发《关于组织社会力量参与社区矫正工作的意见》（司发〔2014〕14号）规定，"促进就业。人力资源和社会保障部门负责对有需求的社区服刑人员进行职业技能培训，并将其纳入本地职业技能培训总体规划。符合条件的社区服刑人员可以申请享受相关就业扶持政策，接受公共就业服务机构提供的职业指导和职业介绍等服务"。2019年颁布的《社区矫正法》第37条规定，"社区矫正机构可以协调有关部门和单位，依法对就业困难的社区矫正对象开展职业技能培训、就业指导，帮助社区矫正对象中的在校学生完成学业"。一些地区制定的社区矫正规章制度也对帮扶社区矫正对象就业作了明确规定。

从目前社区矫正实践来看，各地社区矫正机构实施的就业帮扶主要包括以下几方面：

（1）就业指导。就业指导是指为社区矫正对象提供就业信息和职业指导的帮扶活动。对社区矫正对象提供就业指导具有重要作用。这是因为，首先，一些社区矫正对象与市场需求、就业状况有一定的脱节，并且基于自身能力，缺乏与用人单位之间的常规性供需渠道，不可能掌握最新的就业市场供需信息。同时，社区矫正对象当中真正懂得结合自身特点、市场需求和行业状况进行职业规划，有方向、有目标、有步骤地发展自己的人并不多见。因此，为了帮扶社区矫正对象顺利就业，提供就业信息和进行就业指导显得尤为重要。

社区矫正机构可以通过多种方式和渠道开展就业指导。首先，社区矫正机构可以和社会上的职业介绍机构、家政服务中心等社会职业中介机构合作，为社区矫正对象提供就业信息，或向有关公司、企业推荐社区矫正对象。其次，社区矫正机构还可以聘请专职的职业指导老师，为社区矫正对象提供一些就业建议，指点迷津。职业指导老师根据社区矫正对象的思想、实际情况以及他们的自身条件，提出就业建议。

---

〔1〕　吴宗宪：《社区矫正比较研究（上）》，中国人民大学出版社2011年版，第417页。

【案例10—1】中，在矫正过程中，社区矫正机构会同劳动就业部门为他提供本地相关保险公司就业信息，并指导就业。经过多次选择，邓某最终决定在本地一家保险公司上班，从事保险工作。目前收入稳定，表现很好，很受公司领导器重。

（2）职业技能培训。职业技能培训是指为了提高社区矫正对象的职业技能而开展的帮扶活动。对社区矫正对象提供职业技能培训是很有必要的。这是因为，缺乏市场需求的职业技术是导致社区矫正对象就业难的重要原因。特别是那些有过监禁矫正经历的社区矫正对象，他们适应生活能力差，缺乏工作经验，更难在激烈的市场竞争中找到合适的工作。

例如案例【10—1】，在社区矫正过程中，社区矫正机构对邓某开展职业培训。社区矫正机构接收矫正对象邓某后，通过教育谈话，了解到邓某是大专毕业，有一定文化基础，犯罪前从事保险行业工作，对保险行业有一定了解。于是积极与劳动就业部门沟通联系，对其开展关于保险方面的职业技术培训，为他顺利从事保险工作创造有利条件，防止其闲散在社会上，重新走上违法犯罪的道路。

在职业技能培训过程中，社区矫正机构应当把握以下原则：一是坚持个别化原则。尽管社区矫正对象都是社会化失败者，但每名社区矫正对象有各自的特点，他们的性别、年龄、个人兴趣、文化水平、知识结构各不相同。因此，社区矫正机构工作人员应当运用优势视角的实践模式，最大限度地发现、发挥和发展社区矫正对象自身的优势和潜能，开展有针对性的职业技能培训，实现助人自助，才能取得事半功倍的效果。二是坚持导向性原则。社区矫正机构或其委托的职业培训机构应当以市场为导向，将职业培训与就业指导有机地结合起来，了解市场人才需求动态，开展具有市场竞争性的职业技能培训，同时对那些有一定职业技能的社区矫正对象，予以指导，让其学会就业的方法与技巧。

（3）资金支持。资金支持是指对具有一定自谋职业能力的社区矫正对象提供必要创业资金的帮扶活动。对有自谋职业能力但缺乏资金的社区矫正对象提供资金支持是十分必要的。一些社区矫正对象有自谋职业的能力，但是，他们缺乏创业所需要的资金、场所、设备和其他条件，由于其身份和社会地位，他们也难以通过正常渠道获得支持。在这种情况下，社区矫正机构应当实行政策性扶持，拓宽渠道，为社区矫正对象提供必要的资金支持，帮扶他们顺利自谋职业。例如，上海市虹口区对于有条件、有能力、有愿望自主创业的社区矫正对象实行资金扶持，街道安排50万元专项资金用于扶持社区矫正对象自主创业，并予以一次性开业补贴。江苏省江阴市成立社区矫正和安置帮教对象创业援助基金会，并提供小额援助金，该市所辖的华士镇还为自主创业的社区矫正对象提供低息贷款。

（4）安置就业基地。在实践中，社区矫正机构可以通过建立过渡性安置就业基地帮扶社区矫正对象解决就业问题。在安置就业基地，社区矫正对象与其他员工同吃同住、同工同酬，不仅可以增长才干，积累经验，同时还可以接触到更多更新的就业信息，习得一技之长之后可以实现真正就业。例如，北京市顺义区司法局积极扶持过渡性安置就业基地建设，以原有的100家就业困难人员见习基地为依托，重点解决社区矫正对象中的"三无"（无家可归、无亲可投、无业可就）人员、生活困难人员、有重新违法犯罪倾向人员。承担见习基地功能的企业采取以师带徒的方式对这部分人员给予三个月的就业见习指导。见习期结束后，按照岗位需求接收合格者就业，并保证"签合同、上保险、保工资"。这种做法也值得借鉴。

【案例 10-6】

利用过渡性就业安置帮扶假释犯[1]

陈某，男，1957年9月出生，户籍地和居住地均为湖南省常德市武陵区。2012年9月，因犯诈骗罪被常德市鼎城区人民法院判处有期徒刑6年，并处罚金人民币5万元。陈某提出上诉，湖南省常德市中级人民法院于2013年9月3日作出刑事裁定，维持原判。2016年1月，被湖南省常德市中级人民法院裁定假释，假释考验期自2016年1月20日起至2017年9月24日止。2016年1月21日，陈某到常德市武陵区社区矫正机构报到，成为一名社区矫正对象。陈某离异，父母已经过世，儿子已成家，在常德市某单位工作。陈某兄弟在老家务农。出狱后陈某与其侄儿一家居住在一起。

社区矫正机构依法依政策对其开展职业培训，进行过渡性就业安置。陈某具有中专学历，曾担任过教师、干部。鉴于他文化底子强，于是武陵区社区矫正机构积极与本区安置帮教基地沟通联系，对其开展职业技术培训，帮扶其学习掌握劳动技能，并为其提供了一份过渡安置就业岗位，防止其闲散在社会上，重新走向违法犯罪的道路。

（5）自主创业。自主创业是指对具有自主创业能力和愿望的社区矫正对象提供指导和帮扶，促进他们以创业带动就业的帮扶活动。自主创业是实现社区矫正对象就业的重要手段。党的十七大报告提出："完善支持自主创业、自谋职业政策，加强就业观念教育，使更多劳动者成为创业者。"一些社区矫正对象犯罪前是私营业主，或者有过一定的创业经验，或者具有文化程度高、思想开放等优势，具备自主创业的素质和能力。社区矫正机构应当鼓励和扶持社区矫正对象，发挥他们原有的优势，帮扶其自主创业。

---

〔1〕 对社区服刑人员陈某依法依政策开展社会适应性帮扶 http://alk.12348.gov.cn/Detail? dbID=69&dbName=SJKB&sysID=43 中国法律服务网司法行政（法律服务）案例库，最后访问时间：2018年8月8日。

【案例 10-7】

对社区矫正对象张某某依法依政策开展社会适应性帮扶[1]

张某某，男，1969 年 11 月出生，户籍地、居住地均为江西省九江市永修县。2010 年 4 月，因犯容留卖淫罪被永修县人民法院判处有期徒刑 5 年。2013 年 4 月，被江西省南昌市中级人民法院裁定假释，假释考验期自 2013 年 4 月 30 日起至 2015 年 2 月 26 日止。2013 年 4 月 30 日，张某某到永修县社区矫正机构报到成为一名社区矫正对象。由云山司法所负责对其日常的社区矫正工作。

司法所和矫正小组对社区矫正对象张某某开展了帮扶工作。张某某有过养殖经验，肯钻研技术，以前承包的水库还未到期，尽管脱离社会一段时间，但他很有信心，想重新开始，在水库旁打造一个生态养殖农场。云山司法所工作人员和村干部组成的矫正小组多次到张某某家中和水库了解情况，和他一起讨论养殖场的建设规划和发展前景。在矫正小组的帮扶下，张某某决定在水库旁边的树林里放养当地土鸡，鸡排出的粪便用来养鱼，这样一来，鱼饲料也解决了。等以后卖了鸡后，再养一些猪，利用水库旁边的空地种植玉米，用玉米来喂猪，水面上还可以再养一些鸭子。

规划很美好，但现实是水库多年未用，年久失修，设施陈旧。水面日渐萎缩，地里长满了野草，道路坑洼不平，要办好养殖场，困难重重。在矫正小组的帮扶下，张某某开始了再次创业。为了解决水库规模小的问题，张某某提出想扩大规模，承包水库周边的土地，又担心村里不同意。在社区矫正机构和云山司法所的积极协调下，张某某从村委会承包了 160 多亩地。他向亲朋好友借钱翻新了养殖场的房子，建起员工宿舍和办公楼、仓库，规划种植林木。经过辛勤劳动，鸡、鱼、兔养殖基地，正式投产。

三、介入实施的手段

帮扶内容的差异性决定了介入实施手段的多样性，即社区矫正机构必须调动各种社会力量，利用多方社会资源，才能直接、快速地帮扶社区矫正对象解决现实需要。社会力量参与是社区矫正的显著特征。鉴于资源、权力的有限性，社区矫正机构应当在现行法律法规框架内，充分利用社会保障与福利政策，借助政府职能部门、社会组织、企事业单位、社会志愿者的优势，帮扶社区矫正对象解决各种层次的现实需要。在帮扶过程中，社区矫正机构介入实施的手段主要包括：

（一）借助政府部门及行政机关

在社区矫正对象社会适应性帮扶过程中，政府部门及行政机关发挥着重要作

---

〔1〕 "对社区服刑人员张某某依法依政策开展社会适应性帮扶"，载 http://alk. 12348. gov. cn/Detail? dbID＝69&dbName＝SJKB&sysID＝83 中国法律服务网司法行政（法律服务）案例库，访问时间：2018 年 8 月 8 日。

用。有学者已详细论述我国部分行政机关在社区矫正工作中的作用：[1]

1. 人力资源与劳动和社会保障部门。对符合条件的社区矫正对象提供最低社会保障、开展技能培训、职业介绍、职业指导、推荐就业等各项服务工作，并开辟多种渠道，帮扶他们尽快就业；对参加过失业保险的，按规定核发失业保险金；对已经就业的，解决劳动报酬支付、劳动争议解决等方面的问题，依法保障其合法权益。

2. 民政部门。按相关政策规定及时给符合规定条件的社区矫正对象提供医疗救助、临时救助等帮扶，保障其基本生活；指导居（村）委会配合做好社区矫正对象的日常帮教和监控工作，鼓励居（村）委会在自办的经济实体中安置社区矫正对象就业。

3. 卫生部门。做好患传染病、艾滋病、严重精神病等社区矫正对象的疾病监测、治疗和卫生防疫工作；对符合条件的社区矫正对象进行医疗救治，缓解他们的就医压力。

4. 教育部门。解决社区矫正对象的学历教育和其他教育等方面的问题，特别是要解决从监狱中释放的符合条件的假释犯和其他社区矫正对象的入学等问题；解决对社区矫正对象进行文化教育和职业技能培训中的质量监督等问题。

5. 工商行政管理部门。对申请从事个体经营和开办经济实体并且符合登记条件的，依法受理登记，并在办理证照时提供方便和服务；对办理失业登记后自谋职业从事个体经营且领取了执照的社区矫正对象，及时按照相关规定落实优惠政策；加强对社区矫正对象的工商法律法规宣传教育，增强其守法经营观念，提高职业道德水平；

6. 税务部门。对办理失业登记后实现就业或者自谋职业从事个体经营并且符合规定条件的社区矫正对象，按照相关政策规定予以减免税费和税务登记工本费。

7. 工会。稳定协调已加入工会组织的社区矫正对象的劳动关系，维护他们的合法权益，并配合县级社区矫正机构做好帮教工作。

8. 共青团。维护青少年社区矫正对象的合法权益，重点做好对他们的矫正帮教工作；组织青年志愿者与社区矫正对象结成帮教对子，感化挽救失足青少年。

9. 妇联。将对女性社区矫正对象的教育纳入妇联女性教育管理目标，作为重点人群开展法制、人生观教育；维护女性社区矫正对象的合法权益，配合区社区矫正机构做好帮教工作。

10. 残疾人联合会（简称"残联"）。维护残疾社区矫正对象的合法权益，配合社区矫正机构做好残疾社区矫正对象的帮教工作，教育他们遵纪守法，树立

---

〔1〕　参见吴宗宪等：《刑事执行法学》，中国人民大学出版社 2013 年版，第 280~281 页。

自尊、自信、自强、自立观念；弘扬人道主义精神，开展残疾社区服刑人员的康复、扶贫、教育、劳动就业、职业培训等工作，创造良好的社会环境和条件，扶助他们平等参与社会生活。

（二）借助社会组织

社会组织参与社区矫正工作是社会治理创新的重要内容，是贯彻党的十八届四中全会"建立健全社会组织参与帮教特殊人群、预防违法犯罪的机制和制度化渠道"的重要体现，也是贯彻《社区矫正法》第 41 条，"国家鼓励企业事业单位、社会组织为社区矫正对象提供就业岗位和职业技能培训。招用符合条件的社区矫正对象的企业，按照规定享受国家优惠政策"的具体体现。社区矫正机构要协调当地财政部门，根据帮扶工作的实际需求，将心理矫正咨询、行为偏差纠正、就业就学引导、职业技能培训等适宜由社会组织承担的服务事项列入政府购买服务指导性目录和同级财政预算中，并制定政府购买帮扶项目的实施方案，明确购买数量、购买方式、购买时间、服务标准、考评管理、支付办法、违约责任等内容，配合相关部门认真组织实施，确保社会组织、社会工作者有序参与帮扶服务。

社会组织参与社会适应性帮扶工作的具体内容有：①做好帮教准备工作，即社会组织可以通过社区矫正机构了解掌握社区矫正对象的基本信息、改造表现、家庭状况以及个体需求，有针对性地制订帮教方案，为其顺利回归社会、融入社会、开展帮教工作奠定基础；②提供日常帮教服务，即社会组织可以安排相关专业社会工作者、志愿者和爱心人士，与社区矫正对象结对帮教或对他们开展集中教育，参与社区矫正对象未成年子女帮扶工作；③开展心理健康教育，即社会组织帮扶社区矫正对象消除不良心理障碍，克服消极情绪，减轻回归社会后存在的心理负担，激励引导他们培养健康人格，形成积极向上的精神状态，重树生活信心；④协助解决就业问题，即社会组织可以提供政策咨询、职业指导、职业介绍、创业信息等服务，有条件的社会组织可以提供劳动岗位或技能培训服务，以及落实贷款贴息、社会保险补贴、岗位补贴、培训补贴、费用减免、公益性岗位安置等就业扶助政策；⑤参与社会救助工作，即介绍社会救助相关政策和申请的条件、程序等，协助"三无"、老弱病残等生活困难的社区矫正对象及其家庭提出社会救助申请，配合管理部门落实最低生活保障、特困人员供养、基本养老保险、基本医疗保险等救助政策。社会组织可以协助有关部门，为符合条件的社区矫正对象提供法律援助。

（三）借助企事业单位

鼓励企业事业单位参与社区矫正对象的社会适应性帮扶工作，并按照规定享受国家优惠政策。社区矫正机构应当积极动员企业事业单位参与社区矫正工作，通过捐赠物资、提供工作岗位、提供技能培训、提供专业服务等方式，为社区矫正对象回归社会提供帮扶。

（四）借助社会志愿者

发挥社会志愿者的优势帮扶社区矫正对象解决实际需要。社区矫正志愿者是热心社区矫正工作，自愿无偿协助对社区矫正对象开展法制教育、心理辅导、社会认知教育、技能培训等工作的人员。社区矫正机构应当广泛宣传、普及社区矫正志愿服务理念，切实发挥志愿者在社会适应性帮扶工作中的作用，将社区矫正志愿者的知识、能力、技术、特长与社区矫正对象的现实需要对接，结成帮扶"对子"，帮扶社区矫正对象解决法律、心理、就业等方面的问题与困难。例如，发挥"五老"[1]的优势，帮扶社区矫正对象。"五老"志愿者与社区矫正对象结成"对子"，并通过探望、座谈、讲课、做报告以及赠送日用品、学习用品等方式，教育、感化社区矫正对象，加速其融入社会群体。

【学习情境三】社区矫正对象社会适应性帮扶的调查回访

一、调查回访的概念

调查回访是指社区矫正对象的困难得到解决后的一段时间，社区矫正机构工作人员对社区矫正对象进行的跟踪式调查。调查回访是帮困扶助工作的必要环节。

在调查回访过程中，社区矫正机构工作人员应当坚持关怀原则、责任原则和保护原则。同时，社区矫正机构工作人员要注意介入方式。介入方式不当会引起社区矫正对象的反感。一般的介入方式主要有：电话、信件和走访。社区矫正机构工作人员与社区矫正对象的面谈或交流不必过于正式，应当营造一个轻松的氛围，以缓解他们的紧张情绪。谈话的主题应当围绕帮困扶助后的现状，思想及行为表现的变化等方面进行。

二、调查回访的作用

调查回访的作用主要有以下两个方面：

一方面，定期的回访有利于及时掌握社区矫正对象的现实情况。社区矫正机构工作人员还可以与社区矫正对象周围的社会成员进行沟通，了解帮扶措施是否起作用、程度如何，以及社区矫正对象的现实表现，等等。由此可见，调查回访也是评估帮扶措施效果的重要手段。

另一方面，调查回访有利于加强各部门间联系。帮扶是一个系统工程，仅凭社区矫正机构一己之力难以完成。社区矫正机构要协调民政、劳动与社会保障、教育、医疗卫生等相关部门，并借助企业事业单位、社会组织及社会志愿者的力量，共同完成帮扶工作。因此，帮扶后的回访有利于加强各部门及工作人员之间

---

[1]　"五老"：老干部、老教师、老军人、老党员、老模范。

的信息交流，共同反思帮扶工作中存在的问题及改进措施，使帮扶工作不断走向科学化、规范化、合理化。

 【单元小结】

社会适应性帮扶是指社区矫正机构调动社区资源，整合社会力量，帮扶社区矫正对象解决就业、生活、法律及心理等方面的困难和问题，促进其顺利回归社会的矫正措施。社会适应性帮扶是社区矫正的重要任务和具体内容之一，将其常规化和制度化，是社区矫正工作的重要创新，是刑事执行工作的重大变革。开展社会适应性帮扶工作，有利于帮扶社区矫正对象适应社会生活，实现再社会化的目标；有利于预防社区矫正对象重新违法犯罪，实现维护社会稳定的目标；有利于体现人道主义精神，实现构建和谐社会的目标。

本单元以社会适应性帮扶工作的过程为线索，设置了相应的学习情境，并根据完成典型工作任务所应具备的职业能力安排了相应的学习内容。通过本单元的学习，应该掌握需要评估的概念，了解需要评估的作用，区分需要评估与矫正需要评估的差异，熟悉并能够运用需要评估的方法，掌握介入实施的内容与手段，领会调查回访的作用，初步具备开展社会适应性帮扶工作的职业能力。

 【技能训练——实训项目】

【案例 10-8】

一、个人基本情况

陈某，男，1972 年 2 月出生，硕士，出生地山东，户籍地为上海市黄浦区，居住地为上海市闵行区。2016 年 12 月 26 日，因贪污受贿罪被上海市徐汇区人民法院判处有期徒刑 3 年，缓刑 3 年。缓刑考验期为 2017 年 1 月 6 日起至 2020 年 1 月 5 日止。2017 年 1 月 13 日，闵行区社区矫正机构对其进行了入矫宣告。

二、犯罪成因及家庭背景分析

1. 犯罪成因：陈某从医科大学毕业后就职于上海某三甲医院，担任该医院的外科主治医生。虽然学历较高，但法律意识较为淡薄，认为自己利用职务之便接受药品经销商好处的行为仅仅只是"礼尚往来"，对于自己行为后果的严重性和违法性没有足够的认识。

2. 家庭背景分析：陈某在闵行区有自有房屋一套，与妻子、女儿共同居住。其妻子是上海某专科医院医生，女儿初中在读，母亲在老家目前患癌症晚期。陈某获刑后其执业医师资格证被吊销，一时也没有找到工作。

三、把握问题导向，掌握陈某情况

陈某入矫后，通过个别教育谈话、家庭、社区和原工作医院走访等途径，社区矫正机构掌握了陈某正面临的实际需求和问题。

1. 父女关系疏离。陈某判决前羁押在看守所接受调查近一年时间，在这一年中女儿由陈某的妻子负责照顾。考虑到女儿正值青春期，为了不给女儿增添心理负担，陈妻没有将陈某的情况告诉女儿。对于陈某这一年的"失联"，女儿一直无法理解，在陈某判决回家后，女儿对其的态度较为冷漠。面对女儿的询问，陈某又无从解释，父女关系逐渐疏离，陈某感到心理压力颇大。

2. 同事关系淡漠。陈某以前在职的时候是上海三甲医院的外科主治医生，因其专业、精湛的医术，深受病患的信任，同时其所在科室的领导对其也是青睐有加，和同事的关系也相处得十分融洽。但是陈某收受药品供应商钱款的事在医院传开后，原来相处较好的同事也对其刻意回避，陈某自己也因为怕被别人看不起，不愿主动联系，原来的社会关系变得淡漠，入矫后陈某感到很无助。

3. 工作前景堪忧。陈某获刑后其执业医师资格证被吊销，医院也与其解除了劳动关系。因为受贿一案，陈某自认很难在医疗界找到一份合适的工作。而且常年从事医生职业的陈某，没有其他就业技能，入矫后一直在家待业，心情较为沮丧。

请根据以上资料，完成以下实训任务：

1. 根据陈某的现实困境，对该社区矫正对象开展社会适应性帮扶。

2. 反思社会适应性帮扶工作能否顺利开展的关键所在。

附：实训任务书和实训考核表

实训任务书

实训项目	1. 根据社区矫正对象陈某的现实困境，开展相应的社会适应性帮扶。 2. 反思社会适应性帮扶工作能否顺利开展的关键所在。
实训课时	2 课时
实训目的	学生通过模拟实训，学会遵循工作程序，应用需要评估方法，对该案例中的社区矫正对象陈某进行帮扶，并开展调查回访工作，进一步反思社会适应性帮扶工作的核心问题，从而初步具备开展社会适应性帮扶的职业能力。
实训任务	1. 掌握社会适应性帮扶的工作流程：需要评估、介入实施、调查回访。 2. 根据案例，将资料进行整理、分析。 3. 根据案例中社区矫正对象的现实问题，拓宽思路，对其开展相应的帮扶。 4. 反思影响社会适应性帮扶工作质量的核心因素。
实训要求	1. 学生应提前掌握社会适应性帮扶的相关知识。 2. 指导教师熟悉社会适应性帮扶工作的原理与实践。 3. 学生要积极配合指导教师的指导完成实训。 4. 根据实训需要将学生分成若干小组，采用角色扮演的方式完成实训任务。 5. 指导教师进行点评总结，每组学生根据教师的点评总结找出不足。

续表

实训成果形式	实训总结
实训地点	实训教室或校外实习基地
实训进程	1. 教师讲解（介绍实训步骤、注意事项、进行角色分配）。 2. 阅读准备好的实训案例。 3. 根据实训需要将学生分成若干小组。 4. 对案例中所提供资料进行整理、分析。 5. 小组讨论案例中社区矫正对象的现实需要，以及介入实施的内容与方法。 6. 开展模拟的社会适应性帮扶工作。 7. 指导教师进行点评总结，每组学生根据教师的点评总结找出不足。

实训考核表

班级＿＿＿＿＿＿＿＿ 姓名＿＿＿＿＿＿＿＿ 学号＿＿＿＿＿＿＿＿

任务描述：通过模拟实训，掌握社会适应性帮扶工作程序与方法，初步具备开展社会适应性帮扶的职业能力。

项目总分：100 分

完成时间：120 分钟（2 课时）

考核内容	评分细则	等级评定
一、实训过程与要求 1. 根据实训需要学生迅速分成若干小组 2. 小组成员自行分配所要扮演的角色 3. 小组讨论案例中社区矫正对象的现实需要与客观困境，分析介入实施的内容与具体方式，确定调查回访的方法 4. 根据任务书的要求，开展模拟的社会适应性帮扶工作，完成所有的实训任务 5. 指导教师进行点评总结，每位学生根据教师的点评总结找出不足	分值：50 分 1. 实训过程与小组成员合作良好（15 分） 2. 实训演练认真、表现积极（15 分） 3. 能成功完成所有实训任务（20 分）	实训成绩评定为四等： 1. 优（100 分～86 分） 2. 良（85 分～70 分） 3. 及格（69 分～60 分） 4. 不及格（59 分～0 分）

续表

二、实训表现与态度	分值：20分 1. 无迟到（1分） 2. 无早退（1分） 3. 无旷课（3分） 4. 实训预习、听讲认真（2分） 5. 实训态度认真（5分） 6. 实训中不大声喧哗（1分） 7. 能爱护实训场所、设备、保持环境整洁（2分） 8. 能完全遵守实训各项规定（1分） 9. 实训效果好，基本掌握了社会适应性帮扶工作的程序与方法，初步具备了开展帮扶工作的职业技能（4分）	注意事项： 1. 实训期间做与实训无关的操作，不能评定为"优" 2. 有旷课现象，不能评为"优、良" 3. 旷课××节及以上，评为"不及格" 4. 实训内容没有完成，评为"不及格" 5. 两份报告雷同，评为"不及格" 6. 具体评分标准由教师根据实训项目具体要求规定
三、实训总结 1. 实训中出现的问题及解决办法（对遇到的问题、问题产生的原因进行分析判断，能够把解决过程描述出来） 2. 实训效果（本次实训有哪些收获，掌握了哪些知识、技能，哪些不明白，有什么疑问，等等）	分值：30分 1. 按规定时间上交（5分） 2. 格式规范（5分） 3. 字迹清楚（5分） 4. 内容详尽、完整，实训分析总结正确（5分） 5. 无抄袭现象（5分） 6. 能提出合理化建议或有创新见解（5分）	
合计		

评分人：　　　　　　日期：　　年　　月　　日

【拓展学习】

矫正需要评估表
(Case Needs Identification and Analysis)

一、就业需要的确定与分析

1. 服刑人员文化程度低于8年级?	是	不是	不知
2. 服刑人员没有高中文凭?	是	不是	不知
3. 是否没有学习能力?	是	不是	不知
4. 是否有身体上的缺陷?	是	不是	不知
5. 罪犯是否对自己工作不满意?	是	不是	不知
6. 工作史的稳定状况?	是	不是	不知
7. 服刑人员在工作岗位是否可信?如雇主是否依赖服刑人员?	是	不是	不知
8. 服刑人员是否很难满足工作的要求?	是	不是	不知
9. 服刑人员是否在工作中很难与人交往?	是	不是	不知

就业需要的印象评价:

1. 能够适应社会

2. 不需要立即提高(没有引起现在问题的历史原因)

3. 有提高的需要(有引起问题的历史原因,但问题并非特别大)

4. 需要认真考虑提高罪犯的就业能力(存在适应社会问题)

就业状态:

就业:全职/兼职

职业教育状况:专门参加/临时

是否接受社会福利

其他

是否需要干预?	需要		不需要
干预内容			
基础教育	低	中	高
特别技能或培训	低	中	高
职业咨询	低	中	高
同事相互交往	低	中	高

续表

工作习惯	低	中	高
寻找工作技能	低	中	高

补充说明：

干预参与的动机：低（自己不愿意参与）中（愿意按照个案管理人员的要求参与到干预中）高（具有较高的参与积极性）

二、婚姻与家庭需要的确定与分析

1. 是否在孩提阶段有过滥性生活？	是	不是	不知
2. 婚姻关系是否不稳定？	是	不是	不知
3. 是否虐待配偶？	是	不是	不知
4. 是否配偶的虐待人？	是	不是	不知
5. 是否因为儿童时受虐而不能自拔？	是	不是	不知
6. 为人父母不太合格？	是	不是	不知
7. 家庭关系不好？	是	不是	不知

婚姻与家庭需要的印象评价：

1. 能够适应社会（家庭关系稳定）

2. 不需要立即提高（没有引起现在问题的历史原因）

3. 有提高的需要（有时关系不稳定）

4. 需要认真考虑（家庭关系非常不稳定）

是否需要干预？	需要		不需要
干预内容			
对过去的被害情况咨询	低	中	高
婚姻咨询	低	中	高
为人父母的技能	低	中	高
虐待配偶	低	中	高
虐待孩子	低	中	高
其他	低	中	高

干预参与的动机水平：低（自己不愿意参与）中（愿意按照个案管理人员的要求参与到干预中）高（具有较高的参与积极性）

三、社会交往方面需要的确定与分析

1. 是否不愿意与他人交往，比较孤立？	是	不是	不知
2. 是否有很多服刑人员朋友或熟人？	是	不是	不知
3. 与酗酒者、使用毒品者有比较密切的交往？	是	不是	不知
4. 是否要以使用"利用"描述与他人的关系？	是	不是	不知
5. 是否很容易被他人影响？	是	不是	不知
6. 是否是那种不愿意提出个人主张或者拒绝他人要求的人？	是	不是	不知

交往需要的印象评价：

1. 能够适应社会（没有不良交往）

2. 不需要立即提高（大多数交往还是积极的）

3. 有提高的需要（与一些不良人员交往）

4. 需要认真考虑（交往人员多数是社会不良人员）

是否需要干预？	需要		不需要
干预内容			
提出自己主张的训练	低	中	高
社会交往训练	低	中	高
需要志愿者帮扶	低	中	高

补充说明：

干预参与的动机水平：低（自己不愿意参与）中（愿意按照个案管理人员的要求参与到干预中）高（具有较高的参与积极性）

四、滥用毒品方面需要的确定与分析

1. 服刑人员的生活史表明，其使用毒品是否影响到了自己的婚姻、就业、守法、身体、经济等？	是	不是	不知
2. 服刑人员的生活史表明，其使用酒精是否影响到了自己的婚姻、就业、守法、身体、经济等？	是	不是	不知

交往需要的印象评价：

1. 不需要立即提高（现在的问题与个人生活史没有关系）

2. 有提高的需要（有中度的不适应社会问题）

3. 需要认真考虑（有严重的不适应社会问题）

是否需要干预？	需要	不需要
干预内容		

续表

强化的在专门设施内的矫治	低	中	高
在设施外的矫治	低	中	高
维护	低	中	高
健康咨询、毒品教育	低	中	高

补充说明：

干预参与的动机水平：低（自己不愿意参与）中（愿意按照个案管理人员的要求参与到干预中）高（具有较高的参与积极性）

五、对社区方面需要的确定与分析

	是	不是	不知
1. 服刑人员逮捕前是否有住宿？	是	不是	不知
2. 服刑人员的自我表现是否很差？如外表不适当、举止不当？	是	不是	不知
3. 服刑人员的健康是否很差？	是	不是	不知
4. 是否有理财能力差的问题？如乱付账单等？	是	不是	不知
5. 对有组织的活动，如体育运动、志愿者活动不感兴趣？	是	不是	不知
6. 缺乏有效利用社会服务的能力？	是	不是	不知

交往需要的印象评价：

1. 能够适应社会
2. 不需要立即提高（现在没有适应社会的困难）
3. 有提高的需要（缺乏技能，但是不影响独立生活）
4. 需要认真考虑（缺乏技能，不能独立生活）

是否需要干预？	需要		不需要
干预内容			
监督下住宿，如在精神治疗、住宿矫治机构内	低	中	高
每日到庇护所	低	中	高
生活技能咨询，如卫生、衣服、社会服务等	低	中	高
休闲咨询	低	中	高
需要志愿者	低	中	高

补充说明：

干预参与的动机水平：低（自己不愿意参与）中（愿意按照个案管理人员的要求参与到

干预中）高（具有较高的参与积极性）

六、情感方面的确定与分析

1. 是否服刑人员需要解决问题的能力很弱，如不能意识到发生问题，或者意识到但不知如何解决？	是	不是	不知
2. 是否不能确定现实的、长期的目标？	是	不是	不知
3. 是否不懂同情他人，如不能理解他人的感受？	是	不是	不知
4. 是否容易陷入冲动，如寻求刺激？	是	不是	不知
5. 是否控制自己的愤怒很困难？	是	不是	不知
6. 是否不能很好地处理压抑与挫折？	是	不是	不知
7. 是否有不法的性史，如未满法定年龄有性伴侣、有过性攻击、性暴力、对孩子有性行为？	是	不是	不知
8. 是否有性无能、性退化问题？	是	不是	不知
9. 是否存在智力问题，如脑受过伤，IQ 值低等？	是	不是	不知
10. 是否曾经被诊断过有精神疾病？	是	不是	不知
11. 是否有过自杀或者自伤史？	是	不是	不知
12. 是否有饮食生活上的混乱问题？	是	不是	不知

情感方面需要的印象评价：

1. 不需要立即提高（没有现实中的问题）

2. 有提高的需要（情感上有问题）

3. 需要认真考虑（有严重的情感上需要帮扶解决的问题）

是否需要干预？	需要		不需要
干预内容			
认知技能训练（问题解决技能、确定目标技能、价值观培养、情感培训）	低	中	高
性罪犯矫治	低	中	高
焦虑管理	低	中	高
冲动行为的咨询	低	中	高
有关性问题的咨询	低	中	高

续表

宗教或精神问题的咨询	低	中	高
自杀自伤预防	低	中	高

补充说明：

干预参与的动机水平：低（自己不愿意参与）中（愿意按照个案管理人员的要求参与到干预中）高（具有较高的参与积极性）

七、态度方面需要的确定与分析

1. 服刑人员是否表现出反社会的态度，如对他人财产不尊重、支持个人之间的暴力？	是	不是	不知
2. 是否支持男性支配女性的观点，支持男女不平等的观念？	是	不是	不知
3. 是否认为种族存在优劣，支持对所谓劣等种族歧视的观点与行动？	是	不是	不知
4. 是否不能为一个长期目标努力？	是	不是	不知

态度方面需要的印象评价：

1. 能够适应社会（能够积极参与、回应帮扶）

2. 不需要立即提高（有改变自己的动机，但是态度上需要帮扶）

3. 有提高的需要（能够认识到问题之所在，但是在帮扶下不能改变态度）

4. 需要认真考虑（不能认同问题之所在，不能接受帮扶）

是否需要干预？	需要		不需要
干预内容			
认知性治疗、如态度转变、目标确定、价值观改变	低	中	高
针对女性暴力方面的咨询	低	中	高
指向种族问题的咨询	低	中	高

补充说明：

干预参与的动机水平：低（自己不愿意参与）中（愿意按照个案管理人员的要求参与到干预中）高（具有较高的参与积极性）

学习单元十一　社区矫正对象的矫正解除与终止

【学习目标】

通过本单元的学习，能够完成以下工作任务：

项目 1. 社区矫正对象矫正的解除。

项目 2. 社区矫正对象矫正的终止。

【知识树】

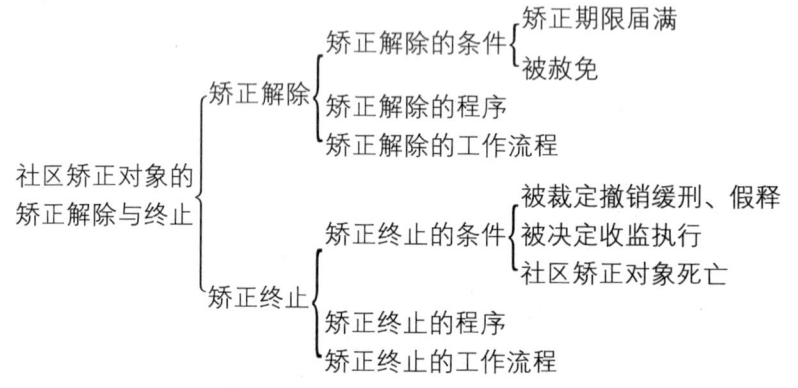

【案例 11-1】

张某，男，户籍地、居住地均为河南省 A 市 B 县。2012 年 10 月，因犯容留卖淫罪被郏县人民法院判处有期徒刑 3 年，缓刑 5 年，并处罚金人民币 2 万元，缓刑考察期自 2012 年 10 月 9 日起至 2017 年 10 月 8 日止。2012 年 10 月 9 日，张某到 B 县社区矫正机构报到，该社区矫正机构委托张某居住地的司法所负责对其进行社区矫正期间日常管理。司法所接收社区矫正对象张某后，即对其开展了集中性认罪伏法及法制、道德、政策、警示教育、开展了有针对性的个别谈话教育、个案矫正，并根据张某本人的心理状态、行为特点等，实施了心理健康辅导、心理咨询、心理危机干预等，通过社区矫正，张某深受教育和触动，认罪悔罪，严格遵守社区矫正规定，自我控制力和现实表现良好。社区矫正期满时，社区矫正机构为张某办理了解除矫正手续，并发放了社区矫正的解除证明书。张某顺利回归社会。

相反，该司法所的另一名社区矫正对象周某，在接受社区矫正期间，因屡次违反规定，被区人民法院撤销缓刑执行原判刑罚，并押送看守所执行。周某因故意伤害罪被区人民法院判处有期徒刑 3 年，缓刑 4 年执行，缓刑考验期为 2013 年 6 月 5 日起至 2017 年 6 月 4 日为止。周某在入矫之初就不服从监管，不在规定日期内到司法所报到，不参加社会公益劳动。后经司法所工作人员多次登门劝说，周某才勉强表示愿意配合接受矫正。1 年内，周某在社区矫正对象月度考核评定中，3 次评定等级为差。之后周某在某美容院嫖娼，被区公安分局行政拘留 15 日；1 个月后又在某银行 ATM 机旁抢夺他人人民币 800 元，被区公安分局行政拘留 14 日。同时，在全区开展社区矫正对象集中检验活动中，周某又无故缺勤。

鉴于周某在缓刑期限内因违法行为两次被公安机关行政处罚，违反法律和有关缓刑的监管规定，情节严重，根据有关规定，区人民法院依法对不服监管的周某作出重新收监的裁定。

社区矫正被称为"没有围墙"的改造，将社区矫正对象放在一个社会化、开放化的环境下，帮助其顺利回归社会，成为守法公民。但个别人误解为被宣告社区矫正就等于重获自由，从此脱离戴罪之身。在社区矫正工作实践中应以周某作为反面典型，引导社区矫正对象遵守各项管理规定，争取早日改过自新，融入社会，并成为一名合格守法的社会公民。否则，将可能面临重新被收监执行的严重后果。

【学习情境一】社区矫正对象矫正解除的条件和程序

一、社区矫正对象矫正解除的概念

社区矫正对象矫正的解除，是指社区矫正对象因矫正期限届满或者被赦免，且在社区矫正期间没有应当撤销缓刑、假释或者收监执行情形的，社区矫正机构依法解除其矫正关系的一种制度。矫正解除标志着社区矫正工作的完结。

解除矫正是社区矫正工作的最后一个程序，具有重要的法律意义，标志着社区矫正对象身份的变化，他们将重新成为一个普通公民，依法行使公民权利而不再受到任何限制。

二、社区矫正对象矫正解除的条件

社区矫正的解除是社区矫正的一个重要环节，也是一项非常严肃的法律活动。《社区矫正法》第 44 条规定："社区矫正对象矫正期满或者被赦免的，社区矫正机构应当向社区矫正对象发放解除社区矫正证明书，并通知社区矫正决定机关、所在地的人民检察院、公安机关。"可见，解除矫正是以社区矫正对象矫正期限届满或者被赦免为法定条件的。

根据法律规定，不同类型的社区矫正对象其矫正期限的计算也不同，管制、缓刑、假释、暂予监外执行四类社区矫正对象的矫正期限如下：

1. 被判处管制的社区矫正对象，其矫正期限与管制的期限相等，矫正期从判决执行之日起计算，期限届满宣布执行期满，解除管制。

2. 被宣告缓刑的社区矫正对象，其矫正期限与缓刑考验期限相等，矫正期从判决确定之日起计算，期限届满宣布缓刑考验期满，原判刑罚不再执行。

3. 被裁定假释的社区矫正对象，其矫正期限与假释考验期限相等，矫正期从假释之日起计算，期限届满宣布考验期满，原判刑罚执行完毕。

4. 被裁定暂予监外执行的社区矫正对象，其矫正期限与暂予监外执行的期限相同，人民法院决定的，其矫正期从暂予监外执行决定生效之日起计算；公安机关、监狱管理机关决定的，其矫正期从出监所之日起计算。

管制、缓刑、假释、暂予监外执行的社区矫正对象矫正期限届满，社区矫正机构必须依法按期解除矫正。假释或者暂予监外执行的社区矫正对象矫正期限届满且刑期也届满，由原监狱、看守所为其办理刑满释放手续。上述情形因为减刑而缩减矫正期限的，缩减后的矫正期限届满，也必须依法解除社区矫正。

根据《社区矫正法实施办法》第 53 条第 1 款之规定，社区矫正对象矫正期限届满，且在社区矫正期间没有应当撤销缓刑、撤销假释或者暂予监外执行收监执行情形的，社区矫正机构依法办理解除矫正手续。

三、社区矫正对象矫正解除的程序

社区矫正对象解除社区矫正，应依照下列程序：

（一）做好解除矫正前的准备工作

根据《社区矫正法实施办法》第 53 条第 2 款之规定，社区矫正对象一般应当在社区矫正期满 30 日前，作出个人总结，执行地县级社区矫正机构应当根据其在接受社区矫正期间的表现等情况作出书面鉴定，与安置帮教工作部门做好衔接工作。

在社区矫正期满前 30 日，社区矫正机构应对即将矫正期满的矫正对象进行解除矫正前的谈话，巩固教育矫正效果；要求并督促社区矫正对象作出个人书面总结，总结的内容包括判决情况、矫正期间的表现、奖惩情况以及思想状况等；及时组织工作人员、矫正小组成员及其他相关人员对社区矫正对象进行矫正期满的合议，根据其表现、考核结果、村（居）委会意见以及合议情况作出书面鉴定，并对其进行终结性矫正质量评估，提出安置帮教建议。

另外，由公安机关、监狱管理机关决定暂予监外执行的社区矫正对象刑期届满的，社区矫正机构应当在期限届满前 1 个月以内，书面通知社区矫正对象原服刑或者接收其档案的监狱、看守所按期为其办理刑满释放手续。

【案例 11-2】

社区矫正对象，李峰（化名），男，1982 年 2 月 10 日出生，户籍在河北省某市某村，因盗窃罪被人民法院于 2006 年 12 月 15 日作出刑事判决，以盗窃罪判处其有期徒刑 8 年，其在服刑改造期间表现稳定，于 2013 年 1 月 9 日，被市中级人民法院裁定予以假释。假释考验期为 2 年。矫正期限为 2013 年 1 月 9 日到 2015 年 1 月 8 日。假如现在离李峰的矫正期限届满还有 1 个月的时间，作为社区矫正机构的工作人员，如何做好解除矫正前的准备工作？

社区矫正期限届满前一个月内，社区矫正机构工作人员要同李峰做解除矫正前的谈话，除了解其思想动态、宣传相关法律法规、了解其所面临的实际困难和急需解决的问题之外，重要的是引导其摆正位置，调整心态，主动、积极地就业和适应解除社区矫正之后的生活；并要求和督促李峰就社区矫正期间的表现作出书面个人总结；同时，社区矫正机构的工作人员根据李峰的日常表现、考核结果、社区意见等开始着手撰写矫正期间的鉴定意见。

（二）组织解除宣告

根据《社区矫正法实施办法》第 54 条之规定，社区矫正对象矫正期满，执行地县级社区矫正机构或者受委托的司法所可以组织解除矫正宣告。解除宣告的内容包括：①宣读对社区矫正对象的鉴定意见；②宣布社区矫正期限届满，依法解除社区矫正；③对判处管制的，宣布执行期满，解除管制；④对宣告缓刑的，宣布缓刑考验期满，原判刑罚不再执行；对裁定假释的，宣布考验期满，原判刑罚执行完毕。宣告由社区矫正机构或者司法所工作人员主持，矫正小组成员及其他相关人员到场，按照规定程序进行。根据《社区矫正法实施办法》第 55 条之规定，对未成年社区矫正对象的解除宣告不公开进行，且应通知其监护人到场。

在宣告完毕后，将《解除社区矫正证明书》发放给解除社区矫正的矫正对象。

【案例 11-3】

陈云（化名）因犯敲诈勒索罪被人民法院判处有期徒刑 2 年，缓刑 3 年。社区矫正期限为 2017 年 3 月 9 日到 2020 年 3 月 8 日。假如已到社区矫正对象陈云的矫正期限届满之日，作为社区矫正机构或者司法所的工作人员，如何组织解除社区矫正的宣告？

解除社区矫正宣告工作如下：

1. 执行地社区矫正机构组织解除社区矫正宣告。

2. 社区矫正机构工作人员宣布参加宣告的相关单位和人员。

3. 社区矫正对象陈云陈述社区矫正执行期间遵守法律法规和社区矫正监督管理规定以及思想、学习、工作、生活等情况。

4. 社区矫正机构工作人员、矫正小组成员等介绍对社区矫正对象陈云的监督管理、教育矫正和日常帮教等情况。

5. 社区矫正机构工作人员宣读《解除社区矫正宣告书》，内容包括：对社区矫正对象陈云的鉴定意见；宣布社区矫正期限届满，依法解除社区矫正；因案例中陈云是由法院裁定假释的，故应宣布考验期满，原判刑罚执行完毕。

6. 宣读完毕，向社区矫正对象发放《解除社区矫正证明书》。

7. 宣告过程及其相关情况，社区矫正机构应当记录在案，纳入社区矫正对象个人档案。

（三）发放解除社区矫正证明书

根据《社区矫正法实施办法》第 53 条第 3 款之规定，执行地县级社区矫正机构应当向社区矫正对象发放解除社区矫正证明书，并书面通知社区矫正决定机关，同时抄送执行地县级人民检察院和公安机关。

第 4 款规定，公安机关、监狱管理机关决定暂予监外执行的社区矫正对象刑期届满的，由看守所、监狱依法为其办理刑满释放手续。

第 5 款规定，社区矫正对象被赦免的，社区矫正机构应当向社区矫正对象发放解除社区矫正证明书，依法办理解除矫正手续。

【案例 11-4】

蒋龙（化名）因犯故意伤害罪，被人民法院判处有期徒刑 8 个月，缓刑 1 年。社区矫正期限为 2019 年 1 月 9 日到 2020 年 1 月 8 日。若社区矫正对象蒋龙的矫正期限届满了，社区矫正机构应当制作哪些相关的解除矫正文书？

1. 社区矫正机构应当依据社区矫正对象蒋龙在接受社区矫正期间的表现等情况作出书面鉴定；督促社区矫正对象蒋龙在社区矫正期满前 30 日，作出个人书面总结。

2. 执行地县级社区矫正机构根据书面鉴定，制作《解除社区矫正宣告书》《解除社区矫正证明书》。

（四）做好与安置帮教的衔接工作

在社区矫正对象期满前，社区矫正机构应与安置帮教部门做好衔接工作。期满解除时，要向社区矫正对象告知安置帮教有关规定，并及时转交相关材料，妥善做好交接，努力实现社区矫正与安置帮教的无缝对接，确保每个解矫人员在生活、工作等方面能够有所保障，重新顺利回归社会。

【案例 11-5】

张文（化名）因犯故意伤害罪被判处无期徒刑，剥夺政治权利终身。2003年 6 月 2 日，张文被送至某监狱服刑，入狱后被减刑 5 次。现其已实际执行刑期 13 年以上，刑期至 2020 年 1 月 12 日届满，距上次减刑已满 1 年半以上。其服刑期间，能够认真遵守监规，接受教育改造，确有悔改表现，假释后没有再犯罪的危险。被人民法院裁定予以假释，假释考验期为 2018 年 4 月 24 日起至 2020 年 1 月 12 日止。矫正期满之日，社区矫正机构为张文公开进行了解除宣告。请问，执行地县级社区矫正机构还应办理哪些手续？

执行地县级社区矫正机构办理的手续如下：

1. 执行地县级社区矫正机构应当向社区矫正对象张文发放解除社区矫正证

明书，并书面通知社区矫正决定机关（原服刑的监狱、作出裁定的人民法院），同时抄送执行地人民检察院和公安机关；

2. 县级社区矫正机构办理社区矫正对象档案归档；

3. 县级社区矫正机构的工作人员应在社区矫正管理平台上完成解除社区矫正操作，并将其转入安置帮教系统，完成与安置帮教工作的无缝对接。

四、矫正解除的工作流程

 专栏 11-1

管制、缓刑、假释及法院决定暂予监外执行矫正解除工作流程

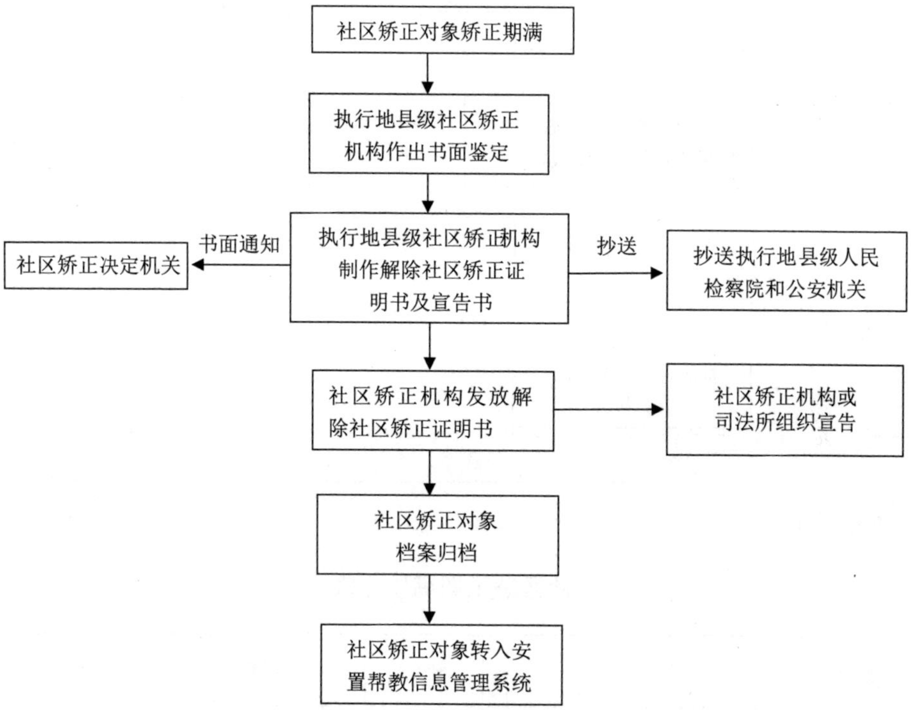

```
          ┌──────────────────────┐
          │   社区矫正对象矫正期满   │
          └──────────┬───────────┘
                     ▼
          ┌──────────────────────┐
          │  执行地县级社区矫正      │
          │  机构作出书面鉴定       │
          └──────────┬───────────┘
                     ▼
┌────────────┐ 书面通知 ┌──────────────┐ 抄送 ┌────────────────┐
│社区矫正决定机关│◄───────│执行地县级社区矫正│─────►│抄送执行地县级人民│
└────────────┘         │机构制作解除社区矫正│     │检察院和公安机关 │
                       │证明书及宣告书  │     └────────────────┘
                       └──────┬───────┘
                              ▼
          ┌──────────────┐        ┌────────────────┐
          │社区矫正机构发放解│───────►│社区矫正机构或    │
          │除社区矫正证明书 │        │司法所组织宣告    │
          └──────┬───────┘        └────────────────┘
                 ▼
          ┌──────────────┐
          │社区矫正对象    │
          │档案归档       │
          └──────┬───────┘
                 ▼
          ┌──────────────┐
          │社区矫正对象转入安│
          │置帮教信息管理系统│
          └──────────────┘
```

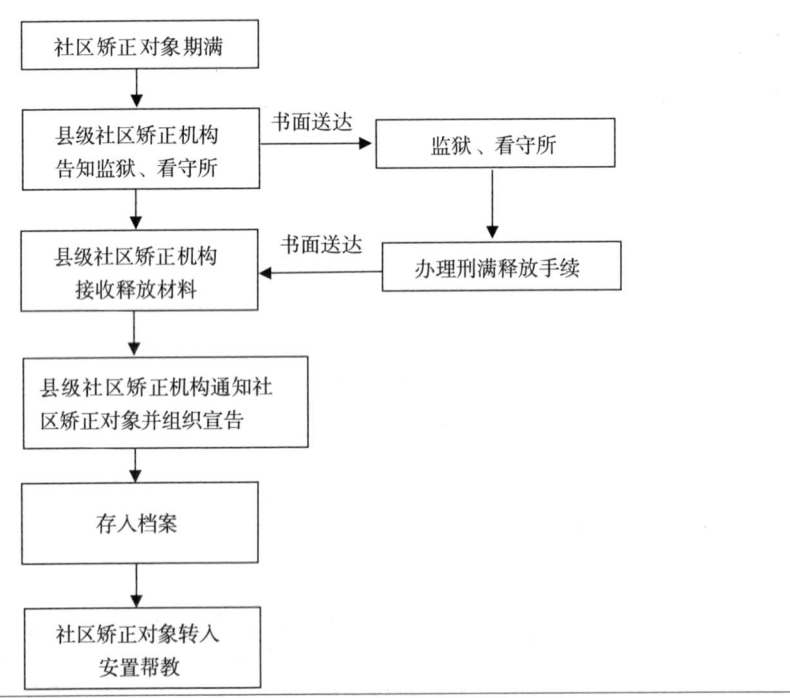

专栏 11-2

公安机关、监狱管理机关批准暂予监外执行矫正解除工作流程

```
        ┌──────────────────┐
        │  社区矫正对象期满   │
        └──────────────────┘
                 │
                 ▼
   ┌──────────────────┐  书面送达   ┌──────────────────┐
   │ 县级社区矫正机构    │ ──────────▶ │  监狱、看守所       │
   │ 告知监狱、看守所    │             └──────────────────┘
   └──────────────────┘                      │
                 │                            ▼
   ┌──────────────────┐  书面送达   ┌──────────────────┐
   │ 县级社区矫正机构    │ ◀────────── │ 办理刑满释放手续    │
   │ 接收释放材料        │             └──────────────────┘
   └──────────────────┘
                 │
                 ▼
   ┌──────────────────────┐
   │ 县级社区矫正机构通知社  │
   │ 区矫正对象并组织宣告    │
   └──────────────────────┘
                 │
                 ▼
        ┌──────────────────┐
        │    存入档案        │
        └──────────────────┘
                 │
                 ▼
   ┌──────────────────┐
   │ 社区矫正对象转入    │
   │ 安置帮教           │
   └──────────────────┘
```

专栏 11-3

社区矫正期满鉴定表

姓名		性别		出生年月	
居住地		户籍地			
罪名		原判刑期			
矫正类别		矫正期限	起止日	自 年 月 日 至 年 月 日	

续表

禁止 令内容		禁止期限 起止	自 年 月 日 至 年 月 日
鉴定意见 及安置帮 教建议			（公章） 年 月 日
备注			

 专栏 11-4

解除社区矫正宣告书

社区矫正对象_____：

　　根据《中华人民共和国刑法》、《中华人民共和国刑事诉讼法》及《中华人民共和国社区矫正法》之规定，依据人民法院（公安局、监狱管理局）_____号判决书（裁定书、决定书），在管制（缓刑、假释、暂予监外执行）期间，对你依法实行社区矫正。矫正期限自_____年_____月_____日起至_____年_____月_____日止。现矫正期满，依法解除社区矫正。现向你宣告以下事项：

　　1. 对你接受社区矫正期间表现的鉴定意见：

_____

_____

_____

_____

_____。

　　2. 管制期满，依法解除管制（缓刑考验期满，原判刑罚不再执行；假释考验期满，原判刑罚执行完毕）。

（公章）

年 月 日

社区矫正对象签字：

专栏 11-5

解除社区矫正证明书（存根）

（　）字　号

社区矫正对象_____，居住地_____，户籍地_____
_____。身份证号码_____。因犯_____罪于_____
__年_____月_____日被_____人民法院判处_____
____。依据_____人民法院（公安局、监狱管理局）_____号
判决书（裁定书、决定书），管制（缓刑、假释、暂予监外执行）期间，被
依法实行社区矫正。于_____年_____月_____日矫正期满，依法解
除社区矫正。

（公章）

年　月　日

- -

解除社区矫正证明书

（　）字　号

社区矫正对象_____，居住地_____，户籍地_____
_____。身份证号码_____。因犯_____罪于_____
__年_____月_____日被_____人民法院判处_____
____。依据_____人民法院（公安局、监狱管理局）_____号
判决书（裁定书、决定书），管制（缓刑、假释、暂予监外执行）期间，被
依法实行社区矫正。于_____年_____月_____日矫正期满，依法解
除社区矫正。

特此证明。

（公章）

年　月　日

【学习情境二】 社区矫正对象矫正终止的条件和程序

一、社区矫正对象矫正终止的概念

社区矫正对象矫正终止，主要是指社区矫正对象在社区矫正期间出现法定事由，而使社区矫正机构只能终止对其矫正工作的制度。如在【案例11-1】中，矫正对象周某就是因不服从监督管理，被收监执行导致社区矫正终止的情况。

二、社区矫正终止的条件

根据《社区矫正法》第45条之规定，社区矫正对象被裁定撤销缓刑、假释，被决定收监执行，或者社区矫正对象死亡的，社区矫正终止。可见，社区矫正终止的条件主要是：

（一）被撤销缓刑、假释的

对宣告缓刑、裁定假释的社区矫正对象符合下列条件的，收监执行，社区矫正终止。根据《刑法》第77条、第86条，《社区矫正法》第46条的规定，有下列情形之一的，应撤销缓刑、假释：①违反禁止令，情节严重的；②无正当理由不按规定时间报到或者接受社区矫正期间脱离监管，超过30日的；③因违反监督管理规定受到治安管理处罚，仍不改正的；④受到社区矫正机构2次警告仍不改正的；⑤违反有关法律、行政法规和监督管理规定，情节严重的其他情形。

另外，根据《刑法》第77条第1款的规定："被宣告缓刑的犯罪分子，在缓刑考验期限内犯新罪或者发现判决宣告以前还有其他罪没有判决的，应当撤销缓刑……"，《社区矫正法》第46条第2款的规定："对于在考验期限内犯新罪或者发现判决宣告以前还有其他罪没有判决的，应当由审理该案件的人民法院撤销缓刑、假释……"，被宣告缓刑、裁定假释的社区矫正对象在考验期限内无论是重新犯罪，还是发现有漏罪，都应当撤销缓刑、假释。

（二）暂予监外执行被决定收监执行的

根据《刑事诉讼法》第268条、《社区矫正法实施办法》第49条之规定，暂予监外执行社区矫正对象有下列情形之一的，应收监执行：①不符合暂予监外执行条件的；②未经社区矫正机构批准擅自离开居住的市、县，经警告拒不改正，或者拒不报告行踪，脱离监管的；③因违反监督管理规定受到治安管理处罚，仍不改正的；④受到社区矫正机构2次警告的；⑤保外就医期间不按规定提交病情复查情况，经警告拒不改正的；⑥暂予监外执行的情形消失后，刑期未满的；⑦保证人丧失保证条件或者因不履行义务被取消保证人资格，不能在规定期限内提出新的保证人的；⑧其他违反有关法律、行政法规和监督管理规定，情节严重的情形。

另外，根据两院、两部、国家卫生计生委下发的《暂予监外执行规定》第22条规定："罪犯在暂予监外执行期间因犯新罪或者发现判决宣告以前还有其他罪没有判决的，……被判处监禁刑罚后，应当由原服刑的监狱、看守所收监执行……"，这表明，暂予监外执行社区矫正对象在社区矫正期间，重新犯罪或者发现有漏罪的，被人民法院判处监禁刑罚后，应收监执行。

（三）社区矫正对象死亡的

在社区矫正期间，社区矫正对象死亡的，从死亡之日算起，自然终止其社区矫正。

三、社区矫正对象矫正终止的程序

终止社区矫正应遵循以下程序：

（一）因社区矫正对象被收监而社区矫正终止的程序

1. 缓刑、假释的收监执行程序。根据《社区矫正法》第46、48条之规定，除社区矫正对象在考验期限内犯新罪或发现判决宣告以前还有其他罪没有判决的以外，其他需要撤销缓刑、假释情形的，社区矫正机构应当向原审人民法院或者执行地人民法院提出撤销缓刑、假释建议[1]，并将建议书抄送人民检察院。社区矫正机构提出撤销缓刑、假释建议时，应当说明理由，并提供有关证据材料。人民法院应当在收到社区矫正机构撤销缓刑、假释建议书后30日内作出裁定，将裁定书送达社区矫正机构和公安机关，并抄送人民检察院。

人民法院拟撤销缓刑、假释的，应当听取社区矫正对象的申辩及其委托的律师的意见。人民法院裁定撤销缓刑、假释的，公安机关应当及时将社区矫正对象送交监狱或者看守所执行。执行以前被逮捕的，羁押一日折抵刑期一日。人民法院裁定不予撤销缓刑、假释的，对被逮捕的社区矫正对象，公安机关应当立即予以释放。

2. 暂予监外执行的收监执行程序。根据《社区矫正法》第49条第1、2款之规定，对于具有刑事诉讼法规定的应当予以收监情形的被暂予监外执行的社区矫正对象，社区矫正机构应当向执行地或者原社区矫正决定机关提出收监执行建议[2]，并将建议书抄送人民检察院。社区矫正决定机关应当在收到建议书后30

---

〔1〕《社区矫正法实施办法》第46条第2、3款亦规定："社区矫正机构一般向原审人民法院提出撤销缓刑建议。如果原审人民法院与执行地同级社区矫正机构不在同一省、自治区、直辖市的，可以向执行地人民法院提出建议，执行地人民法院作出裁定的，裁定书同时抄送原审人民法院。社区矫正机构撤销缓刑建议书和人民法院的裁定书副本同时抄送社区矫正执行地同级人民检察院。"

〔2〕《社区矫正法实施办法》第49条第2款、第3款亦规定："社区矫正机构一般向执行地社区矫正决定机关提出收监执行建议。如果原社区矫正决定机关与执行地县级社区矫正机构不在同一省、自治区、直辖市的，可以向原社区矫正决定机关提出建议。社区矫正机构的收监执行建议书和决定机关的决定书，应当同时抄送执行地县级人民检察院。"

日内作出决定，将决定书送达社区矫正机构和公安机关，并抄送人民检察院。

对暂予监外执行的社区矫正对象决定收监执行的，区分三种情形：①人民法院决定暂予监外执行收监执行的，由执行地县级公安机关本着就近、便利、安全的原则，送交社区矫正对象执行地所属的省、自治区、直辖市的看守所或者监狱执行刑罚。②公安机关决定暂予监外执行收监执行的，由执行地县级公安机关送交存放或者接收罪犯档案的看守所收监执行。③监狱管理机关决定暂予监外执行收监执行的，由存放或者接收罪犯档案的监狱收监执行。

3. 逮捕、在逃追捕的程序。根据《社区矫正法》第 47 条之规定，被提请撤销缓刑、假释的社区矫正对象可能逃跑或者可能发生社会危险的，社区矫正机构可以在提出撤销缓刑、假释建议的同时，提请人民法院决定对其予以逮捕。人民法院应当在 48 小时内作出是否逮捕的决定。决定逮捕的，由公安机关执行。逮捕后的羁押期限不得超过 30 日。

根据《社区矫正法》第 50 条之规定，被裁定撤销缓刑、假释和被决定收监执行的社区矫正对象逃跑的[1]，由公安机关追捕，社区矫正机构、有关单位和个人予以协助。撤销缓刑、撤销假释裁定书和对暂予监外执行罪犯收监执行决定书，可以作为公安机关追逃依据。

4. 被行政处罚或采取强制措施等问题的处理。根据《社区矫正法实施办法》第 41 条之规定，社区矫正对象被依法决定行政拘留、司法拘留、强制隔离戒毒等或者因涉嫌犯新罪、发现判决宣告前还有其他罪没有判决被采取强制措施的，决定机关应当自作出决定之日起 3 日内将有关情况通知执行地县级社区矫正机构和执行地县级人民检察院。

【案例 11-6】

社区矫正对象张某，2016 年 12 月因犯诈骗罪被 L 县法院判处有期徒刑 3 年，缓刑 4 年，缓刑期间 L 县社区矫正机构委托张某居住地的司法所依法对其实行社区矫正，社区矫正期限至 2020 年 12 月 1 日。2017 年 2 月，张某未履行请假手续私自外出 L 县长达 11 个小时，之后还有几次不按时报告行踪，社区矫正机构为此给予了训诫和口头警告。2018 年 3 月，张某脱管一个月。司法所将张某的日常表现以及脱管情况，上报 L 县社区矫正机构，并附相关证明材料，L 县社区矫正机构向原判法院即 L 县法院提出撤销缓刑建议，L 县法院作出了撤销缓刑，收监执行的裁定。作为社区矫正机构工作人员，应当履行哪些法律程序，为张某办理矫正终止的手续：

---

[1]　《社区矫正法实施办法》第 51 条第 1 款规定："撤销缓刑、撤销假释的裁定和收监执行的决定生效后，社区矫正对象下落不明的，应当认定为在逃。"

1. L县社区矫正机构根据法院的裁定，应终止对张某的社区矫正，并及时登记备案；

2. L县社区矫正机构将相关法律文书原件存入档案，应当向监狱移交撤销缓刑裁定书和执行通知书、撤销缓刑建议书以及原判决书、裁定书和执行通知书、起诉书副本、结案登记表以及社区矫正期间表现情况等文书材料；

3. L县公安机关应当及时将社区矫正对象送交监狱或者看守所执行刑罚，在收监当日，社区矫正机构公布张某矫正终止；

4. L县社区矫正机构要及时将张某的名字抄送定位通讯公司解除手机定位监管手续，并在社区矫正管理平台上完成相应操作，办理解除手机定位监管手续。

5. L县社区矫正机构完成张某的档案归档工作。

（二）因社区矫正对象死亡导致社区矫正终止的程序

根据《社区矫正法》第51条、《暂予监外执行规定》第28条之规定，因社区矫正对象死亡导致社区矫正终止的程序如下：

1. 社区矫正对象在矫正期间正常死亡的，其监护人、家庭成员应当及时向社区矫正机构报告。社区矫正机构应当及时通知社区矫正决定机关、所在地的人民检察院、公安机关，并会同医院开具相关的死亡证明，办理相关手续。

2. 社区矫正对象在矫正期间非正常死亡的，其监护人、家庭成员也应当及时向社区矫正机构报告。社区矫正机构应当在及时通知所在地公安机关的同时，报请所在地检察机关对死亡原因作出鉴定。

3. 假释或者暂予监外执行的社区矫正对象在矫正期间死亡的，社区矫正机构应当自发现之日起5日以内，书面通知决定或者批准机关，并将有关死亡证明材料送达社区矫正对象原服刑或者接收其档案的监狱、看守所，同时抄送罪犯居住地同级人民检察院。

社区矫正对象死亡的，社区矫正自然终止，社区矫正机构应及时办理终止社区矫正的登记备案工作，整理档案材料，按照规定归档，把相关情况向原关押社区矫正对象的监狱、看守所，或作出判决、裁定的人民法院进行书面通报，并附上相关证明材料。

【案例11-7】

王某自2014年10月经省监狱管理局批准暂予监外执行。在安徽省某司法所接受社区矫正以来，王某遵守社区矫正相关法律法规，服从监管教育，认罪悔过态度好。考虑到王某患有膀胱癌和高血压等严重疾病，司法所工作人员坚持定期上门走访，及时掌握王某的病情复原和生活情况。在2016年6月王某因患膀胱癌，经医治无效死亡。社区矫正机构应按照如下流程处理这种情况：

1. 接到王某监护人或家人的报告后，社区矫正机构应及时进行情况核实并登记备案。

2. 社区矫正机构填写并签发《社区矫正对象死亡通知书》，及时通知省监狱管理局、所在地人民检察院、公安机关。

3. 社区矫正机构将王某的档案归档装订成卷。

专栏11-6	专栏11-7	专栏11-8
社区矫正对象 **死亡通知书** **（存根）** （　）　字第　号 姓名_____ 性别_____ 出生日期____年____月 ____日 身份证号码_____ 居住地_____ 户籍地_____ 罪　　名_____ 原判刑罚_____ 原判刑期_____ 矫正类别_____ 社区矫正期限_____ 执行机关_____ 死亡时间及原因_____ 发往机关_____ 人民法院（公安局、监狱管理局），_____人民检察院。 填发人_____ 批准人_____ 　　　　　　（公章） 　　　　年　月　日	**社区矫正对象** **死亡通知书** （　）　字第　号 _____人民法院（公安局、监狱管理局）： 社区矫正对象_____，男（女），身份证号码_____ _____。 居住地_____， 户籍地_____ _____。 因犯_____罪于 ____年____月____日 被_____人民法院判处_____ _____。依据_____（人民法院、公安局、监狱管理局）__号判决书（裁定书、决定书），管制（缓刑、假释、暂予监外执行）期间，被依法实行社区矫正。因_____于____年___月___日死亡。 特此通知。 　　　　　　（公章） 　　　　年　月　日	**社区矫正对象** **死亡通知书** （　）　字第　号 _____人民检察院： 社区矫正对象_____，男（女），身份证号码_____ _____， 居住地_____ _____， 户籍地_____ _____。因犯_____罪于_____年____月____日 被_____人民法院判处_____。依据_____（法院、公安局、监狱管理局）__号判决书（裁定书、决定书），管制（缓刑、假释、暂予监外执行）期间，被依法实行社区矫正。因_____于____年____月___日死亡。 特此通报。 　　　　　　（公章） 　　　　年　月　日

字第　　号

字第　　号

（三）因重新犯罪或余漏罪的矫正终止程序

根据《社区矫正法》《社区矫正法实施办法》《暂予监外执行规定》的规定，被宣告缓刑、假释和暂予监外执行的社区矫正对象在社区矫正期间重新犯罪或发现有余漏罪的，由公检法机关进行刑事拘留、逮捕、起诉、判决，依法实行数罪并罚。社区矫正对象因涉嫌犯新罪、有余漏罪而被采取强制措施的，决定机关应当自作出决定之日起 3 日内将有关情况通知执行地县级社区矫正机构和执行地县级人民检察院。人民法院对于新罪、余罪、漏罪作出有罪判决、裁定，决定收监执行的，应当在判决、裁定生效后，及时将判决、裁定的结果通知罪犯居住地社

区矫正机构和罪犯原服刑或者接收其档案的监狱、看守所。执行地县级社区矫正机构应当将人民法院、公安机关、监狱管理机关的裁定书、决定书送交作出上述决定的机关，由有关部门依法收监执行刑罚，社区矫正终止。

【案例11-8】

2006年11月，李三（化名）因犯盗窃罪被判3年有期徒刑，缓刑3年。李三成为一名社区矫正对象，但李三在缓刑期内不思悔改，将魔爪伸向了女工友。2008年10月12日凌晨1时许，李三到滑县某厂区，将工友小丽（化名）强行拉入宿舍强奸。2009年1月22日，滑县法院经审理后认为，被告人李三违背妇女意志，强行与其发生性关系，其行为已构成强奸罪。李三在缓刑考验期内又犯新罪，应当撤销缓刑，数罪并罚，最终以李三犯强奸罪，判处有期徒刑3年6个月，与原判刑罚有期徒刑3年，并处罚金22 000元，数罪并罚，决定执行有期徒刑5年6个月，并处罚金22 000元。作为社区矫正机构工作人员应如何为李三办理撤销缓刑，终止矫正的手续呢？

主要按照以下程序完成：

1. 公安机关在羁押李三之后（因涉嫌强奸罪）3日内，应通知执行地县级社区矫正机构和执行地县级人民检察院；

2. 李三在矫正期间因犯新罪且按刑法的规定已构成应判处监禁刑罚之罪——强奸罪，因此，人民法院对李三的新罪——强奸罪作出了有罪判决，故撤销缓刑和新罪数罪并罚，收监执行，社区矫正终止。

3. 社区矫正机构在矫正终止后做好相关文书材料的移送。

4. 社区矫正机构应通知李三的矫正小组其矫正终止的情况。

5. 社区矫正机构做好解除李三的手机定位监管和档案归档工作。

四、社区矫正对象矫正终止的工作流程

（一）登记备案

社区矫正对象被裁定撤销缓刑、假释，被决定收监执行，或者社区矫正对象死亡的，应终止社区矫正，并及时登记备案。

（二）文书存档

死亡通知书、刑事拘留通知书、逮捕证、判决书、裁定书等相关法律文书存入档案。

（三）文书寄送

社区矫正对象死亡的，应当填写《社区矫正对象死亡通知书》，由县级社区矫正机构负责人签发，及时通知社区矫正决定机关、所在地的人民检察院、公安机关。《社区矫正对象死亡通知书》（存根）存入档案。

（四）收监执行流程及要求

1. 收押前监管。对已被提请收监执行的社区矫正对象，执行地县级社区矫正机构应当加强监管。

"被提请撤销缓刑、假释的社区矫正对象可能逃跑或者发生社会危险的，社区矫正机构可以在提出撤销缓刑、假释建议的同时，提请人民法院决定对其予以逮捕。人民法院应当在 48 小时内作出是否逮捕的决定。决定逮捕的，由公安机关执行。逮捕后的羁押期限不得超过 30 日"。[1]

2. 执行收监。根据《社区矫正法》《社区矫正法实施办法》《暂予监外执行规定》的相关规定，对社区矫正对象执行收监，按下列规定实施：

（1）人民法院裁定撤销缓刑、假释的，公安机关应当及时将社区矫正对象送交监狱或者看守所执行。执行以前被逮捕的，羁押一日折抵刑期一日。

（2）人民法院、公安机关决定收监执行的，由公安机关立即将社区矫正对象送交监狱或者看守所收监执行。

（3）监狱管理机关决定收监执行的，监狱应当立即将社区矫正对象收监执行。

3. 送达文书及通知。根据两院两部联合下发的《关于进一步加强社区矫正工作衔接配合管理的意见》之规定，社区矫正对象被裁定撤销缓刑的，居住地社区矫正机构应当向看守所、监狱移交撤销缓刑裁定书和执行通知书、撤销缓刑建议书以及原判决书、裁定书和执行通知书、起诉书副本、结案登记表以及社区矫正期间表现情况等文书材料。

社区矫正对象被裁定撤销假释的，居住地社区矫正机构应当向看守所、监狱移交撤销假释裁定书和执行通知书，撤销假释建议书、社区矫正期间表现情况材料，原判决书、裁定书和执行通知书、起诉书副本、结案登记表复印件等文书材料。社区矫正对象收监后，居住地社区矫正机构通知其原服刑看守所、监狱将罪犯假释前的档案材料移交撤销假释后的服刑看守所、监狱。

暂予监外执行社区矫正对象被人民法院决定收监执行的，居住地社区矫正机构应当向看守所、监狱移交收监执行决定书和执行通知书以及原判决书、裁定书和执行通知书、起诉书副本、结案登记表、社区矫正期间表现等文书材料。

暂予监外执行社区矫正对象被公安机关、监狱管理机关决定收监执行的，居住地社区矫正机构应当向看守所、监狱移交社区矫正对象在接受矫正期间的表现情况等文书材料。

---

[1] 《社区矫正法》第 47 条。

专栏 11-9

社区矫正对象在矫正期间死亡终止的处理工作流程图

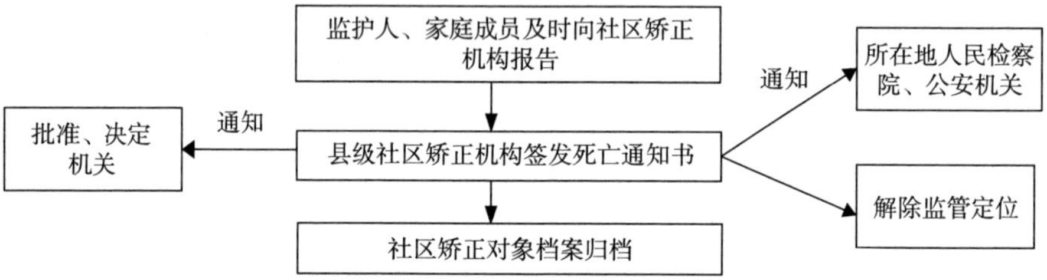

```
          监护人、家庭成员及时向社区矫正                          所在地人民检察
               机构报告                         通知              院、公安机关

批准、决定        通知
  机关     ←————————  县级社区矫正机构签发死亡通知书
                                                                解除监管定位

               社区矫正对象档案归档
```

专栏 11-10

对撤销缓刑、假释及取消暂予监外执行的收监工作流程图

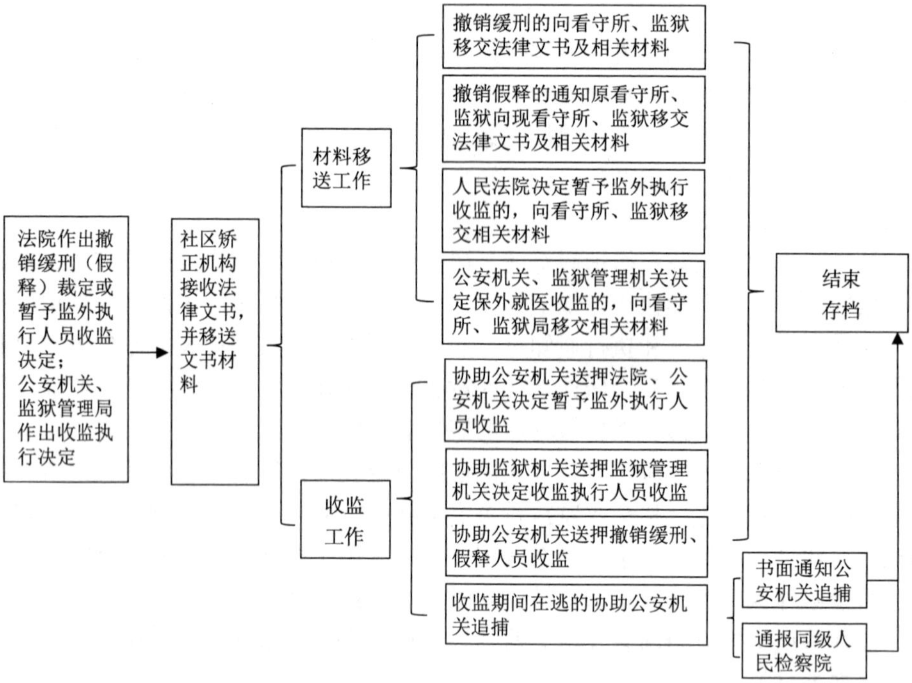

```
法院作出撤      社区矫                  撤销缓刑的向看守所、监狱
销缓刑（假      正机构                  移交法律文书及相关材料
释）裁定或      接收法
暂予监外执      律文书，    材料移       撤销假释的通知原看守所、
行人员收监  →  并移送  →  送工作       监狱向现看守所、监狱移交
决定；         文书材                   法律文书及相关材料
公安机关、      料                                                          结束
监狱管理局                              人民法院决定暂予监外执行               存档
作出收监执                              收监的，向看守所、监狱移
行决定                                  交相关材料

                                        公安机关、监狱管理机关决
                                        定保外就医收监的，向看守
                                        所、监狱局移交相关材料

                                        协助公安机关送押法院、公
                                        安机关决定暂予监外执行人
                                        员收监

                           收监          协助监狱机关送押监狱管理
                           工作          机关决定收监执行人员收监

                                        协助公安机关送押撤销缓刑、        书面通知公
                                        假释人员收监                    安机关追捕

                                        收监期间在逃的协助公安机          通报同级人
                                        关追捕                          民检察院
```

【单元小结】

　　社区矫正是一种非监禁刑事执行制度，建立健全社区矫正解除和终止制度，对于保障社区矫正对象的人权、确保社会稳定和维护法律尊严都具有重要意义。

　　1. 及时解除和终止社区矫正有利于保障社区矫正对象的人权。社区矫正作为一种非监禁刑事执行活动，对社区矫正对象的权利和自由规定了多方面的限制。如果其矫正期限届满，及时解除社区矫正，就可以恢复其各项权利和自由，否则，将会侵犯人权。

　　2. 及时解除和终止社区矫正有利于确保社会的和谐稳定。在实行社区矫正期间，如果社区矫正对象不思悔改，严重违反法律及相关规定，或者重新实施犯罪，及时终止社区矫正收监执行刑罚，就可以避免其继续危害社会，最大限度地保证社区的安全和社会的和谐稳定。通过解除和终止社区矫正制度的设立，能够使社区矫正对象按照规章制度约束自身行为，有利于预防社区矫正对象重新走向犯罪的道路、促进社区矫正对象顺利回归社会、促进社会的和谐与稳定。

　　3. 及时解除和终止社区矫正有利于维护法律的尊严。解除和终止是社区矫正的一个重要环节，也是一项非常严肃的法律活动。社区矫正的解除和终止程序应严格按照我国法律、法规来执行，具有相应的强制性。如果社区矫正对象不遵守社区矫正的有关规定，且情节严重，及时终止其社区矫正有利于维护法律的严肃性。

　　本单元根据社区矫正对象矫正的解除与终止所要完成的典型工作任务设置了相应的学习情境，并根据完成典型工作任务所应具备的职业能力设置了相应的学习内容。通过本单元的学习，应该能充分了解并掌握社区矫正对象矫正解除与终止的条件、程序和工作流程，从而具备对社区矫正对象开展社区矫正解除与终止的职业能力。

【技能训练——实训项目 1】

　　2012 年 12 月，陈某因开设赌场罪被某县法院依法判处有期徒刑两年，缓刑三年，依法对其实施社区矫正。但是在社区矫正期间，陈某不思悔改，于 2013 年 9 月与一帮朋友进行赌博，被派出所民警当场抓获。第二天陈某因参与赌博被公安机关处以行政拘留十日，并收缴赌资一万元人民币的行政处罚。为此，执行地社区矫正机构向法院正式提起对陈某的撤销缓刑建议，法院经审理核实后认为陈某在缓刑考验期间，不服从社区矫正监管，违法赌博，依法应当撤销缓刑，决定对其收监执行原判。

请根据以上资料，完成以下实训任务：

实训任务书

实训项目	1. 区分矫正解除和矫正终止的工作技能 2. 社区矫正解除/终止的工作流程
实训课时	2 课时
实训目的	通过典型案例让学生进行讨论，对社区矫正的解除和终止程序有科学、准确的认识，以点带面，通过个案分析提高学生处理矫正解除和终止程序的能力
实训任务	1. 掌握矫正解除/终止的不同情形 2. 根据案例中所给的资料进行资料的整理、分析 3. 明确针对该案例开展矫正解除/终止的工作流程
实训要求	1. 学生应提前掌握社区矫正解除/终止的相关知识 2. 指导教师应具备社区矫正解除/终止的工作技能 3. 学生要积极配合指导教师的指导完成实训 4. 根据实训需要将学生分成若干小组，采用角色扮演的方式完成实训任务 5. 指导教师进行点评总结，每组学生根据教师的点评总结找出不足
实训成果形式	实训总结
实训地点	理实一体化教室或校外实训基地
实训进程	1. 教师讲解（利用多媒体教室介绍实训步骤、注意事项、进行角色分配） 2. 阅读准备好的实训案例 3. 根据实训需要将学生分成若干小组 4. 对资料进行整理分析，区分出矫正解除和矫正终止的情形 5. 小组进行讨论确定矫正解除/终止的工作流程有哪些 6. 开展模拟的矫正解除/终止的工作流程 7. 指导教师进行点评总结，每组学生根据教师的点评总结找出不足

实训考核表

班级＿＿＿＿＿＿＿＿　姓名＿＿＿＿＿＿＿＿　学号＿＿＿＿＿＿＿＿

任务描述：通过模拟实训，掌握社区矫正的解除和终止程序，具备对社区矫正对象进行矫正解除、终止程序的职业能力。

项目总分：100 分

完成时间：120 分钟（2 课时）

续表

考核内容	评分细则	等级评定
一、实训过程与要求 1. 根据实训需要学生迅速分成若干小组 2. 小组成员自行分配好所扮演的角色 3. 小组进行讨论区分出矫正解除和矫正终止的情形 4. 根据任务书中的要求，开展模拟的矫正解除/终止的工作流程，完成所有的实训任务 5. 指导教师进行点评总结，每组学生根据教师的点评总结找出不足	分值：50分 1. 实训过程与小组成员合作良好（15分） 2. 实训演练认真、表现积极（15分） 3. 能成功完成所有实训任务（20分）	实训成绩评定为四等： 1. 优（100分~86分） 2. 良（85分~70分） 3. 及格（69分~60分） 4. 不及格（59分~0分） 注意事项： 1. 实训期间做与实训无关的操作，不能评定为"优" 2. 有旷课现象，不能评为"优、良" 3. 旷课××节及以上，评为"不及格"
二、实训表现与态度	分值：20分 1. 无迟到（1分） 2. 无早退（1分） 3. 无旷课（3分） 4. 实训预习、听讲认真（2分） 5. 实训态度认真（5分） 6. 实训中不大声喧哗（1分） 7. 能爱护实训场所、设备、保持环境整洁（2分） 8. 能完全遵守实训各项规定（1分） 9. 实训效果好，基本掌握了社区矫正解除/终止的工作任务、具备了相应的工作技能（4分）	

续表

三、实训总结 1. 实训中出现的问题及解决办法（对遇到的问题、问题产生的原因进行分析判断，把解决过程写出来） 2. 实训效果（本次实训有哪些收获，掌握了哪些知识、技能，哪些不明白，有什么疑问，等等）	分值：30 分 1. 按规定时间上交（5 分） 2. 格式规范（5 分） 3. 字迹清楚（5 分） 4. 内容详尽、完整实训分析总结正确（5 分） 5. 无抄袭现象（5 分） 6. 能提出合理化建议或有创新见解（5 分）	4. 实训内容没有完成，评为"不及格" 5. 两份报告雷同，评为"不及格" 6. 具体评分标准由教师根据实训项目具体要求规定
合 计		

评分人：　　　　　日期：　　年　月　日

 【技能训练——实训项目 2】

于某，男，1964 年 8 月 17 日生，籍贯河北省 Q 市人，汉族，初中文化，被捕前家住 Q 市 Q 区，中学毕业后无业。于某因犯奸淫幼女罪，于 1989 年 1 月 6 日经河北省 Q 市中级人民法院判处无期徒刑，剥夺政治权利 5 年。服刑期间，减刑 3 次，减刑 2 年 3 个月，实际执行刑期 16 年 11 月 13 天，因其在狱内表现良好，符合假释条件，故于某被假释。2005 年 6 月 22 日，于某被派出所移交至其居住地的县级社区矫正机构实施社区矫正，（矫正起止：2005 年 6 月 22 日~2010 年 6 月 21 日）于某在社区矫正期间，经社区矫正机构工作人员的教育，积极配合矫正工作，定期到社区矫正机构报告思想、生活及其他情况，遵纪守法，未出现违法违纪现象，社区居民对其表现反映较好，于某每年考核均为良好。到 2010 年 6 月即将矫正期满，应如何为其办理矫正解除手续？

请根据以上资料，完成以下实训任务：

1. 为于某完成矫正解除前的各项工作任务。

2. 为于某完成矫正解除的各项工作任务。

附：实训任务书和实训考核表

实训任务书

实训项目	社区矫正对象的矫正解除
实训课时	2 课时
实训目的	学生通过模拟实训，掌握社区矫正对象矫正解除的条件和程序，从而具备社区矫正对象矫正解除的职业能力
实训任务	1. 掌握社区矫正对象矫正解除的条件 2. 根据案例，完成社区矫正对象矫正解除前的工作任务 3. 根据案例完成社区矫正对象矫正解除的各项工作任务
实训要求	1. 学生应提前掌握社区矫正对象矫正解除的相关知识 2. 指导教师熟悉社区矫正对象矫正解除的条件和程序 3. 学生要积极配合指导教师的指导完成实训 4. 根据实训需要将学生分成若干小组，采用角色扮演的方式完成矫正解除的实训任务 5. 指导教师进行点评总结，每组学生根据教师的点评总结找出不足
实训成果形式	实训总结
实训地点	实训教室或校外实习基地
实训进程	1. 教师讲解（介绍实训步骤、注意事项、进行角色分配） 2. 阅读准备好的实训案例 3. 根据实训需要将学生分成若干小组 4. 按照矫正解除的条件和程序开展相应的工作 5. 开展模拟的矫正解除实训 6. 指导教师进行点评总结，每组学生根据教师的点评总结找出不足

实训考核表

班级＿＿＿＿＿＿＿＿　姓名＿＿＿＿＿＿＿＿　学号＿＿＿＿＿＿＿＿

任务描述：通过模拟实训，掌握社区矫正对象矫正解除的条件和程序。从而具备对社区矫正对象进行矫正解除的职业能力。

项目总分：100 分

完成时间：120 分钟（2 课时）

考核内容	评分细则	等级评定
一、实训过程与要求 1. 根据实训需要学生迅速分成若干小组 2. 小组成员自行分配好所扮演的角色 3. 小组进行讨论确定矫正解除应完成的工作任务 4. 根据任务书中的要求，开展模拟的矫正解除工作，完成所有的实训任务 5. 指导教师进行点评总结，每组学生根据教师的点评总结找出不足	分值：50分 1. 实训过程与小组成员合作良好（15分） 2. 实训演练认真、表现积极（15分） 3. 能成功完成所有实训任务（20分）	实训成绩评定为四等： 1. 优（100分~86分） 2. 良（85分~70分） 3. 及格（69分~60分） 4. 不及格（59分~0分） 注意事项： 1. 实训期间做与实训无关的操作，不能评定为"优" 2. 有旷课现象，不能评为"优、良" 3. 旷课××节及以上，评为"不及格" 4. 实训内容没有完成，评为"不及格" 5. 两份报告雷同，评为"不及格" 6. 具体评分标准由教师根据实训项目具体要求规定
二、实训表现与态度	分值：20分 1. 无迟到（1分） 2. 无早退（1分） 3. 无旷课（3分） 4. 实训预习、听讲认真（2分） 5. 实训态度认真（5分） 6. 实训中不大声喧哗（1分） 7. 能爱护实训场所、设备、保持环境整洁（2分） 8. 能完全遵守实训各项规定（1分） 9. 实训效果好，基本掌握了定性危险评估的方法和所要完成的工作任务、具备了危险评估的工作技能（4分）	

续表

三、实训总结	分值：30分	
1. 实训中出现的问题及解决办法（对遇到的问题、问题产生的原因进行分析判断，把解决过程写出来） 2. 实训效果（本次实训有哪些收获，掌握了哪些知识、技能，哪些不明白，有什么疑问，等等）	1. 按规定时间上交（5分） 2. 格式规范（5分） 3. 字迹清楚（5分） 4. 内容详尽、完整实训分析总结正确（5分） 5. 无抄袭现象（5分） 6. 能提出合理化建议或有创新见解（5分）	
合计		

评分人：　　　　　　日期：　　年　月　日

【拓展学习】

河北省某地社区矫正中止案例

郑某，女，36岁，汉族，初中文化，居住地河北省C市A县，户籍地为黑龙江省。2010年因犯故意伤害罪、非法拘禁罪被判处有期徒刑2年，2012年刑满释放之后，于2015年9月又被法院以容留他人吸毒罪，判处拘役五个月，缓刑8个月，并处罚金2000元，依法对其实施社区矫正。

入矫后，社区矫正机构工作人员对其进行了入矫谈话，并进行了相关管理。2016年3月1日郑某参加学习一次，3月10日未请假即越界到C市，两部手机关机，失去联系达3天，3月14日郑某回电话，给予其口头警告一次，要求其到社区矫正机构报告，但她没有来。3月15日至18日，郑某手机一直处于关机状态，3月21日至24日定位显示郑某在齐齐哈尔。3月25日上午郑某到社区矫正机构请假，因机构负责人外出参加会议，工作人员告知其下午再来请假，郑某下午没来，定位显示其在C市。4月1日郑某未按规定到社区矫正机构学习和报告，4月5日至13日，定位显示郑某在齐齐哈尔，打电话但她不接。

鉴于以上情况，郑某已经脱管，失去了联系。依据《社区矫正法实施办法》第38条第1款之规定，发现社区矫正对象失去联系的，社区矫正机构应当立即组织查找，可以采取通信联络、信息化核查、实地查访等方式查找，查找时要做好记录，固定证据。查找不到的，社区矫正机构应当及时通知公安机关，公安机关应当协助查找。据此，执行地社区矫正机构立即组织对郑某进行了查找，同时通知郑某的保证人，要求其告知郑某在4月18日之前返回A县，否则将向人民法院、公安机关提出撤销缓刑建议。

郑某返回A县后写了保证书和检讨书并上交到社区矫正机构，并说明了失去联系的具体情况是：4月1日之后在齐齐哈尔照顾生病的母亲，并没有违法犯罪的行为，并提供了相应的证明材料，保证以后遵守社区矫正管理规定。社区矫正机构根据其脱离监管的情形，给予了警告处分，并让保证人签署了社区矫正承诺书，承诺严格监督郑某。

2016年6月6日因母亲病重郑某需要回家照顾，郑某请假一个月回黑龙江（路程遥远），提交了黑龙江省医疗门诊票据，于7月13日返回销假。2016年7月19日17时30分许，A县公安局民警在火车站进行核查时，郑某尿检呈阳性，后经查明，郑某三、四天前在C市吸食冰毒。A县公安局将郑某送到强制隔离戒毒所进行强制隔离戒毒，并在规定的时限内通知了执行地社区矫正机构。

因郑某已到强制隔离戒毒所戒毒，故社区矫正机构在接到公安机关的通知后，即对郑某办理了社区矫正中止的手续。

上海市社区矫正解矫宣告流程[1]

一、宣告准备

参加宣告人员入场、就座，主持人核实人员是否到齐，了解缺席人员情况。

主持人就位，发言：根据《中华人民共和国刑法》第38条（管制）/第76条（缓刑）/第85条（假释）/《中华人民共和国刑事诉讼法》第268条（暂予监外执行）规定，现在依法对社区矫正对象×××进行解除社区矫正宣告。

全体起立！下面宣布宣告纪律：

（一）宣告期间应保持安静，手机等电子设备应关机或调成静音状态，不得鼓掌、喧哗、哄闹或实施其他妨害宣告进行的行为；

（二）未经主持人允许，旁听人员不得随意走动，不得发言、提问；

（三）未经主持人允许，不得录音、录像、摄影和发布消息；

（四）不得吸烟或将食物、饮料等物品带入宣告场所；

（五）违反宣告纪律的，主持人可以训诫或责令其退出宣告场所。

宣告纪律宣布完毕，请坐。

二、宣告

（一）主持人宣布参加宣告的单位和人员（单位名称、人员姓名）

主持人：下面介绍参加此次宣告会的单位和人员。

××司法所专职干部：×××。

××公安派出所民警：×××。

××矫正社工：×××。

××帮教志愿者：×××。

---

〔1〕 载社区矫正宣传网，http://www.chjzxc.com/index.php/Article/info/id/3888.html，访问时间：2018年8月20日。

其他人员等（如有）。

（二）主持人宣读《期满鉴定》和《解除社区矫正宣告书》。

主持人：下面宣读社区矫正对象×××的《期满鉴定》和《解除社区矫正宣告书》。

（三）社区矫正对象表态。

主持人：下面由社区矫正对象×××表态。

社区矫正对象：……

（四）帮教志愿者提出帮教建议。

帮教志愿者：……

三、宣告结束

主持人：×××（社区矫正对象姓名），你是否还有其他事项需要说明？没有的话，请在《解除社区矫正宣告书》、《解除社区矫正证明书》上签名。

社区矫正对象签名。

主持人：×××（社区矫正对象姓名），希望你在以后的工作生活中遵纪守法，切实承担起自己的责任和义务。在工作和生活中遇到什么问题，要通过合法途径向有关部门反映，不要重蹈覆辙。

本次宣告到此结束。

学习单元十二　社区矫正的质量评估

【学习目标】

　　通过学习本单元，能够完成以下工作任务：

　　项目 1. 熟练掌握社区矫正质量评估方法。

　　项目 2. 设计制定社区矫正质量评估方案。

　　项目 3. 组织开展社区矫正质量评估工作。

　　项目 4. 撰写社区矫正质量评估报告。

【知识树】

社区矫正质量评估
- 评估体系
  - 评估主体和原则
  - 评估保障体系
  - 评估的类型
  - 评估的方法体系
- 工作流程
  - 设计制定评估方案
    - 明确评估目标
    - 确定评估小组成员和评估对象
    - 确定评估时间
    - 制定评估指标体系及其权重
    - 评估方法的使用
  - 实施评估方案
  - 撰写评估报告
  - 通知和公示评估结果
  - 评估文件存档和跟踪监测

【案例 12-1】

　　莫某，男，1981 年 11 月出生，户籍地、居住地均为海南省琼海市。2013 年 8 月，因犯故意伤害罪被琼海市人民法院判处有期徒刑 2 年，缓期 3 年，缓刑考验期自 2013 年 8 月 20 日起至 2016 年 8 月 19 日止。2013 年 8 月 28 日，莫某到琼海市龙江区社区矫正机构报到，由龙江司法所负责对其社区矫正期间进行日常监管和教育帮扶。莫某初中毕业后一直在家务农，婚后育有一子一女。其家庭收入一般，父母年迈无法工作，作为家中独子，其压力倍增，为撑起整个家庭，他一边帮父母务农，一边和朋友一起在村里设立槟榔收购点收购槟榔，虽然生活艰苦，但是父母健康，膝下儿女双全，生活幸福美满。莫某是家中独子，从小受父母溺爱，过早接触社会，接触到社会上的一些不良朋友，受他们影响，其性格骄横，行为跋扈，容不下不同意见，完全依靠自己的喜好做事，我行我素，从而导致故意伤人事件发生。

通过教育矫正，莫某能够严格遵守社区矫正相关规定和要求，能按时报到，积极参加教育学习和社区服务等，生活态度也发生了较大转变，现在其家庭关系和睦融洽，他也摆脱了矫正前期自卑、消沉的状态。经过3年的社区矫正，对莫某的教育矫正达到了矫正工作确定的预期目标，目前莫某已顺利回归家庭和社会。

请思考，在矫正过程中，社区矫正机构对莫某应当如何开展社区矫正质量评估？

【学习情境一】社区矫正质量评估体系

一、社区矫正质量评估的概念

社区矫正质量评估，又称为社区矫正效果评估，是指有关人员运用科学的评估方法对社区矫正工作的实际效果进行评价的活动。[1] 社区矫正的效果就是社区矫正在促进公共安全和减少重新犯罪等方面发挥的积极作用。社区矫正质量评估的目的就是评价社区矫正工作是否达到了预期的目的。矫正质量评估既包括社区矫正工作产生的整体效果，即对预防和减少犯罪、节约国家司法资源、维护社会稳定方面是否达到刑事执行的预期目的；也包括社区矫正工作对社区矫正对象产生的效果，即对社区矫正对象心理和行为的改善，是否达到守法公民标准的预期目的。

虽然《社区矫正法》在社区矫正质量评估方面没有作出专门规定，但是从我国社区矫正十余年的探索实践和社区矫正的长远发展来看，加强对社区矫正质量评估的重视十分必要。社区矫正质量评估是社区矫正工作的一项重要内容，是检验社区矫正工作成效的重要手段。通过社区矫正质量评估，能够及时发现社区矫正工作中存在的诸多问题，进而能够更加客观深入地进行分析，不断进行修正完善，实现动态化矫正，提升社区矫正工作质量。

目前，我国的社区矫正质量评估工作远远滞后于工作需要，各地区的社区矫正工作尚未形成一套规范统一、成熟完整的社区矫正质量评估制度，各地对社区矫正质量评估的内容、程序、指标体系、各指标的权重、评估结果的应用等问题仁者见仁，智者见智。这里在借鉴各地区现有的做法，在学者研究成果的基础上进行概括介绍。

---

〔1〕 吴宗宪主编：《社区矫正导论》，中国人民大学出版社 2011 年版，第 390 页。

二、社区矫正质量评估的主体

社区矫正质量评估是人们对于社区矫正实践活动的了解、测度和评价活动，从事社区矫正质量评估的人或机构是社区矫正评估的主体。在社区矫正质量评估实践中，评估的主体主要有社区矫正机构、专家学者、社区组织、社区志愿者、社区居民以及社区矫正对象。

1. 社区矫正机构是整个社区矫正质量评估活动的组织者和管理者。具体负责组织、聘请专家学者，组织动员社区组织及人员，审查评估方案，管理及公布评估结果等。

2. 专家学者是质量评估活动的主要实施者。专家学者不仅有丰富而系统的科学理论知识，而且掌握着最新的科技方法。由专家学者制定评估方案，可以最大限度地保证整个评估过程的科学性和可行性。

3. 社区组织、社区志愿者、社区居民、矫正对象的亲友等是社区矫正质量评估活动的重要参与者。他们对矫正对象的心理、行为及转化情况有着更为深刻和细致的了解。因此，只有积极吸收他们参与社区矫正质量评估，才能使评估结果更大程度地反映真实情况。

4. 社区矫正质量评估活动主要是围绕矫正对象本人的思想、心理和行为表现进行的，因此，社区矫正对象本身也是社区矫正评估的主体。

当然，除了上述人员以外，社区矫正质量评估的主体应该还包括相关上级机关和第三方或专业机构。

就我国目前的实践来看，社区矫正质量评估工作往往是由社区矫正机构负责，这使得社区矫正机构既是矫正实施者又是质量评估员，难以保证评估结论的客观、公正。所以应成立一个相对独立的，由公、检、法、司等实务部门抽调人员和一定比例的专家、学者共同组成的社区矫正专家评估委员会，明确评估委员会的四项职能：①组织职能，组织开展定期的、有针对性的社区矫正质量评估，将社区矫正质量控制常规化、持续化。②导向职能，针对社区矫正的质量要求，制定适宜的指标体系并负责解释。③协调职能，对社区矫正质量产生负面影响的因素提出协调的途径。④评鉴职能，持续对本地区的社区矫正运行进行比较，并撰写评估质量报告。

三、社区矫正质量评估的类型

（一）社区矫正对象矫正质量评估与社区矫正工作质量评估

按照社区矫正质量评估的对象，可以分为社区矫正对象矫正质量评估与社区矫正工作质量评估。

1. 社区矫正对象矫正质量评估。社区矫正对象矫正质量评估是指社区矫正工作者利用科学的评估方法对社区矫正对象的矫正状况进行评价的活动。社区矫正对象矫正质量评估的对象是社区矫正对象。其内容主要包括社区矫正对象的法制观念、心理健康状况、道德素质以及社会适应性等方面，同时也涉及社区矫正工作者的工作成效以及矫正项目的有效性。

2. 社区矫正工作质量评估。社区矫正工作质量评估是指评估人员对社区矫正制度的实际运作状态和结果进行的评价工作。社区矫正工作质量评估的对象是社区矫正制度及其运行状况，其主要内容包括重新犯罪率、刑罚执行成本、矫正措施的有效性以及社会公众态度等方面。

在本书中，如无特别说明，社区矫正质量评估均指针对社区矫正对象的矫正质量评估。

（二）矫正过程中的阶段性评估与解矫时的终结性评估

按照社区矫正质量评估的阶段，可以分为矫正过程中的阶段性质量评估和解矫时的终结性质量评估。

1. 矫正过程中的阶段性评估。矫正过程中的阶段性质量评估，是指社区矫正活动开始之后至结束之前，每半年一次对社区矫正对象在刑罚执行、接受教育矫正、参加社区服务、接受奖惩、行为改善等方面进行的评估。对阶段性评估的评价要参照诊断性评估的结果，即入矫时的人身危险性评估结论，这样才能更凸显出社区矫正活动的效果。阶段性评估是调整社区矫正管理等级和修正社区矫正方案的依据。

2. 解矫时的终结性评估。终结性评估，是指社区矫正活动结束之前，对社区矫正对象的矫正质量、再犯危险性和社会适应性等方面进行的评估和预测。统计资料终结性评估既是对个体社区矫正活动的总结性评价，又对其他矫正对象的矫正活动具有指导性。同时，终结性评估也是判断对矫正对象解除社区矫正后，是否需要采取其他措施的依据。

对社区矫正对象的矫正是一种再社会化的活动，目的是使其更好地回归社会、适应社会，不再走上重新犯罪的道路。所以，对社区矫正对象的社会适应性和再犯风险性的评价是社区矫正质量评价的重要内容。对社会适应性的评价主要看社区矫正对象的人际关系、家庭关系、就业情况、就学情况，对解矫之后的工作设想、人生规划；对社会形势、社会发展、国家政策的认知情况，对各种信息的获取情况等；对再犯风险性的评价主要看社区矫正对象经过一段时间的社区矫正后其人身危险性的高低，以预测其再犯风险性的高低，以便科学地划分危险等级，合理地配置矫正资源，适时调整矫正措施，制定有针对性的矫正方案，将影响再犯罪的因素消灭在萌芽状态。

四、社区矫正质量评估的原则

在实施矫正质量评估的过程中，必须把握以下原则：[1]

1. 客观性原则。客观性原则是指在评估过程中，无论是工作者还是机构都

---

〔1〕 前两个原则借鉴于张昱、费梅苹：《社区矫正实务过程分析》，华东理工大学出版社 2005 年版，第 270~271 页。

必须坚持客观、公正、公平的原则，实事求是地完成评估工作，评价信息要真实、准确，不能因人而异、主观臆断或掺杂个人的好恶等感情色彩。

2. 系统性原则。系统性原则又称全面性原则，是指社区矫正质量评价的内容、指标必须是系统的、全面的，不能只注重某一个或某几个方面。这就要求我们把矫正项目及其实施过程视为一个系统，在评价中对社区矫正全过程中的每个环节、每个可能影响社区矫正质量的要素进行认真筛选和考察，以防止出现片面的评价结论。

3. 科学性和可操作性原则。社区矫正质量评估是对社区矫正的效果进行调查、评价和总结的过程，需要依赖科学合理的评估程序和方法。同时，评估指标必须明确具体，简洁有效，具有可操作性，才能被人们接受和认可。无论是社区矫正工作者，还是研究者或各类机构，在实施评估时，都应当确定科学、明确、具体的评估指标，按照矫正质量评估特有的程序和方法进行，否则，将会直接影响到矫正评估的效果。[1]

4. 定量与定性相结合的原则。在矫正质量评估过程中，对信息资料既要进行定量分析，又要进行定性分析，要把二者有机结合起来。定量分析就是把由测验或其他途径得到的具有一定数量指标的资料，运用一定的数学方法加以统计处理，以使评估的结论更具有可靠性和精确性。定性分析是对信息资料的质的方面进行分析，找出这些资料中隐藏的规律性。只有进行定量和定性相结合的分析，我们才能全面认识被评估的矫正对象的特征及其发展规律。

5. 全面参与原则。在社区矫正质量评估中，人们很容易认识到社区矫正工作者、矫正机构、政府机构、研究机构、督导等参与社区矫正评估的必要性，但由于矫正对象的弱势地位，人们很容易忽略矫正对象参与评估的必要性，对矫正对象参与评估往往注意不够。矫正项目实质上是一种政府提供的公共服务项目。作为公共服务项目，其根本目的是让服务对象获得与社会发展相一致的发展。也就是说，矫正项目的实施必须有利于矫正对象的发展，促进矫正对象的发展。缺少矫正对象参与的质量评估，必然难以体现社区矫正的意义，也难以表现出矫正的效果。

五、社区矫正质量评估的方法

没有科学的、与评估对象相适应的评估方法，就不可能有科学的评估结果。不能进行科学评估就会使评估失去意义，更严重者会误导社区矫正工作，甚至将其引入歧途。在社区矫正质量评估中，可以选择使用以下几种评估方法。[2]

(一) 观察法

观察法是指评估人员通过感官或者借助于一定的科学仪器，有目的、有计划

---

〔1〕 连春亮主编：《社区矫正理论与实务》，中国检察出版社 2010 年版，第 316 页。

〔2〕 吴宗宪主编：《社区矫正导论》，中国人民大学出版社 2011 年版，第 403~405 页。

地考察、描述和评价社区矫正对象行为表现的方法。

所谓观察，就是有意识地关注犯罪人的言行举止的活动。科学的观察具有下列特点：有一定研究目的或者研究方向；预先有一定的理论准备和较系统的观察计划；有较系统的观察或者测量记录；观测结果可以被重复验证；观察者受过一定的专业训练。

在社区矫正质量评估中，可以使用观察法研究社区矫正对象在学习、活动、日常生活中的行为表现：

1. 评估教育矫正措施的效果。评估人员可以通过观察社区矫正对象在集体教育中的积极性、主动性与完成作业情况等行为表现，评估教育矫正内容或方法的有效性。

2. 评估公益活动的效果。评估人员可以通过观察社区矫正对象参加公益活动的积极性、主动性，以及完成公益活动的数量、质量等方面，评估公益活动的有效性。

3. 评估社区矫正对象的道德自律性。评估人员可以通过观察社区矫正对象在日常生活中的行为表现，评估其遵守基本道德规范的能力。

4. 评估社区矫正对象的生活技能情况。评估人员通过观察社区矫正对象的言谈、举止、仪表以及待物接人方面的表现，评估其掌握生活技能的情况。

评估人员在观察中应当做好记录，手工记录应达到以下要求：①详细注明观察的时间、地点，这是表明原始观察记录的重要凭证；②观察内容应该具体、详细，应尽可能将观察内容数量化，这样可以使观察结果更具说服力；③观察员必须签名，以明确责任，并备查。同时，评估人员也可利用照相、摄像、录音等先进技术进行记录，但运作这些方式必须慎重。

评估人员在观察评估过程中要注意减少误差。评估人员的观察活动都会产生一定误差，进而影响评估结果。从评估人员的角度讲，观察误差与他们的态度、主观倾向、经验以及责任心有关。评估人员不能有"先入为主"的倾向，应当保持价值中立，否则，观察的结果会偏重其先前的"假设"。从评估对象的角度来讲，他们为获取满意的评估结果，往往会掩饰其真实想法，从而导致评估结果的失真。

（二）面谈法

面谈法是指评估人员通过面对面谈话了解有关情况的评估方法。

面谈是一种很常用，也很难掌握的评估手段。面谈法可分为非结构性面谈和结构性面谈。在非结构性面谈中，允许评估人员自由地重复问题、引入新问题、改变问题顺序等，这种灵活性便于评估人员运用适合评估对象的评估方法。但是，此种面谈对评估人员要求较高，评估人员需要具有足够的经验以及较高的技能。为了增强面谈的效果和减少非结构性会谈的不可靠性，人们发展了结构性面谈。结构性面谈是根据标准化的问题清单进行的面谈。在编制问题清单时，可以根据面谈的侧重点，设计不同的问题。

在社区矫正质量评估中，可以使用面谈法了解社区矫正对象在法制观念、道德水平、就业能力等方面的矫正效果：

1. 评估社区矫正对象的法制观念。评估人员以与法制观念相关的题目为切入点，与社区矫正对象进行面谈，进而对其法制观念进行评估。评估人员可以询问与法制观念相关的题目，例如，"你被安排进行社区矫正是因为……""通过学习你是否知道遇到麻烦要通过法律途径解决？"等。

2. 评估社区矫正对象的道德水平。评估人员可以向社区矫正对象询问能够反映他们道德水平的题目，例如，"金钱的多少是成功的唯一标准吗？""你认为'善有善报，恶有恶报'吗？""你觉得家庭是一种约束吗？""如果没有外部强制，你会遵守社会规则吗？"等。

3. 评估社区矫正对象的就业能力。评估人员可以向社区矫正对象询问一些与其就业能力相关的题目，对其就业能力进行评估。例如，"如何给自己找一份工作？""你有什么能够解决自己生活问题的技术？""你如何看待'技多不压身'这句话？"等。

（三）心理测验法

心理测验法是根据客观的、标准化的程序来测量个体的某种行为，以便判定个别差异的一种方法。

在社区桥正质量评估中，可以使用心理测验法评估社区矫正对象的心理健康等状况及其变化情况。心理测验的内容主要包括智力测验、人格测验和心理健康状况测验，常用的测量工具主要有：韦克勒斯智力测验量表、艾森克个性问卷（EPQ）、卡特尔16种人格因素量表（16PF）、明尼苏达多项（相）人格调查表（MMPI）、症状自评量表（SCL-90）等通用量表。在国外，研究者根据矫正工作的需要，编制了一些专门的心理测验量表，例如，矫正态度测验、矫正行为测验、矫正人格评价测验、矫正环境评价测验，等等。

为了实现测验标准化，应注意以下几个方面：其一，选用的测验工具应当与所要评估的内容一致；其二，主持测验的人应当具备使用测验的基本条件，如口齿清楚，了解测验的实施程序和指导语，有严格控制时间的能力，并严格按测验手册说明的实施程序进行测验等；其三，要严格按照测验手册规定的方法记分和处理结果；其四，对测验分数的解释应有一定的依据，不能随意解释。

【学习情境二】社区矫正质量评估的工作流程

科学合理的社区矫正质量评估应当有一个完整有序的评估过程，这个过程应当包含先后相继的步骤和程序，该程序是否科学规范将直接影响到评估的质量。

一般而言，社区矫正质量评估可以分为以下几个步骤：

一、设计评估方案

评估方案是评估工作具体开展的指导性文案，是开展评估工作的依据。矫正质量评估是科学的活动，因而实施矫正质量评估不能凭借经验或一时的兴趣，而是要在全面准备的基础上，经过严格、科学的设计后进行。因此，评估者在接受了评估任务后，需要设计评估方案，明确需要评估的问题，确定解决问题的方法、程序，制定评估的一级指标和二级指标，确定各项指标的权重，明确评估成果的主要表现形式等方面的问题。评估方案设计得是否科学合理，直接影响到评估的准确性和实效性。

社区矫正质量评估方案应当包括以下内容：

（一）明确评估目的

评估目的是开展评估工作的原因，即为什么评估。评估目的不同，评估的范围、方法和标准也会不同。一般来讲，评估的目的主要有两个方面：一是改进工作，即社区矫正工作者通过对社区矫正对象矫正质量的评估来发现问题，进而提高工作质量。二是深化工作，即社区矫正机构通过对社区矫正工作质量的评估来总结经验，寻找深化工作的方向和目标。因此，明确评估目的是评估方案首先要包含的内容，也是整个评估的基础性工作。

具体到社区矫正不同阶段的两种质量评估类型，矫正过程中的阶段性质量评估的目的，主要是评估社区矫正对象心理和行为的变化，根据矫正效果评估结果，调整社区矫正对象的矫正级别。解矫前的终结性评估的目的，主要是评估即将解矫的社区矫正对象的矫正效果，行为和心理改善程度，有无再犯风险和其社会适应性等。

（二）确定评估时间

社区矫正过程中的阶段性评估建议每年开展 2 次，时间安排在每年的第二季度和第四季度较为合适；解矫时的终结性评估的对象是社区矫正期满前 1~2 个月的社区矫正对象。

阶段矫正效果评估是指社区矫正机构对社区矫正对象进行监督管理、教育帮扶所产生的实际效果定期作出评价的活动。阶段矫正效果评估一般每半年进行一次。下面就以《山东省社区矫正阶段性效果评估表》为例说明。山东省社区矫正阶段矫正效果评估内容包括社区矫正对象的个体风险、矫正期间表现、矫正期间奖惩、矫正成效和外界综合评价等 5 个项目、22 个子项目。

专栏 12-1

社区矫正对象阶段矫正效果评估表

姓名		性别		出生日期		评估日期		
项目		子项目					分值	得分
个体风险（15分）	管理等级	宽管类					15	
		普管类					10	
		严管类					5	
矫正期间表现（26分）	遵守法律法规情况	严格遵守，无违法行为					4	
		偶尔违反，经教育能改正					2	
	对社区矫正的认识和接受程度	认识正确，积极接受					2	
		认识模糊，有一定抵触					1	
		缺乏认识，拒绝接受					0	
	遵守报告情况	严格遵守					4	
		消极应付，经教育能改正					2	
		偶尔违反，经教育不改正					0	
	接受教育情况	积极接受，态度认真					4	
		态度一般，经教育能改正					2	
		消极应付，经教育不改正					0	
	遵守请销假情况	严格遵守					4	
		消极应付，经教育能改正					2	
		偶尔违反，经教育不改正					0	
	完成社区服务情况	正常完成，态度认真					4	
		应付，基本完成，态度不认真					2	
		未完成					0	
	思想汇报	按规定认真完成，善于接受规劝					2	
		应付完成或很难接受规劝					1	
		基本未完成					0	
	参加就业技能培训	积极参加或无需参加培训					4	
		被动参加且未完成培训计划					2	
		不愿意参加培训					0	

续表

项目	子项目			分值	得分
矫正期间奖惩（10）	日常行为奖惩		有立功表现	7	
			被评为社区矫正积极分子	5	
			获得日常行为表扬	3	
			未获得任何日常行为奖励或处罚	0	
			被处以警告	−3	
			被处以行政拘留	−5	
	司法奖励		获得减刑	3	
			未获得司法奖励	0	
矫正成效（37）	思想教育效果	罪错认识和法律意识	认罪悔罪诚恳，具备一定法律意识	3	
			罪错认识、法律意识较为模糊	2	
			不认罪悔罪、法律意识淡薄	0	
		对被害人和社会的反应	愧疚，愿意主动进行补偿	3	
			一般，可以被动进行补偿	2	
			无视，坚决不愿进行补偿	0	
		人生态度	积极乐观	3	
			消极气馁	2	
			自暴自弃	0	
	人际关系改善效果	婚姻家庭关系	和睦稳定	3	
			轻微冲突	2	
			重大冲突、纠纷或无亲属	0	
		交友状况	社交健康、正常	3	
			比较孤立无朋友	2	
			与不良人有交往	0	
		社区邻里关系	和睦、友善	3	
			较为淡漠	2	
			紧张、存在冲突	0	
	生活状况改善效果	经济来源	正常就业收入	3	
			低保救助或家庭资助	2	
			无稳定经济来源	0	

项目	子项目			分值	得分
	住房条件	有独立居所		3	
		有居住地但不独立		2	
		居无定所		0	
	就业能力	较强，竞争上岗或自主创业		3	
		一般，推荐上岗或过渡性就业基地		2	
		弱，无法就业		0	
	心理矫正效果	艾森克人格测试效果	心理健康状况良好	10	
			心理健康状况一般	5	
			心理健康状况差	0	
外界综合评价（10分）	矫正小组意见	有悔改表现认真接受矫正适应社会生活	是	10	
			不能确定	5	
			否	0	
评估得分			阶段矫正效果		
原管理等级			现管理等级		
评估人			社区矫正机构审核意见		

社区矫正机构可以采取查阅资料、调查核查、心理测试、结构性谈话、综合分析等方式，认真填写《社区矫正对象阶段矫正效果评估表》，逐项测评打分，并根据评估得分划分社区矫正对象的阶段矫正效果：

评估得分≤55分的，一般为"差"；

评估得分56-75分的，一般为"一般"；

评估得分≥76分的，一般为"好"。

社区矫正机构应当根据社区矫正对象的阶段矫正效果，结合其日常表现，及时调整社区矫正对象的管理等级：

阶段矫正效果为"好"的，一般应调整到管理较宽松的等级；

阶段矫正效果为"一般"的，一般应维持原来的管理等级；

阶段矫正效果为"差"的，一般应调整到管理较严格的等级。

社区矫正机构应当及时向社区矫正对象告知其调整后的管理等级和处遇措施，完善矫正方案。

除了在矫正过程中对社区矫正对象进行阶段性质量评估外，在矫正对象解除社区矫正前一个月内，矫正机构还应当对其进行终结性综合评价，进行解矫后重新犯罪预测，为安置帮教提出回归保护建议。终结性评价既是对社区矫正质量的检验，也是对社区矫正对象整个矫正过程的总结。

总体矫正质量评估是指社区矫正机构在社区矫正对象矫正期满前，对其教育矫正质量进行全面评估的活动。总体矫正质量评估应当在社区矫正对象矫正期满前 10 个工作日内完成。下面以山东省的《社区矫正对象总体矫正质量评估表》为例说明。社区矫正机构可以采取查阅资料等方式，认真填写《社区矫正对象总体矫正质量评估表》，逐项计算，并依据评估得分，组织相关人员集体研究，结合社区矫正对象的自我评价、一贯表现、社区意见等，评定其总体矫正质量：

评估得分≤45 分的，一般为"差"；

评估得分>45 分的，一般为"好"。

根据社区矫正对象的总体矫正质量，社区矫正机构应当对社区矫正对象做出书面鉴定，提出安置帮教建议。

总体矫正质量为"差"的，一般作为重点帮教对象；

总体矫正质量为"好"的，一般作为一般帮教对象。

> **专栏 12-2**
>
>
>
> **社区矫正对象总体矫正质量评估表[1]**
>
>
>
> | 姓名 | | 性别 | | 出生年月 | |
> |---|---|---|---|---|---|
> | 矫正类别 | | 解除矫正日期 | | 评估日期 | |
> | 评估内容 | | | | | |
> | 阶段矫正效果评估次数（n） | 评估分值（M） | 个体风险项目对应分值（N） | 得分（P=M-N） | | 管理等级 |
> | 第 1 次 | | | P1 | | |
> | 第 2 次 | | | P2 | | |
> | 第 3 次 | | | P3 | | |
> | 第 4 次 | | | P4 | | |
> | 第 5 次 | | | P5 | | |
> | 第 6 次 | | | P6 | | |
> | …… | | | …… | | |
> | 最后一次（n） | | | Pn | | |
> | 评估得分 | | 总体矫正质量 | | | |
> | 评估人 | | 社区矫正机构审核意见 | | | |
> | 注1：总体矫正质量评估得分=$P_n \times 60\% + [P_1+P_2+\cdots\cdots+P_{(n-1)} \div (n-1)] \times 40\%$ | | | | | |

[1] 专栏 12-1、12-2 资料来源于山东省司法厅。

在矫正过程实施中某个阶段还没有完成时，不能实施阶段性评估；在矫正过程本身尚未完成时，终结性评估不能进行。

（三）制定评估指标体系及其权重

设计评估方案主要涉及制定评估指标体系和确定指标权重。社区矫正评估的指标体系指的是若干个相互联系的统计指标所组成的有机体。一个完整的指标体系，除了有系统的项目指标外，还必须科学地确定每一个项目指标在体系中所占的比重。[1]

1. 制定评估指标体系。指标是构建评估体系的重要组成部分，评估标准的设计是否科学、全面，关键在于指标的选择是否合理。社区矫正质量评估的指标选择应建立在对全国社区矫正对象进行大样本的调查基础上来选取。

社区矫正至少包括了管理工作、刑罚执行和帮扶安置三大方面的内涵。因此，反映社区矫正实质的指标也不可能是单一的，而是一个体系，是一个系统，作为一个体系或系统，矫正指标包括了众多的方面。这就需要评估者根据评估的目的对评估指标进行筛选。当评估者根据矫正评估的目的筛选一组具有内在联系的指标，并将其有机地组合起来，就形成了所谓评估指标体系。这一评估指标体系必须满足以下几个方面的要求：①评估指标体系必须反映评估的目的；②评估指标的选择必须具有代表性，反映所评估对象的实质；③评估指标的选择必须相对完善；④各评估指标之间存在逻辑的、有机的联系。

社区矫正质量评估指标在不同的评估中有交叉、有不同，其一级指标一般有：①个体风险程度（个体风险评估可以借鉴《社区矫正对象危险评估测评表》）。②遵纪守法情况。包括：对罪行和社区矫正的认识；接受社区矫正机关的日常管理；按规定参加教育学习和公益活动；遵守请销假制度；定期进行思想汇报和沟通；有无违规违纪、违法犯罪情况；是否受到奖惩等。③心理健康情况。包括认知方式的修正；自我控制能力的提高；心理态度、行为归因；心理问题的自我调适；违法犯罪心理的消除；守法心理及其他积极心理和行为习惯的建立；以及不良人格的矫治情况等。④道德素质情况。包括：金钱观、是非善恶观、荣辱观；自我责任感，家庭责任感等道德认知和道德情感；以及道德行为表现和道德自律性等。⑤社会适应情况。包括：劳动观念、择业观念；劳动技能；文化知识；人际交往和社会适应能力等方面。⑥外界评价情况。包括：是否悔罪认错；能否正确处理各种人际关系；是否有稳定的职业；是否有酗酒、吸毒等不良恶习；是否有越轨、违法行为等。

2. 确定评估指标的权重。制定评估指标体系的另一项内容是确定各项指标

---

〔1〕 刘诗嘉："社区矫正评估对象的选择———一种刑事司法评估方法的运用"，载《中国刑事法杂志》2005 年第 3 期。

的权重。权重是表示指标重要程度的系数。构建完整的评估体系需要我们根据各个一级指标在评估体系中的重要性和作用大小，分别对它们在总指标体系中所占的比例进行确定，赋予不同的权重。各项指标权重的分配，要根据大样本的实测和统计科学分析来确定。确定各项指标权数的根据主要有三个方面：①指标的信息含量。一般而言，指标所含的信息量越大，权数越高，反之亦然。②指标的敏感性。这是指能够反映所评估对象实质的指标，这类指标反映了评估对象与其他方面的根本区别，并能对评估对象的过程、变化等做出敏感的反映，因而具有重要意义。一般而言，敏感度越大的指标，权数越高，反之亦然。③指标的独立性。这是指指标的不可替代性。一般情况下，各项指标之间存在一定的相关性，在这种相关性前提下，有些指标的作用可以被其他指标替代，此时，该项指标就应该剔除，不占有指标权数。反之，如果某些指标能够明显地增加评估的信息量，那么，该项指标的权数就会相应增加。

权重分配的方法有层次分析法、比较法、德尔斐法、经验判断法等。

层次分析法是先按要求建立一个具有描述系统功能特征的层次结构，通过两两比较评价因素的相对重要性，按照相应的比例标度，构成对应的因素判断矩阵，得出各因素的权重系数。

比较法是通过比较指标的重要性确定指标权数的一种方法。其基本步骤是：由专家根据指标的重要性进行指标排序，并将后面的指标与前一指标进行比较，计算其相对重要比，由此计算出各项指标的权数。

德尔斐法是一种利用专家系统对指标权数进行确定的方法。其基本步骤是：首先，把待定权数的指标和有关资料及统一的规则发给选定的专家，由他们独立地给出各项指标的权数值；在此基础上计算各指标权数的均值和标准差；将计算结果及补充资料返还专家，要求他们在第一轮征询结果的基础上研究和思考，重新确定权数，并给出确定权数的理由；反复进行上面的步骤，直至专家们的意见趋于收敛、稳定或基本一致，然后计算各指标的均值作为该指标的权数。

权重的取值范围在 0~1 之间，各指标权重之和应为 1，在测评过程中按 100分计。

上一级指标权数确定后，再分摊下一级，并按上述原理进行。

社区矫正质量评估可以使用 5 级制评估等级，如"很好、较好、一般、较差、很差"。

为使人为因素减少到最低程度，必须制定与第三级指标相对应的参照标准评语，确定从"很好"到"很差"的不同等级的内涵。

指标体系、指标及其等级与内涵最具体地体现了评估目标与内容，为确定社区矫正的重点和衡量社区矫正的成效提供了客观的、清晰的标准。

在评估因素中可以设定特别否定程序，即如果社区矫正对象在社区矫正期间出现了重新犯罪情况，就不需再评估，直接予以不合格的评估结论。

（四）评估方法的使用

如前所述，社区矫正质量评估的方法多种多样，有通过资料的查阅、收集、分析、使用评估的资料评估法，有观察法，有使用各种量表、问卷调查表进行测量、分析的问卷评估法，也有访谈评估法等方法。不同的质量评估也可能用到不同的方法，也可能会在一次评估中交叉使用到多种方法。

> ⟳ 专栏 12-3
>
> ### 社区矫正质量（效果）阶段评估表[1]
>
> | 姓名 | | 性别 | | 年龄 | |
> |---|---|---|---|---|---|
> | 矫正类型 | | 矫正起止日期 | | 矫正级别 | |
> | 评估得分 | | 矫正效果得分 | | 阶段效果得分 | |
>
> | 类指标 | 二级指标 | 三级指标 | 分值 | 得分 |
> |---|---|---|---|---|
> | 个体风险
（15分） | 风险等级 | 低风险 | 15 | |
> | | | 一般风险 | 10 | |
> | | | 高度风险 | 0 | |
> | 刑罚执行情况
（10分） | 刑法以及相关法律法规对缓刑、管制、假释、监外执行的规定的遵守（实际执行）情况 | 严格遵守法律法规相关规定，刑罚执行情况良好 | 10 | |
> | | | 偶有违反相关规定，经教育改正 | 5 | |
> | | | 多次违反相关规定或经教育拒不改正 | 0 | |
> | 矫正期间表现
（24分） | 对社区矫正的认识和接受程度 | 认识正确，较易接受 | 2 | |
> | | | 认识模糊，有一定抵触 | 1 | |
> | | | 缺乏认识，拒绝接受 | 0 | |
> | | 服从日常管理及遵纪守法 | 服从管理，严格遵纪守法 | 4 | |
> | | | 基本服从，但偶有违法经教育能改正 | 2 | |
> | | | 不服从管理或有严重违法违纪情况 | 0 | |

---

〔1〕 来源 http://www.docin.com/p-109891887.html，访问时间：2018 年 8 月 2 日。

续表

类指标	二级指标	三级指标	分值	得分
矫正期间表现（24分）	接受个别教育，集中教育	按要求接受，态度认真	4	
		应付参加或有2次以下缺席经教育能改正	2	
		不接受教育或基本未完成教育计划	0	
	遵守请销假制度	严格遵守法律法规相关规定，刑罚执行情况良好	4	
		违反1次经教育能改正	2	
		违反2次以上	0	
	完成公益劳动	正常完成，态度认真	4	
		应付，基本完成，态度不认真	2	
		未完成公益劳动	0	
	思想汇报及沟通	按规定认真完成或善于接受规劝	2	
		应付完成或很难接受规劝	1	
		基本未完成	0	
	参加就业技能培训	积极参加或无需参加培训	4	
		被动参加且未完成培训计划	2	
		不愿参加培训	0	
参加矫正期间奖惩情况（15分）	日常行为奖励	被评为社区矫正积极分子	10	
		获得日常行为的记功	8	
		获得日常行为的表扬	5	
		未获得任何日常行为奖励或处罚	0	
		被处以日常行为警告	−5	
		被处以日常行为记过	−10	
	司法奖励	获得减刑	5	
		未获得司法奖励	0	

续表

矫正阶段反应（24分）	思想法制教育效果	罪错认识和法律意识	认罪态度诚恳，具备一定法律意识	2	
			罪错认识、法律意识较为模糊	1	
			不认罪悔罪，法律意识淡薄	0	
		对被害人和社会的反应	愧疚，愿意主动补偿	2	
			一般，可以被动补偿	1	
			无视，坚决不愿补偿	0	
		人生态度	积极乐观	2	
			消极气馁	1	
			自暴自弃	0	
	人际关系改善改善	婚姻家庭关系	和睦稳定	2	
			轻微冲突	1	
			重大冲突、纠纷或无亲属	0	
		交友状况	社交健康正常	2	
			比较孤立无朋友	1	
			与不良人员有交往	0	
		社会邻里关系	和睦友善	2	
			较为淡漠	1	
			紧张，存在冲突	0	
	生活状况改善	经济来源	正常就业收入	3	
			低保救助或家庭资助	2	
			无稳定经济来源	0	
		住房条件	有独立居所	3	
			有居所地但不独立	2	
			居无定所	0	
		就业能力	较强，竞争上岗或自主创业	3	
			一般，推荐上岗或过渡性	3	
			差，无法就业	0	
	心理矫正	心理健康状况	正常	3	
			存在较轻程度心理问题，接受心理辅导	2	
			确认存在心理障碍	0	

续表

外界综合评价（12分）	有悔改表现，认真接受矫正，能适应生活	是（12分）	考证组意见（权重75%）	
		不能确定（6分）		
		否	家属意见（权重25%）	
说明	1. 将评估表得分中的实际得分相加就是最终的"评估得分"，填入"评估得分"栏。 标准：当评估得分低于55分（不包括55分）时，可认为矫正质量效果"差"，当评估得分处在55~75分（不包括75分）的范围时，可认为矫正质量效果"一般"，当评估得分在75分以上时，可以认为矫正质量效果"好"。 2. 将"评估得分"减去"个体风险"这个类指标的得分，得出"矫正效果得分"，填入"矫正效果得分"栏。 3. 将此次评估表的评估得分减去上次评估表的评估得分，即为"阶段效果得分"，填入"阶段效果得分"栏。			

评估小组成员：　　　　　　　　　　　　　　　　评估日期：

专栏 12-4

社区矫正对象教育矫治效果评估操作办法[1]

　　社区矫正对象教育矫治效果评估由社区矫正对象自评和社区矫正工作者考评两个部分组成。具体评估工作在各级社区矫正工作机构的指导下，由司法所负责实施，司法所应该在社区矫正对象解矫前得出评估结果。

　　一、自评

　　社区矫正对象教育矫治效果自评。主要反映社区矫正对象临近解矫时，在法纪观念、道德观念、行为特征、心理特征、素质特征、认知水平等方面的状态。（采用量表A，共设计50个问题，每个问题有A、B、C三个答案，依次反映从高到低的状态，选A为0分，选B为1分，选C为2分，原始分值为100分）

　　二、社区矫正工作者考评

　　（一）教育矫治六要素评估

　　结合社区矫正对象日常表现情况，根据教育矫治六要素（认罪悔罪、服

〔1〕　来源：http://wenku.baidu.com/view/e655910df78a6529647d53b0.html，访问时间：2020年3月12日。

从管教、行为规范、教育学习、公益活动和心理健康）对社区矫正对象的教育矫治状况进行评估。（具体评分标准见量表 B）

（二）矫治阶段考核结果量化分析（N 为社区矫正对象实际参与考核的月数）

对社区矫正对象日常考核得分进行量化分析，将日常考核部分除以参与考核的时间，公式为：矫治阶段考核量化评估得分=考核总分×12÷N。

（三）社区矫正工作者考评得分

其计算方式如下：社区矫正工作者考评得分=（教育矫治六要素评估分+矫治阶段考核量化评估分）÷2。

三、计分结果折算标准分

自评权重20%，社区矫正工作者评议权重80%，将标准分相加得出教育矫治效果评估总得分。

四、教育矫治效果评估等级划分标准

根据评估得出的量化结果，按如下标准划分出教育矫治效果评估由高到低各等。教育矫治效果评估结果应及时载入社区矫正对象《社区矫正期满鉴定表》。

（一）A 等：80 分及以上（教育矫治效果明显，再犯罪可能性低）；

（二）B 等：60~79 分（教育矫治效果一般，再犯罪可能较低）；

（三）C 等：60 分以下（教育矫治效果较差，有再犯罪可能）。

附件1：社区矫正对象教育矫治效果评估问卷 A

附件2：社区矫正对象教育矫治六要素评估表 B

社区矫正对象教育矫治效果评估问卷（A）

说明：本问卷共50个问题，每个问题有三个可供选择的答案，仅选择一个你认为最为确凿的答案，作答时不要费太多时间思考。请在 1 小时内完成本套问卷。

姓名：　　　　　　　　　　矫正机构：

1. 你认为犯罪（　　）

A. 无危害　　　B. 对被害人有损害　　　C. 对被害人和社会有损害

2. 你犯罪的原因是（　　）

A. 被迫的　　　B. 执迷不悟　　　　　　C. 主观原因

3. 如果有余罪（　　）

A. 拒不交待　　　B. 暂不交待，被查后作交待　　　C. 主动交待

4. 知道他人罪行（　　）

A. 替他隐瞒　　　B. 需要提供情况时再说出来　　　C. 检举揭发

续表

5. 你对附加刑（　　）

A. 不执行　　　　B. 有条件的执行　　　　　C. 完全执行

6. 假如看到他人抢劫财物时，你会（　　）

A. 不理睬　　　　B. 报警　　　　　C. 制止

7. 你对朋友或亲人的预谋犯罪（　　）

A. 参与　　　　B. 不理睬　　　　　C. 制止

8. 你对法律制度的态度（　　）

A. 只要不违法就与自己无关　　B. 要认真学习　　C. 要学习也要宣传

9. 对于致富的路子，你认为（　　）

A. 不违法经营就不可能致富　　B. 靠机遇　　C. 抓住机遇，勤劳致富

10. 你对乡规民约的认识是（　　）

A. 不是法律不予理睬　　　　B. 遵守就行了

C. 只要不与法制相冲突的就应该遵守

11. 你对道德的认识（　　）

A. 只要不违法，违反道德规范没关系　　B. 可以考虑遵守道德规范

C. 法律规范和道德规范都要遵守

12. 你对于集体利益（　　）

A. 为了自己的利益就可损害集体利益　　　　B. 事不关己，高高挂起

C. 要维护集体利益

13. 如果再犯罪，你将（　　）

A. 无所谓　　　　B. 有所谓　　　　C. 非常后悔，且要认真反思

14. 在公共场所（　　）

A. 可以随地吐痰　　　　B. 只要不罚款就可随地吐痰　　C. 不可以随地吐痰

15. 对于献血行为，你认为（　　）

A. 是做蠢事　　　　B. 有报酬就可以献血　　　　C. 要积极参与

16. 对于捐款行为，你认为（　　）

A. 有钱也不捐　　　　B. 有钱人才捐　　C. 只要有条件就要积极捐款

17. 对于文明礼貌、言行举止，你认为（　　）

A. 不关我的事　　B. 因为需要才履行　　C. 要做到文明礼貌、言行举止规范

18. 一旦发现火灾、火情，你将（　　）

A. 不关自己的事　　　　B. 叫人救火　　C. 边救火边报警

19. 假如生活困难，你将（　　）

A. 去骗他人的钱　　　　B. 向亲朋好友借钱　　　　C. 靠劳动来创造财富

续表

20. 当他人遭遇灾难，你感到（　　）

A. 幸灾乐祸　　　　　B. 同情　　　　C. 应该给予帮助

21. 对于学习，你认为（　　）

A. 对成年人来说不需要学习　　　B. 有条件才学习　　C. 在实践中努力学习

22. 对于子女的学习，你会（　　）

A. 无所谓　　B. 适当过问　　C. 很关注，很关心

23. 对于长辈，你将（　　）

A. 无法赡养　　B. 有钱才赡养　　　　　C. 必须赡养

24. 对于家庭，你认为（　　）

A. 无所谓　　　B. 有所谓　　C. 要尽到责任

25. 一旦朋友感情破裂，你认为应该（　　）

A. 报复　　B. 断交　　C. 找出原因，尽量和好

26. 对待邻居，你会（　　）

A. 打他们的主意　　B. 不相往来　　C. 搞好关系，相互帮助

27. 一旦遇到被别人侵害，你将（　　）

A. 以牙还牙，进行报复　　B. 忍气吞声　　C. 寻求法律途径解决

28. 假如你被收监，你会（　　）

A. 要挟政府　　B. 认命算了　　C. 分析原因，加强改造

29. 对于公益活动，你认为（　　）

A. 没有必要认真参加　　　B. 为了不受处罚而劳动

C. 应该积极参加，从劳动中来改造自己，养成劳动习惯

30. 社会劳动和公益活动相比，你认为（　　）

A. 公益活动是惩罚，社会劳动有报酬　　　B. 毫不相干　　C. 有联系

31. 对于劳动技术掌握，你认为（　　）

A. 年纪不小，难以掌握　　B. 找了工作再说　　C. 边实践边学

32. 对于享受问题，你认为（　　）

A. 先享受再劳动　　B. 边劳动边享受　　　　C. 先劳动再享受

33. 解矫后，对于人生你将（　　）

A. 过一天算一天　　B. 老老实实待在家里　　C. 做事勤快，做人诚实

34. 对当前的社会生活，你认为（　　）

A. 没有好人，没有好事　　　B. 有人可能瞧不起释放人员

C. 只要不违法，坚定信心，一切都会改变

35. 对于生产安全问题，你认为（　　）

A. 只要保自己安全，其他不重要

B. 为了提高生产效率，生产安全就次之了

C. 既要提高生产效率，又要注意生产安全

续表

36. 如果你是驾驶员，一旦出现紧急交通问题，你将（　　）

A. 他人安危与自己关系不大　　　B. 首先保护好自己的车

C. 首先要保护别人的生命和财产安全

37. 对于弱者，你认为（　　）

A. 抛弃　　　B. 同情　　　C. 要帮助

38. 对于强者，你认为（　　）

A. 嫉妒　　　B. 望尘莫及　　　C. 羡慕

39. 对于国家公职人员和领导，你认为（　　）

A. 没有好的　　　B. 与我无关　　　C. 可能个别有问题，但主流是好的

40. 对于前途，你感到（　　）

A. 无信心　　　B. 不知道　　　C. 有信心

41. 一旦遇到想不通的事情，你会（　　）

A. 自杀　　　B. 生病　　　C. 坚强起来，调整情绪

42. 如果受到家人冷落，你就会（　　）

A. 想不通，可能再犯罪　　　B. 放任自流，不想它

C. 振作起来，面对现实，找出原因，改变现状

43. 人与人之间，你认为（　　）

A. 各行其是　　　B. 谨慎对待　　　C. 协调好关系

44. 对于赌博，你认为（　　）

A. 就是那么回事　　　B. 不关我事　　　C. 不是好事，不应该

45. 解矫后，你希望（　　）

A. 别人不要管你　　　B. 靠别人帮助　　　C. 靠自己努力，也靠别人帮助

46. 对于就业问题，你认为（　　）

A. 与我无缘　　　B. 靠社会安置　　　C. 自己争取与社会安置相结合

47. 城市与农村，你认为（　　）

A. 到农村去无出路　　　B. 到哪都无所谓　　　C. 根据自己情况，看哪里更适合自己

48. 对于经商，你认为（　　）

A. 都是奸商　　　B. 太难了　　　C. 创造条件，抓住机遇，善于经营就能搞好

49. 社区矫正对你来说（　　）

A. 感到耻辱　　　B. 感到痛心　　　C. 值得反思

50. 我刑满后再犯罪的可能性（　　）

A. 大　　　B. 很难说　　　C. 绝对不会

总得分：　　　　　　　　　　　　　评阅人：

年　　月　　日

社区矫正对象教育矫治六要素评估表（B）

社区矫正对象姓名：＿＿＿＿＿＿　　矫正机构：＿＿＿＿＿＿

标准	子项内容	分值等次				得分
		好	较好	一般	差	
认罪悔罪（共16分）	承认犯罪事实	3分	3分	2分	1分	
	服从法院判决	3分	2分	2分	1分	
	认清犯罪危害	3分	3分	2分	1分	
	查找犯罪原因	3分	3分	2分	1分	
	悔罪自新认识	4分	3分	1分	1分	
服从管教（共18分）	增强法律意识	3分	3分	2分	1分	
	遵守监管规定	4分	3分	2分	1分	
	自觉接受规定	3分	3分	2分	1分	
	消除犯罪思想	4分	3分	2分	1分	
	积极靠拢政府	4分	3分	2分	1分	
行为规范（共18分）	行为规范意识	4分	3分	2分	1分	
	基本行为规范	5分	3分	2分	1分	
	文明礼貌规范	5分	3分	2分	1分	
	消除犯罪恶习	4分	3分	2分	1分	
教育学习（共18分）	学习态度	6分	5分	3分	2分	
	学习表现	6分	5分	3分	2分	
	学习成绩	6分	5分	3分	2分	
公益劳动（共18分）	劳动态度	6分	5分	3分	2分	
	劳动纪律	6分	5分	3分	2分	
	劳动任务	6分	5分	3分	2分	
心理健康（共12分）	认知水平	2分	2分	1分	1分	
	人际关系	2分	2分	1分	1分	
	情绪意志	2分	2分	1分	1分	
	社会责任	2分	2分	1分	1分	
	改造心理	2分	2分	1分	1分	
	适应能力	2分	2分	1分	1分	

总得分：＿＿＿＿＿　　评估人：＿＿＿＿＿

　　　　　　　　　　　　　　　　　　　　　　年　　　月　　　日

【专栏 12-3】所示就是一份阶段性质量评估样表，【专栏 12-4】则是对教育矫正效果进行评估的两份问卷样卷，它们都既可以用于阶段性评估，也可以用于终结性评估。

二、实施评估方案

当评估方案设计完成，评估者进入实施评估方案阶段。实施评估方案实际上是按照评估设计的基本程序具体进行评估的过程，是把评估方案化为具体的行动。

（一）评估信息收集

评估资料是指评估人员依照评估方案收集的有关资料。真实、准确的评估资料是科学评估的前提。收集资料的人员应当接受必要的培训，并遵循标准化的程序，这样才能保证资料的可靠性和有效性。资料收集必须以报告的形式加以说明，以备分析、解释资料时查询。

1. 查阅档案。主要查阅起诉、判决、裁定等法律文书资料，掌握社区矫正对象的身份信息和犯罪、逮捕、判决等信息。

2. 摄入性面谈。通过面谈，建立与社区矫正对象的信任关系，同时收集评估所需要的信息。面谈的内容应包括社区矫正对象家庭结构及模式、生活成长、接受教育、从业和犯罪等历史情况以及当前的所思、所想、所需。

面谈时应选择场所安静、整洁、明亮，双方距离较近的环境进行，最好有专门的谈话室。要应用面谈技术，采用尊重、热情等沟通技术，并贯穿面谈全过程，尤其是面谈初期，营造宽松、真诚、融洽的沟通氛围，形成有效的评估关系。也可以采用倾听、开放式或封闭式询问方式，启发、引导社区矫正对象的自我表述，控制谈话方向，摸清有关问题，收集真实有效的评估信息。

评估人员应把握好专业角色，态度保持相对中立，尽量避免在面谈过程中进行道德性价值评价或直接指导。同时，面谈前尽量使用礼貌用语，简要介绍面谈的目的，承诺隐私保密，使罪犯解除顾虑，放松情绪，主动配合和积极表述。

面谈时，评估人员还应细心敏锐地观察社区矫正对象的目光、面部表情和身体姿势等非语言信息，分析理解其背后隐藏的真实的实质性内容。

在摘要整理面谈内容时，应侧重于重要生活事件，尤其是社区矫正对象的主要情况以及对社区矫正对象的影响、社区矫正对象对重要生活事件尤其是犯罪的认识和评价，社区矫正对象主要思想和价值观念、行为倾向特征、人格特征和未来预期等方面。

需要提起注意的是，人身危险性信息的搜集，应置于面谈末尾，以免提问过多，妨碍社区矫正对象表达，避免其过早地产生自我防卫心理。

（二）心理评估测验

1. 人格测验。在量表选用中，可以选用卡特尔 16 种人格因素问卷（16PF），艾森克人格因素问卷（EPQ）和明尼苏达人格测验（MMPI）等。在测验形式上可以进行个别测验也可以进行团体测验。为保证测验结果的准确性，团体测试时每次的测试人数不应超过 20 人。并至少有两名具有三级心理咨询师资格的人员担任主测，最好具有专门的心理测验室，在软硬件配置上符合心理测验要求。

2. 人身危险性检测。依据社区矫正对象的基本信息和摄入性面谈采集的信息，在了解罪犯犯罪状态、心理、生理状态、犯罪归因、恶习程度、涉毒状况和自然状况等基础上，由评估人员综合罪犯前科次数、本次判刑年龄、刑种刑期（适用于假释罪犯）、犯罪形态、犯罪类别、是否属于黑恶势力成员或共同犯罪成员、犯罪前居住状况、受教育状况、婚姻状况、与家庭成员关系、家庭经济状况、犯罪前 3 年内的就业经历、接受社区矫正前掌握的劳动技能情况、接受社区矫正前交往情况、犯罪前在娱乐场所消费或工作经历、接受社区矫正前赌博情况、接受社区矫正前酗酒情况、性行为情况、是否有过吸食或贩卖毒品经历、情绪稳定情况、精神或心理状况、身体健康状况等多方面的因素，形成综合的量表，对罪犯人身危险性进行预测。检测评定结果应标明罪犯人身危险程度。

（三）评估信息处理

1. 筛选整理评估材料。一是对收集信息资料进行整理，包括对社区矫正对象自述、摄入性面谈、行为观察、访谈等资料全面分析，获取有诊断意义的非常态信息和有鉴别意义的常态信息，做到化繁就简，去粗取精。二是验证信息资料。将归纳获取的信息资料，包括心理测验结果，互相对比印证，去除虚伪信息。

2. 综合分析信息资料。在分析中应当注意：一是按时序排列已筛选的信息。将筛选出的资料依照前后发生的顺序排列，明确先前信息、后继信息和派生信息，把握信息在时间上的有机联系。二是按关联性梳理已筛选的信息。按信息间的因果关系或相关关系，明确原因信息和结果信息、主导信息和关联信息、表象信息和本质信息，把握信息在逻辑上的有机联系。三是要突出重点，兼顾一般。与社区矫正对象恶劣品行密切联系、妨碍教育矫治、具有人身危险性和可能导致再犯罪的信息资料作为分析重点，兼顾一般资料。四是综合归纳，形成印象。将社区矫正对象心理健康状况、人格特征、人身危险性等情况综合归纳，形成初步印象；将其存在的具体问题及其诊断依据综合归纳，并进行归因分析，形成综合印象。[1]

---

[1] 张向东："关于在社区矫正工作中罪犯改造质量评估的思考"，载 http://www.baidu.com/s? word＝%C9%E7%C7%F8%BD%C3%D5%FD%D6%CA%C1%BF%C6%C0%B9%C0&tn＝sitehao123，访问时间：2020 年 3 月 12 日。

三、撰写评估报告

评估报告是指评估人员在分析资料基础上，详细陈述评估发现的书面报告。通过实施评估方案，评估人员获得了大量信息和资料，此时，评估人员需要进一步分析综合评估信息处理的结果，对形成的综合印象进行修正完善，明确社区矫正对象犯罪归因，综合概括出评估结论，最终形成评估报告或评估总结。

评估报告一般应当包括以下内容：①评估主体。②评估时间。③评估对象的基本情况。④评估的方法与工具。⑤评估结论。

形成评估报告后，应有至少 3 名专业评估人员进行会审，对评估报告的客观性、规范性进行审核。通过审核的报告进入下一流程，未通过审核的评估报告由原评估人员或重新安排其他评估人员重新进行评估，修正完善。

四、通知和公示评估结果

社区矫正质量评估结果出来后，评估人员应当将评估结论扼要反馈给社区矫正对象本人及其家属，并作出适当的解释，了解罪犯对评估结论的反映，并在社区内进行公示。

五、跟进调整矫正工作

评估结果是调整矫正工作的依据。社区矫正质量评估的最终目的是为社区矫正机构或社区矫正工作者提供经验借鉴。对社区矫正工作者而言，如果评估的结果未达到预期的效果，则需要从评估报告中总结经验，寻找矫正工作中的偏差，并加以改进；对于社区矫正机构而言，通过评估进行总结、判断，并以此决定矫正工作的开展方向。[1] 同时，社区矫正质量评估结果要与刑释解教人员安置帮教工作紧密衔接。解矫后，矫正对象的终结性质量评估结果应当及时移交给社区，以利于有关机关和社区对解矫人员的管理和帮扶，从而巩固社区矫正效果。

 【单元小结】

社区矫正质量评估，又称为社区矫正效果评估，是指根据社区矫正目标，运用可操作的科学手段，对社区矫正对象采取的管理、教育帮扶等矫正措施所产生的实际效果作出评价。评估主体主要包括社区矫正机构、专家学者、社区组织、社区志愿者、社区居民以及社区矫正对象。社区矫正质量评估包括社区矫正对象矫正质量评估与社区矫正工作质量评估，矫正过程中的阶段性质量评估与出矫时的终结性质量评估两种分类。评估过程中，必须把握客观性原则、系统性原则、科学性和可操作性原则、定量与定性相结合的原则、全面参与原则。社区矫正质量评估的方法主要包括观察法、面谈法、心理测验法等。社区矫正质量评估流程大致可以包括：设计制定评估方案、实施评估方案、撰写评估报告、宣告并公示

---

〔1〕　吴宗宪主编：《社区矫正导论》，中国人民大学出版社 2011 年版，第 394 页。

评估结果、跟进调整矫正工作五个阶段。其中社区矫正质量评估方案应当包括明确评估目标、确定评估时间、制定评估指标体系及其权重、选择评估方法等内容。

【技能训练——实训项目】

【案例 12-2】

一、个人基本情况

蒋某某，男，1968 年 5 月出生，户籍地、居住地均为广西壮族自治区鹿寨县。2016 年 7 月，因犯滥伐林木罪被鹿寨县人民法院判处有期徒刑 8 个月，缓刑 1 年，并处罚金人民币 8000 元。缓刑考验期自 2016 年 8 月 10 日起至 2017 年 8 月 9 日止。

蒋某某有一女一儿，妻子在家务农，女儿在上海打工，儿子居住在家，但从小患有骨髓炎，干不了体力活。蒋某某家中经济收入以其女儿外出打工及其务农为主，收入大部分用于治疗其儿子的病，家庭经济困难。在村委调查了解到，蒋某某性格内向，为人老实，勤劳肯干，与家人及邻里相处融洽，无不良嗜好。

二、接受社区矫正的情况

1. 入矫初期。

鹿寨县社区矫正机构接收后，委托蒋某某居住地的拉沟司法所开展社区矫正日常工作。司法所针对其存在的问题，制定了矫正方案，实施监督管理，教育矫正。接收社区矫正对象蒋某某后，对其进行认罪服法及法律法规、道德、政策、警示教育。成立了专门的社区矫正小组，制定了宽严相济的矫正方案并开展工作，使蒋某某在社区矫正过程中既感受到社区矫正的严肃性，也体会到社区矫正工作者对他的关怀和帮助。

根据《广西壮族自治区社区矫正教育工作规定（试行）》规定，在入矫教育阶段，以社区矫正对象的权利义务、社区矫正的有关法律、法规、制度、纪律为主要内容，重点强化蒋某某的身份意识和社区服刑意识。入矫教育期间，针对其生活、家庭情况制定教育矫正方案。入矫教育阶段结束前，司法所组织其进行入矫教育考试，考试主要围绕入矫教育期间学习的内容进行。入矫教育结束后，要求其提交入矫教育阶段的书面总结。

根据《广西壮族自治区社区服刑人员分类管理及考核奖惩办法（试行）》规定，入矫宣告接受社区矫正不满 3 个月的确定适用严管类别管理。在严管期间，要求蒋某某周一、周三电话汇报，每周五到司法所当面汇报，每月上交思想汇报，每月对其进行走访。要求其遵守严管期间的各项规定，并定期向司法所报告遵纪守法、接受监督管理、参加教育学习和社区服务等情况，并做好记录。

经过3个月的严格管理，发现蒋某某自入矫以来，能够认罪服法，悔罪意识明显。能认真遵守国家法律法规和社区矫正各项制度和规定，每周能按司法所要求打电话汇报，认真完成学习和社区服务等活动，按时上交思想汇报，安心生产生活，思想稳定，无不良嗜好，入矫以来无违法犯罪行为和私自外出行为，村委干部、家庭成员能积极配合社区矫正机构对其进行监管。但其法律意识不高，需加强法律知识培训教育，因其家庭经济困难，心理压力大。

2. 矫正中期针对入矫初期的表现情况，调整措施对其实施监督管理、教育矫正措施情况。

拉沟司法所工作人员经过对蒋某某3个月的矫正教育，了解其之所以犯罪是因为法制观念淡薄，判处缓刑后心理压力大，本身家庭经济困难，担心接受社区矫正后行为受到限制，影响农业生产，进而影响到家庭收入。针对其入矫初期，认罪态度良好，充分认识到了自己的错误，积极配合社区矫正工作人员的矫正工作，有悔改表现的情况。调整矫正教育方案并开展工作。

(1) 每月对蒋某某进行法律学习教育，除每月参加的集中学习之外，发给法律资料，让其自学法律知识，保证其每个月都学习一定的法律法规，加强其法制观念；

(2) 要求蒋某某每月按时交一份思想汇报，如实反映自己本月的思想情况、生活状况、法律学习及家庭等方面的情况。

(3) 每月至少与蒋某某谈话2次，及时了解其思想情况和生活状况。在谈话过程中对其进行心理疏导，讲明其在社区矫正过程中只要遵守社区矫正相关规定，就不会影响其农业生产。在农忙时可提前跟司法所请假。通过对其开展心理辅导，释放其心理压力和不良情绪，帮助其树立生活信心。

(4) 矫正小组成员协助司法所对社区矫正对象开展教育。了解到蒋某某想种植罗汉果，矫正小组成员联系村里罗汉果种植能手传授其相关种植经验，提供技术指导，保障了农业增收，进一步减轻其心理负担。

3. 矫正末期针对其表现实施监督管理、教育矫正措施情况。

根据《广西壮族自治区社区矫正教育工作规定（试行）》规定，社区矫正期满前，对社区矫正对象蒋某某开展有针对性的社区矫正工作。开展解矫教育，主要内容包括形势政策教育、遵纪守法教育、适应社会能力教育等学习活动。司法所根据其在社区矫正期间的表现、矫正小组的意见、考核结果等情况做出书面鉴定，并对其安置帮教提出建议，上报县级社区矫正机构。

4. 通过对社区矫正对象蒋某某实施监督管理、教育矫正措施取得的矫正效果。

通过一年的教育矫正，在拉沟司法所社区矫正工作人员和社区矫正志愿者的教育帮助下，社区矫正对象蒋某某在生活中能做到积极乐观，在日常生活中自觉遵守社区矫正监督、按时汇报，积极参加学习、社区服务。

　　在矫正小组成员的联系下，罗汉果种植能手传授了他相关种植经验，增加了他家的罗汉果产量。收入的增长，减轻了蒋某某的经济压力。

　　蒋某某表示现在自己在心态上比以前好多了，经过 1 年的时间学习法律法规，自己的法制意识得到了增强，知道以前的行为是错误的，是违法的。今后不会再做违法的事情。

　　请根据以上资料，完成以下实训任务：

　　1. 针对该社区矫正对象，制定矫正质量评估方案；

　　2. 实施该矫正质量评估方案；

　　3. 撰写矫正质量评估报告。

　　附：实训任务书和实训考核表

实训任务书

实训项目	1. 针对社区矫正对象蒋某某，制定矫正质量评估方案 2. 实施该矫正质量评估方案 3. 撰写矫正质量评估报告
实训课时	2 课时
实训目的	学生通过模拟实训，学会对社区矫正对象进行矫正质量评估的基本工作流程，进一步反思社区矫正质量评估的核心问题，从而具备对社区矫正对象开展矫正质量评估的职业能力
实训任务	1. 掌握社会适应性帮扶的工作流程：需要评估、介入实施、调查回访 2. 根据案例，将资料进行整理、分析 3. 根据案例中矫正对象的现实问题，拓宽思路，对其开展相应的帮扶 4. 反思影响社会适应性帮扶工作质量的核心因素
实训要求	1. 学生应提前掌握社区矫正质量评估的相关知识 2. 指导教师熟悉社区矫正质量评估的原理与实践 3. 学生要积极配合指导教师的指导完成实训 4. 根据实训需要将学生分成若干小组，采用角色扮演的方式完成实训任务 5. 指导教师进行点评总结，每组学生根据教师的点评总结找出不足
实训成果形式	评估方案、评估报告

续表

实训地点	实训教室或校内实训基地
实训进程	1. 教师讲解（介绍实训步骤、注意事项、进行角色分配） 2. 阅读准备好的实训案例 3. 根据实训需要将学生分成若干小组 4. 对案例中所提供资料进行整理、分析 5. 小组进行讨论，制作质量评估方案 6. 小组进行讨论，制作质量评估报告 7. 指导教师进行点评总结，每组学生根据教师的点评总结找出不足

实训考核表

班级_____ 姓名_____ 学号_____

任务描述：通过模拟实训，掌握社区矫正质量评估工作程序与方法，从而具备开展社区矫正质量评估工作的能力。

项目总分：100 分

完成时间：120 分钟（2 课时）

考核内容	评分细则	等级评定
一、实训过程与要求 1. 根据实训需要学生迅速分成若干小组 2. 小组成员自行分配好所扮演的角色 3. 小组进行讨论案例中社区矫正质量评估方案的制定和实施，评估报告的撰写 4. 根据任务书中的要求，开展模拟的社区矫正质量评估工作，完成所有的实训任务 5. 指导教师进行点评总结，每组学生根据教师的点评总结找出不足	分值：50 分 1. 实训过程与小组成员合作良好（15 分） 2. 实训演练认真、表现积极（15 分） 3. 能成功完成所有实训任务（20 分）	

续表

二、实训表现与态度	分值：20分 1. 无迟到（1分） 2. 无早退（1分） 3. 无旷课（3分） 4. 实训预习、听讲认真（2分） 5. 实训态度认真（5分） 6. 实训中不大声喧哗（1分） 7. 能爱护实训场所、设备、保持环境整洁（2分） 8. 能完全遵守实训各项规定（1分） 9. 实训效果好，基本掌握了社区矫正质量评估工作的程序与方法，具备了开展质量评估工作的职业技能（4分）	实训成绩评定为四等： 1. 优（100分~86分） 2. 良（85分~70分） 3. 及格（69分~60分） 4. 不及格（59分~0分） 注意事项： 1. 实训期间做与实训无关的操作，不能评定为"优" 2. 有旷课现象，不能评为"优、良" 3. 旷课××节及以上，评为"不及格"
三、实训总结 1. 实训中出现的问题及解决办法（对遇到的问题、问题产生的原因进行分析判断，把解决过程写出来） 2. 实训效果（本次实训有哪些收获，掌握了哪些知识、技能，哪些不明白，有什么疑问，等等）	分值：30分 1. 按规定时间上交（5分） 2. 格式规范（5分） 3. 字迹清楚（5分） 4. 内容详尽、完整实训分析总结正确（5分） 5. 无抄袭现象（5分） 6. 能提出合理化建议或有创新见解（5分）	4. 实训内容没有完成，评为"不及格" 5. 两份报告雷同，评为"不及格" 6. 具体评分标准由教师根据实训项目具体要求规定
合计		

评分人：　　　　　　　日期：　　年　月　日

 【拓展学习】

科技助矫　规范管理
着力提升社区矫正工作质量和水平

——河北省邢台市桥东区司法局亮点工作总结

河北省邢台市桥东区社区矫正机构本着"科学矫正、人文矫正、科技矫正"

的开放理念，以打造高标准社区矫正实战管理平台为统领，用科技指引社区矫正"一三五"工作机制，不断提升社区矫正工作质量和水平，有力促进了社会和谐稳定。截至目前，全区累计接收社区矫正对象763人，依法解除矫正558人，现在矫人员205人。局机关被评为河北省社区矫正工作先进集体，其社区矫正工作经验做法在全市推广。

一、建立一个平台，用科技提升管控技能

河北省邢台市桥东区社区矫正机构以科技理念先行，高标准建成了集教育、矫治、监管为一体的社区矫正中心，内设登记室、宣告室、视频监控室、集中培训室、心理咨询室、档案室等，架设了社区矫正专用光纤网络，实现"局所互联，人机互动"，形成集动态监控、信息采集、证据固定、远程教育、应急处置于一体的"立体矫正网"，通过社区矫正实战管理平台有力提升了社区矫正工作的动态化、实战化、科学化水平。

二、把好三个关口，用科技筑牢矫正管理

1. 用科技搭好衔接关。社区矫正对象一入矫，立即填录纸质信息和社区矫正平台电子信息，建立线下纸质资料投递与线上数据资料共享双机制，实现人未到基本信息先到。

2. 用科技卡住人情关。采用双平台管理：一方面，入矫报到结束，将社区矫正对象指纹+人脸信息录入上传签到信息管理平台，实现每周签到，司法所签到、社区矫正机构显示双控管理；另一方面，给每部定位手机下载拍照回传软件，通过回传软件实时回传思想汇报、所处环境，实现电子实时追踪。

3. 用科技警醒思想关。统一安排会使用微信和微博的社区矫正对象关注河北省邢台市桥东区司法局的"两微一端"，实时向他们推送监管规定；统一利用社区矫正平台月末发送本月给予警告处分的个数和情形，实现震慑引导。

三、实施五化管理，用科技筑牢管教防线

1. 学习教育多元化。创新学习形式，让"每月学习教育8小时"这棵老树发新芽。其一，用微信学习。我区2016年5月份开通微信公众号，特意在微信上设置社区矫正栏。鼓励会使用微信的社区矫正对象，扫码关注"邢台桥东司法"微信公众号，参与社区矫正答题学知识系列活动；其二，用网络学习。采用实名注册模式登录"桥东区学法用法"网络平台，可以根据统一计划和自身爱好，学习网络精品课程和法律法规，同时，平台实时记录学习时间进度；其三，用"即时通"学习。2016年底，河北省邢台市桥东区社区矫正机构率先在社区矫正机构、司法所间实现视频会议同传，通过"即时通"，又一次实现了学习形式创新，实现了社区矫正机构统一实时授课，各社区矫正对象在辖区司法所集中学习。同时，着眼与时俱进，注重学习内容更新，让每名社区矫正对象在社区矫正的每个阶段学有所乐、学有所获。在做好做优做强原有学习内容的基础上，组成"传统文化干预辅助社区矫正"课题组，深入挖掘传统文化对社区矫正对象人格重新塑造的积极效应，将"仁""孝""德""和"等理念引入日常教育学习，其中《燕赵大讲堂》《于丹讲论语》轮回播放40场次，实现了每名社区矫正对象至少听三遍的最初目标。

2. 公益劳动常态化。一方面在公益劳动基地设立签到点，利用劳动前、劳动结束双签到模式固化劳动时间，确保每月不少于8小时公益劳动。另一方面，以所为单位，利用社区矫正平台，统一发送义工活动短信，定期组织开展"献爱心，送温暖"公益活动，增强他们的公德意识和社会责任感。如在矫人员张某，在邢台"7.19"洪灾灾后重建工作中主动请缨，发挥自身工程机械操作特长，义务为灾区清淤三天两夜。

3. 网络技术信息化。注重发挥河北社区矫正平台作用，提高网络拍照回传、人机分离抽查、历史轨迹回放等功能使用频率，健全强化司法所信息化监管。开发同步监控、人脸识别、信息互传等高新电子互联设备的组合功能，确保社区矫正对象报到实现图像+指纹信息双固定，相呼应证，集中学习时利用三套设备实现学习人数可以实时掌握，学习情况可以实时监控。一个平台三套设备的综合运用基本实现了社区矫正对象全时段、无缝隙监管，有效解决了脱管、漏管、不服管"三大难题"，缓解了社区矫正工作人员紧缺、对社区矫正对象信息掌握不足的问题，实现了从"人防"向"技防"的转变。同时，注重发挥一个平台三套设备的证据固化作用。我区社区矫正机构自从2016年五月份采用此项技术对社区矫正对象的违规行为进行证据固化，使依法给予的48人次警告处分，没有一个人有异议；依法提请的2个撤销缓刑处分建议全部被人民法院采纳，并依法作出撤销缓刑裁定。

4. 心理矫治技术化。2013年初，开始尝试将心理矫治手段引入社区矫正。邀请市心理学会专家客座，和司法局机关五名获得心理咨询师资格的干警组成心理疏导组，率先在全市建立了社区矫正心理咨询室。2016年四月份，又邀请市心理学会会长为我区社区矫正对象做"放开心灵，拥抱社会"心理疏导讲座，以分组做心理小游戏为突破口，抓住社区矫正对象的心理共性，引导他们触碰自己的内心世界，当场就有数十名社区矫正对象声泪俱下，表示痛改前非，严格遵守监管规定，积极接受改造。事后，通过对这数十名社区矫正对象的后续关注，发现相对于其他社区矫正对象更愿意将自己一个月来的所见所做所悟所得写入思想汇报，更愿意将自己的一些困惑向心理疏导组讲述。2016年底，从心理矫治科学化、个体化、技术化再次发力，探索更符合社区矫正对象改造的形式。从瑞格公司花重金引进心理测评、心理矫治双系统和智能宣泄仪，针对矫正对象自身特点、心理、生理情况制定矫治方案。2017年1月份以来，不仅通过"每月一测"活动利用瑞格心理测评、心理矫治双系统完成49名新入矫人员的心理测评，基本掌握了他们入矫前三个月适应期的心态；还加入二次专业测评。截至目前，已组织8个司法所170名在矫社区矫正对象分批次到市心理学会采用《心理健康临床症状自评量表》（简称SCL-90）进行心理自我测试，通过90个项目的自测自评，再次从感觉、情感、思维、意识、行为、生活习惯、人际关系、饮食等方面进一步掌握社区矫正对象的"烦恼"和心理预期，其中对发现的13名具有不良心理倾向的社区矫正对象要求其进行第二次心理测试，并把他们添加入"重点干预人员名单"，详细制定心理疏导方案，做到专人帮扶、精准矫正，有效帮助他们扫除心理障碍、走出犯罪阴影，恢复健康人格，助其顺利回归社会。

5. 档案管理规范化。实行"一人一档，双向并行"的管理模式。一方面实现纸质档案规范化。将社区矫正对象基本情况登记表、社区矫正宣告书、矫正管理方案等执法文书汇编成册，制作了《社区矫正对象管理档案》，矫正对象人手一册；另一方面做到纸质档案电子化。依托社区矫正管理平台，利用档案信息管理项树状结构加强电子档案精细化。条块间层层分级、环环相扣，档案信息管理项下细分为基本档案、矫正方案、扫描件上传、走访登记、层级管理、解矫等10个子项；而扫描件上传子项下又细分为入矫、日常管理、解矫、业务创新四个板块，且每个板块下又有数个子项。平台的档案信息管理项全部涵盖了社区矫正的各个环节，我们在利用平台管理电子档案中既可以保证已有档案永久保存，又可以利用细化的子项来完善社区矫正档案。其中，越界记录的纸质档案备案就是受平台启发。同时，通过拍照回传技术对社区矫正对象图文信息采集、录入，利用司法所属地管辖、性别、名字、电话号码、时间间隔等选择项实现分类、检索等工作精确化，确保档案存起来放心，用起来"顺心"，查起来"贴心"。

河北省邢台市桥东区社区矫正机构，依托科技平台提升信息化水平，严把重点关口，规范管理程序，保障了教育矫正效果；防止了脱管、漏管和重新犯罪，为建设平安法治邢台，平安法治河北，维护社会和谐稳定做出了积极贡献。

参考文献

著作类

1. 薛波主编：《元照英美法词典》，法律出版社 2003 年版。

2. 杨德志主编：《法学基础与宪法》，清华大学出版社 2009 年版。

3. ［德］黑格尔：《法哲学原理》，范扬、张企泰译，商务印书馆 1961 年版。

4. 王立峰：《惩罚的哲理》，清华大学出版社 2006 年版。

5. 邱兴隆：《刑罚的哲理与法理》，法律出版社 2003 年版。

6. 赵秉志主编：《刑事政策专题探讨》，中国人民公安大学出版社 2005 年版。

7. 林万亿：《当代社会工作：理论与方法》，五南图书出版公司 2006 年版。

8. 朱眉华、文军主编：《社会工作实务手册》，社会科学文献出版社 2006 年版。

9. ［意］贝卡利亚：《论犯罪与刑罚》，黄风译，中国大百科全书出版社 1993 年版。

10. ［德］汉斯·海因里希·耶赛克、托马斯·魏根特：《德国刑法教科书》，徐久生译，中国法制出版社 2001 年版。

11. 储怀植：《美国刑法》，北京大学出版社 2005 年版。

12. 邱兴隆：《关于刑罚的哲学——刑罚根据论》，法律出版社 2000 年版。

13. 陈兴良：《刑法的启蒙》，法律出版社 1998 年版。

14. 苗有水："人身危险性的刑法学研究"，载刘生英、黄丁全主编：《刑法基础理论研究》，法律出版社 2001 年版。

15. ［加］西莉亚·布朗奇菲尔德：《刑罚的故事》，郭建安译，法律出版社 2006 年版。

16. 张明楷：《刑法的基本立场》，中国法制出版社 2002 年版。

17. 赵秉志主编：《犯罪总论问题探索》，法律出版社 2003 年版。

18. ［法］马丁·莫内斯蒂埃：《人类死刑大观》，袁筱一等译，漓江出版社 1999 年版。

19. 谢望原：《欧陆刑罚制度与刑罚价值原理》，中国检察出版社 2004 年版。

20. 吴宗宪等：《非监禁刑研究》，中国人民公安大学出版社 2003 年版。

21. 邱兴隆：《刑罚理性评论——刑罚的正当性质反思》，中国政法大学出版社 1999 年版。

22. 甘雨沛主编：《犯罪与刑罚新论》，北京大学出版社 1991 年版。

23. 董淑君：《刑罚的要义》，人民出版社 2004 年版。

24. 阎少华：《管制刑研究》，吉林人民出版社 2005 年版。

25. 黎国智、马宝善主编：《犯罪行为控制论》，中国检察出版社 2002 年版。

26. 许章润主编：《犯罪学》，法律出版社 2004 年版。

27. 张远煌主编：《犯罪学》，中国人民大学出版社 2007 年版。

28. 杨殿升主编：《监狱法学》，北京大学出版社 2000 年版。

29. 薛梅卿等：《清末民初改良监狱专辑》，中国监狱学会 1997 年版。

30. 王明迪主编：《罪犯教育概论》，法律出版社 2001 年版。

31. 杜雨主编：《监狱教育学》，法律出版社 1996 年版。

32. 王秉中主编：《罪犯教育学》，群众出版社 2003 年版。

33. 高莹主编：《矫正教育学》，教育科学出版社 2007 年版。

34. ［美］Ruth E. Masters：《罪犯心理咨询》，杨波等译，中国轻工业出版社 2005 年版。

35. 罗大华、何为民主编：《犯罪心理学》，中国政法大学出版社 2007 年版。

36. 章恩友、姜祖桢主编：《矫治心理学》，教育科学出版社 2008 年版。

37. 中国就业培训技术指导中心、中国心理卫生协会组织编写：《心理咨询师（基础知识）》，民族出版社 2005 年版。

38. 中国就业培训技术指导中心、中国心理卫生协会组织编写：《心理咨询师（二级）》，民族出版社 2005 年版。

39. 中国就业培训技术指导中心、中国心理卫生协会组织编写：《心理咨询师（三级）》，民族出版社 2005 年版。

40. 王登峰、谢东编著：《心理治疗的理论与技术》，时代文化出版公司 1993 年版。

41. 章恩友主编：《罪犯心理矫治技术》，中国物价出版社 2002 年版。

42. 王玲、刘学兰：《心理咨询》，暨南大学出版社 2005 年版。

43. 马立骥、张伯华主编：《心理咨询学》，北京科学技术出版社、安徽大学出版社 2005 年版。

44. 张雨新编著：《行为治疗的理论和技术》，光明日报出版社 1989 年版。

45. 冯卫国：《行刑社会化研究——开放社会中的刑罚倾向》，北京大学出版社 2003 年版。

46. 刘强主编：《各国（地区）社区矫正法规选编及评价》，中国人民公安大学出版社 2004 年版。

47. 周国强：《社区矫正制度研究》，中国检察出版社 2006 年版。

48. 张昱、费梅苹：《社区矫正实务过程分析》，华东理工大学出版社 2005 年版。

49. 北京市司法局：《北京市社区矫正工作培训教材》，2004 年版。

50. 郭建安、郑霞译主编：《社区矫正通论》，法律出版社 2004 年版。

51. 刘强主编：《社区矫正制度研究》，法律出版社 2007 年版。

52. 刘强、姜爱东、朱久伟主编：《社区矫正理论与实务研究文集》，中国人民公安大学出版社 2009 年版。

53. 马跃编著：《美国刑事司法制度》，中国政法大学出版社 2004 年版。

54. 翟中东主编：《自由刑变革：行刑社会化框架下的思考》，群众出版社 2005 年版。

55. 赵新东主编：《社区矫正管理实务》，法律出版社 2006 年版。

56. 于雷、史铁尔主编：《社区建设理论与实务》，中国轻工业出版社 2005 年版。

57. 刘炳汐：《论我国未成年犯的社区矫正》，中国政法大学出版社 2006 年版。

58. 胡配军等编著：《社区矫正教育理论与实务》，法律出版社 2007 年版。

59. 王琪：《社区矫正研究》，知识产权出版社 2007 年版。

60. 王顺安：《社区矫正研究》，山东人民出版社 2008 年版。

61. 但未丽：《社区矫正：立论基础与制度构建》，中国人民公安大学出版社 2008 年版。

62. 张建明主编：《社区矫正理论与实务》，中国人民公安大学出版社 2008 年版。

63. 何显兵：《社区刑罚研究》，群众出版社 2005 年版。

64. 张传伟：《我国社区矫正制度的趋向》，中国检察出版社 2006 年版。

65. 宋行主编：《服刑人员个案矫正技术》，法律出版社 2006 年版。

66. 连春亮、张峰主编：《社区矫正概论》，法律出版社 2006 年版。

67. 黄水林、黄辛隐主编：《心理矫治理论与实践》，苏州大学出版社 2008 年版。

68. 柳维主编：《罪犯心理矫治》，暨南大学出版社 2009 年版。

69. 宋胜尊：《罪犯心理评估——理论·方法·工具》，群众出版社 2005 年版。

70. 吴宗宪主编：《社区矫正导论》，中国人民大学出版社 2011 年版。

71. 朱眉华、文军主编：《社会工作实务手册》，社会科学文献出版社 2006 年版。

72. 张昱主编：《社区矫正社会工作案例评析》，华东理工大学出版社 2013 年版。

73. 刘强、姜爱东主编：《社区矫正评论》（第七卷），中国法制出版社 2017 年版。

74. 罗书平主编：《社区矫正工作指南》，中国民主法制出版社 2015 年版。

75. 翟中东：《中国社区矫正制度的建构与立法问题》，中国人民公安大学出版社 2017 年版。

76. 武玉红、刘强主编：《社区矫正典型案例与矫正指要》，中国法制出版社 2016 年版。

77. 孙培梁：《社区矫正信息化》，清华大学出版社、华中科技大学出版社 2013 年版。

78. 吴宗宪：《社区矫正比较研究》，中国人民大学出版社 2011 年版。

79. 高贞主编：《中国特色社区矫正制度研究》，法律出版社 2018 年版。

80. 陈明国主编：《社区矫正工作教程》，法律出版社 2017 年版。

81. 田兴洪：《社区矫正中的社区参与模式研究》，法律出版社 2017 年版。

82. 王爱立主编：《中华人民共和国社区矫正法解读》，中国法制出版社 2020 年版。

期刊摘要类：

1. 王世洲："现代刑罚目的理论与中国的选择"，载《法学研究》2003 年第 3 期。

2. 颜九红："美国社区矫正的成功典范——迪兰西街矫正中心"，载《北京市政法职业学院学报》2005 年第 2 期。

3. 刘守芬等："社区矫正立法化研究"，载《吉林大学社会科学学报》2005年第2期。

4. 杨征军："社区矫正心理咨询与心理治疗"，载《福建政法管理干部学院学报》2008年第4期。

5. 金琳："从心理学角度看社区矫正"，载《甘肃政法成人教育学院学报》2005年第4期。

6. 庄华忠："论社区矫正的个案矫正工作模式"，载《浙江万里学院学报》2007年第6期。

7. 金碧华："对财产型青少年社区矫正对象心理矫正工作的探讨——以社区矫正对象Z某为典型个案"，载《江西青年职业学院学报》2009年第1期。

8. 金碧华、潘菲："社区服刑人员心理矫治工作的实践与思考—以上海市社区矫正试点工作为例"，载《郑州航空工业管理学院学报（社会科学版）》2009年第1期。

9. 吴宗宪："论中国社区矫正中服刑人员处遇的协调与参与机构"，载《法律适用》2005年第10期。

10. 张亚军："论社区矫正中的人身危险性评估"，载《河南公安高等专科学校学报》2008年第3期。

11. 吴宗宪："论社区矫正中的危险控制"，载《中国司法》2005年第1期。

12. 金碧华："社区矫正风险评估机制的分析与思考"，载《南通大学学报（社会科学版）》2009年第2期。

13. 许振奇："社区矫正风险评估机制构想"，载《中国司法》2006年第2期。

14. 林宇虹、杨明："社区矫正风险评估因素分析"，载《法制与社会》2007年第6期。

15. 狄小华："罪犯心理的危险性评估"，载《河南司法警官职业学院学报》2004年第2期。

16. 连春亮："论社区矫正前的调查制度"，载《四川警官高等专科学校学报》2005年第4期。

17. 江苏监狱网："江苏社区矫正接手审前调查的调查"，2008年11月。

18. 邬庆祥："刑释人员人身危险性的测评研究"，载《心理科学》2005年第1期。

19. 邱兴隆："矫正刑的理性反思"，载《河北法学》1999年第1期。

20. 张传伟："从尴尬、颠覆走向新生：劳动教养改造为社区矫正之分析"，载《北京行政学院学报》2009年第1期。

21. 刘政："完善社区矫正管理体制之构想"，载《法学杂志》2018年第4期。

22. 冯卫国："我国社区矫正发展的制约因素及其破解路径"，载《河南警察学院学报》2018年第3期。

23. 陈志海："社区矫正法立法若干重大问题探究"，载《中国司法》2018年第1期。

24. 尹露："中国特色社区矫正的功能定位与进路选择"，载《河北法学》2018年第

10 期。

25. 李树彬、宋丽红、韩安莉："社会力量参与社区矫正的实践与思考——以天津市社区矫正为视角",载《人民调解》2018 年第 3 期。

26. 张凯："检视与推进:我国社区矫正制度深化路径之探讨",载《河北法学》2017 年第 2 期。

27. 胡印富、张广超："社区矫正跨区域衔接问题研究",载《湖南农业大学学报(社会科学版)》2017 年第 1 期。

28. 林瑀："我国社区矫正风险评估立法的若干问题研究",载《福建师范大学学报(哲学社会科学版)》2017 年第 6 期。

29. 吴军："对社区矫正适用前调查评估的思考",载《法制与社会》2018 年第 2 期。

30. 李璜："浅谈社区服刑人员矫正质量评估体系建设",载《法制博览》2015 年第 12 期。

31. 陈伟、谢可君："社区矫正中人身危险性理论适用探究",载《山东警察学院学报》2016 年第 2 期。

32. 陈力炼、陶强："湖北阳新:探索构建社区矫正监督管理新模式",载《方圆》2018 年第 6 期。

33. 苏春景、赵茜："中国与英国社区矫正教育比较分析",载《比较教育研究》2016 年第 8 期。

34. 覃宁："社区服刑人员心理矫治工作的实践与研究",载《广西政法管理干部学院学报》2016 年第 6 期。

35. 吴艳华："审前社会调查与社区矫正的适用",载《河南司法警官职业学院学报》2011 年第 2 期。

36. 沈敏："浅议新刑事诉讼法下的社区矫正检察监督",载《法制博览》2018 年第 2 期。

37. 林子坚："域外社区矫正制度辨析及对我国的启示",载《法学论坛》2015 年第 4 期。

38. 李岚林："我国社区矫正法律监督:探索与反思",载《吉首大学学报(社会科学版)》2016 年第 4 期。

39. 张德军："从理念重塑到制度构建——我国未成年人社区矫正的现实困境与完善路径",载《山东社会科学》2016 年第 10 期。

40. 吴艳华、吴春："构建完善的社会支持系统,促进社区矫正的良性发展",载《中国监狱学刊》2010 年第 1 期。

41. 张绍彦："社区矫正目标及其刑事政策分析",载谢望原、张小虎主编:《中国刑事政策报告》(第二辑),中国方正出版社 2007 年版。

外文类：

1. Peter J. P. Tak, *The Dutch Criminal Justice System*, second revised edition, Boom Juridische uitgevers, Weten Schappelijk Onderzoek en Documentatiecentrum, 2003.

2. IvanH. Schier, JundithL. Berry et al, *Guidelines and standands for the use of volunteers in correctional programs* (Washington, D. C. : Law Enforcement Assistance Administration, 1972)

3. Charlotte S. Arnold, "Respect, recognition are kyes to effective volunteer pro—grams", *Corrections Today*, Vol. 2002, No. 55.

4. M. Kay Harris. "Key differences among community corrections acts in the United States: An overview", *The Prison Journal*, 1996.

5. James Austin, "The proper and Improper Use of Risk Assessment in Correction", *Federal Sentencing Reporter*, 2004.